徽学文库

主编◎卞利
副主编◎胡中生

明清徽州人口与社会研究

胡中生 著

北京师范大学出版集团
安徽大学出版社

图书在版编目(CIP)数据

明清徽州人口与社会研究/胡中生著. —合肥:安徽大学出版社,2016.4
(徽学文库/卞利主编)
ISBN 978-7-5664-0837-2

Ⅰ.①明… Ⅱ.①胡… Ⅲ.①人口－关系－社会发展－研究－安徽省－明清时代 Ⅳ.①C924.255.4

中国版本图书馆CIP数据核字(2014)第207818号

明清徽州人口与社会研究
Mingqing Huizhou Renkou yu Shehui Yanjiu

胡中生 著

出版发行	北京师范大学出版集团
	安徽大学出版社
	（安徽省合肥市肥西路3号 邮编230039）
	www.bnupg.com.cn
	www.ahupress.com.cn
印　刷	合肥远东印务有限责任公司
经　销	全国新华书店
开　本	170mm×240mm
印　张	22.75
字　数	334千字
版　次	2016年4月第1版
印　次	2016年4月第1次印刷
印　数	2000册
定　价	58.00元

ISBN 978-7-5664-0837-2

策划编辑：饶　涛　鲍家全　张　锐	装帧设计：张　浩　李　军
责任编辑：张　锐　胡心怡	美术编辑：李　军
责任印制：陈　如	

版权所有　侵权必究

反盗版、侵权举报电话：0551－65106311
外埠邮购电话：0551－65107716
本书如有印装质量问题，请与印制管理部联系调换。
印制管理部电话：0551－65106311

总 序

尽管"徽学"一词出现的时间较早,但是,作为一门新兴的学术和学科研究领域,"徽学"则仅有不到百年的历史。1932年,徽州乡贤、近代山水画的一代宗师黄宾虹在致徽州乡土历史文化研究学者许承尧的一封信函中第一次提出了具有学术意义上的"徽学"概念。[①]

客观地说,黄宾虹所说的"徽学"及其研究对象,实际上还仅仅指的是徽州的地方史研究,与我们今天所称的"徽学",在学术内涵上还有一定的差别。此后,随着富有典型特征的徽州庄仆制、徽商和徽州宗族与族谱研究的不断深入,真正具有现代学术和学科意义上的"徽学"才逐渐进入人们的视野。

正如徽学的开创者和奠基人、中国社会经济史学派创始者傅衣凌先生在总结自己20世纪三四十年代对徽州庄仆制和徽商的研究时所指出的那样,他对徽州的研究并不是立足于对徽州地方史的探讨,而是通过对徽州伴当和世仆的研究,探索中国的奴隶制度史;对徽商的研究,则是基于为中国经济史研究开辟一个新天地。也就是说,徽学的研究对中国历史的意义体现为,其在充实和完善中国奴隶制度史、中国经济史以及中国社会史等领域,已经远远突破了徽州地方史的界限,而成为整体中国史研究的一部分。傅衣凌先生

[①] 卢辅圣、曹锦炎主编:《黄宾虹文集·书信编·与许承尧》,上海:上海书画出版社,1999年。

敏锐地预见到,"徽州研究正形成为一种专门的学问,活跃在我国的史学论坛之上"①。

然而,作为一个严格意义上的学术和学科专门研究领域,徽学的形成、发展与繁荣,主要还是借助于近百万件自宋至民国时期徽州原始契约文书的发现和研究。徽州的契约文书自1946年4月在南京首次被学者发现以来,至今已逾半个世纪。随着徽州20世纪50年代土地改革运动的展开以及1978年以来改革开放政策的实行,深藏于歙县、休宁、婺源、祁门、黟县和绩溪等原徽州(府)六县民间的各类原始契约文书开始被大规模地发现。据不完全统计,迄今为止,徽州原始契约文书包括卖身契、土地买卖与租佃契约、分家阄书、鱼鳞图册、赋役黄册、诉讼案卷、科举教育文书、置产簿、誊契簿、徽商账簿和日记杂钞等类型,且上起南宋,下迄民国,时间跨度近千年之久,总量约有100万件(册)之巨。

同祖国其他地域相继发现的原始契约文书相比,徽州契约文书具有真实性、连续性、具体性、典型性、启发性和民间性等诸多特征,而且内容丰富,类型广泛,蕴含着大量的历史信息,为我们进行宋元明清时期各种制度运行特别是明清时期历史社会实态的研究提供了丰富的资料。我们知道,敦煌文书的时间下限在北宋,徽州契约文书的上限则在南宋,正好与敦煌文书相连。如果我们把敦煌文书和徽州文书中的动产与不动产买卖和租佃文书联系起来进行考察,一部中国古代动产和不动产买卖与租佃制度及其运行史便可以完整地复原和再现出来。

正是由于徽州契约文书蕴含着如此珍贵的历史信息和丰厚的学术内涵,它的发现引起了国内外学术界的高度重视。1978年以后,海内外学者纷纷到北京和安徽,查阅徽州契约文书,深入契约文书的发现地——徽州,进行田野调查。英国著名学者约瑟夫·麦克德谟特在对徽州原始契约文书进行全面调查后,撰文指出,徽州契约文书等原始资料是"研究中华帝国后期社会与

---

① 刘淼辑译:《徽州社会经济史研究译文集·傅衣凌序》,合肥:黄山书社,1988年。

经济史的关键","对中华帝国后期特别是明代社会经济史的远景描述,将在很大程度上依赖于徽州的原始资料"①。日本著名学者鹤见尚弘则认为,徽州契约文书的发现,"其意义可与曾给中国古代史带来飞速发展的殷墟出土文物和发现敦煌文书新资料相媲美,它一定会给今后中国的中世和近代史研究带来一大转折"②。臼井佐知子也强调,"包括徽州文书在内的庞大的资料的存在,使得对以往分别研究的各种课题做综合性研究成为可能……延至民国时期的连续性的资料,给我们考察前近代社会和近代社会连续不断的中国社会的特性及其变化的重要线索"③。

有学者认为,徽州文书是继甲骨文、简帛、敦煌文书和明清故宫档案之后20世纪中国历史文化的第五大发现。④ 正如甲骨文、简帛、敦煌文书和明清故宫档案的发现与研究催生了甲骨学、简帛学、敦煌学和明清档案学等学科一样,徽州文书的发现和研究,也直接促成了徽学的诞生。徽学是利用徽州契约文书,并结合其他相关文献资料进行研究的专门的学术研究领域。它以徽州社会经济史、特别是明清徽州社会经济史为研究主体,综合研究整体徽州历史文化以及徽州人的活动(含徽州本土和域外)。在历经半个多世纪的发展之后,徽学终于在20世纪80年代中期最终形成,正逐步走向成熟与繁荣。傅衣凌关于徽商、徽州庄仆制和土地买卖契约的研究,叶显恩的《明清徽州农村社会与佃仆制》,章有义的《明代徽州土地关系研究》和《近代徽州租佃关系案例研究》,张海鹏主编的《徽商研究》等著作,都是利用契约文书进行研究所取得的成果中的佼佼者。

国学大师王国维曾经说过,"古来新学问起,大都由于新发见。有孔子壁中书出,而后有汉以来古文家之学;有赵宋古器出,而后有宋以来古器物、古文

---

① [美]约瑟夫·麦克德谟特:《徽州原始资料——研究中华帝国后期社会与经济的关键》,载《徽学通讯》,1990年第1期。
② [日]鹤见尚弘:《中国社会科学院历史研究所收藏整理徽州千年契约文书》,载《中国史研究动态》,1995年第4期。
③ [日]森正夫等编:《明清时代史的基本问题》,北京:商务印书馆,2013年。
④ 周绍泉:《从甲骨文说到雍正朱批》,载《北京日报》,1999年3月24日。

字之学"。他紧接着论及了殷墟甲骨文、敦煌及西域各地之简牍、敦煌千佛洞之六朝及唐人写本卷轴、内阁大库之书籍档案和中国境内之古外族遗文等五项发现,认为:"此等发现物,合世界学者之全力研究之",当会产生新的学科。① 如今,甲骨学、敦煌学、简牍学和明清档案学早已创立了各自的学科研究体系,并为学术界所广泛接受和认可。而徽学作为一门新兴学科则形成较晚,它的创立,首先得力于20世纪40年代后期以来徽州近100万件(册)原始契约文书的大规模发现;包括徽州族谱在内的9 000余种徽州典籍文献与文书契约互相参证;现存1万余处徽州地面文化遗存,更是明清以来至民国时期徽州人生产与生活的真实见证。所有这些,都构成了徽学这座大厦坚实的学术支撑。因此,以徽州社会经济史特别是明清徽州社会经济史研究为中心,整体研究徽州历史文化和徽州人在外地活动的徽学,正是建立在包括徽州契约文书在内的大量新资料发现这一基础之上的。通过对徽州文书、其他相关文献和地面文化遗存等资料的整理和分析,研究者得以综合研究明清社会实态,重新检视中国封建社会后期社会经济与文化的演变历程和发展轨迹,进而从整体上把握中国封建社会发展特征和规律。这正是徽学的学术价值之所在。

进入21世纪以来,随着教育部人文社会科学重点研究基地——安徽大学徽学研究中心的批准设立,徽学研究开始进入一个崭新的发展阶段。作为徽学基础研究、资料整理、人才培养、咨询服务的唯一一所教育部人文社会科学重点研究基地,安徽大学徽学研究中心一向重视徽学前沿领域的探讨和研究,致力于徽州文书和文献的整理与出版,致力于徽学学科的建设和人才队伍培养,致力于海内外徽学研究的交流与合作。徽州契约文书和文献的系统整理、研究与出版的全面展开,徽学理论与学科建设的有序进行,徽学专题研究成果的次第推出,特别是具有宝贵文献价值的20卷本《徽州文化全书》的整体出版,以及徽学研究国际交流与合作的繁荣,都为徽学研究向纵深领域

---

① 王国维:《王国维遗书》第五册《静庵文集续编·最近二三十年中国新发现之学问》,上海:上海古籍出版社,1983年。

拓展奠定了坚实的基础。在《徽学研究资料辑刊》《徽州文书》和《海外徽学研究丛书》等系列成果的基础上，此次隆重推出《徽学文库》，显示出了该研究机构开阔的学术视野和深远的学术见识。

本次推出的《徽学文库》，精选近年来徽学研究的最新成果。本丛书既有国家社会科学基金等国家级项目结项成果，也有教育部人文社会科学重点研究基地重大项目的最终鉴定结项成果，还有中国台湾学者的研究——它为祖国大陆的徽学研究提供了不同的视角和必要的补充。这些成果内容涵盖了徽学理论探讨和学科体系建设的成果、徽学专题研究，以及徽州文化遗存调查、保护与研究。因此，无论是就选题内容的广度和深度、作者队伍的结构与层次，还是就成果的质量及水平而言，本丛书都堪称目前徽学研究前沿领域的精品，集中代表和反映了徽学研究的现状与未来发展趋势。

徽学是20世纪一门新兴的学科和一块专门的研究领域，徽学所研究的徽州整体历史文化既是区域历史文化，又是中国传统文化的杰出代表，是"小徽州"和"大徽州"的有机结合。徽学的学科建设，不仅关系徽学的可持续发展问题，也直接涉及中国地域文化研究理论和范式的创新问题，是徽学融入全球化视野，与国际接轨、开展国际交流合作和构建徽学学科平台的重要基石。

因此，我们有理由相信，随着《徽学文库》的出版，徽学一定会在整体史和区域史研究中发挥积极作用，徽学的学科建设也势必在更加广阔的天地中得到进一步发展和提升。

是为序。

卞　利

2016年3月10日于

安徽大学徽学研究中心

喜读一部徽州人口史专著

中生要我给他的《明清徽州人口与社会研究》写序,我愉快地答应了。他参加我主编的《清代宗族资料选辑》(天津古籍出版社,2013年)的编辑工作,提供了大量的徽州清代宗族资料。我早就读过他对徽州下层社会非常态婚姻、族内民事纠纷的解决、徽州族谱对女性上谱的规范、徽州族会与宗族建设、徽州收族理念的转变、徽州民间钱会等专题论文。他是徽学研究专家。如今有新著,为他高兴,于是欣然命笔。

专著开篇回顾学术界对包括徽州人口史在内的人口史研究状况,指出"对生存压力和社会问题的关注一直是人口研究的传统","人口研究始终渗透着强烈的生存意识和问题意识"。诚然,"强烈的生存意识",是人口史、徽州人口史研究者的关注点;"问题意识",中生指的是关注人口史研究中的得与失,特别是有哪些不足,需要提出什么样的新课题、新研究方向,以便将研究推向新的境界、新的高度。中生强调"问题意识",正反映了他自身对徽州人口史研究的高标准追求。对此,欣慰之感和佩服之情,油然而生。

"问题意识",在中生的书中,表现为对徽州人口史进行整体性观照,力图对徽州人口与社会作出全方位的、立体的研讨和说明。他说:"人口史研究最为主要的目的是为了解释社会经济和文化的变迁,不可能仅仅是作纯粹人口学意义上的探讨。因此必然要与制度史和经济史相结合,也必然要在特定的时空下,在特定的历史和社会经济文化背景中进行微观和宏观的结合。这样就更容易把握人口与社会之间的互动关系,同时深入人口史和社会史研究。徽州人口在群体性、身份性和重合性等方面具有鲜明的特征,由于人口在人的不同的生命阶段往往具有不同的身份,人口分流是生态和人文环境共同作用的结果,徽州人口与社会的互动关系更为密切,徽州人口分流应放在徽州的整体社会的框架内进行探讨,社会学的视角是必不可少的。"中生讲的"整体性观照",我理解有两个意思,一是对徽州人口史进行"人口与社会"整体性讨论,这很符合历史学界"整体史"研究的愿景,因此我想中生的徽州人口史研讨,在一个不大的领域从事整体史研治,对历史学而言是非常有意义的探索。二是将徽州人口分流放在徽州整体社会框架内进行。关注徽州人口分流,应当说抓住了徽州人口史的主要问题,这是完成论题目标的关键所在。

"徽州人口分流"顺理成章地成为这部专著的着力所在,即在严重的生存压力下,人口向三方面分流:改变传统的农本观念,变更职业,由务农而经商,形成强势的徽商群体;以身份换取生存权利,从良人地位的农民,卖身或入赘婢女为奴,下降为依然务农的世仆贱民;为更好发挥谋生的主动性和获取某种生存保障,大家庭分化为小家庭,同时组合成大宗族。讲述徽州人口分流史,无异于道出徽州的历史特点——一度执商界牛耳的徽商,引起皇帝瞩目与同情的世仆命运,强化建设的徽州宗族,从而有意无意间勾勒出徽州社会简图。

这本书的另一个特色是大量徽州契约文书资料的运用。研治地方史,方志无疑应是首选参考资料,有关的政书、文集、笔记亦为不可缺少的史源,幸运的是徽州契约文书的大量存世,给予中生索取资源的可能,他不辜负天然的有利条件,利用它进行论证,增强了论点的说服力。

道贺的话就说到这里,期盼中生学术新著赓续面世。

冯尔康
2014 年 11 月 5 日
写于安徽大学鹅池之畔

目 录 MULU

导 论 ·· 1

第一章　明清徽州的人口与环境 ·· 20

　　第一节　从丝绢纷争说起 ·· 20
　　第二节　脆弱的生态环境 ·· 26
　　第三节　扩张的人文环境 ·· 40
　　第四节　人口的增长、集中与贫困 ·· 57
　　第五节　小结 ·· 68

第二章　儒贾并重：徽州人口的职业分流 ·· 71

　　第一节　贡赋性商品经济与徽商的兴起 ·· 71
　　第二节　职业观的转变 ·· 85
　　第三节　儒贾并重的职业选择 ·· 104
　　第四节　小结 ·· 128

第三章　婚姻与买卖：徽州人口向下层的分流 ·· 132

　　第一节　性别失衡与非常态婚姻 ·· 132

第二节　卖身、婚配与生存 ………………………………………… 158
第三节　小结 ………………………………………………………… 181

第四章　分家与迁徙：由血缘到地缘的人口分流 ……………………… 183

第一节　分家 ………………………………………………………… 183
第二节　迁徙、出赘与出继：对《新安第一家谱》的分析 ………… 210
第三节　小结 ………………………………………………………… 226

第五章　徽州的生存伦理与宗族社会 …………………………………… 231

第一节　人口分流与生存伦理 ……………………………………… 235
第二节　荣耀与耻辱：明清徽州家族对女性的控制 ……………… 255
第三节　家族教化体系与明清徽州社会 …………………………… 278
第四节　流失与归老：内向化的徽州 ……………………………… 301
第五节　小结 ………………………………………………………… 323

结　语 …………………………………………………………………… 326
参考文献 ………………………………………………………………… 333
后　记 …………………………………………………………………… 351

导 论

一、学术史回顾与选题缘起

对生存压力和社会问题的关注一直是人口研究的传统,外国如马尔萨斯的《人口原理》,中国如马寅初的《新人口论》都是如此。人口研究始终渗透着强烈的生存意识和问题意识。这种传统和意识也被人口史研究所借鉴。但在中国的传统社会,缺乏精确的人口统计,人口统计与土地统计一样主要是为了赋役。对人口与赋役的研究,肇始于梁方仲的《中国历代户口、田地、田赋统计》①,其主要贡献是在人口统计数据上,并结合了赋役制度方面的探讨,但由于书中数字主要取于官修史书,因此也难以进行放心的引用。何炳棣的《明初已降人口及其相关问题(1368—1953)》②则着重于从制度和经济方面研究明清人口。尤其是对"丁"所做的科学阐释和对影响人口的社会经济问题的强调,对后来者极具启发性。他对中国历史人口的宏观把握和深度理解,已经将中国人口史研究提高到一个新的高度。何炳棣的巨大成功,刺激了国内学者,掀起修补和重建人口数据的高潮。曹树基试图在时空结构下

---

① 梁方仲:《中国历代户口、田地、田赋统计》,上海:上海人民出版社,1980 年。
② [美]何炳棣:《明初已降人口及其相关问题(1368—1953)》,葛剑雄译,北京:三联书店,2000 年。

重建明清时期各府的人口数据,同时寻找关于社会变化的新解释①。但是笔者认为,地方史研究者还无法直接从该书中获得所需的数据②。

曹树基推测清代徽州人口年均增长 3‰,以嘉庆二十五年(1820 年)的 247.5 万为基数上溯,得出乾隆四十一年(1776 年)为 216.9 万③,1851 年约为 271.5 万;太平天国运动后徽州府人口约损失 163 万,约为人口总数的 60%左右,而其中的 70%死于瘟疫;生存者中约 35%外出,常住人口约为 71 万④。徽州、江西与江南作为流动的商业性社会,"人们对于生育的控制是具有相当理性的","商业区域预防性人口控制的社会经济背景大体与现代西方相似"⑤。避孕、流产等婚内节育方式的使用,使商业区域人口总是呈低增长态势,而且不受内部资源的影响;外在性压力对人口行为的作用也不明显,人口比较稳定,不因年成或粮价而波动,溺婴的现象也比农业区域少得多。而农业区域集体性的人口行为则表现为一种非理性状态⑥。由于作者缺乏相关论述,因此实际上徽州是否与这种划分相符,非常令人怀疑。

与曹树基沿袭官方数字将明初徽州人口数确定为较低的 59 万多不同,叶显恩分析了徽州人口的密度,估计明代徽州人口在极盛时达到 120 万左右,清代太平天国运动前徽州人口应在 200 万左右,人口的隐漏和外流是造

---

① 葛剑雄主编,曹树基著:《中国人口史》,第四卷,上海:复旦大学出版社,2000 年,第 10 页。
② 葛剑雄主编,曹树基著:《中国人口史》,第四卷,上海:复旦大学出版社,2000 年,第 16 页。
③ 葛剑雄主编,曹树基著:《中国人口史》,第五卷,上海:复旦大学出版社,2001 年,第 101 页。
④ 葛剑雄主编,曹树基著:《中国人口史》,第五卷,上海:复旦大学出版社,2001 年,第 499—500 页。作者对太平天国战争对徽州人口所造成的损失前后估计不一致,在该卷最后一章的第 871 页,作者又将这种损失上升到 80%。
⑤ 葛剑雄主编,曹树基著:《中国人口史》,第五卷,上海:复旦大学出版社,2001 年,第 871—872 页。
⑥ 葛剑雄主编,曹树基著:《中国人口史》,第五卷,上海:复旦大学出版社,2001 年,第 883—884 页。

成在籍人口统计数据严重偏低的原因①。卞利则从制度层面探讨人口问题，指出明清两代户籍法的调整是经济社会发展的结果，有利于赋役征收和社会稳定②。

明清时期的徽州社会是一个人口高度增长的社会，但从各种人口数据中难以窥见这种增长。于是一些学者展开对徽州人口密度分布和村庄的探讨，唐力行和美国学者凯瑟·海泽顿以"都"为单位考察村庄的演变，并据此把徽州人口密度划分为核心区、过渡区和边缘区，认为人口密度的增加经历了从核心地带向过渡环状带和边缘环状带呈放射状发展的过程。此外，他们认为商人资金回流是徽州村庄大幅度增加的重要原因，而且人口密度的分布格局与名族密度的分布格局基本上是一致的③。徽州族谱多，学者们根据族谱可以复原一部分有效的人口数据，并能在更微观的范围内探讨人口、资源和环境的关系，以及人口、经济和社会的变迁。从人口的视角探讨徽州的宗族和商人等社会经济和文化，这种研究视角和方法独特且必要。

商人是徽州人口中的一个非常重要的群体。对商人的研究开始得最早，早先如傅衣凌和日本的藤井宏④，后继者众多，如叶显恩、张海鹏、唐力行、王振忠、卞利等。徽商的兴起与衰落、徽商的规模与经营、徽商的特色与影响等，都是学者研究的重点。叶显恩着重从封建性方面探讨了徽商，如徽商的缙绅化、徽商资本的封建化等⑤。《徽商研究》是从经济方面研究徽商的代表性作品。《徽商研究》指出，徽商中有出自阀阅之家者，但更多的是生计困难

---

① 叶显恩：《明清徽州农村社会与佃仆制》，合肥：安徽人民出版社，1983年，第20—41页。
② 卞利：《国家与社会的冲突和整合——论明清民事法律规范的调整与农村基层社会的稳定》，北京：中国政法大学出版社，2008年。
③ 唐力行、[美]凯瑟·海泽顿：《明清徽州地理、人口探微》，载《中国社会经济史研究》，1989年第1期。
④ [日]藤井宏：《新安商人的研究》，载《东洋学报》1953、1954年，译文见《安徽史学通讯》1959年第9、10期；傅衣凌：《明代徽州商人》，《明清时代商人及商业资本》，北京：人民出版社，1956年。
⑤ 叶显恩：《明清徽州农村社会与佃仆制》，合肥：安徽人民出版社，1983年。

的小商小贩①。阀阅之家为何经商？它与小商小贩之间是否有关系呢？徽商的兴起必然伴随着职业观的转变。陈其南认为，职业观的转变受到了家族伦理的深刻影响，徽州商人经历了弃儒从贾、贾服儒行和由贾入儒的循环发展过程②。陈其南注意到了商人和家族的结合。唐力行对徽商与家族之间的互动关系进行了深入的探讨，并在此基础上整合徽州的社会、经济和文化，提出了一些独到的、比较有影响的观点，如徽商的兴起、发展与强盛都离不开徽州宗族，徽州文化的特质是商人文化，徽州社会内部盛行着小家庭—大宗族结构，等等③。王振忠对徽州民俗文化着力很大，他从文化史的角度关注徽商在外地的活动和影响，其中关于徽商的社会流动和土著化进程的研究，有助于对徽州人口迁徙的研究和大徽州的探讨④。王世华也探讨了徽商对长三角地区经济、文化和社会变迁的影响，指出徽商是长三角地区兴起的重要力量⑤。在对徽商的探讨中，学者们也关注到了徽州的婚姻和女性，如早婚和"两头大"的婚姻方式以及徽商妻子的艰难人生，等等⑥。在政府对商人的管理上，卜永坚认为，明万历四十五年（1617年）在两淮盐政制度中形成了纲法组织，纲法是里甲制在商业上的实践，无论是在理念上还是操作上，都和定期编审户口、制定徭役的里甲制毫无区别，可以说是商业里甲制⑦。

---

① 张海鹏、王廷元主编：《徽商研究》，合肥：安徽人民出版社，北京：人民出版社，1995年，第10页。
② 陈其南：《明清徽州商人的职业观与家族主义》，载《江淮论坛》，1992年第2期。
③ 唐力行：《论徽商与封建宗族势力》，载《历史研究》，1986年第2期；唐力行：《明清以来徽州区域社会经济研究》，合肥：安徽大学出版社，1999年；唐力行：《商人与文化的双重变奏——徽商与宗族社会的历史考察》，武汉：华中理工大学出版社，1997年。
④ 王振忠：《明清徽商与淮扬社会变迁》，北京：三联书店，1996年；王振忠：《徽州社会文化史探微——新发现的16—20世纪民间档案文书研究》，上海：上海社会科学院出版社，2002年。
⑤ 王世华：《明清徽商是长三角兴起的重要力量》，载《学术界》，2005年第5期。
⑥ 唐力行、王振忠的著作都对此有所研究。另参见王磊：《徽州朝奉》，福州：福建人民出版社，1994年；高寿仙：《徽州文化》，沈阳：辽宁教育出版社，1995年。
⑦ 卜永坚：《商业里甲制——探讨1617年两淮盐政之"纲法"》，载《中国社会经济史研究》，2002年第2期。

在宗族社会中,宗族人口的探讨需要引起关注。对于宗族的研究①,早先主要着眼于它的封建性,即强调族权与政权的一致性,以及对族人的封建统治。徽州宗族的研究也是如此,以叶显恩和赵华富为代表。叶显恩在《明清徽州社会与佃仆制》一书中对徽州宗族有比较集中的探讨。赵华富从20世纪90年代起,以个案研究和调查为基础,撰写和发表了一系列的调查报告,探讨了徽州宗族的繁荣、徽州宗族的基本特征、族规家法和宗族统治的强化等方面②。但是在族权和政权之间存在着互动关系,在宗族的组织化建设上,有着较强的国家色彩③,国家对人口的控制需要宗族,而人口也利用宗族来保护自己,防范来自国家权力方面如赋役征派中的弊端,缓解来自社会中其他方面如人口和生计压力所引起的危机。唐力行对徽州宗族进行了全景式的探讨,更强调徽州是一个宗族社会④。利用宗族来研究人口,族谱资料是关键,族谱中有比较集中和相对可靠的人口资料,包括生育、死亡、婚姻、迁徙、家庭结构和家族功能等,还有丰富的社会经济史方面的信息⑤。与试图重建数据的人口学者轻视谱牒不同⑥,李中清等人着眼于中国的传统文化,从历史的角度来探索中国人口发展变化的规律性,构建了一套有别于世界其他地方的人口发展体系,他们非常重视谱牒中丰富的死亡、婚姻、生育和收养

---

① 常建华对宗族史研究做了非常细致的回顾与比较深刻的反思,参见其论文《二十世纪的中国宗族研究》,载《历史研究》,1999年第5期。
② 赵华富:《两驿集》,合肥:黄山书社,1999年;赵华富:《徽州宗族研究》,合肥:安徽大学出版社,2004年。
③ 常建华关于族正和族规的研究证实了这种互动关系。常建华:《清代族正制度考论》,载《社会科学辑刊》,1989年第5期;常建华:《试论乾隆朝治理宗族的政策与实践》,载《学术界》,1990年第2期;常建华:《试论明代族规的兴起》,见《明清人口婚姻家族史论》,天津:天津古籍出版社,2002年。
④ 唐力行:《徽州宗族社会》,合肥:安徽人民出版社,2005年。
⑤ 刘翠溶的《明清时期家族人口与社会经济变迁》(台北:中央研究院经济研究所,1992年)就是这方面最有代表性的著作。
⑥ 曹树基虽然利用族谱人口数据,但更多的时候,这种少量的微观人口数据在时间和空间上并不符合他的宏观人口数据,因而他对族谱资料保持着高度的警惕,见葛剑雄主编,曹树基著:《中国人口史》,第五卷,上海:复旦大学出版社,2001年,第877—881页。

等资料①。国内学者也在一些人口行为上有比较深入的研究②,推动了人口史研究的转向,深化了人口史和社会史的研究。

在目前的徽学研究中,从商人的角度来推动徽州宗族人口研究也未尝不是一条路线,唐力行在商人和宗族的结合和互动方面进行了比较细致的研究③。由于商人的流动性和扩散性,对宗族人口迁徙的关注也是自然的,而且宗族本身就有扩张的惯性。朴元熇通过对歙县方氏的个案研究说明在特定情况下,乡村社会需要以同族结合来应付危机④。日本学者中岛乐章也对此有非常深入的研究⑤。同族结合并不是联宗,联宗是一种介于血缘与地缘之间的组织,但并不是形成一个新的大规模的宗族,而是一种同姓的地缘联合⑥。徽商在外地也进行着积极的宗族建设,这也有利于本土族人向外的迁徙。总之,利用徽州丰富的族谱资料展开人口史研究对于诠释明清时期的徽州社会来说是必要的。

除了职业上的商业人口和血缘上的宗族人口外,徽州还存在着一个非常庞大的下层社会,对他们的研究开始于早先徽州文书的发现和对阶级关系的关注。如傅衣凌和仁井田陞较早对明代徽州的庄仆制展开了研究。仁井田陞将庄仆制和劳役婚结合起来,指出赘婿以女方的条件为转移,要为主家服

---

① 李中清、王丰:《人类的四分之一:马尔萨斯的神话与中国的现实(1700—2000)》,北京:三联书店,2000年。

② 这方面的主要成果参见李中清等主编的《婚姻家庭与人口行为》,北京:北京大学出版社,1999年。一些文章代表了国内研究的最新成果,如郭松义的《清代的童养媳婚姻》、常建华的《清代溺婴问题新探》、王跃生的《18世纪中国家庭结构分析——立足于1782~1791年的考察》、李伯重的《堕胎、避孕与绝育:宋元明清时期江浙地区的节育方法及其运用与传播》等。

③ 唐力行:《明清以来徽州区域社会经济研究》,合肥:安徽大学出版社,1999年。

④ [韩]朴元熇:《明清徽州宗族史研究:歙县方氏的个案研究》,北京:中国社会科学出版社,2009年。

⑤ [日]中岛乐章:《明代乡村纠纷与秩序:以徽州文书为中心》,南京:江苏人民出版社,2012年。

⑥ 钱杭:《血缘与地缘之间——中国历史上的联宗与联宗组织》,上海:上海社会科学院出版社,2001年。

役,赘婿还主要作为一种劳动力而存在①。虽然作者强调了赘婿中的主仆名分,但缺乏对婚姻与身份下降过程的分析。傅衣凌也指出了入赘婚与佃田、住屋、葬坟和出当一起构成了庄仆关系②。20世纪80年代,由于土地关系和租佃关系一度成为热点,徽州的庄佃制度,也被纳入了经济史研究的视野,由经济关系进而论及身份的附属关系。代表性著作有叶显恩的《明清徽州农村社会与佃仆制》。叶显恩以实地考察和文献资料为依据,以徽州宗族土地所有制和乡绅社会为立论基础,对徽州佃仆制做了非常全面的探讨,包括佃仆的名目、数量、来源、所受剥削和奴役、身份地位、衰落以及佃仆制的由来和残存的原因,并对佃仆制与徽州社会的商人、宗族、理学文化之间的关系进行了分析。但是对于一些下层群体的身份问题上有存在分歧的地方,彭超认为:"鬻身婚配"之仆对地主具有严格隶属关系,近似农奴;"赁屋佃田"之仆不是人身出卖,只是在豪强的凌压下累世相承,身份下降,但经过退屋吐田之后,即可脱佃仆之名;火佃主要是在经济上"兴山分成""佃田交租"和"赁屋纳息",但在佃仆的影响下,往往也有服役的义务,但不是法定的③。而叶显恩则统统将他们归入佃仆。义男的身份也受到关注,彭超从买卖和服役关系上指出义男的家奴身份。但义男并不完全等同于奴仆,有时具有养子或继子的身份④;义男或许也是世仆的来源之一⑤。臼井佐知子以承继文书、入赘文书

---

① [日]仁井田陞:《明末徽州的庄仆制——特别是关于劳役婚》,见刘淼辑译:《徽州社会经济史研究译文集》,合肥:黄山书社,1987年,第153页。
② 傅衣凌:《明代徽州庄仆文约辑存——明代徽州庄仆制度之侧面的研究》,载《文物参考资料》,1960年第2期。
③ 彭超:《试探庄仆、佃仆和火佃的区别》,载《中国史研究》,1984年第1期。彭超的观点与叶显恩的不同,后者认为,历史上的火佃到明清时已经和庄仆、佃仆等一类具有严格封建隶属关系的依附者没有任何实质性的区别,见《明清徽州农村社会与佃仆制》第234—239页。彭超对火佃的看法与刘重日的观点基本一致,参见后者论文《火佃新探》,载《历史研究》,1982年第2期。这方面的文章还有彭超:《再谈"火佃"》,见中国明史学会主办:《明史研究》(第1辑),合肥:黄山书社,1991年。
④ 许文继:《"义男"小论》,载《文史知识》,2001年第11期。
⑤ 蒿峰:《明代世仆简论》,载《齐鲁学刊》,1989年第6期;蒿峰:《明代的义男买卖与雇工人》,载《山东大学学报》,1988年第4期。

和卖身文书等资料探讨了徽州的承继和入赘问题,但也对承继和入赘能否按字面意义来理解表示了怀疑①。实际上婚姻和主仆关系的形成有着非常密切的关系,一些非常态的婚姻中就隐含了身份的下降,而其根源还是生存资源和婚姻资源的缺乏,因此在后来的一些人身买卖中都对婚配作出了合乎惯例的规定,主人利用婚姻控制仆人及其后代,而仆人却获得了生存和婚配的权利②。在主仆关系中存在着一种生存伦理,既有强烈的生存意识,也有着保障生存、婚配和忠孝的伦理精神。大量"贱民"群体的存在说明了徽州生态环境脆弱性的一面,也说明了徽州宗族和人文礼教环境扩张性的一面。基于这种问题,本书探讨了贫穷无靠的一部分人口向下层社会的流动,他们丧失了身份和自主性,却获得了生存、婚配和香火的延续。

从以上对人口史,尤其是徽州人口史研究的回顾中,人们可以发现,徽州的人口史研究实际上还没有受到足够的关注,缺乏对徽州人口的整体性的观照和社会史的视角。作为典型的区域社会,徽学研究需要有新的视野,以深化对区域社会和传统中国的认识。人口研究分散于各个不同的群体和组织中,如商人、宗族、儒宦和佃仆等。但是,这些群体和组织是如何维持的,又为什么在明中后期的社会中各自形成了相当的规模——商人大规模兴起,儒宦人口膨胀,佃仆广泛被使用,宗族建设日益普及。各个群体是在什么样的环境下扩大和维持的,人口增长和贫困化的压力是如何缓解的,是什么制约了人口在不同层次上的分流等,这些都是本书所要探讨的问题。

二、资料、方法与问题

徽州作为中国传统文化影响下的区域社会,实际上是传统中国的一个缩影,而人们之所以能够从缩影中窥探传统中国,正是由于徽州保存了大量的

---

① [日]白井佐知子:《徽州家族的"承继"问题》,见周绍泉、赵华富主编:《'95 国际徽学学术讨论会论文集》,合肥:安徽大学出版社,1997 年,第 74 页。

② 胡中生:《明清徽州下层社会的非常态婚姻及其特点》,载《安徽史学》,2001 年第 2 期;胡中生:《卖身婚书与明清徽州下层社会的婚配和人口问题》,见《明清人口婚姻家族史论》,天津:天津古籍出版社,2002 年,第 1 页。

文献和实物遗存。这是值得所有研究徽州,研究中国传统文化的学人庆幸的。

目前徽州文献已经出版了很多,不仅有资料上的,也有学术和理论方法上的。迄今为止,徽学在资料的收集和整理上成果非常多,如《明清徽商资料选编》《明清徽州社会经济资料丛编(第一辑)》《明清徽州社会经济资料丛编(第二辑)》《徽州千年契约文书》《徽州文书》《中国历代契约汇编考释》《安徽师范大学馆藏徽州文书》,安徽省古籍整理出版规划委员会也推出点校或注释的《安徽古籍丛书》系列,安徽大学徽学研究中心也推出了《徽学资料研究辑刊》,还有一些个人如刘伯山、王振忠等也收集了比较多的文书,这些文书有的还正在整理当中。这些几乎不间断的资料收集、整理和出版,为徽学研究奠定了坚实的基础,大大方便了明清历史研究者,使徽学研究逐渐深入,带动了中国史研究的发展。对于徽州文书和徽学的研究,已经有不少综述[①],这里不再赘述。

资料的丰富方便了研究者,但对涉及徽学研究时间不长者构成了压力。研究者们如何熟悉和解读已经整理和被利用的如此庞大的资料,如何收集和分析新的资料,这些都是难点。由于时间、精力和悟性局限,笔者所利用的资料比较匮乏。地方志中的资料是不可少的,其中有丰富的风俗和赋役方面的资料。本书出于对赋役的观照,主要分析了嘉靖四十五年(1566年)《徽州府志》中的赋役资料,由于缺乏计量统计和分析的方法,以及对赋役史整体上的认识比较浅显,所以对这方面资料的利用可能也显得很肤浅。另外,笔者主要分析了徽州的一些家族谱,家族谱中确实有很多的人口分流方面的信息,也有大量的宗族管理方面的资料。关于下层社会的资料主要是利用徽州契约文书,张海鹏、王廷元主编的《明清徽商资料选编》中比较丰富的商人资料方便

---

① 周绍泉:《徽州文书与徽学》,载《历史研究》,2000年第1期;阿风:《徽州文书研究十年回顾》,载《中国史研究动态》,1998年第2期;阿风:《1998、1999年徽学研究的最新进展》,载《中国史研究动态》,2000年第7期;伍跃:《徽学在中国史研究中的崛起——明清史研究的新动向》,载《中国史研究动态》,1998年第5期。

了笔者的研究,章有义编辑的《徽州地主分家书选辑》是笔者探讨分家与人口问题的主要资料。除此之外,笔者还利用了一些文人文集的资料。总之,笔者力图在资料的面上广泛一点,在点上深刻一点。

本书的研究方法可以简单归纳为区域性的整体观照、人口史的社会学视野、社会学的分析框架。目前国内在区域史研究方面已经展开了深度探讨,从国家到区域,再从区域回到国家,双向的探讨和彼此的观照,也是研究徽州社会所需要的。本书的立足点是徽州区域,是区域社会史。正如有学者所言:"政治史更多地让我们看到断裂,而区域社会史更多地让我们看到延续。"①本书关注的是徽州社会内在的延续,有变迁的延续,可以理解的延续。"要理解特定区域的社会经济发展,有贡献的做法不是去归纳'特点',而应该将更多的精力放在揭示社会、经济和人的活动的'机制'上面"。"建立并发展起有自己特色的民间与地方文献的解读方法和分析工具,是将中国社会史研究建立于更坚实的学术基础之上的关键环节之一"②。

由于笔者探讨的是徽州的区域社会的人口分流,所以对区域社会进行整体性的观照就是必不可少的。中国的地理空间太大了,各地的社会经济和文化差距难以使研究深入。一刀切的研究既无视不同区域存在的历史和现实差异,同时在对诸多人口环境因素进行具体分析时存在操作和技术上的困难。曹树基和李中清都不排斥区域人口史研究③,相对于全国来说,徽州是小的,正因为它的小,才有了整体性观照的可能。详细而精确的人口数据不是笔者所追求的目标,笔者关注的是人口压力增加后社会的贫困化及其解

---

① 赵世瑜:《小历史与大历史:区域社会史的理念、方法与实践》,北京:三联书店,2006年,第7页。

② 陈春声:《走向历史现场》,见赵世瑜:《小历史与大历史:区域社会史的理念、方法与实践》,北京:三联书店,2006年。

③ 曹树基认为:"中国人口的变迁过程首先是区域人口的变迁过程。概括地说,区域性的自然资源和与此相关的社会经济结构共同制约着区域内的人口变迁,并借此制约着中国人口的变迁。从这个意义上说,中国人口的变迁本身也就是生态环境的变迁。"笔者对此的理解是所有的生态环境都只有在特定区域的范围内才能得到有效的探讨。曹树基或许是出于建构宏观人口体系的需要,对微观人口史研究就略显不够。

决。实际上,由于缺乏对徽州社会的整体性观照,人口史研究者在重建徽州人口数据方面就有着严重的误差。明代徽州的人口并不是如表面上的官方数据一样少,也不是低增长的,而是自宋以来就迅速增长。如果以曹树基的数据,明代中后期徽州人口约为60万,增长率为3‰计算,那么到1820年也只有120多万,而这与他建立的当年的数据247.5万几乎差了一半,而且还不计外部战乱和迁徙等因素下的人口损失。因此叶显恩所估计的明代万历年间徽州人口达到120万,甚至已经超出120万,更接近真实情况。经历明初期的休养生息后,到了明中后期,徽州的人口已经达到了一个相当大的规模,生存压力非常大。徽州也不适合于曹树基所划分的那样一个商业区域,土地和农业对徽州人口行为包括生育的影响是非常大的,溺婴也很普遍[①]。对徽州区域社会经济和文化背景的关注,导致了他直接的判断失误。各府数据由于缺少了对区域社会经济文化的深刻了解而显得表面化,在某种程度上只是对梁方仲和何炳棣研究的补充,而且缺乏可靠性。如果这样,即使做到分析各县人口,仍不会具有多大的突破性。明清人口史的一些最为根本的问题,如促使中国人口增长和流动的主要机制是什么,社会和文化发挥了什么样的影响,人口如何影响了社会和文化的变迁等,离不开区域研究的视角,也绝不可能仅仅利用方志资料就能解决问题。由于官修史书——全国性的或地方性的——在人口统计上所具有的先天性的缺陷,新资料如谱牒和档案等的挖掘就更能说明基本的人口问题如婚姻、出生、死亡、生存和流动等。新资料一般更具有地域性和整体性的特色。对区域社会的整体观照能使人口史研究趋于深入。整体观照并不意味着人口史研究无视微观分析,相反,区域社会的背景知识能使微观人口史研究更趋深入。

整体性的观照需要社会学的视角。相对于社会来说,人口问题仅是其中的一个方面;但正因为区域社会有不可分割的整体性,所以人口问题反映出的不仅仅是人口本身,而是社会的一个缩影。正如李中清所言:"每一个历史

---

① 文献中这方面的记载非常多,而且,不少学者的研究已经证明了这一点。

人口都是其特定环境的囚徒,这些环境包括年龄、阶级、气候、文化、种族、地理、历史、制度、职业、性别、居住类型或时代。"① 只有对这些社会环境特定而又普遍的研究,我们才会得出比较符合历史真实的中国人口发展的某种内在和外在的机制。人口史研究的历史和现状告诉我们,中国人口史研究难以得出精确的宏观数据,实际上也没有在宏观上更为精确的必要;人口史研究最为主要的目的是为了解释社会经济和文化的变迁,不可能仅仅是作纯粹人口学意义上的探讨。因此必然要与制度史和经济史相结合,也必然要在特定的时空下,在特定的历史和社会经济文化背景中进行微观和宏观的结合。这样就更容易把握人口与社会之间的互动关系,同时深入人口史和社会史研究。徽州人口在群体性、身份性和重合性等方面具有鲜明的特征,由于人口在人的不同的生命阶段往往具有不同的身份,人口分流是生态和人文环境共同作用的结果,徽州人口与社会的互动关系更为密切,徽州人口分流应放在徽州的整体社会的框架内进行探讨,社会学的视角是必不可少的。

　　社会学的视角需要社会学的分析框架。一旦我们对特定区域的人口流动模式和人口增长机制作出了较为准确的判断,那么我们就拥有了一块坚实的基石,在此基础上我们可以检验所谓的内在性抑制和外在性压力的人口模式;可以重新认识和诠释区域社会,也可以和其他区域社会进行比较研究,从而认识和诠释更广的社会制度和文化。宏观探讨在解决人口史的一些深层次问题上无所借力,无法深入,因此转向微观的探讨就成为另一条路径。建立一套分析框架和模式,能更好地将宏观与微观结合起来。本书认为,徽州人口在职业、身份、血缘和地缘上的分流,受到了生存伦理的强烈影响,它一方面表现为在脆弱的生态环境下所体现出来的多层结构下的生存保障,另一方面表现为在扩张的人文礼教环境下所体现出来的强烈的多元文化的伦理精神。生存意识和宗族伦理是生存伦理的核心。分析框架和模式的提出,也仅仅是诠释社会的一种方法,是将人口与社会、经济和文化相结合的一个手

---

① 李中清、王丰:《人类的四分之一:马尔萨斯的神话与中国的现实(1700—2000)》,北京:三联书店,2000年,第219页。

段,从根本上它也许并不具有绝对性。

古代中国缺少真正意义上的人口统计资料,即使有,也局限于很小的地域范围。在传统国家的和平时期,户口最突出的作用是它的经济意义——纳税当差,在战乱时则具有军事上的意义——绥境安民。这从地方官员的主要任务——刑名和钱粮就能看出来。本书的目的不是重建徽州的人口数量、规模和移民,也不是着重于探讨某个群体的生存状况。本书试图为徽州的人口分流提出一种模式,本书要探讨的是在明代中后期以来的徽州社会内部,随着人口的增长和生计的艰难,徽州人口如何寻找生存保障。徽州是一个很特别的地区,特别在如下几个方面:山多地少、赋役繁重、宗族普遍、人文繁盛。人地关系的紧张,赋役负担不断地加重,使徽州的生态环境具有相当的脆弱性;宗族也在大规模地扩张,人文礼教也在向基层社会渗透,这使得徽州的宗族和人文礼教环境又具有扩张性。从宋代以来这些生存环境已经对徽州人口产生了不利的影响;而到了明代,由于人口大量的增长,人地矛盾、赋役的影响、宗族和人文扩张这些方面更加突出,生存环境恶化,人口的贫困化在进一步发展。但是人口的贫困化并没有引起徽州社会内部的严重动荡。

徽州人口处于这种脆弱又扩张的生态与人文环境之中,为了生计,一部分儒士和农民改变了自己的职业观,从事商业;为了生计,一部分贫困无靠的人口,改变了身份,丧失了自主性,成为依附缙绅、商人和宗族的仆人;为了生计,家庭进行了普遍的分家,家庭和宗族人口也在向周边或外地进行着或迁徙,或入赘,或出继的血缘和地缘上的流动。徽州人口的分流,在徽州形成了数量庞大的商人、佃仆和小家庭这样的群体和人口单位,并因此形成了士—商、主—仆、小家庭—支派—大宗族的结构,徽州不断增长的人口虽然受到贫困化的威胁,却最终获得了维持生存的生计。徽州的生存伦理和宗族社会为他们提供了比较稳定的生存保障。通过分流,徽州人口不断外流,本土人口规模和人口增长受到抑制;在缓解生存压力的同时,也在不断地强化着生存伦理和宗族建设,使徽州社会保持着长期的稳定。但同时,脆弱的生态环境难以在经济发展上获得突破,宗族建设的强化维持了低水平的生存,在老人和宗族日益结合下走向保守和内向,徽州社会的发展没有质的突破;再加上晚清徽州盐商的衰落,徽州社会也走向没落。

通过对人口分流的梳理和分流模式的提出,本书试图对徽学研究中的一些观点提出自己的看法。

第一,《徽商研究》认为:"徽商中出身于阀阅之家者固不乏人,但为数更多的则是为生计所迫外出谋生的小商小贩。这些小商小贩虽然资本无多,但却富于商业经验和艰苦创业的精神,而当时商品经济的发展又为他们牟利生财提供了极好的机会。所以他们之中'挟一缗而起巨万'者比比皆是,这就使整个徽州商帮的实力得以迅速增强。"① 这里的小商小贩所占据的绝对数量是不容置疑的,但是是否能把阀阅之家和小商小贩完全割裂开来?小商小贩的出身与阀阅之家有什么关系,他们的成功又和阀阅之家有什么关系?小商小贩可以有艰苦创业的精神但又如何能够富于商业经验?阀阅之家为什么介入商业,他们对各种职业的看法如何?明清时期徽州人口大量增长,其生态人文环境使徽州面临着越来越大的生存压力,显然人口的增长主要集中在生存条件比较好的世家大族之内。但由于资源的匮乏、赋役的压迫和不断的分家析产,无法避免小家庭的日益弱化,不仅使农民贫困,士人阶层也越来越多地面临着贫困的威胁,而这些农民和士人正是早先以耕读传家的世家大族的后裔。贫困和赋役的威胁最终使他们传统的职业观、治生观发生了根本性的转变,重农抑商的本末观念被重新诠释,士商的职业差别被模糊化,士商的人生使命被趋同化,商人的地位被抬高,大量的生计艰难的农民和士人走上经商之路。生计艰难的小商小贩是宗族人口,这就为日后商业人口回归宗族提供了合理的解释。在商人资金的回流和商人身心的回归下,具有物质基础和老人权威的宗族维持着自己的强势和垄断性的地位,徽州社会的宗族性和身份性的特点日益明显。而在他们归老宗族和土地的同时,他们的子弟也在重复着同样的生命历程。生计艰难的小商小贩占了商人的绝对多数,同生计

---

① 张海鹏、王廷元主编:《徽商研究》,合肥:安徽人民出版社,北京:人民出版社,1995年,第10页。

艰难的族人占了宗族的多数是一致的。

另外,在早先的赋役下产生的贡赋性商品经济,不但使徽州物产高度商品化,而且使徽州人时时跨出徽州,到江浙地区去采买贡赋用的物品,徽州人的商业意识和后来形成的以江浙为中心的商业网络就在长期的贡赋性商品经济中形成。临近的江浙地区正是自唐宋以来经济重心逐步南移的核心地区,已经成为政府财政收入的重地;这个地区有丰富的高度商品化物产,尤其是生活必需品的粮食、食盐和布帛,也是商品的集散地和最大消费地,而且还是人文中心。这些优势使江南地区成为明清时期的人文、经济中心,吸引了全国的资金和人才。而徽州有不少的宗族早先就是由江南地区迁入的,徽州的儒宦也不断任职于江浙地区,他们与江浙地区建立的千丝万缕的联系,为他们日后的经商和迁徙打下了基础。早期向徽州的迁徙与后期向江浙地区的迁徙,都是为了生存,为了发展。徽州的贡赋性商品也大多在江浙地区采办,而承担采办的也多是经济条件尚可的大户或中户,他们无疑也具有浓厚的衣冠色彩。由于赋役和人口流动,徽州商人的兴起与江南地区有着千丝万缕的联系,并培养了商业意识,扩大了商业网络。

在徽州本土进行生存性的贸易使徽州人积累了大量的商业经验。由于粮食等生存必需品的严重缺乏,徽州人大多需要在本土市场上或到邻近郡县的市场上进行商品活动,但这种商品活动,更多的是为了换取生活必需品,是为了维持生存,并不表明徽州的商品经济有多大程度的发展。但对他们及他们的后代日后走出徽州创业是有帮助的。

第二,明清时期的徽州到底是一个什么样的社会?徽州的文化到底属于什么样的文化?无疑,宗族化和商人化是明清时期徽州最为显著的特征,而且的确,宗族与徽商已经成为一体,无法分开。商人的职业观、经营活动、资金的回流甚至是归老之所都无法与宗族分开。年轻的徽州人由宗族走出,给宗族提供物质力量,最后又归老宗族。而且从士人、商人和贱民都大量集中在宗族之中看,徽州无疑是一个宗族社会。

徽州存在着一种重商文化,但是笔者认为徽州文化的真正内涵绝不是商业文化，而是一种生存伦理。徽州的人口分流形成了徽州社会所特有的士商的职业结构、主仆的身份结构、小家庭与大宗族的血缘聚居结构，以及分支与本支的地缘网络、小徽州与大徽州的分布格局等多层次的结构与网络，这种多层次的结构虽然是以徽州的多元文化为基础的，但是它是在长期的生存危机和宗族建设中形成的，生存伦理是贯穿其中的主线。徽州的宗族建设在徽州人口增长、资源缺乏和环境恶劣的大环境下往往能够得到反弹，徽州人口的大量增长和贫困、商人的大规模兴起、宗族的大规模建设和人口向外迁徙也几乎是同步的。多层次的结构为人口提供了更多的生存保障。大量商人的生命历程都经历了由贫穷到富裕，由走出宗族到回归宗族、建设宗族的过程。多层次的结构为人口提供了多方面的职业选择，提供了多方面的生存保障，有效地抵消了徽州人口与资源、环境的突出矛盾。在人口规模受到控制的同时，大量优秀的人口流出了徽州，这对徽州的影响也是很深的。回流徽州本土的很多商人和致仕归老的官僚积极投身宗族的建设，形成年轻人在外谋生，老人、宗族和礼教统治徽州的现象。徽州也因此成为老人的乐园、宗族的沃土、礼教的天堂。徽州聚集了士人、贞节烈女和佃仆等不同的群体。商人化只是徽州人塑造徽州文化的一个手段，一个在徽州那样的生态人文环境下必须要经历的一个过程，是生命历程中的一个阶段。这种保守性也是生存伦理的一个方面。传统社会晚期的徽州社会文化表现出了生存伦理和宗族社会的双重特征。16世纪虽然曾经有过激烈的思想和观念的变革，但在缙绅、宗族和老人的共同作用下，人文礼教的扩张消除了商人增加后对社会稳定的威胁，徽州社会从稳定趋于保守和内向。正是在这种扩张下，佃仆人口有扩大的趋势，商业人口有缙绅化的趋势，老人有回归土地和宗族的趋势。

如果本书有所创新的话，笔者希望能够对徽州的人口分流现象作一个梳理，提出一种解释徽州社会人口流动的模式和分析框架，并对徽学研究中的具体问题作一些探讨。

由于现有的徽州学研究成果非常多，本书大量借鉴了已有的成果，尤其是徽商、宗族和佃仆研究中涉及人口史的成果，非常感谢前辈们的研究。但是关于徽州学以外的成果,尤其是赋役史方面的研究,则利用得比较少,这无疑局限了笔者的视野,以后需要在这方面努力。

笔者就学的南开大学是社会史研究的重镇,在硕士学习阶段,老师就在教学和研究中灌输和强调利用社会史研究的理论和方法,使笔者对史学的理解焕然一新,这对笔者论文的构思和写作产生了根本性的影响。进入博士阶段,老师在为人和治学上时时给笔者以谆谆教诲。但显然,本书还有许多尚未解决的问题:

第一,还是资料上的问题,需要分析更多的族谱中的人口及其相关信息,以充实自己的论点。

第二,是方法上的问题,人口数据如何处理,如何从静态的人口数据中发现动态的社会变迁,本书的分析框架和人口分流的模式能否有更多的资料和理论扶持。整体的观照和社会学的视角,需要有更为全面的学科知识和理论基础。例如贫困化的问题,笔者认为,贫困化的因素是很多的,有农业经济上的原因,有赋役的原因,有商业资金回流所造成的通货膨胀和攀比之风的原因,也有人文礼教方面的原因,还有制度上如分家、就业等方面的原因。人文礼教的存在、维持和扩张都需要物质基础,如寡妇守节而申请表彰等,贫穷的人确实难以办到。虽然看起来宗族和缙绅的财富可能不少,但应付人文礼教方面的开支也很大,如培养读书人、丧葬祭祀等方面,这种开支的确有使人贫困化的可能。在礼教下个人和小家庭所承担的义务,如对宗族的义务,往往也使中、下户贫困化。另外,分家使原先的土地经营分散,家庭经济脆弱化,越来越难以维持,这时就需要有其他方面的收入,有选择其他职业的权利,否则也能导致贫困。国外有学者在权利体系内探讨贫困与饥荒问题,认为贫困并不必然导致饥荒与死亡,饥荒、死亡是某种权利丧失的后果[①]。笔者认为,可以借鉴权利方法来探讨徽州社会的贫困化及其后果。徽州人虽然普遍贫困化,但徽州人没有丧失生存的权利,虽然可能失去了土地,但仍然拥有在土

---

① [印度]阿马蒂亚·森:《贫困与饥荒》,王宇、王文玉译,北京:商务印书馆,2001年。

地上耕种的权利,也有以身份换取生存的权利,还有选择多种职业的权利,即使是在儒业内部,随着儒业范围的扩大,他们仍然有多种生计选择。总之,"贫困产生的原因是很难回答的,贫困的直接原因往往比较清楚,无需做太多分析,但其最终原因却是模糊不清的,是一个还远远没有定论的问题"[①]。笔者认为,可以在家庭—宗族结构下的徽州社会内部探讨贫困化的深层次原因。由于受社会科学方法的局限,本书在这方面仅仅作了一个初步的探讨,还远远不够。

第三,在试图对传统社会的诠释中,笔者深感中国的传统文化及其变迁的确是一个非常复杂的问题,中国的精英文化如儒学在不断地向下转移,大小传统之间的碰撞必然对双方都产生影响,最后形成的也许是双方都可以接受的区域伦理文化。但传统文化教育的缺乏和片面性,实际上使包括笔者在内的初学者往往对社会也有着片面的理解,并形成了某种固式的思维,笔者虽然设法避免这种思维,但在有意和无意之间也许还是影响了全书的构思和写作。如前述的贫困化思维就是典型的对传统社会的理解,由贫困化问题引申到伦理问题,不同的阶层几乎都有适用于自己的伦理规范,随着贫困或富裕,伦理观念也会产生变化,不同身份和不同财富的人需要承担的是不同的责任。伦理有层次性吗? 多元文化的表象下有共同点吗? 有绝对性的价值观吗? 很多问题需要在传统文化与实际生活之间采取一种中庸的立场。

徽州确实是一个文化内涵十分丰富的地区,仅仅是儒家文化,既有朱熹集大成之理学,也有戴震集大成之汉学,由宋儒到清儒,从鼓吹"存天理、去人欲"到批判"以理杀人",儒学的转变不可能仅仅纯粹是思想上的转变,虽然张寿安指出了从理到礼的内在转变[②],但与社会经济和文化之间有着怎样的关系? 而且清中后期时戴震在诸如凌廷堪、程易田、汪中等众多的徽州或徽州

---

① [印度]阿马蒂亚·森:《贫困与饥荒》,王宇、王文玉译,北京:商务印书馆,2001年,第1页。
② 张寿安:《以礼代理——凌廷堪与清中叶儒学思想之转变》,石家庄:河北教育出版社,2001年。

籍学者中也备受推崇①,而其中很多的学者都有经商的经历或家庭背景,显然徽州的生态与人文环境已经改变了程朱理学。在从朱熹之理学向戴震之汉学转变的过程中,经济、文化、思想之间是一个怎样的互动关系?很多很多的问题更需要结合国家制度与地方知识,融合不同学科展开深层次探讨。

---

① 凌廷堪在《戴东原先生事略状》中说:"东原先生卒后六年,廷堪始游京师,洗马大兴翁覃溪先生授以戴氏遗书,读而好之。又数年,廷堪同县程君易田复为言先生为学之始末,深惜与先生生并世而不获接先生之席也。"((清)凌廷堪:《校礼堂文集》卷三五《汪容甫墓志铭》)而占籍江都、管理文汇阁四库书的歙县人汪中更是一提到宋儒就骂不绝口,而对戴震则推崇至及,他说:"古学之兴也,顾氏始开其端;河洛矫诬,至胡氏而绌;中西推步,至梅氏而精;力攻古文书者,阎氏也;专言汉儒易者,惠氏也;凡此皆千余年不传之绝学,及戴氏出而集其成焉。"((清)凌廷堪:《校礼堂文集》卷三五《汪容甫墓志铭》)

第一章 明清徽州的人口与环境

第一节 从丝绢纷争说起

万历五年(1577年)六月十一日,徽州府婺源县爆发了"鸣金竖旗""喊呐呼噪"的骚动,几千人围堵县衙,要求代理婺源县事的徽州府通判徐廷竹向上司申文,停止将歙县丝绢加派徽州府其他五县:休宁、婺源、祁门、绩溪和黟县。这一骚动持续了近一个月之久。长期以来,徽州府六县中歙县和其他五县之间关于丝绢负担的矛盾得到了一次总爆发①。

探讨丝绢纷争的缘起、经过与结果,能使人们对明代中后期以来的徽州社会有一个比较直观的印象,尤其对当时徽州社会所面临的压力有更深的认识。

这次纷争虽然发生在万历年间,但其源头却比较早。其起因就是在徽州府六县的赋税中,唯独歙县有丝折绢8 780匹,折银6 100多两。该项丝绢属于夏税,其来历有两种说法:一是为了补足亏欠的夏税麦而征加。这种说法最先出现在弘治《徽州府志》中。从嘉靖《徽州府志》看,元代徽州府夏税征收茶租地租中统钞和丝绵,地方官因丝绵确实不是土产,奏请折纳宝钞征收。元至正二

---

① 对明末徽州府丝绢纷争的分析还很少,日本学者夫马进对此比较关注,参见其论文《试论明末徽州府的丝绢分担纷争》,载《中国史研究》,2000年第2期。

十四年(1364年),徽州六县都有夏税麦丝绵这一项,但基本上都折麦征收,共收麦约 52 023 石,其中歙县约为 19 632 石(占徽州总数的 37.74%)。至正二十五年(1365年)赋役改科,徽州府夏税麦 41 936 石,其中歙县夏税麦 9 865 石(23.52%),比上年减少了 9 700 多石。后来为了弥补亏欠,就在歙县部分田地每亩科丝 4 钱,共科丝 9 043 斤。弘治十四年(1501年)以丝 20 两折生绢 1 匹,岁输 8 779 匹。嘉靖四十一年(1562年)开始折银,每绢 1 匹折银 7 钱①。

弥补亏欠之说,歙县人认为不合理,他们认为亏欠数不能由歙县一县来承担,因为乙巳年(1365年)改科时歙县、绩溪、黟县和婺源的夏税麦都减少了。其次,如果是弥补麦数亏欠,就应该科麦以弥补,不应该以丝绢折补,因为歙县不产丝,舍所有而取所无是赋税之一大害。再者,即使亏麦 9 700 余石,按当时的官方折价标准来计算,每石银 3 钱,折银也不到 3 000 两;但要折绢 8 779 匹,每匹银 7 钱,总共折银 6 000 多两,远远超过了麦价的 3 000 两。这种折价导致了明显的加征,使得歙县的夏税和秋粮几乎相等,歙县的民众承受了过重的赋税。嘉靖《徽州府志》也批评这种折价行为,并援引成化间黟县民众要求裁减官田重赋而成功的先例,鼓动歙县人上诉②。

还有一种说法,认为这部分就是人丁丝绢,而不是弥补赋税欠数。据正德《大明会典》记载,徽州府南京承运库人丁丝折绢 8 779 匹 4 尺 3 分 3 厘 2 毫,而且顺天八府都派有人丁丝绢。虽然没有明写是歙县的,但是在府志和《黄册》中,都明写着是在歙县征收,这就直接导致了争议的产生。既然是徽州府的人丁丝绢,那么就应该分派六县,而不能仅仅由歙县独力承担。

在嘉靖年间,全国兴起了一股赋役均平思潮。在这种思潮的影响下,歙县人压抑已久的不公平的情绪终于激发。早在嘉靖十四年(1535年),歙县就有程鹏和王相上告都院,要求在六县均平丝绢,其他五县却上告反对分摊,从而挑起了第一次纷争。编辑《丝绢全书》的程任卿的看法是,当时"五邑人民汹汹不平,几成激变之祸,后幸议寝不行,其祸获免"③。

---

① (明)程任卿辑:《丝绢全书》卷一《休宁县查议申文(万历三年六月十三日)》。
② 嘉靖《徽州府志》卷七《食货志·岁赋》。
③ (明)程任卿辑:《丝绢全书》卷一《绩溪县查议申文》。

隆庆四年(1570年)二月十日,歙县人帅嘉谟挑起第二次纷争。经过长期的反复,最后在户部尚书歙县人殷正茂的直接干预下,官方高层支持歙县,推翻了县、府等地方官员主张的折中办法,强行在六县分摊丝绢负担。殷正茂对操作程序的违反、以帅嘉谟为首的歙县人获胜后的炫耀,激怒了其他五县士民,因此激起了民变。其中闹得最厉害的是婺源和休宁,两县士民聚众竖旗,矛头直指户部尚书殷正茂。其他三县也在观望,渐有五县联合之势①。同时,歙县和其他五县的民众严重对立,事态趋于失控。

地方大员和中央政府被"徽州激变"震惊了,他们迅速作出了反应。抚按官员以"民心变动难测"为由,要求早日重新议处原议,以安抚人心、堵塞祸源、安靖地方。这显然是认为户部的决定就是激变之祸源。对此,张居正内阁软硬兼施。首先是撤回了户部的决定,命令抚按官员从公再议;其次是处罚闹事的主谋者,并将主谋者锁定为豪右宦族②。在拿究衣冠豪右未果的情况下,一些积极参与的生员就成为拿究的目标,程任卿、帅嘉谟等最后被判充军。与此同时,户部原来的决定也被废弃。在重新计算各县赋税额的时候,歙县的人丁丝绢银6 100多两仍归歙县,而歙县多承担的均平银2 530两则重新进行分担,歙县负担530两,其他五县承担2 000两,自万历六年(1578年)开始分派。后来这2 530两均平银又从徽州府每年剩存的军需银和歙县解池州府的兵饷银内给冲掉了,实际上,等于是府县的原额内减少了2 530两③。可以说最后是三方都作了妥协,但政府以减少实际收入作了最大的妥协。

如果按照户部的意图,进行六县分派,那么,各县的摊派额也并不多,其中歙县2 853两,休宁1 615两,婺源733两,祁门424两,黟县255两,绩溪263两④。但这看起来并不多的摊派额却引起了这么大的反应,这确实值得

---

① (明)程任卿辑:《丝绢全书》卷五《报舒府尊揭贴》《舒爷署县申文》《舒爷申上司揭贴(万历五年七月初四日)》《婺民诉冤说帖》,卷六《抚按会题疏文》《南京礼科等给事中彭一本》。
② (明)程任卿辑:《丝绢全书》卷六《抚按会题疏文》。
③ (明)程任卿辑:《丝绢全书》卷八《奉院道豁免均平公文(万历七年三月)》。
④ (明)程任卿辑:《丝绢全书》卷五《户部坐派丝绢咨文并府行县帖文(万历五年六月初七日)》。

探讨,首先是徽州有着特殊的人文生态环境,其次是这种环境下所弥漫着的生存伦理,这从纷争中不同群体的态度上可以看出来。

如果说知府的立场有时还摇摆不定,那么各县的父母官则立场鲜明地代表着本县的利益。他们都自称自己申文的观点是以本县的乡宦、举监生员以及军民匠籍的诉求为依据的,是建立在事实基础之上的,是为当地人民及其子孙后代所考虑的,更是为朝廷的利益考虑的。实际上,丝绢分担并不涉及他们自身的经济利益,他们只要能完成征收即可。但是一旦纷争演变成动乱,就直接关系地方官员的身家性命和仕途,所以他们劝说、威胁民众和高层,流血冲突势必使当地生灵涂炭,同时又给朝廷的政治统治和国库收入造成难以弥补的后果。从这个立场出发,他们要求户部尚书殷正茂"毋执己见,毋拘成议,毋再妄举,以保身家"①。

地方官员们虽然为自己的观点和立场列举了种种理由,但有一条是不能明说的,那就是本县的衣冠豪右。应该说在当地所有能够出头露面的身份背后,还有一个最强大的背景——衣冠豪右。所谓的"衣冠豪右",更确切地说就是乡宦和宗族,尤其是宗族,更是徽州地域社会的中坚力量;而乡宦作为当朝官员,代表着更为广泛的权势,其背后也是强大的宗族势力。衣冠豪右与官方的关系本来是既有合作又有冲突的,但是在事关本地的集体利益时,他们是紧密结合的。尤其是在徽州,衣冠豪右的势力非常强,足以左右当地的政府官员、生员乃至普通百姓的立场和行动。衣冠豪右代表着当地的舆论,集中着最多的土地和人口,控制着当地的赋税征收,丝绢分派对他们利益的损害是最大的。正因为衣冠豪右的影响,张居正内阁认为,地方豪右极有可能参与并主导了"徽州激变",因此特意交代地方大员,"如干碍豪右宦族,请旨拿问,不许畏众纵恶,致长乱萌"②。与此相呼应,歙县生员也联名上呈,"一二豪右,坐地主盟……在婺源则倡谋首衅,在休宁则出令兴兵,聚众围扎衙门",指出豪右宦族是激变的主谋者,要求严惩③。在上面的要求和下面的

---

① (明)程任卿辑:《丝绢全书》卷五《舒爷申上司揭贴(万历五年七月初四日)》。
② (明)程任卿辑:《丝绢全书》卷六《抚按会题疏文》。
③ (明)程任卿辑:《丝绢全书》卷六《歙县生员呈词(万历五年闰八月十三日)》。

控诉下,当时的应天巡抚胡执礼对缉拿豪右表现得很积极。他一再下命令要求对豪右动手,"为首倡乱者,已报获数名,今不具详,想惧于豪右宦族之人耳。明旨森严,耳目难掩……豪右宦族若干名,某应请旨拿问,某应径拿问,要以遵明旨、排浮议云云"①。"明旨所重者,豪右宦族也。前将首事数人拿问,其余出示免冤者,盖指小民言耳。衣冠之类,不可不惩"②。可是,地方上的府县官员并不敢拿问豪右。由于不敢拿问豪右宦族,因此,以"生员亦衣冠之类"为由,逮捕了程任卿、何似等生员③。面对胡执礼的执着,府县衙门回答,衣冠豪右没有参与倡乱,拿究豪右的命令被地方政府明确地拒绝了④。

激变时居家的婺源县乡宦余懋学,十几年后上疏要求释放被判"监候处决"的生员程任卿,他认为当时那些被判的生员只是替罪羊,张居正真正要的衣冠豪右就是余懋学和休宁县的汪文辉⑤。

这场纷争的主力是生员。生员大多集中于衣冠豪右之家族,有强大的后盾,也是身份和土地的拥有者。分担直接损害了他们的利益,而歙县人的炫耀则损害了他们在地方上的权威,所以他们在行动中最为活跃,引经据典,商定对策,指挥行动,所发挥的影响也最大,最后也理所当然地成为政府所要惩办的主谋。譬如最后被重判的生员程任卿,其罪状就是:"占本县紫阳书院,立作议事局,对众显扬,愿自出身,主官局事,支用银米,因而科敛该县人民银两入己"⑥。聚众打人、联络里排、竖旗激变等,几乎政府忌讳的所有的事情最后都摊到生员的头上⑦,生员成为真正意义上的替罪羊。

还有一个群体是小民。小民在纷争中又被称为"愚民",他们人数众多,生活贫苦,地位低下。本来是政府政策所要保护的对象,是政府与衣冠豪右所争夺的目标。虽然他们中多数可能是宗族中的成员,但是,他们只拥有微

---

① (明)程任卿辑:《丝绢全书》卷六《查豪右牌面(万历五年闰八月)》。
② (明)程任卿辑:《丝绢全书》卷六《又牌(万历五年闰八月十八日)》。
③ (明)程任卿辑:《丝绢全书》卷六《又拿究生员宪牌(万历五年闰八月二十四日)》。
④ (明)程任卿辑:《丝绢全书》卷六《本府回无豪右申文(万历六年正月八日)》。
⑤ 光绪《婺源县志》卷六〇《纪述五》。
⑥ (明)程任卿辑:《丝绢全书》卷六《本府原拟供招(万历五年九月)》。
⑦ (明)程任卿辑:《丝绢全书》卷七《抚按题覆招拟并刑部覆本(万历六年九月)》。

薄的土地,生存环境比较差,所以他们对赋税的改变非常敏感,一旦危及到自身的利益,在衣冠豪右和生员们的鼓动下,他们只有一种选择——跟从闹事。政府对这类人一般都是持法不责众的态度,所以在纷争中发布的种种文书,只要是以小民口气发出的,言辞都相当尖锐,甚至是以誓死抵抗相威胁。在其他代表本县利益的文书中,也大多把激变的威胁和行为归之于小民,正如休宁县在万历三年(1575年)六月十三日的查议申文中指出的,"在君子则讨论典籍,而曰愿守旧章;在小人则安习故常,而曰毋为激变"。激变发生之后,抚按官员也以愚民难欺为理由,力图将大事化小,"今五县之民,尚尔汹汹,不肯服输。其词曰:国家有大费,万数千数,其一县甘之,无故而认他县之差,即死不愿也。近而难下,愚而难欺,正此谓矣"①。

各个群体的身份地位不同,所牵涉的利益不同,所以他们的态度和所起的作用也不相同,最后受到的惩处也不一样。朝廷想惩办激变的幕后主谋者——衣冠豪右,这一想法没有得到地方官员的支持,小民也因其人数众多和无知而免于处罚,最后就只有惩办几个为首的生员。

从以上纷争的缘起和结果看,其核心主题是生态环境和生存伦理,徽州的生态环境使人们格外关注每一次的赋役增加,尤其是看增加的方式是否正当和公平。正是在这种生存伦理观照下,各方对这次丝绢纷争都有自己的理解。

从赋役的角度看,各县都强调自己山多地少和土地瘠薄,赋役负担本来就很重,歙县说无力独自承担,其他五县则说无力分担。从公平的角度看,歙县认为独自承担不公平,不断要求均平丝绢负担;其他五县则认为歙县是大县、富县,采取不正当的手段将原属于他们的负担强行分派小县、穷县就是不公平,并依照江南各府赋役也并不一样的情况驳斥均平之议②。

从最后的处理结果看,经过正当的操作,歙县得到了实际上的赋税减免,其他五县也没有增加赋税。纷争由不均平而起,再由部分均平而结束。明后期的形势与明初相比已经发生了巨大的变化,自嘉靖以后,国家赋役一加再

---

① (明)程任卿辑:《丝绢全书》卷六《抚按会题疏文》。
② (明)程任卿辑:《丝绢全书》卷一《绩溪县查议申文(万历三年五月二十五日)》《休宁县查议申文(万历三年六月十三日)》。

加,征派无时,再加上"一条鞭法"变革和赋役征银,赋役负担大量地向土地转移,除了中小土地所有者,土地最为集中的衣冠豪右之家也面临着巨大的生存危机,民间的承受能力已经非常有限,生存能力进一步削弱。正如黟县所威胁的那样,如果强行分派,"人民虽不敢变,终必至于流离,历考往古祸乱,率由纷更制度,愤怨民心而始"①。双方的对立也严重影响了正常的经济秩序,尤其是商人和农民的经济生活。商人无疑是对秩序最敏感的一个群体,这场纷争直接威胁了商人的正常经营活动。当时双方之间"互相仇怨,视如秦越。在歙县所辖,遇五县人民,辄行殴辱,阻绝生理;在五县地方,遇歙商贩,肆行赶打,抢夺货物"②。当时五县民情汹汹,万民"不胜激切,农弃其耕,贾罢其市"③,"郊外辍耕,城中闭市"④。在这样的情况下,任何一点非正当的变动都会引起上至衣冠豪右下至小民的强烈反应。从这个角度看,数额并不大的丝绢纷争却能引起如此的轩然大波自在情理之中。它是明后期人口、资源与环境之间关系日益恶化的一次暴露,纷争的处理结果可看成生存伦理主导下的三方的妥协。

第二节 脆弱的生态环境

从丝绢纷争中,人们看到的都是各县上至官员下至百姓对当地的自然环境和赋役负担的诉苦,而且数量并不多的丝绢分担能引起如此大规模的纷争,可见徽州的生态环境的确是非常脆弱的。因为土地和农业是国家赋役的主要来源,这种脆弱的生态环境就主要表现为山多地少的农业经济和繁重的赋役征派。

---

① (明)程任卿辑:《丝绢全书》卷五《黟县申文(万历五年七月)》。
② (明)程任卿辑:《丝绢全书》卷五《本府禁约(万历五年七月初一日)》。
③ (明)程任卿辑:《丝绢全书》卷五《舒爷署县申文》。
④ (明)程任卿辑:《丝绢全书》卷五《祁门县通学生员呈道准词(万历五年七月初五日)》。

一、山多地少,缺乏生活必需品

徽州的自然环境最显著的特点就是多山,山高林密,山间的盆地和谷地较少,面积也窄小,最大的屯溪盆地面积仅约 100 平方公里,包括休宁、歙县和绩溪的各一部分,土地比较肥沃,是徽州地区主要的粮食产区。其他地方的土质都比较瘠薄,不宜耕作。徽州方志对此有很多记载。"新安为郡在万山间,其地险狭而不夷,其土驿刚而不化,水湍悍少储蓄。自其郡邑固已践山为城,至于四郊都鄙则又可知也。大山之所落,深谷之所穷,民之田其间者,层累而上指,十数级不能为一亩。快牛犁耕不得旋其间,刀耕而火种之。十日不雨,则仰天而呼;一遇雨泽,山水暴出,则粪壤与禾荡然一空。盖地之勤民力者如此"①。

这样的多山环境和瘠薄的土地是非常不利于耕作的,但是为了生存,徽州的农民付出了更多的艰辛,而且所付出与所得到的完全不成正比。相邻的宣州和饶州地区,肥田沃土连成一片,农民不需要辛苦的付出,只除草一次,即使田里的禾苗与杂草一起生长,收获也很丰厚,能终岁饱食。但是徽州人却要除草三四次,在炎热的五六月天里,田水像滚烫的汤一样,农民不得不光胳膊赤脚跪在泥中。"湿深泥,抵隆日,蚊蝇之所扑缘,虫蛭之所攻毒,虽数苦有不得避,其生勤矣"②。"徽郡保界山谷,土田依原麓,田瘠确,所产至薄,独宜菽麦红虾籼,不宜稻粱。壮夫健牛,田不过数亩,粪壅缛栉,视他郡农力过倍,而所入不当其半。又田皆仰高水,故丰年甚少,大都计一岁所入不能支十之一"③。

从方志记载来看,徽州的田地难以耕种表现在以下几个方面:一,土质瘠薄。徽州位于黄红壤地带内,大部分耕地以黄壤、红壤为主,这种土质呈酸性反应,耕层浅,有机质含量低,所谓"驿刚而不化"即指这种土质情况。二,田地依山而开,层累而上,面积虽大,而实际种植量小,且不易储水灌溉,更易受到水旱的影响,所以丰年少,灾荒年份多。三,受地形影响,耕作方式落后,有

---

① 淳熙《新安志》卷二《叙贡赋》。
② 淳熙《新安志》卷二《叙贡赋》。
③ 嘉靖《徽州府志》卷八《食货志》。

的地方"快牛刹耙不能旋其间,刀耕而火种之"。即使可以利用牛耕,也要付出更多的劳力和肥力,一个壮夫、一头健牛,所能耕种的田地也不过数亩。"粪壅耨栉,视他郡农力过倍,而所入不当其半"。这种田地耕种起来也很困难,付出和收获不成比例。

徽州的耕地不仅贫瘠,而且数量有限。从方志记载看,徽州的耕地面积有两个大的增加阶段:一是宋代的经界,经界前的田地不到152万亩,而经界后接近292万亩;二是元代,元代时的耕地接近334万亩[①],这是徽州耕地数量最多的时期。宋代的经界和元代的高增长都有刮地之嫌,宋代的经界虽然以均赋为借口,但在均赋和增赋之争中,最终还是增赋派,也就是经界的始作俑者李椿年占了上风[②]。经界法颇类似于后代的鱼鳞图册。元代也多次推行经理、自实之法,其目标也主要在江南地区[③],元代334万亩的数字都是自实田数。所以,元代徽州的土地数量远远多于宋代,这也为朱元璋攻占徽州创造了条件,而且很快就进行了赋役改科。入明以后,徽州的耕地数量就猛降到241.7万亩[④]。终明之世,耕地数量一直在缓慢上升,至明末清初为274万亩多一点。清代将地、山、塘都折成田,折田后徽州的耕地数量一直比较稳定,维持在205.6万亩左右[⑤]。后经太平天国运动,耕地数量有较大的下降。徽州的土地制度同其他地区一样,也是一种多层级的封建土地所有制[⑥],从分家书中看,分家后,小土地所有者占了绝对的多数,但在徽州社会,身份制和宗族制又是土地不断集中的动力,因此分散与集中的双向流动是徽州土地流动的最大特色。正因为如此,徽州的土地买卖才非常频繁,大量徽州文书

---

① 根据嘉靖《徽州府志》卷一《厢隅乡都志》中六县数字统计。
② (宋)李心传:《建炎以来朝野杂记》甲集卷五,转引自陈登原:《中国田赋史》,北京:商务印书馆,1998年,第134—135页。
③ 陈登原:《中国田赋史》,北京:商务印书馆,1998年,第157—162页。
④ 根据嘉靖《徽州府志》卷一《厢隅乡都志》中六县数字统计。
⑤ 根据道光《徽州府志》卷五《赋役·田地》中六县数字统计。
⑥ 冯尔康用多层级来概括中国土地所有制的诸多形式,参见其《中国古代农民的构成及其变化》,见冯尔康、常建华编:《中国历史上的农民——彭炳进教授学术讲座(第一辑)》,台北:馨园文教基金会,1998年,第7页。

的发现展现了一个土地所有权频繁变动的明清徽州社会。

那么徽州的人均耕地是多少呢？叶显恩做了一个"徽州地区人口密度及每人平均耕地面积变化表"，如果按照官方所统计的人口和耕地数计算，可以看出明代徽州人均耕地在4.16至4.9亩之间摆动；而根据梁方仲的统计，同期全国人均田地数在6.5至20.6亩之间摆动。徽州的人均耕地面积较之全国的平均水平相差很大①。清代仍然保持了这种差距。清代实行折实田后，耕地下降到205.6579万亩，如果以明代嘉靖年间的56.6397万人计算，人均耕地为3.63亩。但是如果按照叶显恩估计的在万历年间徽州人口已达120万，则明末徽州人均耕地就非常低了。这种差距已经非常之大，而且徽州的土地瘠薄，差距更加凸显。这种差距说明了徽州的人地关系远比其他地区紧张，江南地区号称赋重天下，但徽州恐怕有过之而无不及。将洪武二十六年（1393年）和万历六年（1578年）苏州、松江、常州和镇江四地的人均田地数进行比较，洪武二十六年（1393年）四地人均田地数分别为：4.18、4.21、10.28、7.36亩，万历六年（1578年）四地的人均田地数分别为：4.62、8.77、6.41、20.42②亩。其中苏州与徽州在人均耕地数上最为接近，但是不论是自然条件还是社会经济发展程度，徽州都远远无法与苏州进行比较。江南虽然号称重赋，但江南也以逋赋而闻名，如苏、松"积欠尝至数十百万，官其地者多以此罢去"③。宣德中，苏州一府便积欠至800万石④；而且江南仕宦文人多，代为呐喊者也就多了，江南实际上纳的赋税并没有规定的那么多。另外，江南地区吸引了全国各地的人才和资金，其实际的富庶程度是别的地区无法比拟

---

① 叶显恩：《明清徽州农村社会与佃仆制》，合肥：安徽人民出版社，1983年，第40—41页。作者根据嘉靖《徽州府志》进行统计时，洪武二十四年（1391年）婺源县的数据出现了错误，因此使得该年耕地面积作2 409 697亩，实际应为2 417 048亩，由此也导致了该年人均耕地面积的误差，应修正为4.16亩。
② 本数据根据梁方仲《中国历代户口、田地、田赋统计》附表3"明洪武、弘治、万历三朝苏、松、常、镇四府的户口田地及实征米麦数"中的数据计算得到，与梁方仲在附表6中所做的人均田地数不完全一样。
③ 康熙《休宁县志》卷三《食货·田赋》。
④ （明）张萱：《西园闻见录》卷三三《户部二·赋役后》。

的。与其他地区相比,徽州人口与土地的矛盾是最为突出的,"田少而直昂,又生齿日益,庐舍坟墓不毛之地日多,山峭水激,滨河被冲啮者,即废为沙碛,不复成田。以故中家而下皆无田可业"。虽然条件如此恶劣,但逋赋少,休宁县"数百年来,从未有以逋赋累其官者"。所以,相比之下,徽州实际的赋役负担并不轻。由此可见,明清徽州的生存压力要比江南地区大得多。正因为如此,休宁知县说,虽然休宁赋税在江南不属于上上之则,但是民生日蹙,能御水旱者无几,即使丰年也勉强度日,凶年则束手无策,准备迁徙的人到处都是①。

这样的土质和地形,决定了耕种的农作物非常有限,亩产量不高。虽然方志记载徽州"独宜菽麦红虾籼,不宜稻粱",但从赋税征收看,稻米和小麦是大宗。山区的土质也不一样,如歙县南部山区,土质要好一点,称为"土山",可以种植豆、麦,比樵采获利要多几倍。而北部的山区石多土薄,只能种树砍柴。曾经有外郡的流民在此租山开垦,凿山刨石,兴种苞芦。一开始获利还可以,徽人也开始效仿。结果导致山皮剥削,石头分化,一下雨乱石随水而下,淤塞溪流,造成水灾。其害处与凿矿炼灰一样,严重破坏了当地的自然环境。不仅如此,山上的树木少了,柴薪的价格也跟着腾贵,无论从哪方面看都是得不偿失②。

由于土地瘠薄和地力的长期使用,徽州耕地的亩产量非常低。天顺二年(1458年)时,有官员上奏称,徽州"一亩所入不够6斗,而米粒粗糙,米色红杂";而当时的苏常亩产有2石多③。这里的6斗当指米,如果以出米率60%计算,徽州亩产稻谷只有1石,而苏常地方2石多米约合稻谷近4石,亩产是徽州的将近4倍。地力的长期使用,也必然导致土质下降,有学者对数据统计分析后认为,清代徽州平均亩产约在400斤左右,但从很多收租簿中可以看到,清代时大多数的土地亩产都只在300斤左右④。随着地力的消耗,亩产

---

① 康熙《休宁县志》卷三《食货》。
② (近代)许承尧:《歙事闲谭》卷一八《歙风俗礼教考》。
③ 光绪《婺源志》卷六〇《纪述五》。
④ 江太新、苏全玉:《论清代徽州地区的粮食亩产》,载《中国经济史研究》,1993年第3期;江太新:《论清代徽州地区地契中粮食亩产与实际亩产之间的关系》,见赵华富编:《首届国际徽学学术讨论会文集》,合肥:黄山书社,1996年。

量也在不断下降,因此,徽州平均亩产量不好估量。结合徽州山多地少的地理环境和当时的农业生产水平,徽州耕地的平均亩产不高于300斤是一个比较合理的预测。人均粮食产量更低,徽州人口统计严重缺漏,如果以万历年间徽州耕地在274万亩左右,人口以120万计算,那么,人均耕地只有2.28亩,而在这2.28亩中,还有很多是山塘,不能生产粮食。所以徽州人均粮食产量确实很低,正如当地文献所记载,即使在正常年份,徽州当地生产的粮食也只能满足当地居民几个月的消费,更遑论灾荒年份了。再者,随着土地不断地集中于宗族,一般民户拥有的土地少之又少。

随着明代徽州人口的大发展,徽州的人地关系出现了空前的紧张,粮食短缺和粮价高昂的情况也日益严重。明代中后期时,徽州一年的粮食收成只能满足当地十分之一的消费,因此有90%的人要靠其他的手段谋生,其中在外经商谋生的人占了很大的比例[①]。《厘弊疏商稿序》云:"余郡处万山中,所出粮不足一月,十九需外给。"[②]休宁县多山,"高山之田越十级不盈一亩,岁丰未能供食之半"[③],因此"粒米之急,日仰给东西二江"[④]。婺源县"每一岁概田所入,不足供通邑十分之四"[⑤]。黟县"农人终岁勤劬,亩收不给,多远取于池、饶"[⑥]。祁门县"山多田少,土产不足给居民之食,旧志所谓'计饷不支三月'是也"[⑦]。"徽州介万山之中,地狭人稠,耕获三不赡一,即丰年亦仰食江、楚十居六、七,勿论岁饥也"[⑧]。粮食短缺成为徽州人生存的大问题。

粮食严重缺乏,直接导致粮价的高昂。但从外地输入粮食的艰难是粮价高昂的另一个原因,这种艰难体现在多个方面,一是路途的艰难。徽州最主

---

① (明末清初)顾炎武:《天下郡国利病书》原编第九册《凤宁徽》。
② (近代)许承尧:《歙事闲谭》卷六《明季县中运米情形》。
③ 康熙《休宁县志》卷三《食货·物产》。
④ 康熙《休宁县志》卷一《风俗》。
⑤ 道光《婺源县志》卷五《风俗》。
⑥ 道光《黟县志》卷三《风俗》。
⑦ 道光《祁门县志》卷一六《食货志·物产》。
⑧ 康熙《休宁县志》卷七《奏疏》。

要的粮食进口地是江西和浙江,"民食每每仰给邻封江西、浙江等处贩运接济,而一线溪河,逆流险滩,挽运维艰,脚费几与正项相等。是以徽属米价恒贵,六邑之中产粮少而距江浙远者又惟歙县为甚"①。徽州陆路交通非常不便,水路比较畅通。但徽州深处万山之中,即使是水路,脚费也很昂贵。有时还得从"远自江广数千里"的地方长途贩运,这自然更抬高了粮价。

二是受自然条件的制约很大。乾隆十六年(1751年),徽州遭遇到旱灾,溪河的水位普遍下降,有的甚至干涸。同时江浙两省也歉收,市场上流动的米大量减少。受此两方面影响,米商也绝迹了。徽州陷入了米价昂贵无比和无米可卖的困境。对于其他地方来说都是以米贵为患,而对于徽州来说,则是以无米为患②。

三是关卡的勒索。从苏、松、常、镇等数百里外的地方贩运粮食到徽州,关税和路费加起来就相当于买米的价钱。在有些必经之地,还往往受到严重的勒索。《厘弊疏商稿序》就记载:杭州和严州两府就是徽商运粮入徽的咽喉之地,近来由于法纪松弛,杭州有坝脚、牙侩,严州有衙蠹、地棍,他们遍设关卡,擅起私税,鱼肉米商,公行罔忌。"甚至搁河纵掠,暮夜兴戎"。商人把遭到的这些盘剥,都转到粮价上面,势必米贵病民③。徽州米商的艰难和徽州人无米可食的困境在灾荒和战乱年份更为严重。在明末清初的战乱时期,徽州米商受到了严重的打击,米船过浙江钱塘县,当地就遏阻商人。而饶州浮梁县更是有过之而无不及。鄱阳地方以篾绳在河上建起栅栏,五日开一次,"婪胥吻满乃放舟";而当舟船到了浮梁地方,"两岸林莽张挺掷石以待矣",名为抢米,实际上连货物也一起抢去。米商上告于浮梁县知县,"反听胥吏拨置,言贫民无活计,暂借尔商救度。此言一出,恶胆念壮,劫杀遍野,渠魁为之煽聚,大猾为之窝匿,什百成群,打庐劫舍,不可辑御。总以徽民为壑"④。很

---

① 民国《歙县志》卷一五《艺文志·奏疏》。
② 民国《歙县志》卷一五《艺文志·奏疏》。
③ (近代)许承尧:《歙事闲谭》卷六《明季县中运米情形》。
④ 康熙《休宁县志》卷七《奏疏》。

明显,钱塘和浮梁都是以地方保护为名,客观地说,徽州的粮食消费大部分要谋之于外,必然要与临近地区产生争米的矛盾。

民以食为天,粮食短缺就需要买米,而米价一旦上涨,就要花更多的钱去买米。粮食的严重短缺和价格的昂贵,使普通消费者背负着沉重的负担。在别的地方可能是谷贱伤农,在徽州却由于土地的缺乏,大多数的人受到了米贵的伤害。无米和米贵都使贫困化在徽州进一步蔓延。

除了粮食缺乏外,很多生活必需品,如食盐、布帛,也需要从外面引进。多山的自然环境造成徽州人日常生活必需品的匮乏。

二、赋役的繁重

赋役制度和实行的实态多数并不吻合,所以,历史上的赋役是非常复杂的,从丝绢纷争也可以看出,明清时期的徽州承受了非常沉重的赋役压力。赋役对徽州人口的分流和增长有着非常大的影响。

据方志记载,徽州赋税在唐以前都是比较轻的。自唐末开始,由于战乱不断,导致开支骤增,"盖特起于唐末伪刺史陶雅之所增异,时去京师远,有司未及以为言。今天子愍之,数下恩诏,收退绢、省杂钱,凡可以惠其人者将无所爱,要以尽去百年之积弊。夫达民瘼、广上恩,不牵吏议,良有司能之时之利害,故备论其事"①。但实际上经过反复增减和改变,重赋的状况仍然照旧,没有得到根本上的改变。重赋与均赋实际上总是相连的,均赋的过程,实际上也就是重赋的过程。

以岁供为例。修于嘉靖四十五年(1566年)的《徽州府志》把明代徽州府的岁供分为三类:岁办军需之供、额外坐派之供和不时坐派之供。岁供大概开始于永乐迁都营造之时,当时有额办、额外派办,每年都是六县里甲办纳。弘治十四年(1501年)开始有不时坐派城砖等项。嘉靖间额外、不时坐派各项数多繁重。分类标准是:以嘉靖十七年(1538年)以前欧阳巡抚书册所载

---

① 淳熙《新安志》卷二《叙贡赋》。

额派里甲者为岁办,以后坐派丁粮者为额外暂征,事已停止者为不时坐派①。从这个分类标准可以看出,岁供在不断地增加之中,到嘉靖时已经非常繁多。不管是里甲承办的部分,还是坐派丁粮的部分,最后都必然摊派到民户。下面将弘治十四年(1501年)与嘉靖四十一年(1562年)的岁供作一比较。

表1-1　弘治和嘉靖年间的岁供之比较(未注明单位者都是银数,银:两,四舍五入)

		岁供名目	弘治十四年以前	嘉靖年间	增降幅%	备注
岁办军需	户部	预备供应	971	757	-22	
		遵照旧例坐派	3778	3947	4.5	
		会计岁用物料	856	785	-8.3	
		供应	36	46	27.6	
		总计	5640	5535	-1.9	
	礼部	供应牲口	1720	2131	23.9	
		岁办药材	78	140	80.8	
		总计	1798	2271	26.3	
	工部	岁办颜料	89	105	18	
		岁造叚匹		2579		
		陈言荒政以保安民生	物件	1508		
		粮长勘合	未载	21		
		新安卫岁造军器	物件	432		
		新安卫改造运粮浅船		1038		
		总计	89	5682	6285	
		总计	7527	13488②	79	
额外坐派		急缺应用料银	1554	16213	943	嘉靖三十六年后节年额办
		请派砖料以济大工③		708		嘉靖三十一年后节年征解
		总计	1554	16921	989	

---

① 嘉靖《徽州府志》卷八《食货志·岁供》。
② 这是岁办两京户礼工三部料价银。嘉靖四十一年曾在此基础上减免三分,少征银1329两,因为户部甲丁二库及工部改造军粮浅船,遇年派数,多寡不一,府库有时有盈余。参见嘉靖《徽州府志》卷八《食货志·岁供》。
③ 嘉靖三十一年工部札付照六县丁粮分派,共银780两,此后节年照数征解。参见嘉靖《徽州府志》卷八《食货志·岁供》。

续表

	岁供名目			弘治十四年以前	嘉靖年间	增降幅%	备注
不时坐派	户部	新增军马钱粮以防房患			35000		嘉靖三十年照六县丁粮分派,今停止
		协济苏松丁田以济海防①			16597		嘉靖三十八年数,四十二年减3分,四十六年丁粮分派
		协济镇江兵将以固江防以安留都			1333		嘉靖三十九年,照丁粮分派
	工部	其一砆语无考		1973			里甲出办,岁无定数无定色
		城砖(个)		57000			七八年一次,里甲出银,委官领赴池州府募人匠烧造
		织造龙衣(匹)②			2235		二三年一次,银出六县丁粮
		木植	杉木:根		86766		正德十年,嘉靖六、九、三十六年有征,因工程不一,征收数量不一,这是嘉靖三十六年数及折银
			计银 折银		129314		
			计银 脚银		41640		
			总		170954		
		传奉			5387		嘉靖三十九年,丁粮均派
		成造冠顶依仗			3891		嘉靖四十年,丁粮均派
		急缺物料造办供应家伙			10513		嘉靖四十一年,丁粮均派
	抚院协济邻郡	协济池安二府迎接景王之国			20000		嘉靖四十年,赃罚银,未派丁粮
		协济池安二府迎接景灵回京			10000		嘉靖四十四年,别项处置,未派丁银
	抚院备边				18365		嘉靖三十四年,提编均徭银

资料来源:嘉靖《徽州府志》卷八。

---

① 嘉靖三十八年(1559年)坐派本府丁田银16 597.195两协济苏松。嘉靖四十二年(1563年)减免3分,共银11 618.46两照六县丁粮分派。参见嘉靖《徽州府志》卷八《食货志·岁供》。可见户部此项不时坐派在嘉靖三十八年比在嘉靖四十二年更重。

② 始正德三年(1508年),不时坐派,或二三年一次。嘉靖四十二年(1563年)苎丝纱罗绫绸721匹,钦降花样将本年岁造段价分为二限。嘉靖四十四年(1565年)派分为三限。四十五、四十六年(1566年、1567年)各八月买解苎丝纱罗绫绸2365匹。自正德三年始织造不等,详于府牒,买诸杭州机户,遇有花样段匹,亦不时坐派。参见嘉靖《徽州府志》卷八《食货志·岁供》。

从表1-1看,明代徽州府岁供征派情况表现为以下两点,第一,坐派的不断固定化和正赋化。第二,坐派的次数越来越频繁,额数越来越大。本来是事宁则止的不时和额外坐派往往沦为"岁为常额",例如"永乐迁都时始有军需之派,遂岁为常额"。上表中的"岁办之供"本来是为永乐迁都时营造之需而征派的,结果却一直延续下来,成为常额岁供。后来再兴大工时,又重新以营造之名坐派,坐派的结果往往又沦为固定岁供额。如弘治十四年(1501年)额外坐派砖料以济大工,这项坐派在嘉靖三十一年(1552年)以后就"节年照数征解"而成为定额岁供。它遵循着坐派—转正—再坐派这样不断重复的过程,一些小目中的物料如叶茶、黄蜡、乌梅等等的重复征派处处可见。如叶茶不仅列在岁办户部军需中的第一小目"预备供应"中,还出现在第三小目"会计岁用物料"中。不断重复的过程也就是不断固定化的过程,也是不断转化为正赋的过程。如上表中的"急缺应用料银"这项额外坐派,在弘治十四年(1501年)时尚岁无定额,岁无定色,到嘉靖十六年(1537年)时转化为额外坐派,需银2 500两;而且在弘治十四年(1501年)的基础上又增加了7项不时坐派,需银近7 000两,二十四年(1511年)时停止,后来再次派征,嘉靖三十六年(1557年)时就按照往年用过的数目裁为定额,坐派本府,节年额办,照六县丁粮分派,共银16 200多两①。至此,这项坐派实际上已由没有定额没有定色的不时坐派转为固定额外坐派,而且数量有了极大的增长。嘉靖三十六年(1557年)的征额比嘉靖十六年(1537年)增长了约71%,与弘治十四年(1501年)的1 554两相比,增长了9倍多。

再如"表1-1"中的户部不时坐派中"协济苏松丁田以济海防"和"协济镇江兵将以固江防以安留都"二项共银17 930.53两,本来是事宁则止,但是却事宁不止,仍然节年派征,只是将协济苏州府和松江府的银两由16 957两减

---

① 嘉靖《徽州府志》卷八《食货志·岁供》。这八项分别为:白硝麂皮等物料、供应器皿柁木等料、年例成造修理家伙等料、年例冬衣缺少苎丝绫绸白绵等料、年例急缺物料金箔等料、修造兑换军器白绵羊毛等料、年例铺盖缺少熟绫绢布绵等料、旱铳炮军器桑本等料。解营缮司、虞衡司、都水司、屯田司。

免三分而已，这样还是给徽州增加了12 951.8两赋银。随着不时坐派转为常额岁供，农民所承受的负担也越来越重。正如地方志作者所称，岁供始于永乐迁都，其后稍稍有些增加，嘉靖以来又增加了种种不时之派，有时一年当中征派几次。

除了不断重复和不断增加名目外，各种物料价格的上涨也是坐派数额不断增加的一个原因，参见"表1-2"。比如，在岁办户部军需中第三项为"会计岁用物料"，主要征收黄蜡、白蜡、叶茶和芽茶四色价银。弘治十四年（1501年）以前是黄蜡2 000斤，白蜡350斤，叶茶4 000斤，芽茶4 000斤。嘉靖年间黄蜡和白蜡数量没变，叶茶减少一半为2 000斤，芽茶减少1 000斤为3 000斤。价格上除了黄蜡和芽茶保持原价外，从"表1-2"看白蜡和叶茶的价格上涨了很多。白蜡由每斤银0.08两上涨到0.48两，是原来的6倍；叶茶由原来的每斤银0.012两上涨到0.03两，是原来的2.5倍。虽然有些物料的价格下降了，但是这种下降幅度与料价银总数的增加幅度和其他料价的上涨幅度相比，仍然显得十分微不足道。

表1-2 弘治与嘉靖年间一些岁办军需物料的价格比较（银：两）

物料	核桃	桐油	叶茶①	叶茶②	白蜡	莘莄
弘治十四年以前	0.022	0.02	0.014	0.012	0.08	0.04
嘉靖年间	0.025	0.03	0.025	0.03	0.48	0.06
增幅%	13.6	50	78.57	150	500	50

资料来源：嘉靖《徽州府志》卷八。

还应当特别提出的是，在不时坐派当中，有些款项是徽州本土所没有的或不容易造的。如城砖坐派就是由里甲出纳价银，官府派员到池州府地方募人烧造。龙衣也是到杭州向机户采买，费用由六县丁粮均派。木植也是屡屡摊派给徽州本土所不产的鹰架杉木和平头杉木，本地没有往往就得出银到出产地江浙、江西等地购买，这样付出的代价会更高。嘉靖三十六年（1557年）

---

① 叶茶为表1-1中"预备供应"项。
② 叶茶为表1-1中"会计岁用物料"项。

营修殿堂,坐派徽州木 86 766 根,花去了银子 17 万余两,其中约 1/4 是脚银①。

如上所述,嘉靖以来征派的名目越来越多,征求数额也越来越大。从总数上看,嘉靖年间尤其是嘉靖三十年(1551 年)以后的岁供额数有了大幅度的增加。其中每年的"岁办之供"为 13 488 两,增长了 79%。比较经常性的"额外坐派之供"竟然增加了近 10 倍,达到了 16 920 两。而更为巨额的则是各种"不时坐派之供",嘉靖三十年(1551 年)以后各种"不时坐派之供"已经超过了 30 多万两,其中有约 3 万两由于地方百姓和官员的抗争而没有坐派于民。由此可见,真正对农民生存构成严重威胁的不是政府正常的赋役征派,而是各种名目繁多的加派。尤其是大量的不时坐派,一般是按照丁粮均派下去,让百姓难以承受。如"表 1-1"中的户部军需中的"遵照旧例坐派"银 3 778 两,在弘治六年(1493 年)以前是坐派丁粮,由存留永丰仓粮内折征解送工部交纳。第二年就改为坐派里甲办纳,不再从政府正赋中折征,将这项供应直接摊派到里甲和民户。

繁重的赋役存在着种种的弊端。以役法为例,徽州嘉靖年间岁役有八:均徭、里甲值月、新定粮长、新定收头、解户、军户、匠户、猎户。由于明代政府财政管理具有内敛性和消极性,地方政府的公费银很少,如祁门县公费银仅 27.74 两②,因而地方政府的运作费用主要来源于役银,这鼓励了私派③。嘉靖三十五年(1556 年)徽州府均徭银为 27 233 两,到嘉靖后期就增加了 1 479 两④。实际上,明代嘉靖年间的役法存在着相当程度的弊端,主要有三种:本役作弊,或包揽,或侵渔,或逃离;役法不均,或大户花分、飞洒,或里甲值月不分繁月、简月,不论贫里、富里;官府加征,甚至加征 3 倍。

在均徭之役中有花分、包揽、勒索、贿赂和加征等弊端。有的府县门皂包

---

① 嘉靖《徽州府志》卷八《食货志·岁供》。
② 嘉靖《徽州府志》卷八《食货志·岁用》。
③ [美]黄仁宇:《十六世纪明代中国之财政与税收》,北京:三联书店,2007 年,第 237 页。
④ 根据嘉靖《徽州府志》卷八《食货志·岁役·均徭之役》中六县数字统计。

揽，勒索小民，甚至1两勒取六七倍。针对这种情况，知县谢廷杰规定不是自己亲自去充当力差的人户，而是都要把银子当堂交给收头，收头登记在簿子上，并开具力差数目。那些勒取数倍的力差，都要进行削减。如果有门皂、吏胥私下里向徭户、收头多要，或徭户、收头私自贿赂他们的，都要问罪①。

里甲之役中也有不均和扰民等弊端。婺源县里役旧规，不论丁粮多寡，都是该年里甲充应。而十年之内各年丁米数额不同，粮多之年有3 000余石，粮少之年只有1 800石左右；所以只照年分坐派，粮多年分所费轻，粮少年分所费重。这样对粮少年分的里甲来说，就非常不公平。有些奸谲之人，见该年繁重，就想法趋避，他们一般都是将粮米飞洒别甲，"以致粮多年分以受诡而益多，粮少年分以花分而益少"。针对里甲生事扰民的情况，知府何东序采取给帖投验法，发帖给本役里甲，以后本图里甲要保结事情，都要随身带帖子以让府县查验清楚，以限制各应役人员的非法行为②。

在土地转换频繁、人户消长不一的社会中，时间一长，役法弊端就会越来越多，使民众苦不堪言，也严重威胁国家赋役的正常征派和加征。虽然各级官员不断地进行变革，但是各种弊端根深蒂固，而且很容易形成合并—滋生—再合并—再滋生的恶性循环，积重难返。"大抵朝廷之科派愈繁，则齐民之规避愈巧；齐民之规避愈巧，则有司之权制愈密，总之一切之法莫如令民归并。迩者有司逐年归并，但能行于本甲，或有同姓非族下户误而并入，犹为害耳。今欲讲其法，惟不限本甲，通籍十年设权制以钩之，明厉害以示之，信赏罚以齐之，参伍以敷之，多方以括之，贫富之实可尽得也，欺隐之弊可尽抉也。使九等之户各自占籍，黄册之外别为一书，著之令甲，班之编氓，家晓户习，吏不得缘为奸利，则赋可平，役可均，而善政举矣"③。嘉靖年间开始推行"一条鞭法"的变革，虽然使情况暂时得到缓解，但是赋役的弊端积重难返，到了清代，推行摊丁入亩。恶性的发展最终突破民间脆弱的承受力，使矛盾激化，社

---

① 嘉靖《徽州府志》卷八《食货志·岁役·均徭之役》。
② 嘉靖《徽州府志》卷八《食货志·岁役》。
③ 嘉靖《徽州府志》卷八《食货志·岁役》。

会动荡不安,秩序逐渐瓦解,社会危机越来越重。

从农业和农民的角度看,山多地少的自然环境和繁重的赋役使徽州的环境具有相当的脆弱性。山多地少和土地瘠薄是不适合传统社会的农业生产的。明清时期徽州的农业也的确在技术上没有什么改进,耕地数量也没有增长。人均耕地和人均粮食拥有量都非常低,粮食、布帛等生活必需品的缺乏、粮食价格的昂贵,都是这种环境脆弱性的鲜明体现。而与这种内部环境的脆弱性具有同样影响的则是外部环境的脆弱性,这就是赋役的繁重和种种弊端。内部环境的脆弱必然导致徽州人口对外部环境尤其是赋役的敏感。虽然赋役不断有所变革,但对农民的影响依旧,难有根本好转。"休之户口,其登耗不在岁丰岁歉,而存乎政。政之苛也,民不胜其苦,挈妻子散而之四方,一望白屋高门,似若富庶,不知其下,皆饥寒无告之民耳"①。这种脆弱的内外环境,使徽州社会缺乏对农业的信心,与此相对应的就是明清时期的农业人口不但没有增长,反而有减少的趋势。生态环境的脆弱性必然导致农业的困境和农民的贫困。

第三节　扩张的人文环境

从丝绢纷争主要的背后势力和推动力量可以看到,衣冠豪右和儒士在徽州社会有着巨大的影响力,他们实际上已经成为地方主流民意的代言人,是地方事务的主要决策者。这种状况是徽州社会长期进行的宗族和人文礼教的扩张所带来的必然结果。

一、宗族的扩张

自然环境的恶劣自然就导致了自然资源的紧张。自两晋、唐末五代到两宋,北方大族南下徽州,与徽州本土宗族在土地资源上展开了争夺。在这种

---

① 康熙《休宁县志》卷三《食货志·户口》。

争夺中,移民宗族依靠政治势力、经济地位和文化垄断,占据了优势。一般认为,明清时期宗族制度的一些典型特征如族产、族谱和祠堂至少在北宋时期就已经基本具备①,明代中期得到了进一步强化②。随着嘉靖朝大礼议之争的结束,朝廷推恩允许臣民祭祀始祖,以孝治天下的主流思想得到进一步的强化。徽州的宗族建设也进入了一个新的阶段,以祠堂、族谱和族产等为核心的宗族组织日益普遍化,同族联合进一步扩大,宗族在区域社会中的扩张进一步加剧。

宗族的扩张必然造成不同族群之间的冲突,从而形成新的格局。在与中原士族争夺资源中失利的土著,很多成为小姓和细民的一部分。这就是方志中所载的"其著籍者亦多赤立无物业",他们有可能沦落为仆籍。那些流落至此或被本地宗族开除的族人因失去大族的依靠,即使有一些微薄的土地也极易失去,从而生无立锥之地,死无葬身之所。为了生存,他们只有依附于富贵之家,"佃田主之田,住田主之屋,葬田主之山"。当地的土著有的被同化,有的被征服,有的丧失土地,失去生活来源,"纵有一二土著畸落之氓等诸家者,又皆伏役而奴隶之,不得与各名族齿"③。移民宗族"凭着强大的文化优势,迅速地与科举制相契合,从而衍变为保持着士族宗族诸多特征的名门望族"④。经过长期经营,他们已经转化为当地的名门望族。这种局面到宋代基本形成。

---

① 20世纪40年代一些日本学者就已经得出了类似的研究结果。[日]清水盛光:《支那家族的构造》,东京:岩波书店,1942年;[日]清水盛光:《中国族产制考》,东京:岩波书店,1949年;[日]仁井田陞:《支那身份法史》,东方文化学院,1942年。
② 左云鹏:《祠堂族长族权的形成及其作用试说》,载《历史研究》,1964年第5、6期;李文治:《明代宗族制的体现形式及其基层政权作用》,载《中国经济史研究》,1988年第1期;冯尔康等:《中国宗族社会》,杭州:浙江人民出版社,1994年。
③ 乾隆《三田李氏重修宗谱》卷三九《嘉靖监察御使官源觉山洪垣序》,转引自陈柯云:《雍正五年开豁世仆谕旨在徽州实施的各案分析》,见周绍泉、赵华富主编:《'95国际徽学学术讨论会论文集》,合肥:安徽大学出版社,1997年,第117页。
④ 唐力行:《商人与文化的双重变奏——徽商与宗族社会的历史考察》,武汉:华中理工大学出版社,1997年,第7页。

程氏无疑是休宁县首屈一指的名族,在嘉庆《休宁县志》卷二〇《氏族·姓氏》中排在第一个。程氏在休宁县的扩张活动很早就开始了。晚唐程淘《程氏世谱序》云:"自淘而上止忠壮公凡15世,世居黄墩。"宋人程祁《程氏世谱序》云:"唐末五代之乱,亡失旧谱,上世次序不可复知;先府君以为,吾家盛德之后,盖重安忠壮公之系姓也。"朱子《环溪翁程君鼎墓表》云:"新安、番阳、信安诸程,皆出梁镇西将军忠壮灵洗,谱牒具在,闻之先君子,忠壮公葬黄墩,以石为封,今尚在也。"陈祖仁《元故江浙等处儒学提举程公荣秀墓志铭》云:"程之先有梁将军忠壮公灵洗以忠勋赐庙食,遂为一郡著姓,子孙散处南北,若河南二夫子亦其裔焉。忠壮14世孙沄,唐季为歙州都知兵马使,子南节,自歙黄墩徙休宁陪郭,5世孙全,宋季为开州团练使,驻池州。时伊川先生子端彦避乱州中,因相通谱。全生先,先生永奇,又徙邑之小东门。"①新安程氏的扩张经历了一个漫长的过程,在唐代就开始由歙县向休宁迁移,宋代时由于战乱,原先迁移出去的有些族人又迁回了,并互相通谱。霞阜程氏也是在宋代时由河西迁休宁。祁门善和里程氏在宋代时曾富极一时,"乡人号为程十万",自宋至明,屡世仕宦,文德武功,人才辈出。

在休宁总计306所的各类祠堂中,虽然建造于宋代的只有几所,但有30所左右的祠堂所祭祀的迁祖、支祖或其他人物中,注明为宋代,而且实际的数量肯定远远高于此数。可见,在宋代时,很多宗族已经在休宁产生了众多的支派。

休宁县相对较好的生存环境吸引了不少居住在山中的人们。如明经胡氏后裔良佐公就因为休宁县土地宽平遂迁居于此②。徽州的中原世家多是由于避乱而来,肥沃地带更容易在战乱中受到重创。所以,山居的环境一开始对他们是非常有吸引力的,但是山居的土地既少又贫瘠,一旦人口增长,人口只有向外迁徙,所以那些土地较多且肥沃的宽阔地带,往往再次成为他们的关注之地。

---

① 道光《休宁县志》卷二〇《氏族·姓氏》。
② 道光《休宁县志》卷二〇《氏族·姓氏》。

由于在宋代一切利权操之于官,休宁县首屈一指的大姓如程氏和汪氏都是在族人大量入仕的背景下获得了飞速的发展。如休宁汪氏迁祖汪接,宋初由婺源迴岭游学休宁,因为才行超卓,拜其为师的人很多,吴氏很看重他,将女儿嫁给他。汪接于是安家于休宁西门,5 传到汪汉,有 7 个儿子,其中 6 个都出任官职,显名当世,支裔达到数千人,科名理学相继,成为休宁望族①。西门汪氏宗祠就建在休宁城东,祀汪华和汪接。西门汪氏在宋代的巨大发展就是休宁发展的一个缩影。其他如下汶溪汪氏,宋代时由婺州迁入,富昨汪氏始迁祖也是宋代处士汪仁福。据嘉庆《休宁县志》载明,宋代迁休宁的汪氏迁祖和支祖约有 6 支左右,后来的分支肯定更多,如西门汪氏,人口达到数千,无疑会进行迁徙。其他姓氏也很多在宋代时迁入,如万安街闵氏宗族始祖闵志昂是宋代新安教授,南门叶氏也在宋代迁入。

像休宁汪接一样,《新安第一家谱》中第 36 世祖大圭公的第二子子瑜和第五子子玘居住在歙县槐塘,这两房最盛,"共 9 子 18 孙,多以文章发身,超擢显爵,遂开基筑室,分旧、正、上、下四府居之"②。人口大量增加,而且又是显爵,所以有充分的条件来扩张,扩张的具体行动就是"开基筑室",连同新房和旧房共有四处:上府、下府、正府和旧府,大圭公的这十几个曾孙就分在四府居住。在此基础上进行了分家,后来继续在本土进行扩张。上府中又分成前派和后派,下府分成前派、继派和新宅,正府分成上门和下门,旧府分成前派和后派,以及槐荫堂、敦余堂、孝友堂、世恩堂、乐善堂,共在本地成立了 14 个分派,它们构成了当地家族内的分支③。这些派、门、堂等都是在四府的基础上扩张形成的,大约形成于宋元之际。可以肯定,宋代时徽州的开发已经进入成熟阶段,各种土地资源的瓜分基本上已经完成,已出现人稠地狭问题④。在宗族抢占资源,基本格局形成之后,宗族的发展仍在继续。在传宗

---

① 道光《休宁县志》卷二〇《氏族·始迁诸贤》。
② (清)程世善辑:《新安第一家谱》之《槐塘程氏本支迁派谱略》。
③ (清)程世善辑:《新安第一家谱》之《槐塘程氏本支迁派谱略》。
④ 葛剑雄主编,吴松弟著:《中国人口史》,第三卷,上海:复旦大学出版社,2000 年。

接代的思想观念和生育功能的支配下,宗族人口的持续增长仍使宗族处于扩张的惯性之中。而在当地的扩张显然已难以为继,于是他们把扩张的目的地更多地转向了邻邑和徽州以外的地区。商人和儒宦已成为后期向外迁徙的主要群体。

正是宗族人口的增长和扩张,才使得聚族而居能够形成,也让聚居的规模越来越大,支派越来越多。"徽俗,士夫巨室,多处于乡,每一村落,聚族而居,不杂他姓。其间社则有屋,宗则有祠,支派有谱,源流难以混淆。主仆攸分,冠裳不容倒置"①。在居住上,强宗大族总是挑选风水比较好的地方,"世家门第擅清华,多住山陬与水涯"。居住地甚至能够代替姓名,"良贱千年不结婚,布袍纨绔叙寒温。相逢那用通名姓,但问高居何处村"②。

明代中期以来,由于意识形态和政策的转变,伴随着庶民地主经济地位的上升和大量地进入文人仕宦阶层,宗族又经历了一次大的发展,伴随这次大发展而来的则是土地和人口的流动更加频繁,宗族已经普及化。以休宁县为例,嘉庆《休宁县志》卷二〇《氏族·祠堂》中记载各类祠堂总数为306所,其中有9所取自弘治府志,31所取自嘉靖府志,36所取自康熙志,嘉庆县志收集了230所,名称大部分为祠堂、宗祠、支祠,还有少量的专祠。

程氏和汪氏在休宁的扩张从他们所居住的村落和所建造的祠堂数量上也可以看出来。到清代时,休宁程氏分布在该县北街、厚街、陪郭、杨村等约148个村落。从"表1-3"看,各类程氏祠堂总计44所左右:世忠行祠4所,公祠3所,宗祠17所,祠堂17所,支祠2所,墓祠1所。15所有建造年代:宋代有1所公祠,元代有1所行祠,明初有3所行祠,嘉靖、万历年间有5所宗祠,清代宗祠、支祠各有2所,墓祠1所。弘治府志中只记载1所公祠,4所行祠,嘉靖府志则记载了7所程氏宗祠。

---

① (近代)许承尧:《歙事闲谭》卷八《程且硕〈春帆纪程〉》。
② (近代)许承尧:《歙事闲谭》卷七《新安竹枝词》。

表 1-3　休宁县程氏祠堂

	地点	年代	出处	建立者	备注
汉口世忠行祠	龙幹山	元末			
山斗世忠行祠		明景泰			
率口世忠行祠		明正统			
苏田世忠行祠		弘治庚申			
柏山程敦临公祠	齐祈寺西廊		以上弘治府志	裔孙属等	重建
陪郭程氏宗祠					
文昌程氏宗祠	董干				
由溪程氏宗祠					
黄石程氏宗祠					
山斗程氏宗祠					
大塘程氏宗祠					
杨村程氏宗祠			以上嘉靖府志		
西馆程氏宗祠	村口文昌阁				
台山程公祠	西馆乔木里				
率口程氏宗祠					
芳干程氏宗祠			以上康熙志		
程氏祠堂	叶家坦				
程氏祠堂	汶溪				
程氏祠堂	古城				
程氏祠堂	商山				
程氏祠堂	北村				
程氏祠堂	仙人林				
程氏祠堂 2 所	上草市				
程氏祠堂 2 所	临溪				
程氏祠堂	汉口				
程氏祠堂	高枧				
程氏祠堂	瑶干				
程氏祠堂	甘干				
程氏祠堂	彬木□				
程氏祠堂	浯田				
程氏祠堂	充上				

续表

	地点	年代	出处	建立者	备注
程玕公祠	兖溪柏山齐祈寺	宋庆元			祀程玕
程氏宗祠	杨村	嘉靖乙酉			祀由歙迁休支祖
程氏宗祠	霞阜	嘉靖三十六年			祀迁徽始祖程安道
程氏宗祠	长充	万历癸未			祀汉口分支迁长充始祖
程氏宗祠	榆村	万历甲午		程锐倡	祀始祖忠壮（程安道）
程氏宗祠	兖山渠	万历三十六年		天鳌	祀始祖忠壮及兖溪支祖言，康、乾两次重修
程氏支祠	江村	顺治			祀支祖福寿
程氏宗祠	塘尾	康熙三十一年		建阳知县士芷	祀始祖忠佑、篁墩祖忠壮、迁祖世望
程氏支祠	合阳	乾隆二十五年			祀由本邑横干迁祖昌
程氏宗祠	腾紫关	乾隆二十八年		附贡生、翰林院孔目知柔	祀始祖忠佑、篁墩祖忠壮和由本邑汉口迁祖丽
横川程氏墓祠		嘉庆十八年	以上嘉庆县志		祀迁祖临之

资料来源：嘉庆《休宁县志》卷二〇《氏族·祠堂》，第2157—2189页。

休宁县其他的大姓也纷纷建造自己的祠堂，参见"表1-4"。汪氏分布于北门、西街等125个地方，在休宁县也建造了约40所各类祠堂。休宁汪氏有多支，以汪接为迁祖的西门汪氏仅仅是其中一支，竹林汪氏迁祖汪仁侃是由歙县唐模迁到休宁竹林，他们建的宗祠就祀汪华和汪仁侃，其他还有鹏原汪氏、长丰汪氏等。

吴氏建造了约46所各类祠堂，在数量上是最多的。金氏建造了约27所。

从建造年代看，306所各类祠堂中，有122所记载了建造的朝代，其中建于宋代的有4所，元代的有5所，明代的有66所，清代的有47所。明清时期的祠堂占了绝大多数,共113所,而建于嘉靖以前的只有17所,嘉靖至明末大概有49所,其中:嘉靖9所,隆庆2所,万历23所,天启3所,崇祯3所,年代不清的有9所。清代有47所,其中:顺治1所,康熙12所,雍正5所,乾隆23所,嘉庆5所,年代不清的1所。在建造朝代不清的184所中大概至少有半数建于明代。可以说,大规模的祠堂建设开始于明中后期。

表1-4 休宁县部分姓氏的祠堂统计

	宋	元	明	清	不清	总计
祠堂	4	5	66	47	184	306
程氏祠堂	1	1	8	5	29	44
汪氏祠堂	2	1	7	6	24	40
吴氏祠堂			10	14	22	46
金氏祠堂			1	8	18	27

资料来源:嘉庆《休宁县志》卷二〇《氏族·祠堂》,第2157—2189。

在人口大量增长和迁移的情况下,在一个地方聚居多个名族的情况很普遍。程氏和汪氏的居住地存在着大量的重叠,如县前、西干、兖山、草市等。有的则在地名字数上有增减,如汪氏居住地有水南,而程氏则有下水南;程氏有汶溪,汪氏有下汶溪。这些变化反映出以前那种一村和数村一姓的状况已经有了很大的改变。

宗族向外扩张的主要动力是在宗族内部。如绩溪遵义胡氏,在18世时分化成松、柏、楫、格4支,由于胡松在明代正德年间考中进士,并在朝为官30多年,他和弟弟胡柏的后代中的男性人口得到了迅速的增长。到25世时,胡松的男性后代已经达到104人。从18世到25世,松、柏两支的男性人口共有696人,其中约有110人为儒宦,而楫和格两支只有350人,儒宦只有30人左右。由于胡松和胡柏两支的人口增长非常迅速,大量购置了田产,其中无疑也包括相当数量的宗族田产房屋,因此,胡楫一支就受到了挤压。胡楫有2子,次子不知所终。而他的长子有4子,有2个无考,1个迁徙周村,也与本支失去了联系。只剩胡毓和一人留传了下来。胡楫一支无疑面临着非常严峻的形势。胡毓和性格直,淡于名利,早卒,与胡松和胡柏的后裔大量追求名利形成了鲜明的对比,也说明了他们之间存在着利益上的冲突。胡毓和后来另创支祠,号称"台宪第派",因祠堂名称为"存心堂",所以又叫"存心堂派"。这些说明宗族和人文礼教的扩张不仅在宗族外部,也在内部进行着。正是内部的扩张导致了向外的扩张和迁徙,就像休宁县的程氏、汪氏、吴氏等大姓的扩张一样。

宗族之间对资源的激烈争夺也引起了很多的纷争。以柳山方氏为例。方氏从唐末时开始迁徙到歙县,南宋时又开始了一个迁徙的高潮,南宋以后仍接连不断地迁居徽州,在徽州境内建立了众多的支派。迁徙徽州的主要原因,还是因为动乱。南宋时人口与土地的矛盾加剧,方氏支派持续不断地在徽州境内进行迁徙,自明中叶开始,出现了因为经商而从徽州移居他省城镇的新的迁徙形态[①]。歙县柳山方氏在扩张中,不断与周围的宗族产生冲突,并在冲突中促进了歙县境内散居的各支派的结合[②]。徽州像这样的祠产争夺案还有不少。在歙县许村也发生了许、任争祠案。按照许姓族人的解释,万历年间,许姓统宗祠倒塌,一时难以修复,于是就将先贤祠暂时扩大,"权奉九主"。但同时梁太守任公祠也因残破,将其神像移至先贤祠中室。这样就为后来许姓"捏棠荫为家庙,诬先贤为旧祠"的聚讼行为提供了口实,以致造成了许、任双方对祠产所有权长达10年的争执[③]。但在祠产争夺的背后,还是人口的增长和宗族的扩张,许姓是唐末朱梁之乱时避地来歙,显然比梁太守任公晚了400年左右的时间。明嘉靖年间的《许氏统宗谱》中列出来的歙县许氏支派已经达到40多个[④],人口的增长和扩张由此可见。许姓作为后来者,从宋到明,"旅裔蕃衍,间析居郡邑,及侨寓江淮"。为了便于祭祀,遂建立统宗祠。明代时由于人文繁盛,代不乏人,所以又建立先贤祠。许姓建祠的扩张行动有可能损害了任姓的利益,而且,随着任氏本族的人口增长,对土地

---

① 唐力行:《徽州方氏与社会变迁》,载《历史研究》,1995年第1期。
② 韩国学者朴元熇对此有比较详细的论述,参见其《从柳山方氏看明代徽州宗族组织的扩大》,载《历史研究》,1997年第1期。
③ (近代)许承尧:《歙事闲谭》卷二九《许任争祠案》。
④ (明)许汉编:《许氏统宗谱》。

的需求会更加强烈,所以双方的矛盾才会产生和激化。随着宗族的自身建设和不断扩张,田归宗族成为徽州土地买卖的一大特色①,而人们也更容易感受到宗族扩张所带来的压力。

伴随着宗族的扩张,明清以来的徽州社会已经成为一个典型的宗族社会,宗族已经全方位地渗入徽州社会,影响着徽州社会的发展方向。

二、人文礼教的扩张

人文礼教本来就被中原衣冠所信奉,加之程朱理学的盛行,徽州的人文礼教已经渗透到了各个角落。

迁徙到徽州的中原衣冠一般都是以诗书礼义传家。尤其是两宋之际在战乱的情况下南迁的儒宦,经历了北宋悲剧性的灭亡,感受到了沉重的屈辱。社会秩序和道德规范的丧失,朝廷当道者的腐败,导致他们对自己及子孙的命运有了难以把握的忧虑感,由此他们更加关注生存环境及道德规范的重建。以绩溪遵义胡氏为例。根据《遵义胡氏宗谱》卷七《世祖清公行实》和卷八《始迁公本传》的记载,其始迁祖胡清爱好经史,颇有名声,因在南宋迁都的地址上与当朝不合,遂退隐迁居,"啸傲林泉"。他的理想是:"士君子不能立功于朝为君民建不磨之业,亦当修德于野为子孙立不拔之基。"因为母弟渊已迁苏州,于是他就同妻子从湖州乌程迁徽州,他十分满意徽州多山闭塞的环境:"此可以远害,此可以开后。"途经休宁时,他为母弟澄选择了居住地,自己一家来到绩溪的下乡高车,见山川明丽,景物淳朴,于是"求田问舍,廓基考室,因字之曰'胡村'"。虽然他自己"负不羁之概",但是要求和教育子弟"独醇谨"。临死时还告诫子弟要以诗书礼义传家②。寻找安全和安定的环境,闭塞的徽州当然是首选之地。腐败的政权,对他们的影响是如此之大,他们自身变得豪放不羁,但是他们对自己的后代却要求非常严格,企图为子孙立

---

① 叶显恩指出徽州宗法土地所有制非常发达,是徽州地区封建土地所有制的重心。参见其《明清徽州农村社会与佃仆制》,合肥:安徽人民出版社,1983年。
② 民国绩溪《遵义胡氏宗谱》卷八《始迁公本传》。

"不拔之基"。远离了政权,他们只有将自己无法实现的入世治国之愿,寄托于自己的后代,诗书礼义传家成为他们的祖训,而被后代孜孜不倦地追求着。传至 11 世矈自十都迁城东遵义坊,称"遵义胡氏"。他的儿子胡原为桂林府知事,孙子士俊为容县知县,再传 5 世,就出现了胡松,官至工部尚书,自此人文蔚起。

徽州像这样避乱后重视伦理道德规范的建设,治家醇谨,以诗书礼义传家的家族有很多。这是一种传统。应该说,唐宋以来,科举以文章取士刺激了衣冠大族对诗文的重视。文人的大量增加也在情理之中。

除了传统外,程朱理学也在宋元之际在徽州有了广泛的传播。徽州号称程朱理学的故乡。根据徽州本土的记载,宋代理学的奠基者程颢、程颐也是程灵洗之后,"程之先有梁将军忠壮公灵洗以忠勋赐庙食,遂为一郡著姓,子孙散处南北,若河南二夫子亦其裔焉"①。而其四传弟子朱熹,其先人是婺源人。朱熹以一套完整的理学体系,成为理学的集大成者。朱熹理学在南宋以后成为中国传统社会中的统治思想,影响深远。徽州是朱熹的祖籍地,朱熹与徽州的渊源极深,他自称"新安朱熹"。据赵华富考证,朱熹一生之中曾两次回徽州②。朱熹在淳熙三年(1176 年)逗留徽州数月,除省墓外,还参加了一些学术和教育活动,馈赠书籍,"乡人子弟,日执经请问,随其资禀,诲诱不倦"③,所以朱熹在徽州有不少弟子,朱熹理学在徽州的流传既广且深④。理宗时,朝廷竭力推崇朱熹理学,理宗皇帝特赠朱熹为太师,追封朱熹为信国公(后改为徽国公),并亲笔为婺源的朱子庙题名"文公阙里",为歙县的"紫阳书院"书写匾额。元、明、清时期的朝廷也都倡导理学,推崇朱熹,连国家最主要

---

① 道光《休宁县志》卷二〇《氏族·姓氏》。
② 赵华富:《朱熹徽州行考辨》,《两驿集》,合肥:黄山书社,1999 年,第 452 页。赵华富主要根据清人王懋竑《朱子年谱》中的记载,但也有学者根据《紫阳书院志》等书的记载,认为朱熹 3 次回徽州,如汪银辉:《朱熹理学在徽州的流传与影响》,载《江淮论坛》,1984 年第 1 期。
③ (清)王懋竑:《朱子年谱》卷二上,转引自赵华富:《朱熹徽州行考辨》,《两驿集》,合肥:黄山书社,1999 年,第 459 页。
④ 汪银辉:《朱熹理学在徽州的流传与影响》,载《江淮论坛》,1984 年第 1 期。

的选才手段——科举考试都以朱熹的《四书集注》为标准答案。朱熹的光环笼罩在无数的文人士大夫的头上,徽州也因此而分享到了莫大的荣誉,一时号称"理学之邦""东南邹鲁"。在当地文人士大夫的极力推动和联络下,徽州获准在朱熹家乡婺源修建"徽国文公之庙",在歙县篁墩大建"程朱三夫子祠"和"程朱阙里"。康熙三十二年(1693年)和乾隆九年(1744年)还先后御赐紫阳书院"学达性天""道脉薪传"匾额①。紫阳书院被视为朱子道学之圣坛,"每年正八九月,衣冠毕集,自当事以暨齐民,群然听讲"②。受此影响,明清时期徽州读经、研经的人非常多,其中一大批或步入仕途或著书立说或授馆讲学。朱子之说行天下,而新安独盛。

在程朱理学的影响和激励下,徽州的教育发展得非常迅速。从明代开始,徽州的书院建设就蓬勃开展起来,"天下书院最盛者,无过东林、江右、关中、徽州"。到清初,徽州6县共有书院54所③。除书院外,还有遍布城乡的书院、家学、族学、私塾,明代嘉靖、万历时已是"虽十家村落,亦有讽诵之声"④。到清代时,这种教育势头继续发展⑤,"远山深谷,居民之处,莫不有学有师"。对教育的重视和资助,显然使明清时期徽州的文化水平和教育普及处于相当高的程度⑥。康熙时,徽州有社学562所,书院54所,至于私塾、族学更是数不胜数。由于教育的发达,徽州的科举事业也非常兴盛。休宁县"岁大比,与贡者至千人"⑦。据《明清进士题名碑索引》,徽州本籍进士明代

---

① 民国《歙县志》卷一五《艺文志·奏疏》。
② 《紫阳书院岁供资用记》,转引自汪银辉:《朱熹理学在徽州的流传与影响》,载《江淮论坛》,1984年第1期。
③ 康熙《徽州府志》卷七《营建志上·学校》。
④ 光绪《婺源乡土志》第六章《婺源风俗》。
⑤ 李琳琦认为清代徽州书院已经进行了商业化的经营,由徽商提供本金交由商人生息,息银成为书院的经济收入。参见其文章《清代徽州书院的教学和经营管理特色》,载《清史研究》,1999年第3期。
⑥ 唐力行认为明清徽州文化水平和教育普及程度曾居全国之首。参见其《商人与文化的双重变奏——徽商与宗族社会的历史考察》,武汉:华中理工大学出版社,1997年,第34页。
⑦ 康熙《休宁县志》卷一《风俗》。

392人,清代226人。如果加上寄籍外地的进士,人数就多得多①。清代人文科举更盛,仅仅歙县一个县,本籍和寄籍进士就有296人,举人约近千人。歙县清代朝廷高层官僚也是不断,大学士有4人:康熙朝文华殿徐元文、乾隆朝文渊阁程景伊、嘉庆朝体仁阁曹振镛、道光朝体仁阁潘世恩。尚书有7人,侍郎21人,都察院都御史7人,内阁学士15人②。徽州人文的繁盛实际上已经对士人本身的出路造成了直接的冲击,科举、官僚人数中众多的寄籍者就是徽州人文扩张的一个结果,清代歙县296个进士中,有167个是寄籍者,超过了总数的一半。这些寄籍者绝大多数是寄籍在江浙地区。

同时,徽州如此之多的儒宦人数和官僚缙绅,无疑也大大强化了徽州的身份制社会。宋代的新儒家已不复出自门第贵族,他们的"天下"和"众生"是针对社会上所有的人而言的,包括所谓士、农、工、商的"四民"。但朱熹的施教对象主要还是士大夫阶层,他认为只有士教化好了,才能更有效地去教化农、工、商其他三民。程朱理学在徽州的流传与徽州本土缙绅群体的广泛正好一致。正如赵吉士所说:"新安自紫阳峰峻,先儒名贤比肩接踵,迄今风尚醇朴,虽僻村陋室,肩圣贤而躬实践者,指盖不胜屈也。"③

与休宁县的汪接和歙县程大圭的后代大量扩张一样,族内的儒宦阶层往往是宗族扩张的主力,这些缙绅家庭和宗族为人口和人文礼教的扩张提供了物质保障。光绪《绩溪东关冯氏宗谱·祖训》规定:"子孙才,族将大。族中果有可期造就之子弟,其父兄即须课之读书;倘彼家甚贫,便须加意妥筹培植。"《茗洲吴氏家典》也规定:"族中子弟有器宇不凡,资禀聪慧而无力从师者,当收而教之,或附之家塾,或助以膏火。培植得一个两个好人,作将来模楷。此是族党之望,实祖宗之光,其关系匪小。"④宗族和人文礼教在徽州几乎是不可分的。宗族和人文礼教的扩张也主要表现在土地的集中上。各种宗族内

---

① 转引自赵华富的统计,参见其论文《论明清徽州社会的繁荣》,《两驿集》,合肥:黄山书社,1999年,第205页。
② (近代)许承尧:《歙事闲谭》卷一一《清代歙京官及科第》。
③ (清)赵吉士:《寄园寄所寄》卷一一《泛叶寄》。
④ (清)吴翟辑撰:《茗洲吴氏家典》卷一《家规》。

的公有土地如祭田、学田、义田等，都是在人文和礼教的名义下置买的。程朱理学生存的土壤主要就是各种学校和宗族，所以这些土地也主要集中在学校和宗族之内。明代时官方的书院也经常置买学田。万历年间休宁知县丁应泰看到读书人多为贫困之士，于是节省开支500两买田，然后从市豪没公田和欺课税所得的收入中拿出300两买地，以此作为学田。到了清代以后，书院更多地接受商人的资助，用银子生息，而不再是置买学田。

而且从相关的规定看，用于人文和礼教方面的开支确实是非常大的。乾隆十三年（1748年）祁门汪庭芝在分家时，仍留有一部分"众租"，"以作子孙有能诗书，奋志青云者，每科应试卷资程仪取用"。同时，汪庭芝对相关的经费支出做了具体的规定：县试，发程银五钱；府试，发程银一两；院试，发程银一两五钱；科试，发程银四两。"如有奋志入泮者，递年架下取谷20秤，以为灯油之资。纳粟者亦递年架下取谷10秤。若能灯窗勤苦，得时超拔青钱中选者，递年架下取谷30秤，以为备办公务等件，以及照理家政事务应用。"①虽然徽州商人的地位有了上升，但四民之中，士人的地位仍然是不可撼动的，只要有合适的子弟，宗族都会千方百计地予以培养。绩溪明经胡氏龙井派的《祠规》就对此做了详细的规定："凡攻举子业者，岁四仲月请齐集会馆会课，祠内供给赴会。无文者罚银二钱，当日不交卷者罚一钱。祠内托人批阅。其学成名者，赏入泮贺银一两，补廪贺银一两，出贡贺银五两，登科贺银五十两，仍为建竖旌匾，甲第以上加倍。至若省试盘费颇繁，贫士或艰于资斧，每当宾兴之年，各名给元银二两，仍设酌为饯荣行。有科举者全给，录遗者先给一半，俟入棘闱，然后补足。会试者每人给盘费十两。为父兄者，幸有可选子弟，毋令轻易废弃。盖四民之中，士居其首，读书立身胜于他务也。"

祭祀祖先和扶植人才都是宗族的重要功能，所以宗族内的族田一般都不少。朱熹的《家礼》要求"置义田"，"初立祠堂，则计见田亩，每龛取二十之一，以为祭田。宗子主之，以给祭用。如上世未置田，则合墓下子孙之田，计数而

---

① 章有义：《明清及近代农业史论集》，北京：中国农业出版社，1997年，第323页。

割之,皆立约闻官,不得典卖"。族田作为宗族的公共财产,助长了田归宗族的趋势。周绍泉认为,随着徽州商人的兴起和赋役的不断加派,明代尤其是嘉、隆以后土地的买卖呈现频率增加和节奏加快的趋势,出现了不仅下户,甚至中产之家都无田的状况[①]。随着家庭和宗族人口进行儒贾的职业分流,习儒可能更需要土地。由于土地具有商业资本、科举之资和养老等多重角色,所以商人对土地的兴趣不会降低,尤其是归老林泉的儒宦和商贾,他们对土地更表现出了极大的兴趣。儒贾的多重身份和土地的多重角色实际上与土地向这些家庭集中的必然趋势是一致的。叶显恩《明清徽州农村社会与佃仆制》中收集了不少徽州族田的数据,根据1950年的调查,其中族田所占比例,多的达到70%以上,少的不到1%;平均起来看,徽州地主占有25.26%的土地,族田所占比例为14.32%,这二者之和已接近40%,而同期自耕农所占土地只有27%[②]。至于徽州广大的山林,也主要是集中在宗族内,有学者认为到清末时作为祠产的山林达到了60%以上[③]。但是实际上族田和山林的盗卖也屡见不鲜。

后来儒士经商、儒贾职业分流的一个主要的着眼点也是维持宗族声望和人文礼教。商人也的确在这方面发挥了重大的作用,他们不仅在人文教育上,甚至在纲常礼教和宗族建设上已经取代了儒宦的地位。徽州商人非常重视教育,他们在各处都留下了捐资兴教的佳话。明代歙县岩镇人佘文义在经商致富后就置"义塾以教族之知学者"[④]。徽商的资财对书院的建设是非常重要的,乾隆、嘉庆数十年间,扬州的歙商共捐给紫阳书院和山间书院银7万余两,其中两淮总商鲍志道"捐金三千复紫阳书院,捐金八千复山间书院,功

[①] 周绍泉:《试论明代徽州土地买卖的发展趋势——兼论徽商与徽州土地买卖的关系》,载《中国经济史研究》,1990年第4期。
[②] 叶显恩:《明清徽州农村社会与佃仆制》,合肥:安徽人民出版社,1983年,第52—57页。
[③] 陈柯云:《从〈李氏山林置产簿〉看明清徽州山林经营》,载《江淮论坛》,1992年第1期。
[④] (清)佘华瑞纂:《岩镇志草》之《义行传》。

在名教"①。明代祁门胡村人胡天禄也在经商致富后输田三百亩为义田,"使蒸尝无缺,塾教有赖,学成有资,族之婚、嫁、丧、葬与嫠妇无依、穷而无告者,一一赈给。曾孙征献,又输田三十亩益之"②。

徽商不仅在本土兴建学校,提供膏火,也在寄籍地捐出巨资③。明代天启年间,歙县人吴宪迁居杭州,和同邑人汪文演上书请立商籍,后来在吴山之阳建书院以祀朱子,"岁时登拜,更立期会为文章,今所谓紫阳书院是也"。此书院与杭州的魏忠贤生祠相连,在后来与魏忠贤党羽的争地中,吴宪和他的儿子再次立功保住了书院④。汪文演也建了尊文书院⑤。

徽商不仅仅是捐资兴教,对自己子弟的教育自然更是重视。他们在外经商,有时也带着儿子在外读书。朱介夫就从小跟随父亲在"武林就学"⑥。歙县人许铁"少业儒,从季父汝弼贾吴中"⑦。他的儿子许国就出生在无锡。许国7岁时,许铁让他"习书兼授算术",邻居莫晓窗对他说,"是子非握算人,吾当授之经。"三年之后经通,又授以举子业,学成后,许铁带他回徽州,不久就中第⑧。

徽州的宗族和人文礼教的扩张强化了徽州的身份制社会,既有大量的缙绅阶层,也有大量的土地,这也是徽州大量佃仆能够长期存在的原因。

儒士和商人也投身于各种义行和善事。徽州人虽然在生活方面很节俭,但在人文礼教方面的开支非常大,"俭而好礼,吝啬而负气,家资累万,垂老不衣绢帛……然急公趋义,或输边储,或建官廨,或筑城隍,或赈饥恤难,或学田

---

① (清)纪晓岚:《鲍肯园先生小传》,转引自唐力行:《商人与文化的双重变奏——徽商与宗族社会的历史考察》,武汉:华中理工大学出版社,1997年,第32页。
② 康熙《徽州府志》卷一五《尚义》。
③ 唐力行:《商人与文化的双重变奏——徽商与宗族社会的历史考察》,武汉:华中理工大学出版社,1997年,第32—33页。
④ (近代)许承尧:《歙事闲谭》卷二九《吴宪》。
⑤ 民国《歙县志》卷九《人物志·义行》。
⑥ (明)汪道昆:《太函集》卷二八《朱介夫传》。
⑦ 张海鹏、王廷元主编:《明清徽商资料选编》,合肥:黄山书社,1985年,第482页。
⑧ 张海鹏、王廷元主编:《明清徽商资料选编》,合肥:黄山书社,1985年,第484页。

道路、山桥水堰之属,输金千万而不惜。"甚至那些赤贫之士,也能将十几年的辛勤蓄积,一次全部捐出①。文人如此,商人的儒行就更比比皆是。

程朱理学作为一套非常完整的体系,其影响远远不止于在文风士气和经济方面的扩张,它已经深入到了家庭人际关系的各个方面以及婚冠丧祭等各种礼仪。朱熹的《家礼》在徽州备受推崇,成为家庭和家族建设的基本指导思想。程朱理学的负面影响以前讨论得非常多,尤其是对思想和社会的控制以及社会和宗族中的等级制度对人的摧残,地方志和文集中存在的大量孝友传和列女传就是最直接的罪证②。但程朱理学对伦理道德规范的建设是如此全面和深刻,渗透到了伦理道德的各个方面。传统理学在徽州的影响达到了妇孺皆知的地步。礼在清代受到学术界前所未有的重视。台湾学者张寿安根据清儒治经成果总汇的两部经解《皇清经解》(阮元编,所收著作,从清初到道光九年(1829年))和《皇清经解续编》(王先谦编,所收著作,从清初到光绪十四年(1888年))中的著作统计,前者有关三礼的专著为20%,后者有关三礼的专著则占到了28%;而《易》则分别只占7%和9%,《四书》占8%和5%。清儒对礼的讨论,已从明清之际的国家制度层面,转至社会礼俗和伦理关系的实践上,关注社会秩序和社会风气③。即使到了清代后期,徽州学者凌廷堪还进行着从理到礼的转化,"夫人之所授于天者,性也。性之所固有者,善也。所以复其善者,学也。所以贯其学者,礼也。是故圣人之道,一礼而已矣"④。从理到礼,说明了在徽州从明至清人文礼教一贯下移和渗透的趋势仍在持续。

人文礼教的扩张实际上在徽州构成了严密的身份制社会。缙绅阶层以不断增长的儒士群体和渗透到各个方面的程朱理学维护并强化着徽州社会

---

① 同治《黟县三志》卷三《风俗》。
② 叶显恩:《明清徽州农村社会与佃仆制》,合肥:安徽人民出版社,1983年;汪银辉:《朱熹理学在徽州的流传与影响》,载《江淮论坛》,1984年1期。
③ 张寿安:《以礼代理——凌廷堪与清中叶儒学思想之转变》,石家庄:河北教育出版社,2001年,第5—6页。
④ (清)凌廷堪:《校礼堂文集》卷四《杂著一·复礼上》。

的身份制。

与自然环境的脆弱性相比,徽州的人文环境是扩张性的。徽州的宗族自宋代就开始了在当地名族化和大族化的进程,由于他们本身所拥有的政治、经济和文化资源,他们的人口有了大量的增长,人口向各处分散。就如休宁县的程氏、汪氏和吴氏等,他们在宋代出现了明显的扩张行动,到明清时期已经分散在本县众多的村落,建立了相当多的各类祠堂。伴随着这种进程的是,他们有相当多的后裔出任官职,仕宦者的不断涌现甚至形成一个群体,这是成为名族、大族的关键。与宗族的扩张、人文的繁盛相类似的是,理学和礼教也在扩张之中。唐宋的战乱,尤其是北宋悲剧性的灭亡,给中国传统的知识分子以巨大的心灵上的震撼。是什么导致了国家的灭亡和社会秩序的混乱?避乱南迁的世族在反思中,产生了对于安定秩序的非常强烈的追求。如何安定、如何更好地生存?他们在徽州比较封闭的自然环境中,更加注重自己家庭和宗族的内部道德规范的建设,强调自我修养。随着人口的增长和教育的普及,传统的精英阶层所拥有的儒家伦理也在世俗化。在程朱理学成为正统后,程朱的一整套伦理规范也在徽州加紧了扩张和普及的进程。

家庭和宗族之内的伦理规范、婚冠丧祭等礼仪增加了各种开支费用,而且大量士人群体所能继承的土地越来越少,于是在宗族和人文礼教的扩张下,士人群体的贫困化趋势已经在所难免。

第四节 人口的增长、集中与贫困

一、人口的增长与集中

随着历史上几次大规模的移民迁徙,徽州的土地开发和人口增长都达到了一个高潮,宋代时徽州基本上已经开发完毕,人口压力逐渐增大。如宋代徽州方氏因为人口与土地的矛盾,开始向徽州境内散居①。从方志记载看,徽州人口在元代至元年间达到91万,而到洪武二十四年(1391年)下降到了58万,永乐十年(1412年)又降到了53万,天顺六年(1462年)更降到了51万,以后虽有所回升,但直至嘉靖四十一年(1562年)人口仍不到57万②。但官方的统计显然非常粗糙,不管明代,还是清代,对于相对比较好的官员来说,户口统计最重要的是保证赋役的足额,而并不是超额;如果做得更好,那就是均赋,杜绝弊端。所以,户口统计上的模糊、粗糙,显然对地方是有利的,也实际上得到了地方上的拥护。即使有要求核查的呼声,也主要是针对那些大量隐瞒人口和土地的家庭,目的在于减轻小户的负担。"若夫载于版籍者,率按亩计丁,土地此数,户口亦止此数。夫休养生聚,岂有数十年不加多哉。是在循名核实,无失乎古先王重民数之意。斯为尽善。"③但是实际上核查一开,往往就脱离了均平赋役的初衷,而成为加赋的开端。所以在自宋以来的每个朝代,清丈与反清丈、均赋与增赋的斗争从来没有间断过。由于户口的流动性在徽州社会更为显著,所以"按亩计丁"实际上是一种保证赋役征派的办法。黄仁宇认为:"16世纪上报的人口数据要比官方的土地数据更容易受到腐败的影响。人口少报是普遍的趋向。"④但是笔者并不把这种少报行为全部归结为官方的腐败行为。官方更多的是从无为和仁政的角度去考虑问题,基层社会也希望官方能保持无为之政。实际上对户口的隐瞒,上至皇帝下至地方官员都是心知肚明的。地方政府财政的萎缩,也使他们缺乏那种认真核查的动力。在地方事务向民间转移的过程中,地方政府也需要民间社会有能力来承担,这是藏富于民再转而用之于社会的一种逻辑过程。地方上的缙绅就是藏富的人群。在传统的徽州社会,宗族制和身份制社会的存在是需要有物质基础和人力基础的,而这种基础就是土地和在土地上耕作的贫穷的

---

① 唐力行:《徽州方氏与社会变迁》,载《历史研究》,1995年第1期。
② 根据嘉靖《徽州府志》卷一《厢隅乡都志》中六县数字统计。
③ 康熙《休宁县志》卷三《户口》。
④ [美]黄仁宇:《十六世纪明代中国之财政与税收》,北京:三联书店,2001年,第71页。

或丧失身份的人口。在贫困化扩大的趋势下,缺乏谋生手段的人——谋生手段的缺乏在传统社会又是普遍现象——需要依靠土地来维持生计,虽然土地并不属于他们自己。

叶显恩根据当时佃仆人口隐漏和商人迁移的情况,推测徽州在万历年间人口数可能已经达到 120 万。这个数字虽然只是推测,但在当时人的一些看法中仍能找出一些蛛丝马迹。在隆、万年间的丝绢纷争中,因病在家休养的官员休宁人汪文辉,站在本县的立场上坚决反对将歙县的丝绢分担给其他五县,他在一篇揭贴中多次提到了有关人口数量的信息。他在谈到歙县的情况时,就称"歙民百万,尚气好斗";如果能避免灾难的发生,"则地方数百万之生灵,自获宁一";如果不能避免,则"百万生灵肝脑涂地"①。其时在万历五年(1577 年)。虽然他的口气有夸张的成分,但嘉靖、万历之际,中国的人口确实有较快的增长,徽州的人口完全可能在万历初期达到 100 万以上。无独有偶,在后来徽州府的申文中也称"岂惟丝绢一事不能早完,而百万生灵将为鱼肉……以六邑之赋,解六邑之纷,不必分公家之资,损惟正之供,而可以服百万之人心,弥一郡之患难"②。在官员和官方文书中频繁出现"百万"一词,表明徽州府的人口数实际上已经突破了百万。

明清时期徽州的村落、里甲和都图的数量都有了大量的增加。以歙县、休宁和绩溪为例,根据唐力行和美国学者凯瑟·海泽顿对三县村庄的增减数量和人口密度的研究数据③显示,在 1551、1699、1827 年这三个点,歙县的村庄数量分别为 151、279(新增 185)、631(新增 377),休宁县的村庄数量分别为 151、222(新增 132)、461(新增 241),绩溪县的村庄数量分别为 28、233(新增 210)、361(新增 201)。村庄数量增长的幅度是很大的,其中新增的村庄数量占非常大的比例,歙县和休宁在 1551 和 1699 年新增的数量都超过了当时总

---

① (明)程任卿辑:《丝绢全书》卷五《报舒府尊揭贴》。
② (明)程任卿辑:《丝绢全书》卷五《徽州府申文(万历五年七月十一日)》。
③ 唐力行、[美]凯瑟·海泽顿:《明清徽州地理、人口探微》,载《中国社会经济史研究》,1989 年第 1 期。

数的一半,绩溪县在 1699 年新增数更高达 90%。这三县的人口密度形成了三个层次分明的生存圈:人口密度最高的核心地带、人口密度次高的过渡区环形地带、人口密度最低的边缘区环形地带。村庄的增减和人口密度的分布格局同三个县的实际情况是相符的。歙县和休宁由于土壤肥沃,人口增长得较快,开发得也比较早,宋末已经完成了整体上的开发。绩溪县由于土地比较贫瘠,开发的时间比歙县和休宁慢,到明末清初人口才开始了大规模的增长,伴随着的就是村庄数量的大量增长。从《新安名族志》看,歙县的名族共 216 条,聚居于 164 处;休宁的名族共 237 条,聚居于 168 处;绩溪的名族 52 条,聚居于 45 处。从里数看,隆庆四年(1570 年)时歙县为 224 个里,而绩溪县仅有 24 个里,是一个"末邑"①。但是据康熙《徽州府志·舆地》,嘉靖四十一年(1562 年)以前歙县的里数为 228 个,万历二十四年(1596 年)时绩溪县的里数为 35 个。如果《丝绢全书》记载是正确的,那么在不到 30 年的时间里,绩溪县增加了 11 个里,增幅达 46%;而在相差不到 10 年的时间里,歙县的里数倒减少了 4 个。宗族人口的增长导致人口向周边甚至是山区的扩散。绩溪城南方氏"自教谕公迁城南,历南宋、元、明以迄国朝,枝散叶分,蕃衍支派固多,寡弱之支亦复不少。远迁而可考者十之三四,山居而难稽者亦十之二三。世远年遥,几难考订矣"②。

根据刘翠溶对众多族谱的统计,在家族早期的三五十年,人口成长得极为迅速③。根据对绩溪《遵义胡氏宗谱》和歙县《新安第一家谱》的分析,笔者认为,官宦家庭人口的迅猛增长构成了宗族发展的基础。胡松在朝 30 多年,他和他弟弟一支的人口就占了他们族的大部分。胡松、胡柏、胡楫和胡格这 4 人仅仅经过 7 代,到 25 世时男性人口就发展到了 345 人,再加上他们的父母、妻子和子女(如果不考虑其中的无考者和无传者),他们家族的人口规模

---

① (明)程任卿辑:《丝绢全书》卷一《绩溪县查议申文(隆庆四年四月十八日)》。
② 民国《绩溪城南方氏宗谱》卷二三《杂著下》。
③ 刘翠溶:《明清时期家族人口与社会经济变迁》,台北:中央研究院经济研究所,1992 年,第 244 页。

当时非常之大,生存压力也是非常之大。绩溪遵义胡氏松、柏、楫、格4支从18~25世人口的增长也证明了明末清初绩溪县人口的增长和向宗族内的集中。

徽州的生态、人文环境也使徽州增长后的人口主要集中在生存条件比较好的地带和生存资源比较丰富的世家大族之中。身份低下的佃农、世仆等下层社会的人口也主要集中在这些组织内。宗族和人文礼教扩张的一个重要结果就是人口大量地集中于衣冠豪右之族。实际上,宗族建设和发展的一个重要前提就是宗族人口的增长。明代中后期徽州的人口已经达到一百多万,徽州人口的大发展与宗族的建设是同步的,可以肯定,族内的人口也有了大量的增长。如果宗族的族产能进行有效的扩张和管理,宗族人口的抑制实际上是难以实现的。由于缺乏有效的技术和药物,避孕是不可能的。溺婴虽然是普遍现象,但毕竟是残忍的行为,很多父母心有不忍。只要没有大的动乱和瘟疫,人口的持续增长就是一种必然的趋势。休宁陈士策的高祖单传曾祖,始生3子,"今支下三百余丁矣",这300余丁还没有把女性人口计算在内。陈士策有兄弟8人,自己又生了9个儿子[①]。仅仅4代左右的时间,就从1人增加到300多人,如此高的增长速度,必然给家庭和家族带来沉重的生存压力。

宗族人口的大量增长是修宗谱和族谱的一个关键因素。如果没有大量增长的人口,也会使修谱者感觉不是很光彩,人丁繁衍才是修谱者值得炫耀的修谱理由。一些修谱的宗族,其族内人口的增长甚至到了难以考稽的地步。道光二十八年(1848年)绩溪城南方氏族人方建寅认为:"修谱不难于丁繁之支,而难于丁寡之支;不难于远迁之可考,而难于山居之无稽。何则?丁繁之支,必有一二读书之士,修明支谱,藏以待采。丁寡则或一二世而住传,或一二传而他徙,既无系录又复无可踪迹,宗谱阙如,后有子姓归宗,遂以先世无考,而疑为冒乱,而丁寡者佚矣。远迁之派,间有系其先世考妣,志其宗

---

① 康熙五十九年休宁陈姓阄书,《自序》,《徽州地主分家书选辑》第7条,章有义:《明清及近代农业史论集》附录,北京:中国农业出版社,1997年。

族墓所及里居税产以传,承承继继,惟恐失宗,又时通音问于其本支,故世次源流皆有可考。至于僻处山陬,零丁孤苦,素未读书识字,讯以先世名讳,茫然不知,谱家无征削而不系,而山居者佚矣。"①这里提出了修谱的另外几个条件:"丁繁"之支、踪迹可考甚至是聚族而居、有读书之人。丁寡之支或无传,或他徙,表明了在宗族的扩张下,丁寡之支面临着严峻的被挤压的困境,已经无力应付生存的竞争,更谈不上发展,此时迁徙也许是更好的选择。

二、人口的贫困化

如前所述,徽州有着脆弱的生态环境和扩张的人文环境,这些都导致了人口的贫困化。缺少土地,缺少粮食且粮价高昂,甚至因为交通不畅或产粮地歉收而无粮可卖,更难以蓄积,所以一遇到小灾或大役,生活顿时就面临困境。人口增长能成为徽州人口贫困的根源,山多地少的自然环境和生活必需品的缺乏是其中最重要的原因。

除了自然环境所导致的生计艰难外,礼教体制内的消费支出和政府的赋役也是徽州人口贫困化的主要推动力量。

人口的增长虽然主要集中于宗族,但是并不能阻止人口的贫困化。虽然宗族集中了大量的生存资源,并拥有文化和政治方面的优势;但宗族也是理学和礼教的沃土,诸子均分的家产继承制度、理学和礼教要求下的各种规范和礼仪都是贫困的原因。这种贫困是礼教体制内的贫困,宗族社会中的农民和士人都是这种贫困的受害者。

人口集中于宗族,本身就会导致资源分配的减少和贫富分化的产生。人口的繁衍是宗族形成的基础,也是宗族扩张行动中最为重要的原因。但由于传统中国的家产继承制度为诸子均分制,使得土地和财富在向宗族集中的同时,还有一种向个体家庭分散的趋势。其结果,虽然有可能导致宗族的共有土地和财富不断增加,但宗族内部的个体家庭所拥有的土地则急剧减少。这

---

① 民国《绩溪城南方氏宗谱》卷二三《杂著下》。

样经过几代的分割,如果小家庭缺乏增加财富的手段,那么小家庭的土地和财富就可能所剩无几了。日益弱小的个体家庭面临着生存的困难,从而难善其身。实际上个体家庭一旦走向衰落,宗族共有财产也会面临无法保持而遭到变卖和侵吞的困境。许氏人口在徽州非常多,而且流散四方。嘉靖十八年(1539年)休宁孚潭许汉在《许氏统宗谱》中援引以前的谱牒资料说明了许氏族人的严重流失情况:"历宋庆元间,文蔚公辑谱之时,已散居四方。而《义田进状》云仅数十家矣。醇公续之,亦云居故土者十无一二。及元大德丙午,应时公修辑家谱,支派之传,大不如前……其余或赘他族,或迁远方,皆不相知矣。故休之许氏虽众,原非同祖,而同祖者仅三焉,可畏也哉。思昔文蔚公深悯族以贫困至于流移,故捐官俸置立义庄田产,以周之。遭大乱之后,皆为豪强所并。子孙不继前志,有辜盛心多矣。"①

贫富分化也会使族人血缘意识日益淡薄。人越多,贫富差距越大,人心也就越来越不一。在世俗浇漓的社会中,宗族作为一个凝聚力最强的血缘组织,如果不能采取某种措施,即使有血缘的纽带,仍然阻止不了分离的趋势。长期下去,人们大多"厚于其身而薄于其祖,忍于忘远而安于弃亲",不修祖庙,不增祀产,"平日绝不与宗人通","所知者券契姓名,而于先世源流祖讳妣氏概莫之识"②,其后果就是"不一二传而田宅荡尽,子孙流离失所,人亦无知为谁氏后者。呜呼,弃常灾兴,失亲患至,理之自然,奚足怪哉"③。产尽人亡,宗族组织也就瓦解了。如此的后果自然是血缘社会和儒家伦理所不能容忍的。因此,宋以来以修谱、建祠和置产为手段的收族活动才轰轰烈烈地展开,到了明代中后期,这种运动的势头更猛。但是宗族建设从根本上也无法解决族人的贫困化问题,因为宗族的资源不会与宗族人口的增长保持一致,而且,小家庭对宗族的义务如修谱、建祠、置产以及祭祀等负担,会由于宗族建设的加强而加重。如果族产不多,势必要向族人征收,这些都会削弱小家

---

① (明)许汉编:《许氏统宗谱》。
② 民国《绩溪城南方氏宗谱》卷二三《杂著下》。
③ 民国《绩溪城南方氏宗谱》卷二三《杂著下》。

庭的经济能力。虽然宗族承担了社会保障的功能，但那种保障是一种低水平的保障，因而族人的生活实际上也是普遍的低水平。要给出准确的贫困程度的定义是非常困难的，但贫困化作为一种趋势则是显而易见的。

土地等资源财富向宗族的集中，也是儒士贫困化的一个原因。万历十一年(1583年)任休宁知县的丁应泰见县学里除了廪生外，增广生和自费的学生是廪生的10倍。他以为休宁在江南是一个富饶的地方，于是在私下里问弟子们的经济情况，得到的回答却出乎他的意料，众多的弟子都担心自己越来越贫困，甚至会一无所有，"而饶独在闾右家，士无与也"。士虽然托名于四民之上，但由于缺少生存的土地，而且受到礼教的束缚，既困于俯仰之累，要养活老小，还受困于婚姻丧葬上的繁文缛节。这样的士人如何能够专工学业，而居于四民之上呢[①]？

礼教体制内的贫困更是明显。虽然由于自然环境的劣势，徽州人养成了节俭、吝啬的风气，"其人并省啬为生，无兼岁之积，猝遇小灾便大窘"[②]，"家居务俭啬，茹淡操作"[③]等这类记载在方志中随处可见。但是处于礼教之中的徽州人却不得不承受着种种繁文缛节所带来的沉重负担。徽州人非常重视婚娶、丧葬、祭祀礼仪，在《家礼》中甚至要求为宣扬这些礼教而专门设立一定的田地，作为长期推行的物质基础。从丧葬、祭祀费用看，所谓"丧祭依文公仪礼，不用释氏。然祭奠颇奢，设层台祖道，饰以文绣。富者欲过，贫者欲及，一祭费中家之产"[④]。一般的自耕农和贫农是负担不起这样的丧葬、祭祀费用的。虽然这种礼教主要针对士人和富人，但在宗族和人文礼教的扩张下，即使下层民众恐怕也无法置身事外。在卖身婚书中，有些家庭因为无钱丧葬而卖子，有一个仆人王连顺为葬母而卖17岁的儿子，另一个姚季恩为了预备患病母亲的后事而卖子，王文锦为葬胞弟而卖17岁的次侄[⑤]。这三例财

[①] 康熙《休宁县志》卷七《纪述》。
[②] 嘉靖《徽州府志》卷八《食货志》。
[③] 道光《祁门县志》卷五《风俗》。
[④] 康熙《徽州府志》卷二《风俗》。
[⑤] 参见第三章的表1—2。

礼银都是7两,比一般卖身男性财礼银的平均数要高,由此看来,丧葬费用当是不菲。从这三例卖主身份看,不仅一般百姓,而且仆人也摆脱不了这种繁礼缛节的束缚。理学不仅赞赏这种卖身尽孝的行为,还鼓吹贵贱贫富天定的主仆名分。家族本身就是这种礼教和理学的倡导者和实践者,它们不仅在这方面有详细的规定和要求,有的还从经济上给予支持。

  徽州的士人多,他们孜孜以求的是从事仕宦,以显亲扬名,光显先德,振家亢宗,这已经成为徽州宗族的伦理,也是宗族能够长期保持地方声望的保证。但读书和应试都需要雄厚的经济后盾。据《新安第一家谱》记载,其槐塘始祖程廷坚在五代末期的后周广顺二年(952年)迁居槐塘时就有诗曰:"离群已绝功名愿,拂袖来寻泉石盟"①。可见在那时已很难依靠个人的力量去获取功名。宋代休宁人查道,第一次应试时就因为贫穷而不能上,于是他的亲友故旧凑钱3万资助他②。嘉庆年间接连三科,休宁县无一人报捷,而且应省试和院试的人比往年大为减少。休宁籍仕宦在探讨原因时,认为童生无力备脩脯而辍学,很多有心应试的士人也因无力备资斧而辍试。"迢迢锺阜,非能朝发夕至,而寒儒砚田所获,仰事俯育外,有几赢余?与其多方告贷,以博不可知之时命,宁甘怀环抱异,抑郁牖下以坐销其壮志。此诚可为扼腕而浩叹矣"。为重振休宁县人文,培植人才基础,各方倡议捐输资助,商人汪国柱就慨然输金5 000,交给典商生息,资助士子乡试费。这样在接下来的两科中应试的人多了,所以有4人中第。后来与汪国柱合伙做生意的徐慎堂,也捐银5 000,财力增强,资助覆盖面广,资助力度增大,"即绝无力者,亦得翻然就道,无烦三月聚粮"③。由于习儒需要大量的资金,所以士人的贫困程度加剧,甚至连参加考试的费用都无力承担,导致参加各级考试的人数大量减少,最终使当地人文逐渐衰落。即使有商人和家族等方面的资助,在人口大量增长、小家庭日益普遍的趋势下,士人的贫困仍是普遍现象。生计困难的士人

---

 ① (清)程世善辑:《新安第一家谱》。
 ② 嘉靖《徽州府志》卷一九《孝友传》。
 ③ 道光《休宁县志》卷二二《纪述》。

要么走上经商之路,要么落得个甘于淡泊的虚名,成为贫困人口的一部分。在礼教体制导致的贫困中,儒士受到的影响最为显著。

而在人口贫困化的所有原因中,赋役的繁重与弊端无疑是最主要的一个原因。历史上,国家赋役不时随着形势的变化而出现巨大的波动。在官僚机构膨胀和腐败、大兴土木和大兴兵戈之际,赋役征派就会成倍增加,而且征派无定时,这就是社会动乱和民不聊生的最根本原因。徽州重赋自唐末五代开始,就成为人口贫困化的一个主要原因。恶劣的自然环境使得徽州就像一个脆弱的病人,难以经受小灾和大役。南宋绍兴年间推行经界,使徽州的土地增加了几乎一倍,其结果自然是增加了赋役,"尚书郎章侯为时相,力言民病,请因蠲减重赋,不见听"①。

明代徽州的木植坐派就是徽州官民公认的大役。只要京城有大的工程,一般都会坐派徽州木植,嘉靖以后更为频繁,而且屡屡坐派徽州所不产的大杉木。正德十年(1515年)营建乾清、坤宁宫,坐派徽州木料极重,弄得人户纷纷逃窜,六县父老共同上诉,最后被迫将大木改派江西和浙江,才安抚了民众。嘉靖九年(1530年)营建宫殿,工部又坐派徽州木竹共67 000根,木价和脚价都从徽州府应该解发工部的银两内动支。札付到府衙后立即又引起了人户的恐慌②。

役法上的弊端更能造成普遍的贫困。徽州由于商人多,各种弊端可能更多,休宁"土田不给生齿之什一,而大多行贾,不习赋役,奚翅什九而听命吏胥"③。赋役的种种弊端也往往使小役变成大害。

在各县当中,绩溪是自然环境特别恶劣的"末邑","仅得24里,土瘠民贫,路冲四要,册籍丁丁着役,每年丁粮不上700余石,每日祇应止粮2石,官客络绎,夫马繁难,民不堪命"④。休宁县也自称:"地处冲要,赋役繁重,加以

---

① 淳熙《新安志》卷二《杂钱》。
② 嘉靖《徽州府志》卷八《食货志·岁供》。
③ 张海鹏、王廷元主编:《明清徽商资料选编》,合肥:黄山书社,1985年,第52页。
④ (明)程任卿辑:《丝绢全书》卷一《绩溪县查议申文(隆庆四年四月十八日)》。

齐云山往来,供亿不给。"①

即使是后来的赋役变革,其主要出发点还是为了便于赋役的征收,所以,赋役征收进一步货币化,同时将赋役一步一步由人口向土地转移,而这两个转变都是不利于农民的。赋役折银虽然是中国赋税史上的一个进步,但也绝不能轻视它所造成的危害。如顾炎武言:"往在山东,见登莱滨海之民,多言谷贱,处山僻不得银以输官。今来关中,自鄠以西,至于岐下,则岁甚登,谷甚多,而民且相率卖其妻子。至征粮之日,则村民毕出,谓之'人市',问其长吏,则曰:'一县之鬻于军营而请印者,岁近千人'。其逃亡或自尽者,又不知凡几也。何以故?则有谷而无银也,所获非所输也,所求非所出也。夫银,非从天降也……而况山僻之邦,山贾绝迹,虽竭鞭挞之力以求之,亦安所得哉。故谷日贱而民日穷,民日穷而赋日拙,逋欠则年多一年,人丁则岁减一岁。率此而不复,将不知其所终矣。"②顾炎武所说的已是清代,但明代的情况不会比清代好。一些词曲也反映了赋役折银后催科的情况,"平川多种木棉花,织布人家罢绩麻。昨日官租科正急,街头多卖木棉纱"③。普遍征银和大量征银虽然显示了明代徽州地方社会对商品经济的依赖程度,但同时也给徽州社会带来了相当大的危害。徽州的卖身契约中绝大多数的卖身理由也是钱粮紧急。

赋役由人口向土地转移,更是加重了没有其他生存手段的农民的负担。而大土地所有者往往也具有其他的身份,有种种规避赋役的手段,从而把自己土地的赋役负担转嫁给中小土地所有者,加快了人口贫困化的趋势。

徽州脆弱的生态环境和扩张性的人文环境,不仅使农民难以生存,而且使士人也生计艰难。最终使徽州出现了"一望白屋高门,似若富庶,不知其下,皆饥寒无告之民耳"和"富者百人而一,贫者十人而九"的普遍贫困的状况。

---

① (明)程任卿辑:《丝绢全书》卷一《休宁县查议申文(万历三年六月十三日)》。
② (明末清初)顾炎武:《亭林集》卷一《钱粮论上》。
③ (明)顾彧:《竹枝词》,转引自郑昌淦:《明清农村商品经济》,北京:中国人民大学出版社,1989年,第137页。

第五节　小结

从明代隆、万年间的丝绢纷争可以看出,徽州地区有着脆弱的生态环境,承受着生活必需品缺乏和赋役负担沉重的双重压力;而徽州的人文环境也是扩张性的,存在着势力庞大的豪右宦族,徽州社会在人口、资源、环境等方面承受着巨大的生存压力。

农业经济的发展受到多方面的制约,其中自然环境和国家赋役对农业的影响最为明显。徽州的农业经济都受到了这两方面的严重影响。在农业社会中缺乏农业经济,人口的生存状况可想而知。山多地少、土地瘠薄使徽州社会的人均耕地低于全国的平均水平,而平均亩产量也很低,由于地力所限,亩产量还在不断地下降,平均粮食拥有量恐怕难以果腹。随着人口的增长,徽州的粮食非常缺乏,所以徽州严重依赖粮食的进口。由于路途的艰难、水旱等自然条件的影响和牙蠹、关卡的勒索,使粮食价格高昂,更为严重的是无粮可供。这些严重制约了徽州的经济发展,人们不得不增加粮食的消费支出。同样,赋役及其变革,非但没有减轻农民的赋役负担,反而随着赋役由人口向土地的转移,农业人口的赋役负担不断增加。农业人口面临着更为严重的困境。

徽州的宗族扩张从唐宋以来就一直在持续。由于科举制对士人的刺激,尤其是宋代,利权皆操之于官,官员们的俸禄都非常丰厚,收入很高,迁徙到徽州的世家大族全力追求人文以振家族,显亲扬名已经发展成为宗族伦理。在人口增长和人文发展的双重推动下,徽州以名族为主体的宗族和以程朱理学为核心的礼教在宋代经历了快速发展。他们利用自身所拥有的文化和政治资源,极力扩张自己的地盘,人口不断地向周围扩散,建立起自己在地方上的声望。同时极力宣扬理学和礼教,在家庭和宗族之内建立起一套严格的规范礼仪,并以族田等物质基础作为后盾,用种种繁文缛节制约着人们的社会、文化和经济活动。这种宗族和人文礼教的扩张同样也给族人带来了贫困的威胁。土地在向宗族集中的同时,也通过诸子均分继承制度不断地分散,小家庭由于土地的丧失,贫困化在所难免。而需要物质基础的习儒科举等活动也使小家庭的生计日趋艰难,很多贫穷的士人甚至连应试的盘缠都无法准备。宗族本来是人文荟萃之地,但是随着宗族和人文礼教的扩张,宗族人口出现了礼教体制内的贫困。

赋役使人口贫困,而人们为了避免贫困,往往选择了逃亡和流离的消极办法。以江南地区为例,明初,由于赋役繁重,以苏松为中心的江南农民纷纷逃离自己的家乡,转移到全国各地。仅仅太仓一州,洪武二十四年(1391年)额编67里8 986户,到宣德七年(1432年)造册只有10里1 569户,经过核实,仅存738户[1]。在徽州,徽人经常一听说木植又有坐派,也纷纷逃离。

总之,生态环境的脆弱性和人文环境的扩张性是徽州社会内部的基本特点,它们构成了徽州区域社会的整体。徽州人就生活在这样的生态人文环境之中,这样的生存环境同时也产生了种种生存压力。明代中后期以来,人地矛盾加剧,宗族扩张加速,内部压力骤然增大,矛盾的积累,使得传统秩序面临挑战。不仅内部的压力在增大,还存在着赋役所带来的外部的压力,甚至达到一种内外交迫的程度。不仅是农业人口,就连一向以诗书为业的士人都无法避免贫困的威胁。

徽州人口的增长与集中、资源的有限以及环境的恶化,是徽州诸多现象的根源。与人口的贫困化相一致,为了生存,徽州人的职业观也有了很大的转变,很多原先力田和习儒的徽州人被迫放弃农业和儒业,走上了经商求富之路,商人随之大规模地兴起。正如嘉靖《徽州府志》所指出的那样,徽商中的大多数是那些为了生计而翻沟越壑、困于路途的贫苦人,他们才是徽商的真实状况,少数的富商是日积月累的结果[2]。与职业观的转变一样,一部分贫穷的徽州人为了生存,被迫以卖身或婚配的方式失去自由的身份,或者在

---

[1] (明)周忱:《与行在户部诸公书》,见陈子龙等编:《明经世文编》卷二二,北京:中华书局,1962年,第175—176页。

[2] 嘉靖《徽州府志》卷八《食货志》。

长期的佃田、住房和葬坟上形成了主仆关系,在徽州形成了庞大的身份低下的群体。由于赋役、经济或其他方面的矛盾,家庭和宗族内日益增长的血缘人口也以分家和迁徙方式分散出去,形成了小家庭和大宗族、小徽州和大徽州的徽州人口分布状况。人口的这些分流都是在徽州人文生态环境紧张的形势下进行的,其中贯穿着徽州人对生存的关注和对伦理的灌输,并在徽州形成了宗族社会和生存伦理的双重特征。徽州社会虽然受益于人口分流后生存压力的减轻,社会保持着稳定和协调,但是,徽州社会也在这种生存伦理的主导下日益内向和保守,最后终于还是无法适应外部社会的快速发展而迅速衰落。

第二章 儒贾并重:徽州人口的职业分流

明清时期的徽州由于特殊的自然和人文环境,虽然人口有了大量的增长,但是并没有构成全社会的严重的生存危机,因为徽州的人口多集中在宗族、大家庭内,而这样的家庭、宗族保证了所增长的人口有比较合理的职业选择。条件比较好的宗族子弟会把习儒作为第一选择。他们在习儒不成的情况下,会弃儒业贾。而生计面临困难的家庭或族内子弟也大多选择经商。因为田地有限,所以真正耕种土地和经营山场的宗族内的自耕农并不是很多,较多的是佃农和庄仆等下层民众。士人和商人的职业分流主要是发生在宗族之内的。

第一节 贡赋性商品经济与徽商的兴起

赋役史研究基本上都是关注赋役所产生的负面影响,缺少全面、客观的论述。但是在任何时候,任何社会,经济形式都很难是单一的,赋役对不同的经济形式产生的影响也是不一样的,所以,赋役是一柄双刃剑,需要对它的利弊两个方面作客观的分析。后来的研究者在探讨中国商品经济的发展时,注意到了赋役的一些积极方面。刘志伟曾提出,中国封建社会的商品经济是建立在封建贡赋的基础之上,呈现出贡赋经济体制下的商业繁荣。方行引申他的论点,认为,中国的商品经济在不同的历史时期由不同的消费群体所推动,到明中叶,大体形成封建国家、封建地主和农民三大消费群体共同拉动商品经济发展的格局①。

在徽州这样一个东南邹鲁之地,却产生了历史上辉煌一时的徽商,确实值得深思。是什么原因使商品经济并不发达的徽州产生了这么多的商人呢?尤其是在徽州这样一个人多地少、资源缺乏又比较闭塞的社会中,赋役严重影响了徽州的生存环境,使徽州整体上的生态环境变得更为脆弱。对于徽商的兴起,古今中外的一致看法都是赋役的繁重及其变革对徽商的大规模兴起有着重要的影响,在明清时期的徽州形成了不重土田和末富为上的生计观念。但是笔者在分析历史上徽州长期的重赋状况时,发现很多贡赋的物品需要政府采办等商业活动去完成,而且赋役的压力也迫使人们走进市场,更多地参与商品经济活动。在传统社会,这些与赋役有关、依附于政府贡赋的商业活动可以称之为"贡赋性商品经济"。徽州重赋由来已久,徽州的商人和赋税之间有着相当深的渊源关系。早期的赋役征派及其后来一系列的变革对于徽州本土物品的商品化、徽州人商业意识和商业精神的培养、商业网络的扩大、货币使用的转变等方面都有着积极的作用。徽商群体就在这样的背景下产生了。

一、商业意识与本土物产的商品化

徽州比较繁重的赋役催生了徽州的本土商品,并培养了徽州人的商业意识和商业精神。贡赋性商品经济为徽商大规模兴起奠定了基础。

---

① 方行:《中国封建经济发展阶段述略》,载《中国经济史研究》,2000年第4期;方行:《中国封建赋税与商品经济》,载《中国社会经济史研究》,2002年第1期。方行认为,从秦汉到唐代中叶,封建国家通过贡赋占有社会剩余产品的绝大部分,商品经济的发展主要由贡赋收入所形成的有效需求所拉动;唐代中叶到明代中叶,地主制经济有了长足发展,地租总量大大超过赋税总量,商品经济的发展主要由地租收入所形成的有效需求所拉动;明代中叶到清代前期,农民的商品生产普遍发展,他们的消费需求也日益扩大,与国家和地主的消费需求一道拉动了商品经济的发展。

在贡赋体制下,徽州本土物产商品化的进程很早就开始了。徽州有一些物产,如茶叶、纸、竹木等,它们与赋役有着很深的关系。而徽州一些非常缺乏的必需品也在交换和买卖中被高度商品化。

茶叶和赋役、商业之间的联系很早就开始了。唐朝时饮茶风气已经风靡全国,同时边疆的少数民族也对中原的茶叶有着大量的需求,这极大地推动了茶叶在各地的种植,徽州当时也已经广泛种植茶叶。徽州的气候比较有利于茶树的生产,府属各县都产茶。早在唐代业茶的人就很多。晚唐杨华《膳夫经手录》载:"歙州、婺州、祁门、婺源方茶制置精好,不杂木叶,自梁、宋、幽、并间,人皆尚之。赋税所入,商贾所赍,数千里不绝于道路。"徽州人早在唐代就已经开始经营茶叶,经济条件恶劣的徽州更要依靠茶叶来完成赋役。与之同时的歙州司马张途在《祁门县新修阊门溪记》记载,祁门县山上都种植茶树,"千里之内,业于茶者七八矣。由是给衣食,供赋役,悉恃此。祁之茗,色黄而香,贾客咸议愈于诸方。每岁二三月,赍银缗缯素求市,将货他郡者,摩肩接迹而至"①。这两条史料给我们提供了唐代行两税法后,徽州地区赋役的一个侧面。徽州茶叶的质量虽然是其商业化的一个因素,但其中生态环境尤其是赋役的因素是很明显的。业茶者需要用茶叶贸易去购买粮食,完纳赋税。也正是在这样的背景之下,种茶者改善制作技艺,提高茶叶质量,从而吸引了徽州本土和外地的商人。徽州茶叶贸易培养了徽州的商人,茶叶的广泛需求也就使徽商走向更宽广的领域,"自梁、宋、幽、并间,人皆尚之……数千里不绝于道路"。宣和年间改革茶课,不再由官方科买,也是招诱商贩,茶叶进一步商业化的原因。茶叶的生产和贸易在不断地扩大,乾隆十九年(1754年)知府何达善教条化地要在徽州兴纺织之利,拨银 400 两给婺源县,教习妇女纺纱织布,但收效并不大,"乃三四十年来,村氓多逐逐于植茶"②。徽州的女性也成为业茶的主力军,"清明灵草遍生芽,入夏松萝味更差。多少归宁红

---

① (清)董诰等撰:《全唐文》卷八〇二。
② 光绪《婺源县志》卷三《风俗志》。

袖女,也随阿母摘新茶"①。茶叶贸易的影响持续到明清时期更是有了一个大的发展。

徽人经营木业比较早,在宋代就有相关的记载。徽州有水路,从大江到南京,可达湖广、江西;从小江到钱塘,可达衢、处、华、严等地方,容易购买和贩卖商品。徽州木材的品种虽然很多,但适用于大型建筑的木料缺乏,多是中小木材。宋时州郡就对贩运竹木的桴筏抽分竹木公用,元代改为抽取十一的商税,不再抽取本色;后来又因为徽州的木材小,不堪横征,定为额外课②。徽州当地对木商实行了赋税优惠政策,这些对刺激木商的兴起可能有一定的作用。

徽州出产的纸也在唐宋时就享有盛名,深受使用者的喜爱。五代南唐后主李煜特置"澄心堂"以收藏徽纸,号曰"澄心堂纸"。其他如墨、笔、砚等都是闻名全国的特产。纸和墨也在很早就成为贡品,仅宋代上贡的纸品就有表纸、麦光纸、白滑冰翼纸、白滑纸、上贡七色纸等。熙宁时开始贡白滑纸千张,上贡七色纸每年1 448 631张,另外还有学士院纸、右曹纸、盐钞、茶引纸之属,这些都是另外征派,不在上贡七色纸之额数内。大中祥符四年(1011年)时因为徽州上贡的大纸数多劳民,稍微加以削减。元代时常年供应的有赴北纸、行台纸、本道廉访司纸,纸又分三色:夹纸、线纸、检纸。赴北夹纸每年300万张,行台纸和廉访司纸每年不下20万张,另外还有诸衙门和买纸、常课日纸、和买经文纸,"动以百万记,不在常数"。在征派中有许多弊端,和买的价格与实际不符;而且由于造纸的原料主要是楮树皮,官方采买楮的价格也与实际价格不符,元代时因为不堪忍受,槽户纷纷逃移。政府被迫实行改革,"买楮悉依实估,稍革前弊";和买纸也要依实际的价值和买③。这样巨大的征派数额表明了徽州有着巨大的造纸能力,且所能造的式样很多。虽然主要是为各级政府提供的,但其中有数量不菲的部分是通过和买这样的商业手

---

① (近代)许承尧:《歙事闲谭》卷七《新安竹枝词》。
② 嘉靖《徽州府志》卷七《食货志》。
③ 嘉靖《徽州府志》卷七《食货志》。

段获得的。这有助于提高徽州纸的商品化程度。四川也是纸张的著名产地,宋末因为四川战乱,当地所需要的关子纸就由徽州来造。南宋时,徽纸在四川畅销,价格是当地纸的三倍。

同样,徽州所缺乏的一些必需品,也在很早就有了交换和商业买卖。五代时徽州战乱不停,军需很大,故而赋税不断加重,一些必需品和消费品,如盐和酿酒用的麴也是由统治者按人口提供,然后再按盐和麴的价格收钱;政府用盐换军衫布,每布一匹换盐7斤半。这种经济活动颇类似于某种计划经济,但实际上是一种官民交换的方式。在这种战乱环境和经济体系中,民间社会中的商品经济没有多少发展的空间,但这种官民交换体系不能说不具有商业因素。

到南唐末世,淮南产盐的郡县被周世宗攻克,徽州官方再也无盐可供。宋代时酿酒也由官方垄断,也不再向民户提供麴。虽然官府仍然照原额征盐钱和麴钱,但交换体系已经倒塌,盐和酒的获得只能依靠买卖。酒的买卖是由官府垄断的,徽州六县每县设立一务,征收酒课钱。盐一开始也是由官府专卖,六县征收盐课钱约61 974贯。因徽州接近两浙,所以太平兴国中三司建议徽州就近从两浙拨盐,每斤50钱,据说这也是徽州要向两浙运司输绢的真正原因。宣和末变法后,不再由官府出面请求拨盐,而是招诱商贩购买贩运到徽州销售。

明初盐课,洪武四年(1371年)两浙运司发至盐引5 000道至本府招诱客商。洪武五年(1372年)又发至引10 000道,至洪武六年本府缴回运司2 237道,同年9月,因为这种抑配州县的方法害民而罢之,听从客商中买。盐法从官府科买到招诱客商买盐引,再到客商中买,市场化的程度有所提高,盐法的商业化趋势对徽州商品经济的发展起着巨大的推动作用。盐的专卖和垄断具有鲜明的贡赋色彩。明清时期的大盐商利用体制迅速暴富,也成为孝敬朝廷的最大群体。

在这种贡赋体制下,徽州人很早就开始了商业行动。政府通过与民间交换、让地方上贡、自行采买或招诱商贩的方式使徽州本土一些特产的商品化程度大大提高,也使本土缺乏的生活必需品进入了市场化阶段。民间由于贡赋而积极地参与了本土所有和所无物品的商品化、市场化的行动。但是,徽州本土物品的商品化,并不能代表徽州的商品经济发展到了较高的程度,这种商品化是在贡赋体制下实现的,是在脆弱的生态环境中进行的,它只是为了生存和完纳赋役而进行的一种贸易活动,很多徽州人在年幼贫穷的时候,就砍柴伐笋到市场上去卖,换取米、盐等生活必需品。这是一种没有资本积累的商业活动。徽州本土的商品经济从根本上说是生存性的经济。

二、商业网络的扩大

徽州很多的贡赋品都得依赖外地,绸绢、布、木等就是这样。虽然在贡赋的重压下,徽州自己也有生产,但质量不好,往往无法作为贡赋品上纳。而邻近的江浙一带,却是许多贡赋品的生产地,所以徽州很多的贡赋品都得到江浙采办。

宋代因袭五代,征收实物繁多,除军衫布外,还有税布。绍兴时,军衫布和税布二者共有约 8 794 匹,另外还有绸绢及和买绸绢共 108 802 匹,绵 208 833 两。但是徽州并不适合桑、麻、棉生产,政府征收的布帛从何而来?徽州歙县、休宁、绩溪三县均不产布,婺源县因为产一点棉花,所以其西南乡女性多能纺织。但在清代乾隆年间徽州知府何达善推行种棉纺织也在婺源县遭失败。即使是本地纺织,所需的原料也要从境外购买。唐代时以布之精粗分为九等,歙州布列为第七。宋代时上贡细布,但后来这项土贡被废除①。这样的质量是不会有市场的,更不可能为奢侈性消费的宫廷和贵族地主所接受。徽州绸绢的质量也很差,属于所谓的"下色绸绢",由于官方的苛求,徽州上纳的下色绸绢经常遭到退剥,因而监收官吏就不断地增加重量和提高成色,徽州的纳户被迫高价折钱到产绢地去购买缴纳。

元朝之初,地方官因丝绵确实不是土产,奏请折纳宝钞征收,徽州上纳的

---

① 嘉靖《徽州府志》卷七《食货志》。

段匹和丝货在宁国路开拨织造。

邻近江南地区的布帛业发展得非常快,早在南朝刘宋时,荆、扬二州"丝绵布帛之饶,覆衣天下"①。江南地区户调本来以布不以绢,此时浙东蚕桑之区已开始调绢。"斋库上绢,年调巨万匹,绵亦称此。民间买绢,一匹至二、三千,绵一两亦三、四百。贫者卖妻儿,甚者或自缢死"②。官府的奢侈需求导致了价格的高昂,最终也刺激了民间的生产。唐代时江南、江淮地区的丝织品生产突飞猛进,后来居上。两税法之后,税钱折收实物仍在继续发展,钱、谷两色实际上已成为钱、谷、帛三色。"封建国家财政政策和货币政策促使农民生产绢帛的作用仍在继续,一直到五代都是如此"③。明代中期以后,江浙一带是桑棉种植的主要地区。"江南除了湖州府以及苏州府的西部、嘉兴、杭州两府的部分地区生产丝绸外,几乎都产棉布,而主要集中在松江一府和苏、常两府的大部分地区。仅松江一府,每当秋季棉布上市,每天交易达5万匹,号称'衣被天下',从而形成了广阔的棉布市场"④。

入明以后,这种因赋役而产生的商业活动一直呈增加的趋势,嘉靖后更甚。徽州需要出境购买和制作的贡赋物品越来越多,如丝绢、木植、龙衣、城砖等都得要出境采买和烧造。元至正二十五年(1365年),朱元璋统治下的徽州改变税法,征收本色内有歙县夏麦比元额亏欠9 700余石,因而在歙县民田地3 646顷内,每亩科丝4钱,补纳元亏麦数。但歙县确实不产丝,每年只好往浙江出产地方转买,还得向他们交纳盐费使用。

政府坐派的木料也得到出产地采办。只要京城有大的工程,一般都会坐派徽州竹木。嘉靖《徽州府志》中记载的第一次木植坐派是正德十年(1515年),随后嘉靖六年(1527年)、九年(1530年)、三十六年(1557年)木植坐派频繁。徽州本就是顽山峻岭,所产的木材一般都比较小,只能作为杉条和杉

---

① 《宋书》卷五四《孔季恭等传论》。
② 《宋书》卷八二《沈怀文传》。
③ 方行:《中国封建赋税与商品经济》,载《中国社会经济史研究》,2002年第1期。
④ 王世华:《富甲一方的徽商》,杭州:浙江人民出版社,1997年,第142页。

槁,但政府每次坐派给徽州的却是一些徽州所不产的较大的木料,如鹰架木、平头木和杉板。正德十年(1515年)经过知府申奏,将徽州不产的大木改派浙江和江西。嘉靖六年(1527年)的坐派,由于朝廷催得很急,知府畏避不敢申奏,只好委派官员和大户领库银3 600两到浙江严州府、江西饶州古苑渡等处转买了一部分,后来又拨银1 950余两,出境买鹰架木450根。

嘉靖《徽州府志》指出,徽州本土不产大木,徽州多木商只是因为徽州有水路,采买和贩运比较方便。而正是徽州的木商和富商,制定赋役的人才让徽州背上了与实际不符的沉重的木植重派[①]。

但是木植坐派客观上对徽州木商群体的影响应该是非常大的,因为坐派下来的木材不仅要解送到京城,而且由于明代多次对徽州征取大木,徽州被迫派人到外地去购买。如嘉靖三十六年(1557年)营修殿堂,坐派木料86 766根,就"拘民户江忠等买办"。这种出境购买和解运,不仅使徽州商人熟悉了产地和水路,有利于自己事业的扩展,有时甚至还借助官方的采买以夹带。以至到了明后期和清代,随着江南地区市镇的发展和漕运的开展,在城市建设和漕船的修造中对木材的需求量非常大,徽州木商的规模空前地扩大了,几乎垄断了江南广阔的木材市场[②]。在清代南京的上新河,徽州木商建有会馆,木商的徽州灯会,盛称为"徽州灯",由此可见徽州木商在南京的规模。乾隆年间杭州的徽商木业公所,在候潮门外购置了三四千亩的土地用来堆贮木竹,其规模也可见一斑。木植坐派虽然利弊各有,但对徽州的木商来说,如果把握得当,是可以充分加以利用的。

龙衣一项坐派从正德三年(1508年)开始,或不时坐派,或二三年一次,一般都是到杭州机户那里去买[③]。城砖则是由里甲出银,官府派人到池州,招募砖匠烧造。

徽州为了完纳赋税而从临近的江浙赣等地区购买绸、布、木材等的商业

[①] 嘉靖《徽州府志》卷八《食货志·岁供》。
[②] 王世华:《富甲一方的徽商》,杭州:浙江人民出版社,1997年,第116—119页。
[③] 嘉靖《徽州府志》卷八《食货志·岁供》。

活动,实际上也在客观上锻炼了徽州人的经商才能,增加了商业活动的经验,加强了徽州与江浙地区的经济联系,后来这些地区就成为徽商最集中的地方。

徽商虽号称"中原衣冠",但其中有相当一部分人与江浙地区渊源颇深。他们是先从中原迁到江浙,然后再迁到徽州的。据赵华富的不完全统计,在 26 个避黄巢起义的始迁祖中,吕从善、周钦、朱师古、陈禧、陈秀、康先、金博道等是由中原迁到江南,后裔再迁到徽州①。有的是在江浙地区做官,然后避乱徽州。如休宁县小贺姚氏,祖先是陕西人,曾任浙江严州刺史,乾符时避黄巢之乱迁居休宁小贺。据《休宁名族志》,休宁刘氏祖先是彭城人,刘依仁唐末官翰林学士,奉旨出守江南,因乱遂家休宁。休宁洪氏从雍州迁徙到淮阳郡,11 世祖在唐德宗时为黜陟使,因为主张罢免方镇兵,朝廷害怕引起方镇叛乱,将他左迁为宣歙观察使,于是居家于休宁②。两宋之际仍有由江浙迁徽的始迁祖,如绩溪遵义胡氏,其始迁祖胡清一开始居住在湖州乌程,南宋迁都后,他的母弟渊迁苏州,结东门山为舍,他的另一个母弟澄则卜居休宁,他自己则迁到绩溪。这些人来自江南,既较为熟悉江浙地区的风土人情,而且经过迁移,又比较熟悉路程,同时还有别人所不具备的在江南地区的人脉关系。

与徽州地区的贡赋性商品经济相对应,江浙地区桑棉的种植和纺织业的发达也同赋役有关。关于这方面的歌词很多,顾彧《竹枝词》:"平川多种木棉花,织布人家罢绩麻。昨日官租科正急,街头多卖木棉花。"朱凤洲《棉布谣》:"海农不种桑麻苎,衣被无烦事丝缕。黄婆庙口木棉开,百里烟村翻白絮……莫辞劳,关中贾来价更高。经长迢迢纬不足,龟手辛苦连夜操。夜深霡霂如鬼啸,茅壁青荧一灯小。轧轧鸣梭那得成,荒鸡四起催天晓。织成良人出门卖,风雪五更暗沟浍。谁云岁暮好休闲,官粟未输私有债。"董宏度《织妇叹》:"饥亦织,冻亦织。一梭一梭复一梭,日短天寒难成匹。豪户征租吏征粮,两两叩门如火急……无朝无夜俭且辛,寸丝寸缕不上身。丈夫有志苟富贵,勿

---

① 赵华富:《与客家始迁祖不同的徽州中原移民》,载《安徽大学学报》,2001 年第 6 期。
② 道光《休宁县志》卷二〇《氏族·姓氏》。

忘机上糟糠人。努力织成力况瘁,回头忍泪聊相慰。犹胜邻家贱且穷,布机卖却卖儿童。"熊涧谷《木棉歌》:"秋阳收尽枝头露,烘绽青囊翻白絮。田妇携筐采得归,浑家拮作机中布。大儿来觅襦,小儿来觅裤。半以偿私债,半以输官赋……寸缕何尝得挂身,完过官(租)私(债)剩空室。"①在赋役的重压下,产品的真正生产者没日没夜地生产,然后出卖,自己却无法从中得到多少实惠。这种发达是一种畸形的发达,受着极少的特权富贵阶层这一消费群体的主导,民间的购买力很低,所以说它是贡赋性商品经济。

应该说,从五代、宋到明清,徽州的商品经济有了非常明显的变化。五代、宋时是官方的贡赋催生了徽州的商业意识,许多贡赋需要用商业手段去完成,而且用税钱科买实物如绸绢的趋势也日益明显,徽州本土的物品也在贡赋体制下更多地转变成商品。贡赋的商品化程度越来越高,因而这一段时期属于典型的贡赋性商品经济时期。而商业购买的主要地域是在经济日益发展的江浙一带,徽州到江浙购买赋税所需要的上色绸绢、木材、龙衣等和盐和茶由官府科买到招诱商贩;盐钞纸和茶引纸的印造和输纳,印造纸币关子运送到四川,钱的广泛使用,省钱和银的出现等使得商业意识已经在徽州广泛形成。赋税征收中的物、钱和银的不断折变和其中省钱的升值,应该可以被视为徽州区域性商品经济发展的结果和体现。货币形式由多样化到简单化,银子成为了最主要的货币,更加有利于市场的统一。徽州民众对商品经济的一些要素如货币和流通等的理解可能更多的是被动性地从贡赋体制中体会到的,这种理解无疑有助于提高徽州人的商业意识。可以说,宋代徽州的贡赋性商品经济已经发展到一个相当高的程度,而且从盐法和茶法的改革看,明清时期的贡赋性商品经济已开始向民间商品经济过渡。

三、货币由多到少的转变

在宋代贡赋性商品经济中,徽州出现了多种货币形式。布帛在历史上也

---

① 乾隆《南汇县志》,转引自郑昌淦:《明清农村商品经济》,北京:中国人民大学出版社,1989年,第137—138页。

长期行使着贡赋品和货币的双重角色。自曹魏之后,绢布成为封建国家征收的主要实物税之一。由于布帛具有比较稳定的价值,所以又被赋予一定的货币功能,唐代多次命令在市场交易中,要钱物兼行。布帛的法定货币地位始终稳定。绸绢布本不是徽州特产,但是五代时徽州割据政权用盐换军衫布,每布一匹换盐 7 斤半。这里的布由于具有货币地位,所以不仅仅是作为军需品,而且还用做军费的开支。五代末割据政权因为无盐可供,就将军衫布转为正赋①。

徽州是一个纸张制造基地。在徽州的贡赋中需要交纳的纸张的种类很多,虽然主要是各级政府的办公用纸,但也有与商业有关的用纸,如关子纸。宋代末年,因四川战乱,徽州在造上供纸的同时还造关子纸,供应给四川②。另外还有盐钞、茶引纸。盐钞、茶引的出现对于徽州盐、茶经营的商业化非常重要,盐钞和茶引可能有时也当作货币使用。茶引当作银子使用的情况在明清小说中有反映。《二刻拍案惊奇》第八卷《沈将仕三千买笑钱,王朝议一夜迷魂阵》中说到宋宣和年间有一个姓沈的将仕郎在赌博输钱后就用 2 000 多张茶引做赌资。文中写道:"宋时禁茶榷税,但是茶商纳了官银,方关'茶引',认'引'不认人。有此茶引,可以到处贩卖,每张之利,一两有余。大户人家尽有当着茶引生利的,所以这茶引当得银子用。苏小卿之母受了三千张茶引,把小卿嫁与冯魁,即是此例也。沈将仕去了二千余张茶引,即是去了二千余两银子。"

盐钞、茶引能够使盐、茶与钱、粮、丝帛结合起来,强化了物品的商业化,并形成越来越大的流通网络。这种流通和交换网络的形成对徽州社会全面、整体的商业兴起有着非常深远的影响。

宋代另一种税赋最重要的是钱,还有一种是省钱,银也出现了。这些都曾经用于赋税征收,如在徽州上供的七色纸中,就有年额折银纸,用于折买大

---

① 嘉靖《徽州府志》卷七《食货志》。
② 嘉靖《徽州府志》卷七《食货志》。

抄纸①。这三者的比价可以按照当时绸绢的定价来推算,绍兴十八年(1148年)时,江东转运司税绢每匹按钱1800文上纳,而同年的上贡折帛钱则每匹折省钱6 000,银每两为省钱3 300②,因此该年银、钱和省钱的比价为1∶990∶3300。该年绸绢如果折银,大约每匹折银1.8两。大约20年后的乾道三年(1167年),婺源县上纳绸绢被退回,守臣请求每匹折省钱3 000③,可见那时省钱已经升值,如果仍按银和省钱的比价1∶3300计算,则上贡绸绢每匹折银只有0.9两,比绍兴十八年(1148年)整整降低了一半。所以乾道五年(1169年)时有议臣认为徽州的下色绸绢折价太高④,有失先朝抚恤之意,因此建议上贡物帛折银征收,以减轻徽州的赋税。但郡吏认为折银亏值,皇帝令部使者约束,最后停止折银⑤。

金世宗曾与宰臣议铸钱,有人认为铸钱工费数倍,主张采金银矿冶。金世宗反对说:"山泽之利可以与民,惟钱币不当私铸。"⑥可能金银已经成为钱币之一。值得注意的是宋乾道五年(1169年)与金世宗时的大定年间(1161—1189年)在时间上是重合的。元代用银更为普遍,并铸元宝,重50两。陈登原考证田赋征银始于元代,宪宗时已行包银制。⑦

赋税征收,唐以前或用钱或用物,唐末五代时钱物兼用,宋金时偶有用银的记载,但折物征收的比重还非常大。到了明代时赋役有了重大的变化。明初征赋以米麦为主,而丝绢与钞次之。洪武九年(1377年),"天下税粮令民以银、钞、钱、绢代输,银一两、钱千文、钞十贯,皆折输米一石"。英宗正统元年(1436年)时以米麦一石折银二钱五分,南畿、浙江、江西、湖广、福建、广

---

① 嘉靖《徽州府志》卷七《食货志》。
② 淳熙《新安志》卷二《叙贡赋》。
③ 淳熙《新安志》卷二《叙贡赋》。
④ 宋时徽州征收折帛钱,刚开始时以两浙上色绸绢(12两)每匹定价为钱8 000,因为徽州交纳的是下色绸绢(10两),故每匹为6 000,而银则每两为3 300。后来两浙上色绸绢减为6 000,而徽州却没有减少,因此乾道五年时有议臣认为这有失先朝补恤徽州之意。
⑤ 淳熙《新安志》卷二《叙贡赋》。
⑥ 《金史》卷八八《石琚传》。
⑦ 陈登原:《中国田赋史》,北京:商务印书馆,1998年,第155—156页。

东、广西米麦共四百余万石,折银百余万两入内承运库,谓之"金花银"。其后概行于天下。① 本色折银根据存留和起运的目的地不同而折价也不一样。从嘉靖《徽州府志》卷七记载的"岁赋"看,成化十八年(1482年)时已有部分秋粮折银征收,弘治十四年(1501年)时约有60%的秋粮折银征收,而到了嘉靖四十一年(1562年),已全部折银征收。除了岁赋外,岁供中也大量征银,而且数额越来越大,这在第一章中已有阐述。

另外,各种差役也在不断地折银征收,下面是嘉靖三十五年(1556年)和嘉靖后期(约嘉靖四十一年(1562年)左右,因为嘉靖府志编纂于嘉靖四十五年(1566年))均徭编银中之力差银和银差银的征收情况简表。

表2-1 嘉靖三十五年与嘉靖后期(约四十一年)徽州府各县均徭银(四舍五入)之比较

		歙县	休宁	婺源	祁门	黟县	绩溪	总计
银差银	三十五年	5737.38	4723.15	3476.49	1740.72	1186.29	1502.74	18366.77
	后期	7203.79	6189.73	4212.99	2205.97	1665.96	1716.27	23194.72
	增加幅度%	25.56	31.05	21.19	26.73	40.43	14.21	26.29
力差银	三十五年	2547.35	2443.05	1599.65	776.4	621.75	878.4	8866.6
	后期	1578.6	1477.4	1034.2	531.6	388.4	507.2	5517.4
	减少幅度%	38.03	39.53	35.35	31.53	37.53	42.26	37.77
合计	三十五年	8284.73	7166.2	5076.14	2517.12	1808.04	2381.14	27233.37
	后期	8782.39	7667.6	5247.19	2737.57	2054.36	2223.47	28712.21
	增加	497.66	500.93	171.05	220.45	246.32	-157.67	1478.84
	%	6.01	6.99	3.37	8.76	13.62	-6.62	5.43

嘉靖三十五年的数据来源于嘉靖《徽州府志》卷八《食货志·岁供》之"抚院不时坐派备边之供";嘉靖后期的数据来自于同书卷八《食货志·岁役》之"均徭"。

从"表2-1"中可见,自嘉靖中后期开始,徭役逐渐倾向于雇役,力差不断向银差转化,其结果就是银差银增加,力差银减少。嘉靖三十五年(1556年)与嘉靖后期相比,力差银减少了37.77%,少了约3350两;而银差银却增加了26.29%,多了约4830两;银、力差银总数上也增加了5.43%,多了约1480两。

---

① 《明史》卷七八《食货二》。

力差银的大幅度减少和银差银的大幅度增加说明了力役折银的进一步发展。货币的使用由以前的多样化又转向简单化,银子成为最主要的货币。

赋役征银的普遍和繁重,自然导致民间对银子的需求大量的增加,这反映在民间的各种经济活动如土地和人身买卖中,各种交换的货币逐渐向银子统一①。

明代中后期开始实行赋役折银和"一条鞭法",清代推行摊丁入亩,对商人产生了比较积极的影响。这些赋役改革本身就是商品经济发展的一个体现,赋役征派进一步与人身脱钩,人身的束缚逐渐弱化。农民在获得更多自由的同时,也更深地进入商品流通的大市场。由于赋役转向土地,在某种程度上加重了农民的负担,减轻了商人的负担,所以农民只有生产和卖出更多的产品,才能获得所需要的更多的货币;同时也正是由于对人身束缚的逐渐解除,处于不利境地的农民和其他手工业者有了选择其他职业的自由。"小民多执技艺,或贩负就食他郡者常十九,转他郡粟给老幼,自桐江自饶河自宣池者,舸相接肩相摩也"②。徽人多商贾是时势所迫。嘉靖四十一年(1562年)规定,各匠交纳匠班银,均不再当役,自己任意寻找工作。从此,私营手工业得到进一步发展,官营手工业则大大地没落了。宫廷和官府所需的各种手工艺品,大多用白银向民间铺户采买,或发银给手工业户,进行特别加工。人头税和商人徭役的废除,都受到了商人铺户的衷心拥护③。人身的进一步解放,是商品经济进一步发展的前提。因此,"明代中叶赋役制度的变革既是商品货币经济发展的产物,又反过来为商品货币经济的进一步发展提供了条件"④。

---

① 傅衣凌考察了明代前期土地买卖中的通货情况,认为,洪武、建文间,民间使用的通货以宝钞为最多;永乐年间,以钞为主,间有用布;宣德、正统间以布为主,宝钞倒退到与稻谷相等,银的地位开始提高。参见傅衣凌:《明代前期徽州土地买卖契约中的通货》,载《社会科学战线》,1980年第3期。
② 嘉靖《徽州府志》卷八《食货志》。
③ 许敏:《试论清代前期铺商户籍问题——兼论清代"商籍"》,载《中国史研究》,2000年第3期。
④ 许檀:《明清时期山东商品经济的发展》,北京:中国社会科学出版社,1998年,第29页。

明代时贡赋性商品经济出现了一些变化,如盐法和茶法等的改革,使得其中的官方色彩不断降低,民间色彩越来越重。而且由于宋代不断扩大的流通网络和货币种类,奠定了更大区域范围内经济活动的基础,因此明代时民间的商业活动就已经具备了非常好的发展条件。应该说自五代、宋以来的重赋从客观上催生了徽州的商业意识和流通网络,站在这样一个非常高的起点上,明代徽商大规模兴起。而明代后期的赋役改革,赋役征银和赋役对象转向土地这两种趋势都加深了有田者的负担。货币的统一也有助于更大市场网络的形成。《歙问》中一段话颇见当时之生存状况:"田为恒产,歙山多而田少,况其地瘠,其土驿刚,其产薄,其种不宜稷粱,是以其粟不支而转输于他郡,则是无常业而多商贾,亦其势然也。矧近者比岁不登,鲜不益窘矣。兵燹之余,日不能给矣,而又重之以徭役,愈不能安矣。又安能不以货殖为恒产乎? 是商以求富厚,非实富厚也。"①但在不断参与市场的过程中,徽州人的商品意识得到了培养和强化,他们积累了丰富的经验,"善识低昂,时取予,以故贾之所入,视旁郡倍厚"②。所以获利较丰厚也是在情理之中。

总之,虽然徽州并没有充分发展的商品经济,但是徽州人的商业意识和商业精神是不容否认的。这种意识和精神是在长期的贡赋性商品经济中培养出来的。

第二节 职业观的转变

一、儒家伦理与传统儒士的治生观

儒家向来便是入世之教,弘道济世、出仕治国作为儒家伦理一直主导着传统儒士的价值观和职业观。士农工商四民之说,始于《管子》,一直被中国主流的意识形态所肯定和维护。四民之分,意味着士本身是一种职业,是一

---

① (近代)许承尧:《歙事闲谭》卷二一《歙问》。
② 嘉靖《徽州府志》卷二《风俗志》。

种谋生的手段,但士自古以来居于四民之首。顾炎武认为:"三代之时,民之秀者乃收之乡序,升之司徒,而谓之士,固千百之中不得一焉"。所谓之士,"大抵皆有职之人矣"。春秋以后,士人日盛,没有固定职业的游士也越来越多。他们纵横于各方之间,挟知识而自重,共同促成中国历史上思想最为活跃和解放的百家争鸣时期的出现。"战国之君遂以士为轻重,文者为儒,武者为侠。"所以后世学者认为"游士兴而先王之法坏矣"①。士人人数增加,在士人中出现了文儒、武侠之分。后世的主流意识形态儒家思想还只是诸子学说中的一支,在汉代独尊儒术之后,儒士合二为一,弘道是其人生理想,出仕治国是其职业选择。而在理想化的儒家学说中,弘道还重于出仕。《论语》中对此多有论说,如"无恒产而有恒心者,唯士为能""忧道不忧贫""士志于道,而耻恶衣恶食者,未足与议也"。

唐宋以后,科举以文章取士,知识分子大量增加,儒士与文人中的多数都面临着就业上的问题,他们之间在职业上的区分开始模糊,但是在理念上的区分仍然存在,尤其是在经历五代之乱和北宋亡国之痛后,新儒家更是强调家国天下的伦理道德和职业责任。如范仲淹常自诵曰:"士当先天下之忧而忧,后天下之乐而乐也。"②对于儒士与文人的区分,有一段话说得特别明显,"历山川,但抒吟咏,而不考其形势;阅井疆,但观市肆,而不察其风俗;揽人才,但肆清谈,侈浮华,而不揣其德之所宜,才之所堪。若而人者,掩抑弗彰,无失为善士;倘或司民之牧,秉国之钧,俾之因革,委以调剂,兴创不知孰利,改革不知谁害,荐举不识其贤,废黜不知其不肖,徇陋踵弊,贻毒已滋……为患岂可胜道哉?……夫士欲知用舍,必自勤访问始;勤访问,必自无事之日始"③。士人不能忘记自己弘道治国的责任。即使不能为官的儒士,也不能

---

① (明末清初)顾炎武著,(清)黄汝成集释,秦克诚点校:《日知录集释》卷七《士何事》,长沙:岳麓书社,1994年。
② (宋)欧阳修:《欧阳修全集·居士集》卷二〇《资政殿学士户部侍郎文正范公神道碑铭并序》,北京:中国书店,1986年,第144页。
③ (明末清初)顾炎武著,(清)黄汝成集释,秦克诚点校:《日知录集释》卷七《士何事》,长沙:岳麓书社,1994年。

放弃这种理念和追求。面对儒士大量滞留民间无所事事,或者转化为纯文人,从而丧失了儒家理想的状况,有识之士便刻意强调儒士无事时的作为。他们尤其强调士人不能蜕化成纯粹的文人,"士当以器识为先,一号为文人,无足观矣"①。唐宋以来文化的传承与普及,知识分子数量的增加,的确导致了他们在整体上的道德理想的没落与丧失,再加上国运不隆,南迁逃避,这些对那些真正具有儒家理想的士人影响非常之大。所以宋代新儒家讲究义理之学,形成儒家中的所谓道学学派,他们也批评科举制度太重文才,所以在科举中胜出的人被他们贬称为纯文人,不是真正的儒家知识分子。

正因为儒士有着弘道济世的理想,所以修身、齐家、治国、平天下成为儒家伦理的有机组成部分,也是儒士追求入世弘道治国的人生历程。理想化的儒士实际上是把自己高居于四民之上,不屑于以其他职业谋生。不能出仕的士人一部分不得不转向专门从事文章之学的文人,博取文名,依靠来自富裕家庭、亲朋好友、崇拜者乃至弟子们的善意捐赠维持着生活。也有很多从事私学教育维持生活的。儒士认为,只要自己有着热忱和决心,这种传道、授业、解惑的教师职业并不影响儒家所要求的弘道事业。"士读书将以惠天下,不幸不及仕,而教人为文行经术,亦惠耳"②。但是如上文所述,纯文人并不合乎儒家的职业理想。

同样,商人对利的追求,违背了儒家伦理,破坏了社会稳定,所以,虽然儒士不排斥四民之说,但是在儒家理想的社会价值体系中,商业是末业,农业是本业。商人一味求利的思想和行为与传统的儒家理想是相悖的,重农抑商的价值理念已经随着儒家独尊的统治地位而成为主流价值观。

经历战乱而南迁的儒士非常强调这种道的理念,并在自己的家庭内进行灌输。他们也非常重视职业的选择,在耕与读之间,他们更强调读书出仕、诗

---

① (明末清初)顾炎武著,(清)黄汝成集释,秦克诚点校:《日知录集释》卷一九《文人之多》,长沙:岳麓书社,1994年。
② (元)杨维桢:《东维子文集》卷二五《孝友先生秦公墓志铭》,转引自陈其南:《明清徽州商人的职业观与家族主义》,载《江淮论坛》,1992年第2期。

书传家,因为这是不受战乱和灾害影响的唯一职业。

仍以绩溪遵义胡氏为例。胡清因反对迁都临安,与当朝不合,遂退隐迁居,"啸傲林泉"。他的理想是:士君子不能立功于朝为君民建不磨之业,亦当修德于野为子孙立不拔之基。虽然他自己"负不羁之概",但是要求和教育子弟"独醇谨"。他临死时还告诫子弟:"男勤于耕耘,女勤于织纴,诗书无恶岁之名,礼义有丰年之实。毋作非为,毋罹重辟,为乱世之完人,还吾躬之全璧。"胡清之所以有此告诫,一是因为他为北宋国子监直讲胡瑗的后裔,有家学渊源。二是因为他经历了乱世,苛求安全的环境和稳定的经济来源。农业深受乱世和自然灾害的影响,而有"恶岁"与"丰年"之分,而商人更是无法生存于乱世。所以在他看来,诗书礼义能够保证最稳定的收入,也就是最稳定的丰年,能够保证他及家人成为"乱世之完人"。

可见,在唐末和两宋之际南渡的徽州早期的移民中,以诗书礼义传家的很多,他们的商业意识淡薄,男耕女织和诗书相传还是家庭成员理想的生计选择。但是他们尤其重视要以诗书礼义传家。胡清虽然与当道者不合而隐居,并由此而豪放不羁,但是他严格教育子孙,把自己未能实现的希望寄托在子孙的身上。

胡清是有着传统儒家理想的,他的治生观也是非常传统的,一方面要以诗书礼义传家,这样就没有"恶岁"而永保"丰年",就是最好的生计;另一方面不但自己"求田问舍",而且要求后代"男勤于耕耘,女勤于织纴"。传统儒士就具有这种典型的耕读结合的治生观。再如明代的张履祥也强调"治生以稼穑为先,舍稼穑无所为治生者"①。他的治生并不是致富,而是作为习儒的物质基础,"得志则施王政于中国,不得志则亦存礼义于家"②。因此他反对商贾卜巫之类的职业。这与胡清的治生观非常相似。张英也认为,在农村拥有

---

① (清)苏惇元:《张杨园先生年谱》,转引自陈其南:《明清徽州商人的职业观与家族主义》,载《江淮论坛》,1992年第2期。
② (清)张履祥:《杨园先生全集》卷五《与何商隐》,转引自陈其南:《明清徽州商人的职业观与家族主义》,载《江淮论坛》,1992年第2期。

土地,不但开支不大,且耕且读,延师训子,等到子弟读书有成,策名仕宦,就可以入城居住,一二世之后,可以再选择乡居。这样乡城耕读,相为循环,可以防止家道中落①。耕读互补、耕读循环就是儒家传统治生观的主流观念。

在他们的心中,耕读是互补的,而商贾是礼义的对立面。如果要保持诗书礼义传家的传统,就要以稼穑为基础。农业不仅是国民生计之本,还是诗书礼义之基。土地与人民、政事一起成为诸侯三宝。儒士未出仕前在家经营土地,出仕之后,要经营的是君王的土地,以礼义治家,也以礼义治天下。土地对儒士的重要性也就体现在齐家、治国的生命历程上。正因为此,孟子治疗社会诸多病症的药只有一味,即"有恒产者有恒心"而已。在这个意义上,可以更好地理解儒家农本思想的形成和发展。

传统儒士信奉着儒家伦理,追求理想的职业,他们把自己超然于四民之上,不屑于治生,认为自己应该做的是更为重要的弘道济世之事。但是他们并不排斥社会上其他人从事其他的职业,四民之说是被他们所接受并竭力维护的。《管子》始倡四民之说,战国秦汉时期,商人在社会上非常活跃,名士经商屡屡可见,所以司马迁有"用贫求富,农不如工,工不如商"的论调。后来由于农本和抑商思想的泛滥,耕读才成为他们可以接受的主要治生手段。但是唐宋以来,形势有了很大的变化,新儒家日益转向"人伦日用",与南北朝以来章句和门第礼学截然异趣。儒士传统的职业价值观出现了转变。

二、职业价值观的转变

(一)儒士与治生

唐宋以来门第的崩溃,士人数量的不断增加,使越来越多的士人面临着出路问题。宋代朝廷为养大批官僚士大夫,不断加重赋税。"宋之盛时,岁有

---

① (清)张英,《恒产琐言》,见(清)张英、张廷玉撰,江小角、陈玉莲点注:《父子宰相家训》,合肥:安徽大学出版社,1999 年,第 84—85 页。

常贡,官府所在,用度赢余,过客往来,廪赐丰厚,故士皆乐于其职而疾于赴功"①。宋代除了俸禄丰厚外,官员还占有大量免税的俸田和职田,北宋仁宗时曾有限制品官占田之议,"而任事者终以限田不便,未几即废"②。以至到了南宋时,郡县之间,"官户田居其半",由于军需支出,又重申限田,但这次不是限制品官占田之数,而是限制品官免税之数,要求官户名田过制者,与编户一同科赋③。其后又以仁政之名推行经界法,其本意可能是试图革除赋役不均、土地册籍混乱等弊端,但是在推行中,土地有了大量的增加,徽州经界前的土地是1 516 198亩,而经界后的土地达到了2 919 549亩,几乎增加了一倍。当时在官僚中,也存在着是增税还是均税之争,最终是以增税派获胜。所以土地的增加就意味着赋役的增加。沈垚关于宋代以来商人社会功能变迁有这样一段论述,说明了儒家治生观的转变:"宋太宗乃尽收天下之利权归于官,于是士大夫始必兼农桑之业,方得赡家,一切与古异矣。仕者既与小民争利,未仕者又必先有农桑之业,方得给朝夕,以专事进取。于是货殖之事益急,商贾之势益重。非父兄先营事业于前,子弟即无由读书以致身通显。是故古者四民分,后世四民不分;古者士之子恒为士,后世商之子方能为士。此宋、元、明以来变迁之大较也。"④正是士大夫阶层对农桑之利的争夺导致了小民和士人的贫困,商业在这种形势下与农业一样,也成为读书进取的一个主要的物质基础。

形势的变化也使财富和身份的变化更加无常,职业理想难以维持,耕读循环往往难以为继。儒士的职业理想与生计维持方面的矛盾越来越大。如何调和儒士的理想与治生、个人与社会之间的矛盾,抑制住儒士在治生中理想没落的趋势,同时维持社会的教化礼仪,成为宋代以后儒家的重要课题。

---

① (明末清初)顾炎武著,(清)黄汝成集释,秦克诚点校:《日知录集释》卷九《守令》,长沙:岳麓书社,1994年。
② 《宋史》卷一七三《食货上》。
③ 《宋史》卷四〇四《柳约传》。从他的传记看,柳约曾任徽州司录,江南地区包括徽州的现实社会是他的观点产生的基础。
④ (清)沈垚:《落帆楼文集》卷二四《费席山先生七十双寿序》。

首先,要求儒士具有经世和治生的才能。金灭北宋、蒙古灭南宋和清灭明等多次的少数民族入主中原,给中国传统的儒士弘道的理想打击非常大,儒家的政治理想如何能保持社会的稳定?空谈性命之学能真正地治国济世吗?在北宋灭亡后,南宋朝廷于绍兴十三年(1143年)推行经界法,以增加国库收入,但在8年后因遭到普遍反对而停止。然而朱熹却对经界法非常欣赏,他乐观地认为,从事后看,经界法对贫民来说是一劳而永逸。为了抑制豪家大姓、猾吏奸民,他于光宗绍熙元年(1190年)在漳州推行经界法①,但效果不好,有"劳民"之讥。由此可见,南宋的新儒家,对弘道理想的重视已经超越了对个人前途命运的关注和社会舆论的束缚。他们已经意识到要实现儒家理想,就必须具有经世之学。

实际上,由于自身面临着贫困化,儒士们意识到空谈性理与谋求生存并有所作为的理想之间是矛盾的。朱熹虽然相对来说比较保守,但他对儒士家中不以儒为业的子弟经营生计并不反对。弟子问朱熹:"吾辈之贫者,令不学子弟经营,莫不妨否?"而朱熹则回答:"止经营衣食亦无甚害,陆家亦作铺买卖。"但朱熹同时也指出,一旦生计宽裕,"便须收敛,莫令出元所思处"②。理学延续了传统儒家对四民之分的肯定立场,而且由于它所刻意追求的入世理想,所以并不反对商业作为生计的正当性,甚至儒士也可以以此为生计。陆象山祖上由于无田产,家计贫寒而经营药肆,在朱熹看来是无碍的。但朱熹同其他的宋儒一样,认为商业对人心有着破坏作用。

宋以后,较少具有教条主义色彩的儒士认识到,儒士在治学与治生之间有着辩证的关系,修身、齐家与治国之间有着内在的程序性。元代的许衡就认为:"为学者治生最为先务,苟生理不足,则于学为之道有所妨。"③顾炎武也引述别人的话,认为:"性命与经济之学,合之则一贯,分之若两途。有平居

---

① 朱熹对经界的热心,参见陈登原:《中国田赋史》,北京:商务印书馆,1998年,第136—137页。
② (宋)朱熹:《朱子诸子语类》卷二一《训门人一》,上海:上海古籍出版社,1992年,第324—325页。
③ (元)许衡:《许文正公遗书》之《国学事迹》。

高言性命,临事茫无措手者。彼徒求空虚之理,于当世之事未尝亲历而明试之。"①明末清初人陈确在明亡后持节不仕,居家家学,躬行实践,他说:"确尝以读书、治生为对,谓二者真学人之本事,而治生尤切于读书……故不能读书,不能治生者,必不可谓之学;而但能读书,但能治生者,亦必不可谓之学。唯真志于学者,则必能读书,必能治生。"②陈确与当时众多的思想开明的儒士一样,指出了治生才是为学之本。他认为只读书而不能治生,必然是要靠读书来维持生计乃至贪赃枉法,最后也是废了读书;而光顾治生而不读书的人难以维持好的品德,只顾妻、子,而不顾父母。只有真正理解读书与治生关系的人,才既能读书,也能治生。前引的沈尧说:"宋儒先生口不言利……盖宋时可不言治生,元时不可不言治生,论不同而意同。所谓治生者,人己皆给之谓,非瘠人肥己之谓也。明人读书却不多费钱,今人读书断不能不多费钱。"③与宋儒口不言利相比,陈确明确呼吁学者要治生,这是一个进步。知识分子由于数量大量增加而面临生存无着的尴尬境地,实际上在宋代,读书科举就要大费金钱了。治学与治生之间关系的调整实在是大势所趋。

其次,由于儒士增多并且缺乏固定的职业,儒士职业上的理想色彩在减退,其结果就是不断降低从业标准。虽然仍有对儒士理想的呼唤,但在实际上已经无法以严格的职业理想来区分儒士和其他从事文字职业的文人了。儒业在元明清时期已经成为一种泛职业化的统称,包括了文行和经术,包括了涉及诗书礼义的各种行业。清代的袁采主张子弟一定要有自己的事业,而最好的职业选择就是习儒业,他对儒业的理解就很宽泛:"士大夫之子弟,苟无世禄可守,无常产可依,而欲为仰事俯育之计,莫如为儒。其才质之美,能习进士业者,上可以取科第致富贵,次可以开门教授,以受束脩之奉。其不能习进士业者,上可以事笔札,代笺简之役;次可以习点读,为童蒙之师。如不

---

① (明末清初)顾炎武著,(清)黄汝成集释,秦克诚点校:《日知录集释》卷七《士何事》,长沙:岳麓书社,1994年。
② (清)陈确:《陈确集》之《文集》卷五《学者以治生为本论》,北京:中华书局,1979年,第158—159页。
③ (清)沈尧:《落帆楼文集》卷九《与许海樵》。

能为儒,则巫、医、僧、道、农圃、商贾、技术,凡可以养生而不至于辱先者,皆可为也。"①这里可以看出,儒业有许多种,与农商一样,它几乎已经蜕化为生存的一种手段,见不到早先的儒士所具有的职业理想。

第三,提高其他从业者的地位。宋、明以来儒士对治生的强调,是在地主制经济发展的大环境下产生的,农业经济和商品经济都有了较大的发展。"宋代以来,商业的发展是中国史上一个十分显著的现象,明、清时代尤然。"中小地主既是商品供应大户,也是商品需求大户;商品经济发展就主要由地租收入所形成的有效需求所拉动②。所以,儒士的治生不能仅仅理解为农业生产,商业经营是其中的重要组成部分。正如沈尧所说的,"所谓治生者,人己皆给之谓,非瘠人肥己之谓也"。"人己皆给"表明这不是自给自足的农业生产,而是人己两利的商业经营。"非瘠人肥己"已经表明了鲜明的价值判断,是对商业伦理的重新定位。实际上,一般的看法是在元代,商人的地位可能在儒士之上。明代商人的兴起似乎与此也有内在的联系。商人在社会上所起的作用日益重要,但是儒士却有意无意地回避了这种现象,"元、明来,士之能致通显者大概藉资于祖、父,而立言者或略之。则祖、父治生之瘁与为善之效皆不可得见"③。治生者的重要作用被"口不言利"的腐儒所抹杀,而儒士的这种心态是一种畸形的价值观。明代王阳明对儒士地位太高的不利影响有所警觉:"古者四民异业而同道……自王道熄而学术乖,人失其心,交鹜于利,以相驱轧,于是如有歆士而卑农,荣宦游而耻工贾。夷考其实,射时罔利有甚焉,特异其名耳。"④社会价值观必然影响了社会职业观,这是不利于社会协调发展的。从经世治国的角度出发,儒士要求躬行实践,治生与治学并重,也呼吁调整社会职业价值观。明末清初的黄宗羲也说:"世儒不察,以

---

① (清)袁采:《袁氏世范》卷中《子弟当习儒业》,天津:天津古籍出版社,1995年,第105页。
② 方行:《略论中国地主制经济》,载《中国史研究》,1998年第3期;方行:《中国封建赋税与商品经济》,载《中国社会经济史研究》,2002年第1期。
③ (清)沈尧:《落帆楼文集》卷二四《费席山先生七十双寿序》。
④ (明)王守仁:《王阳明全集》之三《悟真录六·节庵方公墓表》,北京:红旗出版社,1996年,第1030—1031页。

工商为末,妄议抑之。夫工商固圣王之所欲来,商又使其愿出于途者,皆本也。"①他明确提出了工商皆本的社会价值观。商人的地位在明代有了提高。

实际上,对治生的强调、儒业标准的降低和商人地位的提高,已经表明了社会舆论具有了更大的宽容度,儒士的职业取向更趋向多样化。与此同时,传统的天理人欲观、义利观和重农抑商思想也日益遭到有识之士的质疑。在宋代,士人家庭从事货殖之利的已经很普遍,士商合流的趋势已经形成,到明清时已成四民不分,乃至商人的子弟方能读书出仕之势。南宋建都临安,此后经济中心的进一步南移,商品经济的进一步发展,徽州更得地理之便,本地产品的商品化程度随之进一步提高,产生了一些经商的大族。如朱熹的外家祝氏,以善于经商闻名,几乎拥有郡城一半的店业,号称"半州祝氏"。他们家族在宋代有二人中进士,与朱氏中进士的人数相同。宋代徽州的商人可能主要集中在有经商传统的世家大族中,没有形成普遍的风气。到了明代,徽商由于自身所具有的素养和出于对经济利益的追求,对传统理学中的职业观进行了整合,重新塑造商业伦理,提出了贾儒相通的新观念。

(二)对儒、贾、农职业关系的重新诠释

随着儒士对治生的辩证理解和职业标准的降低,社会舆论日益趋于宽容,职业价值观已经有了比较深刻的转变,儒士经商的外在压力已经大为减轻。正如"半州祝氏"所表明的那样,王阳明和黄宗羲所倡导的职业价值观在徽州早已开始转变。因为徽州的生存环境一直处于比较危机的状态,因此,士人涉足商业往往是迫不得已,既要取谋生之财,也要取子弟读书应试之资。但是他们如何面对主流意识形态上的思想和政策束缚呢?传统的理学是反对商业的吗?商业等同于人欲吗?商人就必然是重利轻义吗?如何解释长期以来的重农抑商的思想和政策呢?甚至于如何面对诗书传家的家族传统?徽州士人和家族子弟大量从商,必然要直面这些问题,并从徽州的实际去重新诠释传统。

---

① (明)黄宗羲:《明夷待访录》之《财记三》,《黄宗羲全集》,杭州:浙江古籍出版社,1986年,第41页。

自古以来,传统观念中的商人是重利轻义的典型代表,陆象山发挥了孔子所谓"君子喻于义,小人喻于利"的说教,结合实际生活,将义和利结合起来,从利国、利民、利天下处立论①。另外,人欲与商贾有着密不可分的联系,程朱理学强调的是"存天理、灭人欲",人欲被程朱理学所严防。传统儒士认为,对欲和利的追求是与自己的理想不相符的。所以宋儒口不言利,有意掩盖了自己祖、父治生并资助他们通显的事实。

在传统儒家眼中,商人的形象显然是不好的。传统理学与商业之间并不是绝对对立的,正如前面提到的儒士对治生的逐渐重视一样,儒士的理想需要治生和经世的才能。有学者指出,朱熹本人并不排斥商贾,考虑到朱熹所生活的时代和当时的徽州以及朱熹的家世,朱熹所谓的和天理相违背的人欲是指不正当的或过分的生命欲望。而正当的本能的生理需要则是天理,所谓"饮食者,天理也;要求美味,人欲也"②。这样的天理和人欲之分反映了当时的商品经济的发展还是有限的,商人还只能以"人欲中自有天理"来为商业的合理性辩解③。朱熹的说教对象主要还是儒士阶层,儒士阶层当时已经面临着贫困的威胁,在治学与治生之间面临着选择;朱熹的理欲之辩表明他对儒士经商还是持否定的态度。从义利的辩证关系看,在儒家眼中,利的概念也并不是绝对的和僵化的。张载说:"利于民,则可谓利;利于身、利于国,皆非利也。利之言利,犹言美之为美。利诚难言,不可一概而言。"④"利"这种概念的提出,为义利互相转化提供了空间。

出身于东南邹鲁之地的徽州商人尤其重视商业伦理,义利的辩证关系贯穿其中。首先是在商业经营中以义致利,然后是在经营成功后以利践义。在平时的生活和经营中,徽商就非常注重自身的形象,他们大多标榜重义轻利、不取非义之财。有关徽商的善行、义行也充斥着方志和文集。在他们的逻辑

---

① 李之鉴:《陆九渊哲学思想研究》,郑州:河南人民出版社,1985年,第175—180页。
② (宋)朱熹:《朱子语类》卷一三《学七·力行》,北京:中华书局,1986年,第223—224页。
③ 唐力行《明清以来徽州区域社会经济史研究》第三编第二部分对此进行了分析。
④ (宋)张载:《张载集》之《性理拾遗》,北京:中华书局,1978年,第375页。

中,以诚待人,以义为利更容易经商成功。歙县人鲍雯,从小就聪敏喜欢读书,"手录六经子史大义,积数十箧"。自从父亲死后,家道中落,他想中举以振兴家业,但家庭多变故,先世曾在两浙间经营盐业,不得已,他前往两浙接理业务。他虽为商人,但一切以书生之道行之,而商人的智巧机利都摒弃不用,惟以至诚待人,别人也不欺骗他,久而久之,家庭逐渐富裕。富裕之后,他时时解人之急,尤厚于宗族①。明代婺源商人李大嚣对他的继承者传授心得:财自道生,利缘义取②。清代的凌晋,家居歙县,在与人贸易时,有人蒙混多取,他也不屑于去计较;有人讹诈说少给,他就如数补偿;但他的生计并不因此而受到影响,反而更加兴旺③。道光年间,黟县商人舒遵刚从商人角度对义、利关系进行了剖析:钱就像流水一样,有源才有流,如果以狡诈生财就是自塞其源;如果吝惜钱财而不用,或奢侈滥用钱财,就是自竭其流。以义为利,因义而用财,不但不竭其流,而且丰富了源头,使之流而不竭,赚大利,发大财,这就是生财之大道④。

汪道昆认为:"古者右儒而左贾,吾郡或右贾而左儒,盖诎者力不足于贾,去而为儒;赢者才不足于儒,则反而归贾。此其大氐也。"⑤为说明徽州的"左儒右贾",汪道昆记述了溪南吴氏家族一个商人吴良儒的事迹。吴良儒的嫡母为戴氏,生母姓刘,是父亲吴自富的妾。刘氏妾共生了三个儿子,吴良儒为长子。在他九岁那年,父亲去世,嫡母戴氏待他如亲生儿子。他娶了程登仕的女儿后,向嫡母戴氏表明了心意,想习儒成为一个儒者。戴氏一听就流泪了,说:"我找了一个堪舆师,占卜过了,说你父亲的墓地风水好,后代一定会在儒学上发达。但是现在你父亲的经商资本还没有收回来,大概有一半多估计收不回来了。业儒固然好,但是事情有个缓急之分,不是吗?你要慎重考虑啊!"吴良儒陷入深思之中,考虑了三四天,他做出了一个决定:儒者为名

---

① 张海鹏、王廷元主编:《明清徽商资料选编》,合肥:黄山书社,1985年,第451页。
② 张海鹏、王廷元主编:《明清徽商资料选编》,合肥:黄山书社,1985年,第273页。
③ 张海鹏、王廷元主编:《明清徽商资料选编》,合肥:黄山书社,1985年,第276页。
④ 张海鹏、王廷元主编:《明清徽商资料选编》,合肥:黄山书社,1985年,第276—277页。
⑤ (明)汪道昆:《太函集》卷五四《明故处士溪阳吴长公墓志铭》。

高,名也是利;如果顺从母亲的愿望,无非也就是显亲扬名,利也是名;况且不顺从母亲不是一个孝子的所为,不能做孝子,怎么能做儒者呢? 他决定了自己以后的人生方向——满足母亲的愿望去经商生财! 于是他到山东去收债,只收到了十分之一。这件事让他慎重思考如何去经商:"到这么远的地方来经商,如果不能获取厚利,实在说不过去。家乡的商人,第一是鱼、盐商人,其次是布帛商人。贩卖丝绸布帛就可以做一个中等商人,哪里用得着跑这么远呢?"于是他来到了吴淞江,"以泉布起"。泉布就是货币,应该也是放贷商人,经营放贷生意。他放贷有方,有按月放贷计息的,也有按年放贷计息的,财富因此而大增。戴氏笑着说:"儿子,你很幸运,商业经营得这么成功,从事业上来说,你已经超过了儒者。看来我的计策是对的。如果堪舆灵验的话,不用担忧后代在儒业上面不发达。"吴良儒经营商业的第二个阶段,是离开吴淞江,携款到浙江从事盐业,不久被推举为盐策祭酒,成了盐商界的领袖。他做生意的能力相当强,但是中年以后,他又做了一次人生方向的大调整,从儒名而贾业,转为儒业而贾名,闲暇的时候开始闭门读书。他曾经对人说:"母亲不让我习儒,又经过堪舆得吉,后代当发家,我的事业还没有完成,应当为后代有所图。"于是督率儿子们读书习儒,后来儿子们都进入了官学。吴良儒在68 岁的时候在杭州去世[①]。

世俗社会对儒、商的看法是"儒为名高,贾为厚利",吴良儒放弃了传统的名利观,相信名利之间可以互相转化:儒者为名高,获得高名之后,名就能带来利;而听从母亲的安排,追逐经营之利,无非也就是显亲扬名,利同样能带来名。于是他欣然弃儒业贾,求利以逐名。这表明,徽商不仅从义利关系上建构商业伦理,还从职业目的上淡化和模糊儒、贾的职业差别,强调二者虽然职业不同,但事道可以相通,儒、贾职业应该并重[②]。这种职业价值观的转变是徽州重商文化形成的基础。很多徽州人在自己的职业生涯中就经历了先

---

① (明)汪道昆:《太函集》卷五四《明故处士溪阳吴长公墓志铭》。
② 胡中生:《理想与现实的调和:传统职业价值观的前近代嬗变——以明清徽州为例》,载《天津社会科学》,2004 年第 4 期。

儒后贾和先贾后儒这样不同的阶段。家族也对子弟的职业有意识地进行分工，按照才智与兴趣的不同选择科举或经商，形成了儒、商兼重的家族职业观念。在这样的时移势易之下，涌现出了很多"贾名而儒行"的商人，他们自认为贡献并不亚于儒士，社会对他们的赞誉程度也不亚于儒士。

更有人对士商职业目的之间的差异表示了怀疑，坚持儒贾事道相通，儒贾职业并重。徽州汪氏在其宗谱中对古今以来的士商关系进行了剖析："古者四民不分，故傅岩鱼盐中，良弼师保寓焉。贾何后于士哉！世远制殊，不特士贾分也。然士而贾，其行士哉；而修好其行，安知贾之不为士也。故业儒服贾各随其距，而事道亦相为通。"①虽然儒士走上了习贾之路，但他们如果在人品、言行、志向上和儒士没有根本的区别，那么儒贾又有什么区别呢？既然儒贾事道相通，所以不必在意习儒和业贾之间的职业差别，更不必刻意求名而从士。商人地位的提高，最主要的还是用实际行动获取了世人的认同。他们中的许多人在成功致富后用自己的行为获得了不亚于甚至远远超过于儒士的美誉。

关于徽州儒贾之间的关系论以徽州儒宦汪道昆为代表，其他学者对此也有很深的研究。汪道昆最为著名的就是"左儒右贾"、儒贾"一弛一张"论。"新都三贾一儒，要之文献国也。夫贾为厚利，儒为名高。夫人毕事儒不效，则弛儒而张贾；既侧身飨其利矣，及为子孙计，宁弛贾而张儒。一弛一张，迭相为用，不万钟则千驷，犹之转毂相巡，岂其单厚计然乎哉，择术审矣。"②陈其南将汪道昆的"左儒右贾"论归纳为五点③：(1)"吾乡左儒右贾，喜厚利而薄名高，纤啬之夫，挟一缗而起巨万"④。(2)"大江以南，新都以文物著，其俗不儒则贾，相代若践更。要之，良贾何负闳儒"⑤。(3)"(万户公)故非薄为

---

① 张海鹏、王廷元主编：《明清徽商资料选编》，合肥：黄山书社，1985年，第439页。
② (明)汪道昆：《太函集》卷五二《海阳处士金仲翁配戴氏合葬墓志铭》。
③ 陈其南：《明清徽州商人的职业观与家族主义》，载《江淮论坛》，1992年第2期。
④ (明)汪道昆：《太函集》卷一八《蒲江黄公七十寿序》。
⑤ (明)汪道昆：《太函集》卷五五《诰赠奉直大夫户部员外郎程公暨赠宜人闵氏合葬墓志铭》。

儒，亲在儒无及矣，藉能贾名而儒行，贾何负于儒"①？（4）"休、歙右贾左儒，直以《九章》当六籍"②。（5）"古者右儒而左贾，吾郡或右贾而左儒。盖诎者力不及于贾，去而为儒；赢者才不足于儒，则反而归贾"③。

实际上，左儒右贾的内涵并不仅仅及于此。简单地说，左儒右贾是一种职业理念，也是一种行为方式。徽州人对儒、贾职业的选择并不绝对化，商贾是一种职业和生存手段，而儒业往往不仅是一种纯粹的生存手段，还包含了一种道德伦理内涵。生存手段和伦理道德之间有互补的关系，业贾虽为厚利，但厚利能儒行，儒行包括了养亲、急公、义行等众多的深具伦理道德内涵的行为。这是儒士治生观在徽州的进一步发展，徽州商人的地位实际上是同儒分不开的。正因为如此，汪道昆不贬商，不讳利，而且为商人呐喊，鼓吹厚利，并为儒贾的互补和更替而津津乐道。

虽然在徽州人的观念中似乎不见宋明新儒家的弘道理想，但是实际上还是有着紧密的联系的。儒行包含了丰厚的行为方式和道德评判。徽商的儒行，使儒贾之间在职业目的上趋同化。"士商异术而同志，以雍行之艺，而崇士君子之行，又奚必于缝章而后为士也"④。宋明以来，儒家已经发展成为一种"人伦日用"的"世教"。韩愈对儒学的作用做了一个全面的阐述："夫所谓先王之教者，何也？博爱之之谓仁，行而宜之之谓义，由是而之焉之谓道，足乎己无待于外之谓德。其文诗、书、易、春秋；其法礼、乐、刑、政；其民士、农、工、贾；其位君臣、父子、师友、宾主、昆弟、夫妇；其服麻、丝；其居宫室；其食粟米、果蔬、鱼肉。其为道易明，其为教易行也。"⑤儒学"直指人伦，扫除章句之繁琐"⑥的改变显然会使儒学的受众日益向下普及。宋以后的新儒家更是以通

---

① （明）汪道昆：《太函集》卷五二《明故明威将军新安卫指挥赠事衡山程季公墓志铭》。
② （明）汪道昆：《太函集》卷七七《荆园记》。
③ （明）汪道昆：《太函集》卷五四《明故处士溪谷阳吴长公墓志铭》。
④ 张海鹏、王廷元主编：《明清徽商资料选编》，合肥：黄山书社，1985年，第440页。
⑤ 屈守元、常思春主编：《韩愈全集校注》之《疑年文·原道》，成都：四川大学出版社，1996年，第2665页。
⑥ 陈寅恪：《金明馆丛稿初编·论韩愈》，上海：上海古籍出版社，1981年，第287页。

俗的话语,深入世俗社会,占领世俗伦理领域。陆象山的听众就包括了不识字的人,王阳明的"致良知"教也是以"简易直接"为特色。王学的泰州学派创始人王艮本人就是一个商人,其门下有樵夫、陶匠、田夫。陶匠韩贞"以化俗为任,随机指点农工商贾,从之游者千余;秋成农隙,则聚徒谈学,一村既毕,又之一村,前歌后答,弦诵之声洋洋然也"①。新儒家试图摆脱空洞说教的色彩,力图将经世理想与实际相结合。实际上,这种世俗化的倾向与儒士理想的减退、儒业标准的降低、儒士的贫困化和更加关注生计等趋势相一致。徽州"左儒右贾"、儒贾"一弛一张"和"士商异术而同志"等理论也是在这一儒学世俗化的大环境下产生的。

徽州人不仅对儒贾的关系有了重新的界定,对重农抑商的传统思想也进行了重新诠释。儒家认为,商业不符合中国以农立本的社会经济基础,因而在中国的历史上,重本抑末的思想长期占据着主流地位并被历代统治者所奉行。但徽州人对土地的感情是复杂的,土地已经无法维持长期以来作为恒产的形象。宋淳熙《新安志》虽记载山限壤隔,民不染他俗,勤于山伐,能寒暑,恶衣食②。但农民和士人在生态、人文环境下不断贫困化,力田的付出与所得已经不成比例,中小土地所有者的收入已经满足不了各方面日益增大的开支。"新都故为瘠土,岩谷数倍土田,无陂池泽薮之饶……即力田终岁,赢得几何?"③因为土地的收入非常有限,农民和士人还背负着沉重的赋役负担,所以造成土田不重和土地买卖频繁现象。土地已经不再是徽人心目中的恒产,而随着"末富居多,本富居少"时代的到来,社会已经变成"资爱有属,产自无恒"④。如果说还有恒产,那就是"恃外贸子钱为恒产";徽人"大都以货殖为恒产,因地有无以通贸易,视时丰歉以计屈伸"⑤。这种财富观的改变,更

---

① (明)黄宗羲著,沈芝盈点校:《明儒学案》卷三二《泰州学案一》,北京:中华书局,1985年,第720页。
② 民国绩溪《遵义胡氏宗谱》卷八《始迁公本传》。
③ (明)汪道昆:《太函集》卷七《新都太守济南高公奏最序》。
④ (明末清初)顾炎武:《天下郡国利病书》原编第9册《凤宁徽》。
⑤ 康熙《休宁县志》卷一《风俗》。

加推动了徽州职业观的转变,在祁门县农商的比例是农 3 对贾 7,商人的人数已是力田者的 2 倍多①。

徽州的生态环境本来就是非常不利于农业的,所以重农抑商的传统思想在徽州的各个阶层中间都受到质疑。明弘治、正德间,歙县商人许大兴,自高祖、曾祖以来不治商贾,但许大兴毅然持资业贾,他的理由就是:我听说本富为上,末富次之,贾不如耕;难道真是这样吗?徽州处于山谷之间,即使是富人尚且缺少耕田,何况其他人呢,不经商怎么生存呢?况且,耕者有十一之税,廉贾也有十一之税,商人不比农民差。古人反对的不是商人,而是奸商②。另一个人江次公,在伯子决定学贾时,也用同样的话去告诫他,让他向他的弟弟学习,做一个廉贾。江次公自己则孝悌力田,好古,"持论往往称古人道"③。许大兴以此为由经商,似乎有自勉的成分;而好为古人道的江次公也是如此说,则是鼓励他的儿子,他本人则超然于商贾之外。他们都持不同的目的对传统的病商观念进行了纠正。这是对商人所做贡献的呐喊和承认。

出身于富商之家的汪道昆对重农抑商的真正内涵表示了怀疑。他说:日中为市,肇自神农,农、商"交相重",农商都应该是被先王所重视的。文王时的重农抑商,所谓的"重农",也并不因为他是农民而蠲免,仍有十一之税;所谓的"抑商",乃是因为奸商垄断而被人诟病,从而对他们征税,然而税额也不过十一。所以重本抑末,并不是薄农税而重征商,而是一体视之,公平征税,总之就是要农商各得其所,因此商人并不负于农民。④

许大兴作为一个商人,江次公作为一个好古的儒士和商人的父亲,汪道昆作为一个官员和商人的后代,他们拥有不同的身份,但都不约而同地对"抑商"的本意进行了重新的诠释。在他们的眼中,奸商就是囤积居奇的商人,就是逃税的商人。而廉贾则不同,廉贾作出了与农耕者一样的贡献。因此他们

---

① 万历《祁门志》卷四《风俗》。
② 张海鹏、王廷元主编:《明清徽商资料选编》,合肥:黄山书社,1985 年,第 147 页。
③ (明)汪道昆:《太函集》卷四五《明处士江次公墓志铭》。
④ (明)汪道昆:《太函集》卷六五《虞部陈使君榷政碑》。

都对农商的地位进行了纠正,并得出了相同的结论:"商何负于农""贾何负于耕"。汪道昆还对传统的重农抑商思想进行了纠正,还原了其中的农、商交相重的本意,突显了徽州职业观的转变和理学的分流,确立了商贾不负于农耕和农商交相重的农商关系新观念,重农抑商就丧失了理论根据和哲学基础。这种对重农抑商思想的重新诠释,也是对职业观的重新界定。商人的地位从哲学上、理论上得到了拔高。尤其是作为儒士代表的汪道昆,一反宋儒以来口不言利和掩盖祖、父经商事实的做法,公开为商人呐喊,而且公开自己出身于盐商家庭的事实,并为此津津乐道,所谓父辈"以贾代兴"和子辈"以儒代起"[①]。这是商人地位获得提高的证明,这种地位的提高自然是那些弃儒从商的士人所希望的,并由此激励了更多的农民、士人转变职业,投身商人阶层。

  商人在赋役上的作用直接冲击了重农抑商论。传统中国社会为什么重农,因为农业是生存之本,粮食与赋税都出自农业。但在徽州这样的生态人文环境下,由于富有的家族往往都是官、商、儒三位一体,他们既能享受到某种优免,又有规避赋役之术,所以赋役负担大部分由中小农民承担,他们纷纷出卖土地,嘉靖以后"田赋日增,田价日减,细户不支,田地悉鬻于城中",造成了"中产以下皆无田"和田归宗族的状况。徽州的土地能承担多大的赋役负担是令人怀疑的。与此对应的是逋赋现象增多,甚至出现在习儒者的身上。不少徽商在赋役方面表现得急公。商人不但为国库里增添了巨额的越来越多的且对国家的财政越来越重要的商业税,而且由于商人大量置买田地,使徽州的土地买卖非常频繁,徽州的田赋收入也越来越多地出自商人,尤其是赋役征银后,更得倚重于商人。具有多重身份的商人在赋役方面的地位已经取代了纯粹的农民。正因为如此,徽州的商人、儒士和官员才有底气发出"贾何负于农"的呐喊,并且为传统的重农抑商的思想注入了新的内涵。

  实际上,拥有小块土地,纯粹从事农业的人是受到人们轻视的。商人有"豪杰""儒行"等美誉,农民却很少有什么美誉。由于生计的艰难、地位的低

---

① (明)汪道昆:《太函集》卷五五《诰赠奉直大夫户部员外郎程公暨赠宜人闵氏合葬墓志铭》。

下,徽人以贾代耕或弃农就贾的行为更可以理解。休宁金长公的父亲在方州经商,婚后,金长公妻子对他说:"乡人亦以贾代耕耳,即舅在贾,君奈何以其故家食邪?"①徽州歙县《褒嘉里程氏世谱》中《歙邑恒之程公传赞》记载:"其祖父服田力穑,朝斯夕斯,不出户庭。岁值凶荒,饥馑荐臻,室如悬磬,公愤然作色曰:'丈夫生而志四方,若终其身为田舍翁,将何日出人头地耶!'由是效白圭治生之学,弃农就商……不十年而家成业就,享有素封之乐。"②与弃儒业贾者对弃儒的无奈和对儒业的留念甚至回归不一样,"以贾代耕"和"弃农就商"者是对力田的无奈和对出人头地的追求。力田者的地位确实是很低的,农业和商业的地位发生了颠倒,农业成为徽州的末业也就理所当然。

宋代以后,在各种形势的变化下,士人越来越多,而贫困的也越来越多,儒家的传统职业理想受到了严重的冲击,儒士越来越强调治生的重要性,而儒业的从业范围也在不断扩大,社会舆论也更加宽容,士人的职业选择多样化的趋势已经是不可避免。徽州的商人兴起得比较早,商人在徽州所具有的影响也越来越重要;徽州的商人和儒士都对商业伦理进行了重新塑造,对儒、贾、农等传统的职业观进行了理论高度上的重新诠释,提出了左儒右贾、贾服儒行、异术而同志、农贾交相重等新的职业价值观。

对于那些成功的商人,他们的重义轻利和义行也会博取士大夫们的赞誉。明代官僚汪道昆所著的《太函集》中就有着大量的商人传记,汪对他们进行了热情的歌颂。这说明了明代中后期的士大夫已经以别样的眼光来看待那些成功的商人、有功于桑梓和宗族的商人、重义轻利并致力于各种善行的商人,把他们作为职业转型的佼佼者、商人的楷模、族人的典范,甚至是士大夫们的学习对象。

这种职业观及其哲学理论上的转变由徽州的商人和有商人背景的士大夫共同来完成,显然有着特别的意义。一方面它说明了儒士经商已经完成了由实践到理论的转变,为徽商的进一步发展奠定了理论基础,扫除了伦理道

---

① (明)汪道昆:《太函集》卷一一《金母七十寿序》。
② 转引自陈其南:《明清徽州商人的职业观与家族主义》,载《江淮论坛》,1992年第2期。

德上的束缚;另一方面说明,徽商的商业利润已经支撑起了徽州地方的伦理社会,进一步巩固了徽州社会的伦理基础。重农抑商无法适应于徽州脆弱的生态环境,在徽州没有"末作"就不能足食,就没有"东南邹鲁"的美誉,没有执商界牛耳的辉煌,没有发达的宗族制度乃至没有徽州社会的秩序和发展。

第三节 儒贾并重的职业选择

到了明代时,社会经济和文化已经有了巨大的变化,理学作为统治地位的官方哲学,进一步世俗化,社会舆论也进一步宽松;同时,商品经济有了快速的发展,并深刻地改变了社会风貌。随着明代以来人口的持续发展,社会对商业人口的需求也大大的增长。另外,由于明代以来文化、教育的日趋普及,士人阶层的人口也出现了急剧膨胀的状况,但是,国家机构能容纳的士人毕竟是非常有限的,还有大量的士人面临生活无着的窘境。而且,士人的家庭一般规模都比较大,他们的子孙人数多,由于贤愚不等,容易贫富分化。歙县人曹以植,为太学生,有6个儿子,子孙有60多人,其中有的做着捐金、解纷、息难等的善行,而有的"贫病且死"①。士人群体的扩大化和贫困化是一种普遍现象。而商业作为获利最快、最厚,对经营者的素质又有较高要求的一个行业,无疑成为众多士人的首选。而在山多地少、资源匮乏而又人文繁盛的徽州更是如此。洪大网的先祖自宋元以后就诗书传家、耕读为业,曾祖父时曾获抚按赐匾"两台奖义",号称"种德世家",但后来,到他的父亲时就转向了商业,经营木业亏本,他和他的儿子都经营布业。他们的家庭从传统的耕读为业已经变成了商业世家了②。徽州的生存环境也使得徽人"大都以货殖为恒产,因地有无以通贸易,视时丰歉以计屈伸"。作为中原衣冠后裔并与江南有着千丝万缕联系的徽人,大量从事商业是完全正常的,但诗书世家的

---

① (近代)许承尧:《歙事闲谭》卷一四《王昆绳作〈曹太学传〉》。
② 顺治十一年洪姓阄书,《自序》,《徽州地主分家书选辑》第2条,章有义:《明清及近代农业史论集》附录,北京:中国农业出版社,1997年。

身世背景,使大多数人的第一选择还是科举出仕,走上经商之路是被迫的无奈之举。他们对生计和伦理之间的关系也有了重新的诠释,在职业选择上,他们采取儒贾并重的策略。"新都业贾者什之七八,族为贾而俊为儒,因地趋时,则男子所有事,外言不入于梱"①。从他们个人的生命历程和家族的分工模式这两个方面都能看出鲜明的儒贾并重的职业分流模式。徽州人通过这种折中的安排,使他们的职业具有了浓厚的生存意识和伦理色彩。

这里需要对儒贾并重做一个界定,儒贾并重并不是说,只有这两种职业最受徽州人重视,而是说它们是徽州人年轻创业时的首选职业。力田收入既无稳定性,也无法维持生计,被他们所放弃,已成为年轻徽人的末业。但是等到商人老了,他们对土地又有着异乎寻常的眷念,所谓叶落归根大概就是这种对土地的执着情感。正如万历《休宁县志·重修休宁县志序》所说:"从来无兵戈燹略之惨,生息繁夥,民则聚于有余,而财则争于不足。往往挟轻资以贾四方,贸平而取廉,多获赢利,老乃倦息,势所使然也。"②方汝梓"归而大治宫室,市良田,为终老计"③;卒于成化二十年的汪明德经商时成倍成倍地获利,到晚年"田连阡陌,囊有赢余"④;江终慕也归乡"渐治第宅田园为终老计"⑤。赢利的商人倦归乡里,买田以养老的有很多,同时他们也积极地投身于宗族建设当中。他们年轻时怀抱着"贾何负于农"的豪气毅然走上了外出闯荡的辛苦之路,如今,土地又成为他们的追求,宗族成为他们的依靠。这也就是明中后期徽州土地买卖更加频繁且大量流向宗族的一个原因。徽州商人的这种末不负于本、先末后本的不同时期有不同职业观的现象便是徽商集儒、贾、农三种身份于一身的体现。

---

① (明)汪道昆:《太函集》卷一六《阜成篇》。
② 张海鹏、王廷元主编:《明清徽商资料选编》,合肥:黄山书社,1985年,第52页。
③ 张海鹏、王廷元主编:《明清徽商资料选编》,合肥:黄山书社,1985年,第295页。
④ 张海鹏、王廷元主编:《明清徽商资料选编》,合肥:黄山书社,1985年,第292页。
⑤ 张海鹏、王廷元主编:《明清徽商资料选编》,合肥:黄山书社,1985年,第294页。

一、儒贾并重的生命历程

徽州士商的生命历程需要做详细的分析。这里的儒具有双重含义,一是狭义的儒术和儒业,二是指广义的儒行。这样,儒贾并重也就有了两层含义:一是儒业和贾业的并重和循环;二是贾服而儒行。

由于社会舆论对职业选择的宽容,传统职业观发生改变,徽州人出于生计,职业选择面很宽,但儒、贾是徽州人年轻创业时的首选职业。以潘惟和的生命历程为例①。潘惟和的父亲是一个商人,"家世用陶",他让潘惟和习儒业,让次子经商。但次子早丧。潘惟和于是一身两任,既不放弃儒业,又代贾真州。他在儒业上有得有失,虽然他极负才学,有着很高的所谓儒名,但是却仕途不顺。他做了25年的郡诸生,然后入太学又做了12年的贡生,又过9年也没能如愿中第,辛未年带病参加考试,"几不支,然后改虑而谒天官,受光泽令,既以令最,始迁秩判汀州。丁丑乞骸骨归"。从诸生到出任光泽令,共经历了46年的时间,只做了6年的官。正如他对儒冠的解释:儒则自为,冠则父命。与儒业不太顺利相反,他在商业经营上却极为成功。他一改"家世用陶"的商业传统,或盐、或布、或质剂,周游江淮、吴越,因地制宜。因为他既有儒名,又有厚资,所以获得了很高的声望。但他却总是掩盖自己在商业上的成就,更反对以此来评判人的高下,"吾乡礼让国也,无宁以十百相役仆哉"。他也以义行来博取名声。因为他参加了十几次的小考和大考,在儒业上经历了太多的失败,儒业和贾业上的巨大反差,使一些人认为他"以贾废"。这对他的刺激可能比较大,他说:"吾头可断,妻子可辱,此志终不可渝。"显然经商对他的科举还是有影响的。虽然他表面上很忌讳自己在商业上的名声,但他内心里对商业还是很看重的,屡考屡败也没有使他放弃商业,直到他的儿子接替了他的商业经营,他才又归儒,虽然年龄已大,但仍设法谋到了官职。老年时,他回顾自己的一生,极为自负地说:"吾能事无虑累百,其可市者

---

① (明)汪道昆:《太函集》卷三四《潘汀州传》。

三：以儒则市甲第，以贾则市素封，以弈则市国手；欲勇者吾直以余勇贾之。"

潘惟和是一个典型的儒贾并重的徽州人，他一生的行为和思想都印证了儒业和贾业在徽州的影响和受重视程度。他既不放弃对儒业的追求，又四处经商。虽然经商获得极大成功，但又忌讳这种名声。虽然他以儒代贾、儒贾并行、老而归儒，以儒起，以儒归，极富儒名，但商业意识已萌生，儒甚至成为他商业行为的一部分。儒、贾虽然并重，但其中也可见到儒、贾之间的差异和冲突。

从狭义的儒术和儒业看，儒贾并重不仅表现在个人的生命历程上，徽州家族的生命历程也是如此。潘惟和的父亲是商人，潘惟和自己儒贾两业，但他年老时嘱咐子孙，诸子为良贾，诸孙为闳儒。儒贾并重的家族生命历程昭然可见。詹杰的先世多儒者，但他自己18岁就到闽越经商，次子景凤多才伎，他就"日程督仲子居楼中"，使修业，"务引其子于正经"①。徽俗"不儒则贾，相代若践更。要之良贾何负宏儒，则其躬行彰彰矣。临河程次公昇、槐塘程次公与先司马并以盐策贾浙东西，命诸子姓悉归儒"。作为诸子中的一员，汪道昆以此自诩："三君子以贾代兴……三长子以儒代起。"②家族内士人的培养需要不菲的资财，一般的农家是难以负担的。"大之郡邑，小之乡曲，非学，俗何以成；非财，人何以聚。既立之师，则必葺其舍宇，具其赉粮，及夫释菜之祭，束脩之礼，是不可以力耕得之也"③。在家族和家庭内实行儒贾更替，可以提升家族声望。众多的商人都希望自己的子孙中能产生儒士。

潘惟和的生命历程表现了儒贾循环发展的进程。虽然经商的徽州人绝对多过习儒者，但是对众多有条件的徽州人来说，儒业还是第一职业，经商似乎还是无奈之举。其中最主要的一个原因，是家庭生计陷入了困境。朱介夫虽然出自经商世家，幼年就跟随父亲在外就学，但他父亲死后，家庭缺乏收入

---

① （明）汪道昆：《太函集》卷二八《詹处士传》。
② （明）汪道昆：《太函集》卷五五《诰赠奉直大夫户部员外郎程公暨赠宜人闵氏合葬墓志铭》。
③ 《两淮盐政全德记》，转引自唐力行：《商人与文化的双重变奏——徽商与宗族社会的历史考察》，武汉：华中理工大学出版社，1997年，第31页。

来源,如此,还"奈何守一儒冠,遂谢学官去",跟他的父亲一样,成为一个盐商①。朱介夫是出自商业世家,但他的父亲无疑是要他从事举子业。但父亲死后家庭面临的困境,使他最终弃儒从商。对于诗书世家来说,他们培养子弟的第一目标更是儒业。歙县人张朴,祖父和父亲都以文学"世其家,名噪胶庠"。张朴从小就聪颖,也立志继承父祖之志。但由于母亲死得早,父祖也不理家业,家庭日渐衰落,无奈之下,只好弃儒从商,成为一儒贾。但终以不肯事龌龊琐屑,计较锱铢,而财产越来越少,依赖伯兄擅长经商,家业才稍稍宽裕②。他们弃儒的原因,多半是由于家庭出现了变故,难以维持习儒的费用,迫于无奈转而业贾。也有不少人是习儒不成,缺乏出路,转而业贾。清代黟县人余逢盛,监生,试不中而经营淮盐③。儒业的从业标准不断降低,从业面已经非常宽泛了。

因为曾经习儒,所以儒贾还保持着对诗文经术的爱好。嘉靖歙县潭渡人黄长寿,曾习举业,但因生计艰难而放弃;结婚三日,又遭火灾,更加贫困,于是经商。他"性喜蓄书,每令诸子讲习加订正,尤嗜考古迹,藏墨妙,与文人登高吊古,终日徜徉,不以世故撄其心",并有多部文集传世④。像这样好儒的商人非常多。但儒业和儒行都是要有物质基础的,否则,好儒可能会不利商人,尤其是行商的资本积累和商业经营,所谓"业不两成"。明成化、嘉靖年间,歙县商人王廷宾喜好诗文,有人就担忧他耽于吟咏,将不利于商业经营⑤。因为好儒需要金钱,也需要时间,但对于起步阶段的商人来说,这两样都是很宝贵的。

儒业的吸引力仍然很大,所以也有不少商人,后来又归儒,就像潘惟和一样。汪钟如因为父死,家道中落,弃儒服贾,十几年后,又复习举子业,并登仕途,颇有政绩。他的经历使他对商人很有感情,"虽隆贵不忘商贩交,乡人钦

---

① (明)汪道昆:《太函集》卷二八《朱介夫传》。
② 张海鹏、王廷元主编:《明清徽商资料选编》,合肥:黄山书社,1985年,第451页。
③ 同治《黟县三志》卷六《人物·义行》。
④ 张海鹏、王廷元主编:《明清徽商资料选编》,合肥:黄山书社,1985年,第456页。
⑤ 张海鹏、王廷元主编:《明清徽商资料选编》,合肥:黄山书社,1985年,第456页。

为长者"①。这种弃贾复儒的事例非常多。还有人违背父命,或公开要求改业,或秘密地偷学。如方冏卿少从父兄经商,要求改业为儒,他的哥哥不同意,但在他的坚持下,最后同意了他的要求。吴世忠,父亲让他学推算,但他偷读经书②。

广义上的儒行在徽州更是极为普遍,这已经成为徽商伦理的一部分。儒行的定义是非常宽泛的,最重要的有义行、善事、急公、解难等方面。因为徽州人生计的艰难,所以极为需要这样的儒行,不仅家庭需要,宗族需要,社会也需要。如胡定祥,一开始和父亲同为冯门幕僚,但有趣的是父子的性格迥然不同,父亲谨慎,"矩步绳趋";他却豪放,潇洒不羁。太平天国之后,他因为书法好,在广德县丈量局做书记。后来在建平结识同乡商人汪积功,两人友情颇深,就集资开设米行,贩运粮食,胡定祥被推为经理,从一开始惨淡经营,到后来商业日盛,家庭因此富裕。从此乡里人多羡慕他,也纷纷到郎溪继续开行;胡定祥就成为乡人、族人在郎溪开粮行的先导,因此他获得了人们的尊敬。他晚年退养林泉,不复商战。传记作者为他的选择喝彩:"所谓知其所止矣。"

胡定桄13岁就与哥哥一起被太平军所虏,他知道不容易脱逃,于是就假装顺从,"乃阳为匪作伥,俾匪不疑,阴使未被匪虏者先逃,一面与兄筹措逃逸之计。其智识之高,存心之厚,岂寻常人所可企哉"。几年时间,他的父母兄弟相继死去。然而他不因丧乱而堕其志,他到孙家埠经营木行,没几年,就失败了。由于父母早丧,经商失败,所以直到30岁才结婚,生了3个儿子。后来他到建平给人当伙计,"代人作嫁,自顾无力营贸,不得已而屈就,非公志也"。接着他的妻子又生了3个女儿,"公以生齿日繁,薪资不足赡养,乃凭信义招股于梅渚镇,顶受曾经失败之长泰粮行,被推为经理。公殚心竭虑,操奇计赢,行务由此日隆,获利倍蓰"。他在56岁时,还有雄心,与他的族兄胡定祥合创"祥泰"杂货号。从此以后,事业上一帆风顺,家境蒸蒸日上,而他的儿

---

① 康熙《休宁县志》卷六《人物·宦业》。
② (清)佘华瑞纂:《岩镇志草》之《逸事》。

子们也先后继承了他的事业。"公心之乐可知之矣"①。胡定桵自己致富后,在本县东野朝塘拓基建屋,荫庇后人。他好施与,族内的亲友贫乏者向他求粮借贷,无不量力以助。又与同乡汪积功发起新安同乡会,至今在郎溪的徽人仍都称道他。

胡定祥、胡定桵的经历说明,出外谋生的徽人并不执着于某种固定的职业。舆论的评价才是儒行的标准。随着舆论的宽松、儒业标准的下降,儒行的内涵涉及家庭、宗族和社会的各个角落。儒行也不限于某种职业,即使没有习儒,但只要有心,处处都可以有儒行。随着人口的增加和社会环境由于战乱、灾荒或赋役等原因而恶化,家庭需要奉养,宗族需要建设,社会需要稳定,国库需要收入,这些都为商人的儒行创造了环境。休宁汪弘认为,既然不能显亲扬名,就应当丰财裕后,于是弃儒业贾。他在致富后,并不吝惜钱财,"尝输金造文峰,以资学校;复输百金航梓宫,以济王事。用财如此,义莫大焉"②。胡定祥的儿子后来旅居郎溪,也乐于为人排解纠纷,而且非常富有,修族谱时捐银1 500两。胡定祥能在谱中立传,与他的儿子捐银这么多不无关系③。

与胡定祥、胡定桵一样,徽州人的儒行可能更多地表现在致富和归老之后。归老林泉、含饴弄孙、着力于宗族建设是众多商人在事业成功后的理想生活。宗族更是众多儒行的实践地。在人们的观念中商人也是应该退养乡里,并为乡族做出善事、义行。儒行虽然不限于年龄和职业,但是徽州的年轻人毕竟难以有过多的金钱和时间去实践儒行,对他们来说,遵守商业伦理道德,做一个良贾就是儒行。奸商既不符合儒家伦理,也不合商业道德。

这样儒贾并重和循环的生命历程有助于实现他们的人生理想。休宁人张齐保,从小父母双亡,先业贾,后来甘心放弃贾业而习儒,"师湛甘泉,邹东廓二先生……时六邑会讲,联里中为善修会,申明六训。宗人儒者,给之课艺;岁凶,给之粒,逋赋代之偿。祝令宾于乡"。张齐保通过业贾,获得成功,

---

① 民国绩溪《遵义胡氏宗谱》卷八《胡定桵公行传》。
② 张海鹏、王廷元主编:《明清徽商资料选编》,合肥:黄山书社,1985年,第440页。
③ 民国绩溪《遵义胡氏宗谱》卷八《定祥公传》。

从而扭转了自己的命运,拜名儒为师,与名儒交友,积极参与乡族事务,获得了地方官的礼遇,树立了很高的威望。他还在嘉靖二十九年(1550年)到万历二十七年(1599年)的50年间不断置产,留下了购买田地山塘契87张,共花银2 464两,平均每年约用银近50两①。而他宗族内的儒者,却要依赖他的帮助,既要他帮助习儒,也要他提供食粮,还要他代纳欠赋。二者竟有如此大的差别,不同的职业选择,造成了不同的人生际遇,这自然给盲目习儒的士人敲响了警钟。

徽州人和家族通过儒业和贾业的循环和更替,以及对儒行的实践,表现出了儒贾并重的生命历程。这种生命历程是徽州人生存伦理的一种表现。商人需要用儒行维护理学,以此提高商人的形象,维护自己的商业利益和家庭的稳定。商人对理学的提倡和维护,使得程朱理学的背后有着潜在的雄厚的物质基础。士、商之间有着明显的互补性。况且,早期迁徽的中原士族本身就兼具文化的优势和经商的传统。儒、贾在他们身上的合流只不过是他们对传统的进一步继承和发展。儒贾并重的生命历程也使他们在后代职业的选择上更加务实和开放。最终也加速了儒贾两业在宗族内的普遍接受,形成了儒贾并重的家族分工模式。

二、儒贾并重的分工模式

根据绩溪《遵义胡氏宗谱》,笔者对该家族的人口分流情况做了一个统计。根据其嘉靖旧谱(为该族18世祖官至工部尚书胡松所编纂)所载,无子者可以立本宗之子为嗣,但要注明。民国年间的新谱规定:查知确实无后者,在他的名字下书"无传",否则书"无考"待考;有因经商迁居他处而成家立业者,在各始迁祖名下书"迁居某处某处";"各派承继关系大宗,无论有无产业,均应依法承继"②。该族的人口状况,17世以前是一个阶段,参见"表2-2"。

---

① 转引自周绍泉:《试论明代徽州土地买卖的发展趋势——兼论徽商与徽州土地买卖的关系》,载《中国经济史研究》,1990年第4期。

② 民国绩溪《遵义胡氏宗谱》卷首《凡例》。

18世以后可以视作一个新的阶段,参见"表2-3"。

从"表2-2"看,该家族从第1至第5世,人数不多,生子也不多。从第6世开始,生子的数量就开始增加。第6世5个人,生了13个儿子,平均生子2.6个;第7世13个人,生子35人,平均生子2.7人。从第8世开始,生子数量出现了大幅度的下降。该代35人,只有13人有后,只生子19人,同时35人中有高达21人无后。1—17世,总计共有男性255人,其中166人有后代,生了324个儿子,平均生子1.95个;有80个人没有后代,无后者约占男性总人数的1/3。如果从开始出现无后者的第8世算起,8—17世共有227人,其中138人有后,生子262人,平均生子1.9个,无后者占227人中的35.24%,已经超过了1/3。其他9人的去向是:1个当和尚(8世);1个迁繁昌无考(9世);1个无考,1个迁歙县白羊无考,1个充当了民兵(12世);1个早逝,1个去向不清,同一家庭的2人(17世)分别出继给该县的教谕和训导。与无传和出继外姓相对应的是,竟然没有族内出继,这是否说明了当时该族对族内出继持一种否定和抵制的态度?

总体上看,该家族在17世以前,生子数量在2个左右。迁徙的数量也很少,根据宗谱《凡例》,迁居外地者极有可能是经商者,这样看来在第9世就已经有人因经商而迁居繁昌县了,在第12世时又有人迁居歙县。但这两个人都无考,这说明,在后来众多的无考当中,因经商而迁居外地的应该为数不少。另外,还有相当数量的士人也在无考之列。最为突出的是无传者的数量,达到男性总人数的1/3左右。

第18世共有70个男性,真正后代繁衍下来的只有松、柏、楫、格4人,就成为后来的四大支,胡淳的两个儿子胡松和胡柏各成一支,胡潮的两个儿子胡楫和胡格也各成一支。在70个男性中,46人有儿子,生子98,平均生子2.13个;无传者有4人,早逝者有2人,无考者有18人。从这一代开始出现了大量的无考者,无传者开始减少。松、柏、楫、格4人的后代暂且不论,到19世时86人中有78人无考,1个出继,1个无传,6个有后。这意味着此时该族的人口已经大量地进行了迁徙。无考者要么是经商在外,要么是寄籍或出仕。到 20 世时只有 9 个人，这 9 人全部无考。至此，除松、柏、楫、格 4 支外，其他人的后代都失去了联系，或不能确定。

表 2-2　绩溪遵义胡氏宗谱世系表

世系	人数	有后者		无传者	无考者	迁徙者	早逝	出嗣	其他
		人数	子数						
1	1	1	1	0					
2	1	1	2	0					
3	2	2	3	0					
4	3	3	3	0					
5	3	3	5	0					
6	5	5	13	0					
7	13	13	35	0					
8	35	13	19	21					1 为僧
9	19	13	23	5		1 迁繁昌无考			
10	23	11	16	12					
11	16	11	19	5					
12	19	7	15	9	1	1 迁歙县白羊无考			1 充民兵
13	15	12	3	3					
14	13	6	14	7					
15	14	13	29	1					
16	29	19	44	10					
17	44	33	70	7			1	2 一个出继闽县林士元（时任绩溪教谕）为嗣；一个出继北保定府祁州康健（时任绩溪训导）为嗣。皆无考。	1 不清
	255	166	324	80					
18	70	46	98	4	18	1 迁歙县坦川汪	2		4

再从表"2-3"看 18 世松、柏、楫、格 4 人后代的情况，他们的后代成为该

族的 4 个支派。胡松在正德九年(1514 年)中进士,从此步入仕途,累官至工部尚书。他的一支也就更加兴旺。"是时惟尚书松公得人最盛"①,胡松的弟弟胡柏当时管理着家务,当时他们的家庭已经是"百口共爨"②。胡松有 3 子,13 孙,46 曾孙(4 人无考,1 人早逝),85 元孙(27 人无考,6 人早逝)。到 25 世时共有男性后代 437 人。他的弟弟胡柏一支的人口发展得也很快。胡柏有 3 子 8 孙 10 曾孙 24 元孙。从 18 至 25 世的 8 代间,共有男性 259 人。

表 2-3 胡松一支人口情况与胡柏、胡楫、胡格三支人口总计(18—25 世)

胡松一支世系	男性人数	有后者			无传者	无考待考者	早逝者	迁徙者	儒宦人数	
		有子者	子数	立继						
18	1	1	4							
19	4	3	13				1		3	
20	13	12	46				1		5	
21	46	41	85			4	1		16	
22	85	44	89	8		27	6		13	
23	89	60	95			25	4		6	
24	95	64	104	4		25	3	1	7	
25	104	68	119	2		32	2		7	
胡松一支总计	437	292	555	14		113	18		57	
胡柏一支总计	259	156	365	3	4	85	11	2	53	
胡楫一支总计	112	92	216	7		9	4	1	20 左右	
胡格一支总计	238	151	338	16	4	64	4		10	
四支总计	1046	691	1474	40	8	271	37	3	约 140	

由于胡松和胡柏两支的人口增长得非常迅速,大量购置了田产,无疑其

---

① 民国绩溪《遵义胡氏宗谱》卷八《毓和公汪孺人合传》。
② 民国绩溪《遵义胡氏宗谱》卷七《故处士芦菴胡公行状》。

中也包括相当数量的宗族田产房屋。胡楫一支就受到了挤压。胡楫有2子，次子与本宗失去了联系。而他的长子有4子，有2个无考，其中一个迁周村，都与本支失去了联系，只剩胡毓和一人留传了下来。胡楫一支无疑面临着非常严峻的形势。从18到25世，他们的男性人口只有112人。他的弟弟胡格一支人丁较为兴旺，有238人。

从4支的统计看，平均生子数都在2个左右。在总数1046人中，族内继嗣达到40个，而胡松一支在22世就有8人立继，有1个兼嗣，有一户3子出继2个，有一户4子出继2个，还有一户4子出继3个，这种出继现象或许与他们的家庭出现大的困境有关。这样多的继嗣，使没有后代的人实现了香火的延续，基本上再也见不到17世之前有大量无传者的现象。这说明随着人口的增加，该族的继嗣也增加了，并有了某种规范。另外，在那么多的无考者中间，很难保证每个人都有子孙延续，仍有不少人乏嗣。4支中无传者减少到只有8个；早丧者为37个，与17世之前相比有大量的增加，这跟族人的记忆有关；迁徙的3个。早逝的也有18人之多，但有理由认为，这种早逝是达到一定年龄的早逝，不包括婴幼儿时的夭折。

4支的无考，待考者总计达到271个，达到总数的1/4多。儒宦人数减少的同时，经商的人数在增加。胡松一支24世时有1人迁居歙县南齐坞。从21到25世共有113个无考者，约占男性人口总数的26%左右，也就是说胡松一支在5世的时间内有超过1/4的人与本支失去了联系。这与4支的整体情况保持惊人的一致。无考从22世开始达到了一个高潮，23世有27人无考，23、24世各有25人，25世32人。胡柏一支无考者人数也很多，共有85人，接近男性人口的33%；在24和25世，人口的迁徙达到一个高潮。在无考和待考者中有很多是因经商而迁居的。

从儒宦的数量看，4支总计约在140人左右，为总数的13%多。胡松一支儒宦的数量最多，胡松3个儿子都是太学生。13个孙子中有3个邑庠生，1个太学生，1个曾任邢台县丞。46个曾孙中有15个邑庠生，1个附监生，1个记载在县志乡善传，2个为乡里的处士，徽州的处士多为贾服儒行者。85

个元孙中,有1个进士,任高淳县训导,1个监生,11个邑庠生,5个处士。在24世时又出了1位进士。从数量上看,从18世胡松本人到他的8世孙共8代,共出儒宦57人,占男性总数的13%;如果再加上有文化的处士,人数会更多。从23世开始,从事儒宦的人数急剧减少,虽然人口仍有持续的增加,但儒宦人数一直维持在7个左右。随着人口的继续增加,习儒和有功名者却在减少。胡柏一支步入儒宦的有53人,占男性人口的20%多。胡楫一支的儒宦人数也占他们总数的17%,而胡格一支的儒宦者只有4%,虽然比例低,但其绝对数量并不少。无考者中也有不少儒宦,胡柏虽然自己放弃了科举,但是他着力培养儿子,他的3个儿子都是太学生,孙子中还出了1个进士。但是在他的3个儿子的后代中却出现了截然不同的结果。长子再传而绝,次子子孙最旺,在24世时达到20人,但其中有18人无考,到25世时只有1人留传。无考者中不少是邑庠生,还有教谕、知县和同知。这应该是战乱所致。出仕的族人,他们或在外结婚,或将子女带在身边,因此他们的子女大量地寄籍外地。如第22世泽衍,他的祖父就是邑庠生入太学,父亲也是太学生,泽衍例选统制,居南京,他的妻子葛氏,在儿子懋恭3岁时就死了;泽衍又娶了杨氏,生下6个儿子:其中懋敏是江宁籍上元县庠生,懋弼为承务郎,这6个儿子都入了江宁籍,但是他们与原族已经失去了联系,因此在族谱上都注明"待考"。只有在原籍的懋恭的后代有详细的记载。

  世系中的无考、待考者中真的可以认作远迁或经商吗?无考、待考的高潮是在22—25这几代间,这时正是明代末期至清代中后期,既有战乱流散和死亡的原因,也有迁徙和经商的原因。绩溪城南方氏也有大量的无考者,"自教谕公迁城南,历南宋、元、明以迄国朝,枝散叶分,蕃衍支派固多,寡弱之支亦复不少。远迁而可考者十之三四,山居而难稽者亦十之二三。世远年遥,几难考订矣"①。《城南方氏宗谱》把这部分无考者主要归之于迁徙和山居。迁徙的原因也许是战乱或迫于生计或经商。绩溪县虽然比较贫穷,但却地处

---

① 民国《绩溪城南方氏宗谱》卷二三《杂著下》。

要冲,地理位置非常重要,徽州所遭受的兵燹,绩溪多历其中。明嘉靖三十四年(1555年),倭寇自杭州西掠,突袭徽州歙县,至绩溪、旌德,过泾县,趋南陵。清顺治二年(1645年),明御史休宁人金声招募乡兵10万屯驻绩溪,清兵从旌德进,连破十余寨,攻占了绩溪。康熙十三年(1674年)耿精忠叛兵由江西饶州进犯徽州,连陷婺源、祁门、黟县、休宁、绩溪、歙县,一万多叛兵与清兵在绩溪西北大战,清兵击溃了叛兵①。然后咸丰年间的太平天国运动,给徽州造成了巨大的浩劫。胡定录幼年时就随父兄在建平经商,咸丰十一年(1861年)也被太平军所抓,几年后逃回绩溪,发现他家房子被毁,全家十几口无一生存,"号呼寻问,乃知悉殁于难,而君母汪、君妻李、及君兄与弟并遗骸亦不可复得"②。同样,明末清初的战乱给绩溪遵义胡氏造成的影响很大,死难者很多,恐怕迁徙逃难的人更多,所以才在这几代之间造成了大规模的流离。

虽然无考者有可能是因战乱而流离或死亡的人,但是无考者作为商人,在早期的世系中就有反映。《凡例》中规定:有因经商迁居他处而成家立业者,在各始迁祖名下书"迁居某处某处"。在9世时有一个迁繁昌,按《凡例》应该是商人,但这个迁徙的商人就无考;12世时有一个迁歙县白羊,也同样无考。早先的事例说明,商人因迁居而无考者是非常正常的。

而且战乱之后,商人的数量往往大量增加。明末清初虽然经历了大难,但也正是绩溪士人和商人群体大量兴起和外出的年代。嘉靖以后绩溪的商人就大规模地兴起了,遵义胡氏从17世开始就出现了大量的无考者,同时儒宦人数也有大量增长。宗族内儒贾并重的职业分工模式已经显现出来。

无考、待考者中有儒宦,也有商人,但在有考和有传记的人口中也有很多商人。这从他们所处的时代和谱牒中的传记资料中都可以得到印证。虽然经历了明末清初的战乱,但徽州的商人还是很快地恢复并再度达到鼎盛。如上述的胡懋恭,在清初就开始了商业经营,遨游江淮间,"对于一切事务经营,

---

① (近代)许承尧:《歙事闲谭》卷一六《程笃原撮录〈安徽通志〉徽州兵事》。
② 民国绩溪《遵义胡氏宗谱》卷八《胡文甫君传》。

矢公矢慎,竭力勿懈,明足揆几,才足服人"。他深受几个伯父们的器重,也为江淮间的名公巨卿所仰望。并于康熙四十二年(1703年)迎銮,"恩赍粟帛绘图纪盛,知县高孝本已为之序"。康熙四十八年(1709年)绩溪知县雷桓因为与他的儿子交情很深,赞许"公之平生宅衷制行一本于诚,良足述也",就为他作行状。懋恭无疑是获得了很高的荣誉。懋恭之所以能如此,首先是得力于他极为成功的商业经营,因此他才有金钱修桥修路,焚烧借券,襟怀慷慨,从而获得迎銮的莫大荣誉。他对儿子的培养也为他增添了更多的荣誉。他有6子,其中4个是邑庠生,1个太学生,1个迪功郎。他有21个孙子,其中有3个太学生,2个邑庠生。虽然习儒者不少,但进入仕途的却不多,而且随着人口的大量增长,出现了2个无考者。这种趋势在他39个曾孙中表现得更为明显,只有1个邑庠生,却有15个无考者,4个无传者,无考者占了38%多。人口的增长和贫困化导致习儒的资金来源枯竭。

开始最贫困的是胡楫,他的后代中一直有世代经商的传统。如胡铉为明廪膳生,就曾经糊口于四方,清初时他的4个儿子家昇、家理、家汲、家传也进行了不同的职业选择,家昇、家传为儒业,家理、家汲从事商业。如家理,他自己经商,他的2个儿子习儒,他的孙子又经商,曾孙中有习儒的,也有业贾的。承聪就是胡位咸的高祖,胡位咸在为他的哥哥写行状时回忆,他的高祖、曾祖、祖、父,都是以商传家,直到他们兄弟时才双双荣登仕途。但即使他们兄弟出宰地方后,他们家庭仍在屯溪经营着药店①。

太平天国运动后的生存困境,使绩溪遵义胡氏产生了众多的商人。该谱中很多商人的传记都是在太平天国运动后经商的事迹。胡定榜30岁才结婚,大儿子胡位乾出生的时候,正是太平天国运动之后,"家徒四壁,罗掘俱穷"。胡定榜在建平给人帮工,"仅免冻馁"。胡位乾虽然读书过目不忘,"无如大兵之后,饥馑荐臻,食且不给,其何暇读? 不得已,年14遂辍学就建平之梅渚'德泰号',操计然术"。虽然以大乱为借口,但主要的还是大乱之后家庭

---

① 民国绩溪《遵义胡氏宗谱》卷七《位周行状》。

内人口的大量增加。胡定燮和他的长子胡位宜、次子胡位寅的经商事迹也是在太平天国运动之后发生的。

经商的族人主要从事粮食贸易,兼及木材、茶叶、药材等,还出了几个商界的领袖,如胡位乾为建平同乡商人所推重,胡德生在民国年间为郎城盐业公会主席,执商界牛耳。除了经商、出仕、力田外,该族还有其他的一些职业选择。入幕是科举不第者的另一选择,如22世家昇就给别人做幕僚谋生,胡名增和儿子胡定祥同时为冯门幕僚。有些人则设馆授徒,如胡鲤庭,长兄资助他习举子业,等他入了县学后,就与他分家了。胡鲤庭当时"家无立锥,室如悬磬,一家生计困苦万状,不得已乃设馆授徒"。入幕和教书也属于儒业的范围。学医也是该族一些人的职业选择,如胡位伯,医术尚可,在浙江的严州和衢州都有名声,他的7个儿子中有2个继承了他的医术。

必须指出的是,该族中像胡鲤庭那样的贫困读书人并不少见,宗族中儒宦人数虽然很多,但绝大多数是邑庠生,如果不能科举成功,凭仅有的一点家产是不足以维持生计的,所以他们的职业选择非常多样化。经商是最好的致富途径。有很多邑庠生本人或他们的后代无考,这说明了族内一些习儒者和他们的后代又转而经商。

从无考、待考者的数量、儒宦的数量和传记中的商人数量看,儒贾的结合在这个宗族内表现得也很普遍。明代中后期,竦塘黄氏族人,也有着明显的儒贾分流之势,把宦学优游者除外,"次则待贾而足者居五,又次则待耕而足者居五之三,其余则否"①。在这里,儒业的地位最高,商贾的人数最多。

从谱牒传记看,家庭和宗族内儒贾并重的职业分工表现得非常明显。据宗谱卷七《故处士节菴胡公行状》记载,胡松和胡柏作为兄弟本来一起习儒,而且两人都比较聪颖。胡松中进士后,弟弟胡柏的职业可能受到了外力的干预,也许是他的父亲胡淳,也许是他的哥哥胡松。胡柏就说:"吾父母以吾二人为之子,伯氏出而事君矣,吾尚可以违吾亲乎?菽水之欢谁则承之?""吾固

---

① (明)汪道昆:《太函集》卷七二《竦塘黄氏义规记》。

有职也。"①于是绝意仕进，专心于家事。胡柏的家事主要有以下几点：一是朝夕竭力侍奉父母。他的父亲好游山水，每到一处，胡柏就建一别墅让父亲休息。他的父亲召集林泉会，参加的都是致仕归老林泉的乡里的士大夫，胡柏准备酒席，还用轿子把每个人接过来。二是扩大家业。胡柏在家掌管家务，"搆荣隐堂，力钜而事殷""公，邑钜族，世多田业，每春秋之交，乡人待以耕获者，不啻百余家，公以时往周之，不少倦，茖积而能散，盖若其性然者……然愈散愈积，从容幹济，仅三十年而家之饶益倍于其先"。购置田屋既是家业兴隆的标志，也是家族人口迅速增加的基础。他们积极在当地购买田地，已经成为当地的大地主。三是家人的婚丧嫁娶等，这里最重要的是要在两房之间维持公平，避免产生矛盾。胡松在朝为官30多年，所以"儿女婚嫁多公营之，处其子与其犹子，丰俭若一，怡怡愉愉，庭无间言"，"百口共爨，家事鞅掌，绝口不言，人尤以为难"。虽然极力避免产生矛盾，但是矛盾是避免不了的，所以才有"人尤以为难"之感慨。

再如上述的胡铉，既是明廪膳生，又曾经糊口于四方，清初时他的4个儿子家昇、家理、家汲、家传也进行了不同的职业选择。他们的后代也进行着儒贾的分工。在商人的儿子中，分工也非常盛行。胡文甫有4个儿子：1个早逝，1个为清附生，安徽龙门师范学堂毕业生，还有2个经商。胡位伯是个医生，"有声于浙江省之严衢间"。他生了7个儿子，长子和七子"均能世其业"，次、三、六子"均善贾"，四子历任京师、山西运城、湖北襄阳法官，五子任郎溪统捐局局长。多子家庭的人口向不同的职业分流，既可以互相扶持，还可以对付来自不同方面的困难，增强了对抗危机的能力。胡定燮在太平天国运动时由荆州迁移到休宁，但因当地也遭到严重的破坏，胡定燮只好只身到建平谋生，丢下妻子和嗷嗷待哺的孩子，妻子主要以拣茶度日，家里的贫困，使得胡位宜帮助母亲养家糊口，13岁时就习贾于屯溪。后来几个孩子相继出生，父亲胡定燮又死于建平。胡位宜诚实勤恳，深为主人所倚重，他也利用机会

---

① 民国绩溪《遵义故世宗谱》卷九《处士节菴胡君墓志铭》。

培养了自己的经商才能。光绪三十年(1904年)在屯溪创设"俊记号",民国七年(1918年)在绩溪南街设分号。到晚年时,将屯溪、绩溪两店分别命人管理,自己颐养家居①。二弟胡位寅也在12岁被迫放弃学业,但他去的是更远的浙江兰溪,他走时随身所带"仅败絮一、敝衣二而已"。经过邻人的介绍,在一个布行里当伙计,少年老成,勤其职务,收入全部交给母亲。后来他自己开创一店,又和人集资开了多处店业。"论者以长袖善舞,料事多中,不知其事必躬亲,勤俭信义有以致之耳"②。胡位宜的三弟胡萃和被母亲安排习儒。

父母亲对儿子们的职业安排往往给儿子们的心灵留下很深的阴影。胡位寅在致富之后回顾童年时认为,自己幼年时由于兄弟分工而被迫弃学,是一种不公平的歧视。后来他对他的6个子女一视同仁,全部送他们上学,但成功的只有次子,出任绩溪城中小学的教员。他看到人们求医问药的困难,又想让他的另一个儿子学医。由此可见,商人的职业选择是紧跟现实需要的,他们对社会中各种职业需求有着敏锐的观察和判断。

胡位宜兄弟三人虽然相处无间,但由于职业的不同,也带来了贫富的差别,所以处事方式和职业理念也不一样。老大和老二因为在13岁和12岁就外出经商,经历了艰苦的磨炼,所以能货殖,善居积,成为非常富有的商人;老年时颐养天年,遇地方善举,辄解囊襄助,积极地投身于各种义行、善举。二弟胡位寅曾见贫病者求医之困难,想让自己的一个儿子学医以为济贫救人之需,对治生比较敏感。三弟由于小时被母亲安排了读书习儒,所以在财富上无法与两个哥哥相比,于是甘于淡泊,不屑事生产。他们在宗族建设方面也表现出了截然不同的态度。

三、儒、贾结合与家族建设

儒贾并重的职业分流加速了儒士和商人在家庭和宗族内的结合。早期的儒贾结合可能发生在族内,有时通过出继的方式。17世两个出自同一家

---

① 民国绩溪《遵义胡氏宗谱》卷八《位宜公传》。
② 民国绩溪《遵义胡氏宗谱》卷八《位寅公传》。

庭的出继者,1个出继给县教谕,1个出继给县训导。家庭的这种行为,表明这个家庭试图同该县的官员之间建立某种密切的联系。在个人生命历程上实行儒贾并重,使儒贾在个人的生命中融为一体;在家族内实行儒贾更替,说明了儒贾的结合已经从家、族之外扩展到了家、族之内,儒贾两业已成为家族生命历程中紧密结合的一部分。

在士人需要生计、商人需要身份的社会大环境下,明清时期的士人更多地涉足商业,而成功的商人也不断地回归士人。两种身份的共同拥有,使得不少的徽商获得了"廉贾"和"儒贾"的美名。家族内部也进行着士商的分工和交替。明清时期士商在实践上的结合和合流的趋势十分明显。同样在理论和哲学概念这个层次上,商人和商业被赋予了合理的内涵,进行了重新的诠释。商人和商业不再是天理的对立面;商人更以重义轻利、以诚待人的行为重新塑造商人的义利观;重农抑商的传统观念也被徽州的商人、儒士和官员进行了重新诠释,提出了农商"交相重"的核心内涵,徽州的士商合流进行了理论上的建构。这些使得士人本身对商人的看法有了巨大的变化,士商合流进入了更深的层次。

商人不仅仅依靠科举,他们还充分利用政府的财政困难,用金钱换取官爵。传统社会的晚期,朝廷财政和地方公益事业越来越借重和依靠商人的经济支持,开捐纳的次数愈来愈多,越来越多的商人获得朝廷的赐封。读书应考不再是出仕的唯一之路,成功的商人能轻易地进出仕宦阶层,商人的政治地位也有了根本性的提高。

明代商籍的设立显示了士商合流所达到的一个高度,它从制度上巩固了士商合流的成果。明代制度,"士自起家应童子试,必有籍,籍有儒、官、民、军、医、匠之属,分别流品,以试于郡,即不得他郡试。而边镇则设旗籍、校籍;都会则设富户籍、盐籍,或曰商籍;山海则设灶籍。士或从其父兄远役,岁岁归就郡试不便,则令各以家所业闻,著为籍,而就试于是郡"①。两浙地区是

---

① (近代)许承尧:《歙事闲谭》卷二九《吴宪》。

徽商集中的一个地区。明万历三十三年（1605年），歙人吴宪请立杭州商学，巡盐御史叶永盛题奏：徽商行销浙引，许令现行盐人，并具嫡派子弟附试杭州，例由两浙驿传盐法道取送府学，岁科两试，各拔取新生50名，内拔入杭州府学20名，仁和、钱塘两学各15名①。浙江多商人，叶永盛是安徽泾县人，他在任巡盐御史时，有官员奏请增加商课，叶永盛力争不已。就因为他是安徽人，且多次为徽商谋利益，所以也引起了人们对他本意的猜测②。商籍设立之后，士商的结合从法律和制度上得到了认可。这对于商人地位的进一步提升是不言而喻的。徽商子弟无需赶回家乡参加考试，而且也使本土和外地的徽商子弟获得了更多的机会，有助于促进家族内实现儒贾并重的职业分工。

  儒贾的分工和结合对于家族建设有着深远的影响。在早期的宗族建设中，儒的作用还是首要的。胡松为官30多年，累官至工部尚书，自然是对他的族人有巨大的表率作用，并为族人的科举创造了良好的条件。在松、柏两支前8世中共有超过110位的儒宦者，占男性人口的16%左右。而且在宗族中，胡松有被神化的迹象。不仅有为官之才，曾破盗金案，"咸称神明"；而且还有为官之德，信奉着儒家的传统道德观，曾多次不畏强权而辞官或被贬；而又德被百姓，曾发粟赈饥，"全活数万人"。随着人口的增加和族人的贫困化，他利用自己的声望和地位，积极进行了宗族的建设活动，"尝病其族食指众，而室湫不能逮，先损地为楼六楹，合族之主而叙居之曰：'礼可以义其也'"。他的族人中有如此多的儒宦者，对于宗族建设也是必需的，既能为他们宗族带来重要的地方声望，又有投身宗族建设的人才。在胡松的主持下，该族续修了族谱。以他为首的儒宦者和以胡柏为首的治生者成为他们宗族兴起的主力军。

  胡松的妻子也积极参与了宗族建设，为族内的妇女作出表率。首先是遵循传统的妇德，孝顺翁姑，相夫育子，综理家政。婚后她生了一女，然后连年不育，丈夫年已三十，翁姑为胡松置安氏、程氏两妾。"淑人更从臾成之，无难

---

① 张海鹏、王廷元主编：《明清徽商资料选编》，合肥：黄山书社，1985年，第485页。
② 张海鹏、王廷元主编：《明清徽商资料选编》，合肥：黄山书社，1985年，第486页。

色"。待妾生子若己子,家庭内和气充庭。在翁姑年龄老时,她便让妾跟随丈夫照顾其饮食起居,自己回到翁姑身边。其次善处自身,虽处富室而服勤茹苦,"若习于寒素,不自知为贵封淑人也"。第三睦邻恤族。"至于供宾祭交宗姻则曲尽礼意,怜陑穷恤鳏寡,则不吝赐予,有采蘋就丧之风焉。族党比邻或时忿争,淑人务排解之,必寝而其心始安"。在与族邻的相处上,她表现了一种大家之风,既积极参加各种人情礼仪,也扶危救困,排解纷争。即使在与族邻的矛盾冲突中,也不以大压小,"有犯其家者,则曲为遮护,不令其家与较也"。宽厚对待族内的下人,"食推其余,衣给以时,服任不过其劳;遇有小过,辄掩覆之,终身不见其有诟骂鞭笞时也"。总之,她是"才识明习,事事有备",妯娌之间都以为比之不及①。

宗族建设是需要人去推动的,在胡松时代,遵义胡氏已经具备了宗族建设的各个条件。无论是人才还是财富,无论是男性还是女性,都有人主持,所以在那时进行了宗族建设。在胡松之后,遵义胡氏显然不再具有以前那样强的凝聚力。而且由于外部环境的恶化和内部各支之间的扩张,宗族人口就开始了大规模的迁徙活动。

随着儒士的贫困和商人的富裕,儒士在宗族上的首要地位后来遭到了商人的挑战。这从前面所述的胡位宜、胡位寅和胡萃和三兄弟身上可以看出来。他们三人由于经历不同,在宗族建设上有着不同的渴求和态度。两个哥哥因为幼年与父母分离外出经商,有着丰富的人生阅历,又很富有,所以对宗族的态度比较积极。尤其是作为大哥的胡位宜,更是念念不忘家庭的血缘关系和家族建设。当父亲病死于建平时,他只身赴建平,扶柩以归就祖茔,择地安葬,凡是近支祖坟他都代为修理,又出资倡修家庙,获得了乡族人士的极力称赞。因为子女多达8人,房屋不够,所以又建新屋,让全家人聚居在一起。"又以母氏历经离乱,父殁又不克随侍在侧,引为毕生大戚;故所营店务皆近在咫尺,便定省尔。往往盛怒之下,母至则转怒为喜,母有命无不唯唯是从,

---

① 民国绩溪《遵义胡氏宗谱》卷七《明故封淑人胡母汪氏行状》。

数十年如一日,非先意承志者能如是乎"。徽州人以孝友立传的非常多,这是商人早期分离的经历和不能尽孝道的歉疚的原因所致。二弟胡位寅也是如此,治家"养而后教,未尝偏废",建造房屋,男女婚嫁,不遗余力;又有感于自己幼年失学之苦,所以让自己的6个子女全部上学,一视同仁,没有歧视。他们宗族的宗祠和谱牒自明嘉靖起已经400年了,由于经过多次的兵燹,散佚殆尽。他们兄弟二人晚年时有感于此,认为续修之举刻不容缓,于是倡议捐资治祠宇,修谱牒,但是没有成功,只好把希望寄托在子孙的身上。与他们的积极相比,不见三弟的态度,但由于三弟甘于淡泊,所以恐怕没有兴趣也没有资金可以捐助。但商人修祠往往引起非议,如胡位咸的父亲胡宇和,"公,商人也,以勤俭积累之余有志于治祠事,而族之人反或有起而尼之者,致不克竟其志,良可慨矣"①。商人在宗族建设和伦理道德的实践方面至少已经不输于儒士。胡位宜三兄弟的行为和态度完全印证了沈尧所谓"为士者转益纤啬,为商者转敦古谊"的世风转向。商人的孝友思想、儒行和丰厚的资金为宗族的建设及正常运转提供了物质基础和伦理规范。

虽然商人的地位日益上升,但是在非常时期,儒宦尤其是官宦还是有助于家庭和宗族的快速恢复。如太平天国运动给遵义胡氏造成了相当严重的破坏,胡宇和举家仓皇逃难到遂安,他的伯父胡名泰在屯溪所开的药店也受到重创(胡宇和过继给了伯父)。战乱后,家境相当艰难,依靠他的继母用赡养之产贴补他的两个儿子胡位周和胡位咸,供其读书和科举。所以胡位咸感慨道:"予非祖母无以有今日。"清末,胡位周和胡位咸双双出宰地方,胡位周以拔贡出仕山东省,后来以亲老为由请求改调到了江苏太仓州镇洋县,兼摄州事。胡位咸中进士,由礼部主事出仕长宁县。"论者咸以此为致富之官,恢复旧业如反手耳"。后来他的父亲果然光大了世业——屯溪的药店。民国后,胡位周一家数十口就以药店为生,而且经常购买金石书画②。可见药店的规模的确不小,在他的父亲光大世业的过程中显然直接或间接地有他的两

---

① 民国绩溪《遵义胡氏宗谱》卷七《宇和胡公行状》。
② 民国绩溪《遵义胡氏宗谱》卷七《继王母江太恭人行状》《宇和胡公行状》《位周行状》。

个儿子的功劳。

家族建设和商业伦理之间可能有一种互动的关系。徽州家族的族产一般都比较丰厚,有田地、山场、钱谷,族人对不同的族产往往有着较为辩证的看法,因而在对族产的经营管理中不少族人都积累了丰富的经验。如对于田、山的辩证,"田之所出,效近而利微;山之所产,效远而利大。今治山者递年所需,不为无费;然后利甚大,有非田租可论。所谓日计不足,岁计有余也"[1]。这与很多徽商对奸商和廉贾的辩证何其相似。成功的商人多以不贪小利、不斤斤计较、以诚待人的行事作风著称。这些徽商虽然不贪眼前小利,但大多获得了成功,这就是"效远而利大",与奸商的"效近而利微"形成了鲜明的对比。族人对族产的钱谷管理也有自己的心得,"夫利者,义之和也。能和义而后能治利。义者何?银谷出纳分明,酌量盈缩而无所私也。斯乃持家之大节,立心之切要。人之贤不肖,即此可观"[2]。这与徽商的义利之辨也非常相似。很难说清是家族管理经验培植出了大批的商人,还是商人经验完善了家族管理。但是,二者之间的确有很多共通之处,互相影响的痕迹是显而易见的。

宗族内人口向商业的分流和职业的多元化对于家庭和宗族建设是至关重要的。但儒士的存在还是宗族的荣耀,是维持宗族声望的保证,所以儒贾并重的职业分流仍是宗族人口就业的主要模式。

各支之间的扩张对于宗族建设也有影响。宗族内各支之间不可避免地存在着潜在的矛盾,即使是兄弟之间尚会因为矛盾而分家,何况人口密集的宗族。但是只要处置得当,一开始处于弱势的一支经过长期的发展,有可能后来居上,超过当初的强支。一开始处于弱势的一支往往所具有的伦理道德色彩更强。他们在生存环境相对较差的情况下,往往更能团结一致,在门风上更重视孝友,而且他们的职业选择也更加宽泛,商业行为也开始得比较早。儒贾的结合更体现出生存和伦理的结合,有利于他们本支的建设,这对他们

---

[1] 周绍泉、赵亚光:《窦山公家议校注》卷五《山场议》,合肥:黄山书社,1993年,第74页。
[2] 周绍泉、赵亚光:《窦山公家议校注》卷七《银谷议》,合肥:黄山书社,1993年,第98页。

本支的崛起有着重要的意义。

胡楫一支的情况就是这样。胡楫的孙子只有胡毓和一支繁衍下来。胡毓和性质直，淡于名利，这与胡松和胡柏的后裔大量追求名利形成了鲜明的对比，也说明了他们之间存在着利益上的冲突。在其他支派的挤压下，毓和后来另创支祠，号称"台宪第派"，因祠堂名称为"存心堂"，所以又叫"存心堂派"。胡楫早丧，死时他的妻子汪孺人才23岁，生下遗腹子胡铉。汪氏年轻守节抚孤，事姑至孝，"家徒壁立，妇姑二人相依为命"；姑生病，孺人割股以进。崇祯时奉诏旌褒，载于县志。胡铉虽然是廪膳生，但他还是因为家贫糊口于四方。后来耻于事清，有复明之志，最后竟然殉难。胡铉有四子：家昇、家理、家汲、家传，繁衍成后来的四大房。父亲胡铉死时，他们四个都还年幼，最小的家传才2岁。母亲又失明，他们家非常贫困，但母亲的孝行显然影响了儿子们，艰难岁月的共同生活也显然培养了兄弟之间的深厚感情。长大后，兄弟妯娌之间更加和睦，"房无私蓄，而食必同飧，终身怡怡若孩提焉"。号称一门孝友，邻里乡党无间言。知县李滋和陈锡先后褒扬他的家庭为"太和元气"。

这一支的后人就以祖上孺人事姑、胡铉死国和四公孝友这一孝一忠一友的事迹，作为他们支派繁衍、绵绵不绝的根源。"我楫公再传而后，只此一发之系，亦云仅矣；及传之数十百年之久，子姓之繁衍垂二百人，得居全族之半，又何其盛耶"。"以有今日者何，莫非我祖之贻也耶！"[①]"然后知我台宪第自清初迄今传之三百余年而支蕃族衍、蒸蒸日上者，皆四公之承先裕后有以致之也"[②]。

但是，胡楫一支的真正兴起无疑是家昇、家理、家汲、家传四兄弟同心协力的结果。他们的祖父毓和淡泊名利。父亲胡铉也是生性忠直，学识坚卓，但因家贫糊口于四方，虽然曾经糊口于四方，由于受母亲的教诲，却能以身殉国。从他的经历看，他也是集儒贾于一身，但骨子里还是一个儒士。他的反

[①] 民国绩溪《遵义胡氏宗谱》卷八《毓和公汪孺人合传》。
[②] 民国绩溪《遵义胡氏宗谱》卷八《家昇公、家理公、家汲公、家传公合传》。

清和死亡,使他的家庭仍然处于长期的困境之中。他的儿子们同心协力,互相扶持,这对家族的兴起非常重要。小的时候,连仅2岁的家传也赤脚跟随哥哥们拾柴挖笋到市场上去卖,然后买米回家。家昇是邑庠生,"惟恃舌耕养母抚弟"。他的妻子尤其贤惠,典卖首饰以维持家庭的日常生活开支。后来家昇出外充当幕客,家事交给弟弟们主持;家理援例入登仕郎,家传为候选州同,家汲经商,也被尊称为处士。最终他们在地方上兴起。他们兄弟之间的儒贾分工和结合非常明显。家昇所从事的教书和入幕都是儒业,这是他们以儒养家的阶段,家汲的经商显然也得益于他哥哥的儒业。

胡毓和自创支祠,经过后代的苦心经营,100多年后,他们一支的人口达到全族之半,胡松和胡柏两支的人口的数量已经在族内不居优势。支派之间的人口和势力出现了逆转。

第四节 小结

传统的看法是徽州的赋役催生了大量的徽州商人,但是,徽州的赋役在很早的时候就催生了徽州的商业意识和商业网络,徽州很多的贡赋物品需要到江浙地区去采买,徽州本土的一些贡赋品也越来越通过商业手段进行采买。而且在赋役的压力下,徽州的特产如茶叶、木材等很早就已经商业化。同时,在宋代出现了钱、省钱、银、茶引等多种可以流通的货币和物,到明代时货币逐渐统一到以银为主、银钱共用的阶段。赋役也以征银为主。虽然徽州并没有充分发展的商品经济,但是徽州的贡赋性商品经济培养了徽州人的商业意识和商业精神,扩大了商业网络,而且徽州人不少来自江浙地区,有着广泛的人脉关系。这为后来徽商的大规模兴起奠定了基础。

与此同时,徽州的职业观也发生了改变。在中国传统的职业观中,以士为首,农为本,商为末,重农抑商是核心。在传统的士农工商的四民职业结构中,其他三个阶层无法撼动士人的地位,但是在这三个阶层之间尤其是农商之间则常常出现经济地位和政治身份的不相称。商人居四民之末,所以商业也就成为末业。商人长期维持着财富与身份不对称的比较尴尬的状况。而儒士则试图固守着自己传统的职业领域,以儒家的理想和伦理把自己与其他职业严格区分开来。

但是,这两个方面在明代的徽州都有转变。由于山多地少和赋役繁重使徽州的生态环境具有相当的脆弱性,而人文环境的扩张性也使土地、人口等资源向衣冠豪右之家集中。人口的增长就导致了人地关系的紧张,土地无法容纳增长的人口,传统儒士耕读传家的治生观已经难以适应于徽州社会,农业人口和士人群体都面临着贫困化的威胁。因此,社会舆论也进一步宽松,儒士日益重视治生,儒士的理想在不断降温,而儒业的从业标准也在不断降低,从业范围不断扩大。同时,徽州的商人和儒士都对儒、贾、农等传统的职业观进行了理论高度上的重新诠释,对传统的天理人欲观和义利观进行了辩证的解读,重农抑商的观念受到质疑并被重新诠释。人们提出了左儒右贾、贾服儒行、异术而同志、农贾交相重等新的职业观念,并用儒行重新塑造了商业伦理。良贾和宏儒的职业差别趋于淡化,人生目的趋于同一。商人在徽州所具有的影响也越来越重要,士人和商人的职业观有了根本的转变,商人的地位有了巨大的提升。

在观念转变的同时,徽州人口也进行了儒贾并重的职业分流。徽州个人和家族通过儒业和贾业的循环和更替,以及对儒行的实践,表现出了儒贾并重的生命历程。他们本身的经历也使他们在后代职业的选择上更加务实和开放。最终也加速了儒贾两业在宗族内的普遍接受,形成了儒贾并重的家族分工模式。从徽州的族谱中随处可见这种分工的模式,从荷兰学者宋汉理所做的休宁范氏"林塘支派四房系历代各小家庭男子职业情况统计简表"中,也可以见到非常明显的儒贾并重的人口职业分流模式[①]。

儒贾并重的职业分流加速了儒贾在家族内的结合,这种结合更由于商籍的设立而趋于合理化,从法律上提高了商人的地位。儒士大量地走上经商之

[①] [荷]宋汉理:《徽州地区的发展与当地的宗族——徽州休宁范氏宗族的个案研究》,见刘森辑译:《徽州社会经济史研究译文集》,合肥:黄山书社,1987年,第51—52页。

路,出现了"土田不重"的本末倒置的状况。本章虽然主要以绩溪遵义胡氏为例,但徽州其他的各县、其他的宗族基本上都奉行着这样的分工模式。如歙县"在山谷间,垦田盖寡,处者以学,行者以商"①。万历《歙志·序文》则云:"而今则家弦户诵,夤缘进取,流寓五方,轻本重末,舞文珥笔,乘坚策肥。"祁门县"服田者十三,贾十七"②。人口在职业上进行分流是势所必然,是一种普遍现象。"歙、休两邑民皆无田,而业贾遍于天下……夫两邑人以业贾故,挈其亲戚知交而与共事,以故一家得业,不独一家食焉而已。其大者能活千家百家,下亦至数十家、数家"③。毫无疑问,明初时徽州大族内就盛行习贾之风,到嘉隆之际徽州普遍兴起习贾之风,万历、天启、崇祯时,徽商处于最活跃的时期,明中后期徽商已经有富厚的名声。

儒贾并重是徽州生存伦理的一个表现。这里要强调的是商人的儒行,特别是广义上的儒行,非常为徽州社会所需要,也非常为徽州社会舆论所重视。在一个生存困难的社会,即使是一点点的义行、善事往往都能产生意想不到的结果,甚至救人于危难之中。商人需要用儒行维护理学,以此提高商人的形象,维护自己的商业利益和家庭、社会的稳定。稳定的社会秩序和公平的社会环境是商业经营所必需的。商人从自己做起,自然也希望能得到社会的回报。商人对理学的提倡和维护,使得程朱理学的背后有着潜在的雄厚的物质基础。儒士和商人之间有着明显的互补性。儒、贾在他们身上的合流更多地表现为他们对传统的进一步继承和发展。

宗族伦理是徽州社会伦理的一个重要方面,儒士和商贾在家族内的分工和结合,对家族建设是一个巨大的推动。虽然商人长期在外,有可能对亲情和宗族意识冷漠,但也有可能引起一种反弹,转趋于强烈。但不论怎样,商人在家族建设中的作用的确是越来越重要。经商成功的商人如果能够带领亲

---

① 《两淮盐政全德记》,转引自唐力行:《商人与文化的双重变奏——徽商与宗族社会的历史考察》,武汉:华中理工大学出版社,1997年,第31页。
② 万历《祁门志》卷四《风俗》。
③ (明末清初)金声:《金太史集》卷四《与歙令君书》。

族共同致富,将被视为一种美德,该族也会因此而受到人们的另眼相看。黄崇德"复率其子弟宗人商于淮南,子弟宗人皆能率公之法而为廉贾,于是竦塘黄氏胥富等千户侯,名重素封矣"。有些商人是举家参与,经过祖孙几代人不间断地世代相传,造成了徽州很多的商业世家。商人在宗族建设上实际已经取代了儒士的地位,从族谱的传记看,商人已成为宗族建设和正常运转的主力,并在清末民初再次兴起修统宗谱的活动。老人回归宗族,与家庭和宗族内的士商职业分流一样,也是家庭和宗族内部人口职业分流的继续。虽然遵义胡氏宗族长时间没有续修谱牒,但是由于老人回归后的宗族建设,所以留在家中的商人的家属才安心持家,徽州也因此形成了稳定的协调的宗族社会。

第三章　婚姻与买卖：徽州人口向下层的分流

第一节　性别失衡与非常态婚姻

近年来，婚姻史研究逐渐由热中于讨论上层社会的婚姻行为转向对下层社会的婚姻的关注，主要表现为对女性再婚问题的重视。冯尔康早在20世纪80年代中期就指出，在清代，社会上一般的女性普遍再婚①。王跃生也通过新的资料探讨了社会中下家庭中的再婚问题②。关于明清时期徽州下层社会的婚姻的研究很少。开拓性的研究者当推傅衣凌和仁井田陞，他们从庄仆制的角度探讨了劳役婚——主要是赘婿问题。后来的叶显恩、章有义等间有涉及，臼井佐知子也有所关注③。王磊在《徽州朝奉》一书中探讨了徽商的

---

① 冯尔康：《清代的婚姻制度与妇女的社会地位述论》，见中国人民大学清史研究所编：《清史研究集》第五辑，北京：光明日报出版社，1986年，第305页。
② 王跃生：《清代中期妇女再婚的个案分析》，载《中国社会经济史研究》，1999年第1期。
③ 傅衣凌：《明代徽州庄仆文约辑存——明代徽州庄仆制度之侧面的研究》，载《文物参考资料》，1960年第2期；[日]仁井田陞：《明末徽州的庄仆制——特别是关于劳役婚》，见刘淼辑译：《徽州社会经济史研究译文集》，合肥：黄山书社，1987年，第153页；叶显恩：《明清徽州农村社会与佃仆制》，合肥：安徽人民出版社，1983年；章有义：《清代徽州奴隶制残余的一个侧面——休宁奴婢文约辑存》，《明清徽州土地关系研究》，北京：中国社会科学出版社，1984年，第112页；[日]臼井佐知子：《徽州家族的"承继"问题》，见周绍泉、赵华富主编：《'95国际徽学学术讨论会论文集》，合肥：安徽大学出版社，1997年，第74页。

婚姻生活,指出徽商早婚和"两头大"的婚姻方式以及徽商妻子的艰难人生①。由于徽州契约文书存世极多,所以以上对徽州婚姻的探讨大都以此为据。本书也以契约为主,同时注意从地方志、族谱和文集中收集相关资料,探讨徽州下层社会的几种非常态婚姻及其特点。

一、性别的失衡

由于明代中叶以后,黄册一般记载妇女大口,妇女小口则不载,而妇女小口基本上属于未婚女性之列,所以徽州地区明代中后期的性别比例很难弄清,而其中未婚女性的比例更难估计。但从有关记载中可见,徽州的性别比例是失衡的。在1928年,安徽进行了一次人口普查,性别比为128.49②,有溺婴传统的徽州地区性别比应该与这个数字相差不大。道光年间绩溪县还有人耿耿于"吾乡多溺女",想要改变这种习俗③。溺女婴的传统使我们有理由怀疑明代中后期徽州社会的性别比较高。为什么会出现性别失衡的现象呢?它与明清时期徽州地区广泛存在的各种非常态婚姻有什么关系呢?它对明清时期徽州社会的人口流动又有哪些影响呢?首先探讨一下女性的流向。

在传统社会,女性几乎不能控制自身的命运。在婚姻上,她们受制于男性的多妻妾制;在流动上,她们与财富的流动一致,并受到某种程度的禁锢;甚至在生与死的选择上,她们也要受制于理学和礼教的贞节观念。

(一)女性的流向、禁锢和死亡

男性的婚姻由于财富和社会地位的不同而有着显著的差异,18世纪以后,经济实力对婚姻的影响更为重要④。大体说来,对于男性纳妾的限制越来越少,多妻妾的现象在明代就很普遍,到了清代,只要有钱即可。因妻子死亡而再

---

① 王磊:《徽州朝奉》,福州:福建人民出版社,1994年,第104页。
② 成凤皋:《安徽人口性别结构研究》,载《中国人口科学》,1988年第3期。
③ 张海鹏、王廷元主编:《明清徽商资料选编》,合肥:黄山书社,1985年,第454页。
④ 王跃生:《十八世纪后期中国男性晚婚及不婚群体的考察》,载《中国社会经济史研究》,2001年第2期。

娶的男子除了财力外，也几乎没有任何限制。笔者对明代《歙南吴氏族谱》①中的妻妾和再娶现象做了一个统计（见"表3-1"）。在该谱中，所载的男性和女性基本上都是成人已婚者，其他未婚而亡者则不载。女性改适者、被出者都不载。男性的婚姻情况，除了妻子和继室外，侍人、妾婢只有生有子女并成人婚配的才予以记载。因此没有后代的家庭则不见有关于侧室、侍人等的记载。在1～7世中，只有一个继室出于无嗣之家。七代共192个有嗣（包括亲子和继子）之家中，有侍人、侧室、次室的29家，占有嗣家庭的15%左右。要注意的是，按谱例，这里的侍人、侧室都是生有子女者并成人婚配者，否则不载，如果算上没有记载的那部分，则肯定要超过15%这个比例。这表明有侧室或侍人的家庭确实不在少数，在中产之家或乏嗣之家都是普遍现象。对于再娶的情况，在192个有嗣者当中，有继室者共40人，占有嗣者的20.8%，其中再继者9人，占有继室者的23%。这表明在家族中，男性的再娶现象更多。

表3-1 《歙南吴氏族谱》中的婚姻与性别状况

世代	有传者	有嗣者	侍人侧室		继室				性别			
			人数	占有嗣家庭之比%	人数	占有嗣家庭之比%	其中再继数	占继室之比%	有女户	无女户	男后代数	女后代数
一	1	1	1	100	0	0	0	0	1	0	4	7
二	4	4	0	0	2	50	0	0	3	1	11	4
三	11	9	3	33	1	11	0	0	6	3	17	9
四	17	15	4	27	3	20	1	33	4	11	40	8
五	40	33	7	21	6	18	0	0	10	23	80	14
六	78	55	6	11	9	16	2	22	15	40	112	23
七	96	75	8	11	19	25	6	32	24	51	148	38
总计	247	192	29	15	40	21	9	23	63	129	412	103

对于男人来说，妻妾的数量和再婚率是与身份和财富成正比的。士人多妻妾的非常多，商人也有赶超之势。徽商利用自己的财富优势，在纳妾方面几乎没有限制。大凡经济发达和人文繁盛地区也是奢靡之地，雍正帝曾说：

---

① （明）吴尚德纂修：崇祯《歙南吴氏族谱》。

"奢靡之习,莫甚于商人……各省盐商内实空虚,而外事奢靡。衣服屋宇,穷极华靡;饮食器具,备求工巧;俳优伎乐,恒舞酣歌;宴会戏游,殆无虚日;金钱珠贝,视同泥沙。甚至悍仆豪奴,服食起居,同于仕宦,越礼犯分,罔知自检;骄奢淫佚,相习成风。各处盐商皆然,而淮扬为甚。"①淮扬地区正是徽商大量集中的地方。《二刻拍案惊奇》叙述了弘治年间的一个徽商买妾认作女儿,又嫁给仕宦的故事。徽商在扬州开典当,大孺人住在徽州家里,扬州典当内又有二孺人。徽商在太仓见此女美色,不惜花 300 两银子娶进。娶之前,媒婆就对女方的父母说,是做两头大的,住在扬州当中,"好不受用"。徽商纳进之后,因种种原因,又转收作为女儿,后来又不争财物,反赔嫁妆嫁给了一个侍郎。扬州地方对徽商的印象就是:"原来徽州人有个癖性,是乌纱帽、红绣鞋,一生只这两件不争银子,其余诸事悭吝了。"②富贵之人的癖好自然是贫穷的下层社会的男性所无法效仿的。很多小妾根本不能算作正常的家庭成员,甚至被男主人买卖或赠送给别人。歙县人程秋,无子,妾怀孕之后,他的妻子妒忌,就把妾卖给了曹以植③。休宁屯溪人朱介夫的父亲在外买妾,朱介夫自己也在外买妾④。如果女主人没生子,那么纳妾更是理所当然,很多女主人甚至是劝说或亲自为丈夫选妾。"冢嫂少不宜子,递置媵进"⑤。孙亨"见族属年已长,无子,贫不能置妾,出金为买妾"⑥。为无子的族人置妾生子也成为一件善行。还有大量在外经商的徽人也置妾,这种置妾行为客观上有助于徽商的生育和徽商在外的生活。女性在这种婚姻制度下,自然是大量地流向了中上层的家庭。

与中上层社会中的男性多妻妾和再娶情况相反,徽州中上层社会中的女

---

① (清)萧奭:《永宪录》卷二下,转引自王振忠:《明清徽商与淮扬社会变迁》,北京:三联书店,1996 年,第 124 页。
② (清)凌濛初:《二刻拍案惊奇》卷一五。
③ (近代)许承尧:《歙事闲谭》卷一四《王昆绳作〈曹太学传〉》。
④ (明)汪道昆:《太函集》卷二八《朱介夫传》。
⑤ (明)汪道昆:《太函集》卷三二《许母汪孺人传》。
⑥ (清)徐卓:《休宁碎事》卷四。

性则更多地受到禁锢。徽州多寡妇,多节烈之妇。这在徽州的分家书中已经体现出来,在分家的家庭中出现了大量的幼年丧父的信息,也有很多已婚而无子早逝及立继的信息①。这些幼年丧父、无子早逝及立继的家庭中都没有出现母亲改嫁的情况,这说明,在稍有家产的家庭中,寡妇改嫁都很艰难。这从方志中数量极大的列女传中可以看出。从道光《徽州府志·烈女传》的统计看,节妇宋代 3 人,元代 15 人,明代 597 人,清代 3 297 人,总计 3 912 人,接近烈女总数 4 617 人中的 85%②。实际上,徽州的烈女总数远远不止此数,《歙县志·人物志》中所收烈女为 8 606 人,而歙县仅仅是徽州的一个大县而已,可见徽州府志的统计大大少于实际数。有趣的是,乾隆《歙县志》还记载了几个"义夫"③。所谓的"义夫",即妇死不再娶之夫。列女数量之大与义夫数量之少形成了强烈的反差,而这也是实际生活中男女再婚程度的反映。社会实际生活和传统主流文化对于不同阶层的女性再婚有不同的要求和宽容度。一般情况下,富贵之家再婚女性相对于其他阶层要少得多,除了她们的总人数较少外,还与她们由于本身的角色而被官方和社会赋予了相对多得多的期待有关。而徽州寡妇多,还与徽人外出经商者多有关。徽俗外出者一般在外出之前成家。其中幼年外出者也很多,他们中有的则娶长妇以持家和侍候双亲。"蜀中俗尚缔幼婚,娶长妇,男子十二三即娶。徽俗亦然。然徽人事商贾,早娶则可有事于四方;川俗则不知其解"④。虽然经商导致徽州男性人口的大量外流,但因为已婚者很多,所以并不对缓解未婚女性人口的紧缺有任何正面意义。相反,少男娶长妇在某种程度上加剧了同龄男性婚姻失时的状况,同时也导致年青女性守寡或守活寡现象大大增加。有一个萧氏女,歙县人,为柴某室,"柴别娶,十年不返,氏孝事翁姑,与小姑并处,长斋绣佛以

---

① 章有义:《徽州地主分家书选辑》,《明清及近代农业史论集》,北京:中国农业出版社,1997 年,第 303—356 页。

② 唐力行:《商人与文化的双重变奏——徽商与宗族社会的历史考察》,武汉:华中理工大学出版社,1997 年,第 121 页。

③ 乾隆《歙县志》卷二〇《杂志·拾遗》。

④ (明)王士性:《广志绎》卷五《西南诸省》。

终"。她作诗自叹:"半规残月照枝空,黯黯飘零薄命同。自瀹龙芽聊当酒,碧桃花下祭春红。雨妒风吹损玉肤,惜花人远倩谁扶? 衰红巧绊鸳鸯线,莫嫁如兄戏小姑。偶折残枝上镜台,惜花憔悴替花哀。自怜花瘦人还瘦,人瘦争教花惜来? 错嫁东风悔莫留,月媒还向月娥求。愿为侍婢偷灵药,不愿银河织女收。"①商人妇在独守空房时也时时发出后悔、哀怨之声:"悔不该嫁给出门郎,三年两头守空房。图什么高楼房,贪什么大厅堂,夜夜孤身睡空床。早知今日千般苦,宁愿嫁给种田郎,日在田里忙耕作,夜伴郎哥上花床。"②在徽州有一种独特的商人妇的歌哭现象。商人妇边哭边唱,时而高昂,时而低回,似诉似泣,只要有一个女人在哭,很快会引来一群的女人,她们先是起劲地劝说哭者,劝着劝着,她们自己也掉起眼泪,竟也陪着一起哭起来。她们各哭各的调,各唱各的词③。

　　这种守活寡的现象,不仅仅存在于商人家庭中。有些文人或官员也长期在外,留下妻子在原籍持家。在一些极为不公平的婚姻中,女性也同于守活寡。有一个资产雄厚的大商人程某,生有一子,为白痴,家里专门用两个仆人看守他。远近皆知,因此没有人愿意把女儿嫁给他。程氏在无锡有典当业,有汪氏,自祖父以来就为程氏做会计。汪有一女,就要将她嫁给程氏的白痴儿子。汪说:"吾何惜一弱女子,不以酬其数世之恩谊乎?"结婚之后,不能圆房,"女自此独处终身矣"。与夫异室而处 30 年,"虽命妇,仍处子也"。公婆对她说:"吾子,非人类也,苦我新妇,幸喜自爱。"结婚的第二天就割家资巨万给她,第二年,把兄弟的儿子过继给她④。

　　由于徽州的强宗大族和官宦家庭的大量存在,所以奴婢、妾在徽州随处可见。奴婢的来源,有的是奴婢自己的子女,还有很多是被卖身的。这在下

---

① 光铁夫:《安徽名媛诗词征略》,合肥:黄山书社,1986 年,第 136—137 页。
② 余治淮:《桃花源里人家》,转引自唐力行:《商人与文化的双重变奏——徽商与宗族社会的历史考察》,武汉:华中理工大学出版社,1997 年,第 107 页。
③ 余治淮:《桃花源里人家》,转引自唐力行:《商人与文化的双重变奏——徽商与宗族社会的历史考察》,武汉:华中理工大学出版社,1997 年,第 108 页。
④ 徐珂:《清稗类钞》之《婚姻类》。

文中将有论述。休宁县有一种恶俗,婢女至四五十岁也不准婚配,甚至有终其身也不许嫁者,"家家如是,视为故常"。此种恶俗谓之"痼婢"。家仆也不能决定自己女儿的婚配,"国初定,凡家仆将女子私嫁于人,不问本主者,鞭一百,不论年分远近,生子与未生子,俱离异,给予本主"。康熙八年(1669 年)、十二年(1673 年)、二十四年(1685 年)、嘉庆十三年(1808 年)等都有规定,如私嫁超过 5 年,陆续改为赔偿妇人一口,并处罚银①。而且,婢女的人身安全也是难以保障的,有因栽赃而被主人杀害的②,有因遭女主妒忌而被毒打致死的③,更多的遭到家主的欺凌,而且她们还经常被主人变卖以获利。在"表3-2"的婚书买卖中,5 例女性买卖中只有一个是父亲卖女儿,其他 4 例都是主人卖婢女或义父卖义女。实际上这 4 个女性至少已经是第二次被卖了。种种原因使她们在身心方面受到的折磨比男仆更大。拥有奴婢是财富和地位的象征,强宗大族和官宦家庭集中了徽州大量的财富和各种资源,他们对女性的需求也最大,不仅需要女性的服役,还由于他们拥有大量的男仆,所以也需要能与之婚配的婢女。虽有些婢女后来也成为主人的小妾,如果她们生有儿子,可能命运要相对好些,地位有所上升。但这也不是绝对的。歙县汪才兴家境比较好,有一个侧室。他的妻子吴氏生了一个儿子,5 个月后,侧室范氏也生了一个儿子,当时汪才兴经商在外,吴氏妒悍,"抑令溺杀之"。汪才兴的哥哥正好从外地回来,听说了,"急就田父借耕锄发视,气绝复苏,因抱以归,吴犹百计加害,遂抱寄族人汪柳家求乳养之……已而吴之子卒,再生子亦不育。及范再生子,吴又抑之不举"④。这种溺杀妾生子,有自身地位的考虑,也有家产继承的考虑。总体上看,还是妾的地位低所致,所谓"里俗庶瘠而嫡肥,有分割则嫡为政"⑤,"里俗操妾妇若束薪,十九不免"⑥。

---

① 《清会典事例》卷七五六《刑部·户律婚姻》。
② (清)廖腾煃:《海阳纪略》卷下《汪杨命案审语》。
③ (明)傅岩撰,陈春秀校点:《歙纪》卷九《纪谳语》,合肥:黄山书社,2007 年。
④ 弘治《徽州府志》卷一二《拾遗》。
⑤ (明)汪道昆:《太函集》卷四四《先府君状》。
⑥ (明)汪道昆:《太函集》卷四四《先淑人状》。

表 3-2　明清徽州婚书买卖一览表

编号	卖主(身份)	被卖者年龄	被卖前身份	被卖后身份	出卖原因	关于婚配、服役和归宗的规定	财礼银：两	年代	资料来源
1#	胡音什(父)	10	子	仆	缺食	其男成人，日后听从家主婚配，永远子孙听家主呼唤使用	3.5	1551	A 第551页
2#	谢弘(主)		义男之子		难居一人	听主使唤	2	1560	B1卷二 第294页
3#	王连顺(父仆)	17	子		母死棺木后事	听凭家主唤使，子孙婚配俱照向来村例尽由家主，不得违拗以及推故逃避	7	1570	B1卷二 第458页
4#	汪滔(主)	12	义男	义男	欠少使用	听从使唤……无许取赎	2.8	1580	A 第552页
5#	潘应武(主)	11	地仆之子	仆		日后成人长大，娶妻完聚，并无回宗异说	2.1	1588	B1卷三 第204页
6#	洪三元一家三人			仆	欠少食用	看守坟墓，上门叩岁，清明拜扫及送寒衣，侍候主人上坟及纳租	15	1609	A 第553页
7#	王成祖(父)	6	三子		无钱支用	听主使用，无得私自回宗，不承担本宗义务	3.3	1615	B1卷三 第453页
8#	陈盛全(父仆)	5	次子		缺少使用	生人长大，家主娶配完娶，不许私自回宗	7	1621	B1卷四 第11页
9#	方长孺(主)		使婢	乳女	家下人多不用	三年内，若不取赎听凭婚配	22	1635	C下册 第983页
10#	江观大夫妻二人				年荒无措	永远服役	16	1640年左右	A 第554页
11#	吴阿谢(主)	14	使婢	婢	钱粮无措	听自领去，永远使唤	10	1649	B2卷一 第24页
12#	吴士铉(主)	14	使婢	婢	钱粮无措	听自永远使唤	10	1649	B2卷一 第25页
13#	李阿吴(主) 朱阿胡(母)	10	义男次子	义男	钱粮紧迫	永远使唤，听自婚配	2.4	1652	B2卷一 第37页
14#	姚季恩(父)	7	长子	义男	母病缺衣食棺材	过门更名使唤	5.5	1662	A 第555页

续表

编号	卖主(身份)	被卖者年龄	被卖前身份	被卖后身份	出卖原因	关于婚配、服役和归宗的规定	财礼银:两	年代	资料来源
15#	程生(父)	10	子	仆	缺少食用	日后听从汪姓婚配之日,永不得取赎再批	12	1700	D 第114页
16#	项国正(父)	6	次女		日食艰难无得取办	改名养育,长成人,一听汪宅议婚遣嫁,不涉项姓之事,亦不许项姓往来	5	1706	D 第113页
17#	余福盛(父)	8	长子	仆	钱粮紧急又无食用	改名使唤,听从婚配	10	1707	D 第113页
18#	李海(主)	16	义女	使女		听自教诲	16	1738	A 第555页
19#	王文锦(伯)	17	次侄	仆	葬弟无办	改名使唤,毋得归宗	3.5	1745	A 第555页

注:江观大夫妻这次是重立婚书,因而可以推断第一次立婚书约在1640年左右。
代码 A、B1、B2、C和D分别指:
A:《明清徽州社会经济资料丛编》,第一辑,北京:中国社会科学出版社,1988年。
B1:《徽州千年契约文书》"宋元明编",石家庄:花山文艺出版社,1991年。
B2:《徽州千年契约文书》"清民国编",石家庄:花山文艺出版社,1991年。
C:张传玺:《中国历代契约会编考释》,北京:北京大学出版社,1995年。
D:章有义:《清代徽州奴隶制残余的一个侧面——休宁奴婢文约辑存》,见《明清徽州土地关系研究》,北京:中国社会科学出版社,1984年。

除了在婚姻和流向上,女性向中上层社会集中并受到禁锢之外,徽州的女性还受到死亡的威胁①。这主要是因为生存和礼教上的原因。女性在婴幼儿时就受到死亡的威胁。这种溺弃子女的历史很早就存在。"东南数州之地……男多则杀其男,女多则杀其女,习俗相传,谓之薅子,即其土风。宣、歙为甚,江宁次之,饶、信又次之"②。朱熹的父亲朱松也说,婺源地方的人大多只生育两子,"过是不问男女,生辄投水盆中杀之。父母容有不忍者,兄弟俱

---

① 常建华探讨了清代溺婴的多个地区分布和诸多原因后指出,溺婴的后果是性别比失衡,男子成婚困难,并由此引发多种社会问题;童养媳和育婴堂是清代减少溺女的两项基本对策,同时对溺婴还进行法律禁革和道德劝善。参见其论文《清代溺婴问题新探》,见李中清、郭松义、定宜庄:《婚姻家庭与人口行为》,北京:北京大学出版社,2000年,第197页。
② 《宋会要辑稿·刑法二·禁约》之58。

其分己资,辄亦从旁取杀之"①。溺弃女婴的原因是很复杂的,有习俗上的重男轻女方面的因素,也有生存困境方面的原因。还有的是妾和奴婢所生的子女,她们所生子女可能由于没法确定亲生父亲,而面临着很微妙的命运。休宁朱介夫曾经在武林买妾,"不数月而生子,家人欲弗举",朱介夫训斥说:"吾独子,奈何置他人子沟渎乎!"于是将这个"他人子"抚养成人,并"授之业,使自给"②。因为男主人只生了一个儿子,所以妾生子才被保留下来,如果妾生的是女儿,那就难说了。潘侃是一个孝廉,妻子程氏已生3女,无子,纳徐氏姬,又生一女,家人就说,已经有3个女儿了,还要妾女干什么呢?程氏仍将妾女保留下来。这里是因为女主人心肠好,妾生女才得以生存。不仅妾女,实际上连女主人自己的女儿都难以保全。后来,程氏又生2女,一共生了5个女儿,里俗贵男贱女,程氏不顾溺女之劝,说:"赤子匍匐井中,邻人皆有所不忍,况吾子也。"③胡德昌有5个女儿,人劝其溺,不从④。吴用良见野外有被抛弃的女婴,则自己提供粮食,将她托付给里中的妇人去抚养⑤。从这些事例当中可以看出,溺弃女婴是很普遍的行为。

在《歙南吴氏族谱》中,凡记载有侍人或侧室的大多生有儿子,她们是否生有女儿呢?谱上记载的很少见。从"表3-1"中看,从一世到七世这七代当中,共有男性后代412人,而女性后代仅有103人,男女后代之比为4∶1,即每5个子女中有4个儿子,1个女儿。当然这里的记载标准都是成年人,对于女子来说,更为苛刻,不仅卖为妾婢的不载,改适者也不载,有其他道德亏损的显然也不会记载。但即便按此标准记载,比例也不会相差这么大。而且越是在早期人口较少的时候,女性所占比例越大,到后来人口大量增加,尤其是男性人口大量增加的时候,女性后代所占比例就越来越小。很明显,有相当一部分女婴死于未成年,而这其中,应该有不少是被溺弃的。另外按家庭

---

① (宋)朱松:《韦斋集》卷十《戒杀子文》。
② (明)汪道昆:《太函集》卷二八《朱介夫传》。
③ (明)汪道昆:《太函集》卷三〇《潘孺人传》。
④ (清)徐卓:《休宁碎事》卷三。
⑤ (明)汪道昆:《太函集》卷五二《明故太学生吴用良墓志铭》。

来统计,在有后(包括有亲生子或继子)的192家中,有女户为63家,而无女户则为129家,有女户不及无女户的一半。也就是说,每三个家庭中,有两家无女。63个家庭中有女103人,这表明女性大都集中在比较富裕的家庭中。如果以每家来统计,则平均每家有子2.14人,而有女仅0.53人。无论如何,4∶1的结果都令人深思,让人忧虑,性别失衡的严重程度可见一斑。

除溺弃女婴外,还有不少的烈女,主动或被动地选择了以死殉夫。这是礼教下的死亡。道光《徽州府志》中的节烈殉身者,宋代4人,元代6人,明代209人,清代213人。殉身的形式多以自尽、绝食、投水、服毒为多①。实际上,府志中收录的人数远远少于实际数。

获取政府的旌表是贞节烈妇大量产生的一个原因,徽州各地的贞节牌坊就是见证。但是,徽州的这类女性太多,不但需要申请,甚至还需要打通上层的关系,因此一般的贫民是难以获得这类荣誉的。《二刻拍案惊奇》中讲到一个徽州的小本商人李方哥,他为了30多两银子就让妻子委身于徽商程朝奉,并且劝他的妻子:"而今总是混帐的世界,我们又不是什么阀阅人家,就守着清白,也没人来替你造牌坊,落得和同了些。"②在宗族聚居的地方,就是贞节烈妇最多的地方。据对道光《徽州府志》的统计,在总共4 617个烈女中,其中一门数烈的有120门,这120门望族又分布在21个地区,如岩镇就有255人,槐塘有118人,许村有111人,徐村有107人,江村有106人。这21个地区的120门中共产生了1 591个烈女,占总数4 617人的34%③。

虽然礼教下的死亡是由男性所推动的,但在现实生活中,对于许多没有子女的妻妾来说,与其受到漫长而冷酷的禁锢,还不如选择死亡。虽然由于经商的原因徽州的男性人口死亡率很高,但是男性的死亡并不能对平衡性别起到多大的作用,因为婚姻对女性更多的是一种禁锢。徽州社会数量庞大的

---

① 唐力行:《商人与文化的双重变奏——徽商与宗族社会的历史考察》,武汉:华中理工大学出版社,1997年,第122页。

② (明)凌濛初:《二刻拍案惊奇》卷二八《程朝奉单遇无头妇,王通判双雪不明冤》。

③ 唐力行:《商人与文化的双重变奏——徽商与宗族社会的历史考察》,武汉:华中理工大学出版社,1997年,第125—126页。

寡妇就是一个证明。但这些寡妇之所以守寡的原因要么是因为有后代,要么是因为要奉养公婆。她们似乎都是为别人而活着。

(二)下层社会中女性数量的缺乏

女性在出生时受到被溺弃的危险,长大后随着婚姻和财富的向上流动、禁锢和殉夫,作为婚姻资源的下层社会中的女性人口在不断减少,自然就导致了下层社会中男女性别的失衡。性别的失衡从4个方面可以看出。首先,女性的结婚率远远高于男性,而且夫妻年龄的差距进一步拉大,使社会对女性的需求有进一步低龄化的趋势。在传统社会,中国的女性基本上能够全部结婚。这是为大多数学者的研究所证实的。而且,男女两性的婚龄有拉大的趋势。对徽州方氏四个支派家庭人口进行综合统计,得出夫妻年龄差距为男大女7.9岁,男女育龄分别为34.5岁和25.67岁,差距也很大①。在15#婚书中,该仆从10岁被卖,24岁时第二次被卖,快到40岁时才获一子。可见结婚之迟、生育之有限可能更是仆人生育的一个特点。这种年龄和育龄上的差距,表明在总体上同龄未婚女性的紧缺,男子的婚娶对象向更低年龄段的女性转移。

其次,社会对女性的需求扩大,下层社会的女性被频繁地买卖。从"表3-2"看,11#、12#卖14岁的使女,18#卖16岁的义女,她们都至少是第二次被卖,可见她们第一次被卖时的年龄更小,16#被卖时年仅6岁。再如休宁县地主汪可礼,在康熙六十年(1721年)买到孙姓地主的一个婢女,将她配给家中的仆人长发后,就多次出卖该仆的子女,"壬寅年五月二十一日丑时生一女,名发喜,七年六月二十八日卖在街上,得身价银十两,取窃人家衣物四两。乙巳年四月二十七日辰时生一子,名夏汉,七年十二月买在县上,得身价银二两。雍正戊申年八月初十日亥时生一女,名时运"②。大女儿发喜被卖时才7岁,儿子夏汉被卖时不到5岁,也许他的第三个小孩(又是一个女儿)仍会在

---

① 唐力行:《明清徽州的家庭与宗族结构》,载《历史研究》,1991年第1期。
② 转引自章有义:《清代徽州奴隶制残余的一个侧面——休宁奴婢文约辑存》,《明清徽州土地关系研究》,北京:中国社会科学出版社,1984年,第116页。

很低的年龄被出卖。

第三，女性买卖的财礼银高于男性，且与婚龄成正比，表明社会对婚龄女性的需求远远高于男性。从"表3-2"中可见，在5例买卖单身女性的婚书中，财礼银平均为12.66两，而12个单身男性的财礼银平均为5.1两，男性平均财礼银不及女性的一半。这样高的财礼银也从另一方面说明了男子娶妻的费用必定很高。在5例女性买卖中，只有9#的使婢不知道年龄，但从"三年内若不取赎听凭婚配"的规定中，我们可以想象此女已经或很快就达到婚龄，因此她的财礼银高达22两。11#、12#的两个使婢都是14岁，财礼银都是10两，18#的义女16岁，财礼银也高达16两，而16#的次女才6岁，财礼银也只有相应的5两。这似乎暗示出，女性的财礼银是与其到达婚龄前的年龄成正比的。这更加印证了男子娶妻的高费用。男女性别的失衡，适婚龄女性的紧张，都表现在财礼银上，而这样高的财礼银一般贫苦人家是负担不起的，仆人更是无能为力。他们只能卖身或求助家主。所以只要家主控制有婢女，他就能以更低的代价获得大量的仆人乃至世仆。精明的家主更是买低龄女童，不用费多少银两就既有了长期的服役人手，还拥有可观的潜在价值预期。

第四，下层社会女性的再婚率也很高。这与上层社会的女性受到禁锢形成了鲜明的对比，笔者下文对徽州一些非常态婚姻的研究就证明了这点。

由于下层社会的女性向上层的流动和集中，造成下层社会的性别严重失衡，生存资源和婚姻资源都短缺的下层社会中的男性被迫通过非常态的婚姻和卖身进行分流，以获得生存和婚配的保障。

二、非常态婚姻与结婚者身份的下降

传统中国社会的婚姻强调门当户对。社会的发展，导致身份拥有者与财富拥有者不一致的现象越来越多。一些身份地位高贵的人，家境可能趋于贫寒，有贪图财富的欲望，希望通过婚姻获得财富。而一些原先地位低贱的人则利用经商富裕，希望通过婚姻提高地位。一些家族婚姻正是这两种欲望的结合，所以出现了很多门不当户不对的情况。如：

《朱柏庐家训》曰：嫁女择佳婿，毋索重聘；娶妻求淑女，勿计厚奁。凡娶须择门第相当，不得娶下姓及娼优隶卒素无家教之女。嫁女亦然，不得攀高门富贵之家以致伤财，不得许势豪纨绔之子致琴瑟不调。俾女失所不得许下姓优隶之家，不得鬻女为妾。违者治以家法，责令改正。议婚男女须十岁以上，不得太早，恐家道一有变迁，以致互生嫌隙也①。

婚姻，宗族之门楣所系至重，故婚娶者不但取其阀阅，尤当择良善。有家教人家，则妇之事舅姑必孝，事丈夫必敬，自不肯毁行辱身以违姆训。若豪强、逆乱、刑人、恶疾之家，其女多非柔顺，鲜有不欺丈夫而傲舅姑者，断不可轻结丝萝。族女字人，不第求其胜吾家者，更须选觅佳婿而归之，庶女终身仰望；苟利其资财，以致阀阅不称、良贱不伦者，众议罚其改正，违则削其宗系②。

"下姓""娼优隶卒"都属于贱民阶层，所娶之女不可来自这些家庭。同样，女儿也不可许配给这些家庭，不可把女儿卖给别人做小妾，降低自己的身份；不可把女儿嫁给纨绔子弟，导致婚姻不和谐。女方的家庭出身，关系家族人际关系的和睦。如果女方家庭不善，家教不好，会出现欺压丈夫、傲视公婆等有违儒家伦常的现象。一旦出现这种情况，女子就要受到家法制裁，并被责令改正。拒不改正的，就要从家谱上除名。

由于异姓过继的原因，所以徽州有些家族特别禁止与某个异姓通婚。绩溪县梁安高氏因为曾经从当地胡姓过继了一个后代，高、胡两姓有血缘关系，所以禁止与当地胡姓通婚③。

门当户对不仅针对官宦和普通百姓，也针对贱民阶层。奴仆即使被允许结婚，也不能决定自己的婚姻对象。一般情况下，婢女只能和男仆结婚。如

---

① 光绪《仙源杜氏宗谱》卷首《家政十四条》。
② 民国歙县《蔚川胡氏家谱》卷二《规条》。
③ 光绪绩溪《梁安高氏宗谱》卷一一《高氏祖训十条》："我高氏曾以胡姓入继，故高、胡永不为婚，后有入继者，当永以为法，不可隐匿，违悖祖训。"

果男子入赘给了某个主人的婢女,那么,他也就丧失了原先的自由身份,成为这个主人的仆人。在中国,由于男女性别失衡和一夫多妻制,适婚年龄的女性相对比较紧缺,一些家境贫寒的男子为了结婚,只好自降身份,入赘给了婢女,从此成为给主人服役的仆人。

从总体上看,徽州的婚姻并没有脱离中华文化这一传统范畴,但不同的阶层,其婚姻状况也各不相同。如商人阶层大多存在重婚现象,其他中产以上的家庭也大量纳妾,官僚缙绅则普遍多妻室,而广大的下层民众则绝大多数是一妻。在一夫一妻制的普遍形态之下,下层社会的婚姻仍然充满着各种各样的形式和变数。下层社会的普遍特征就是贫穷、无文化和身份低下,在徽州,这部分人包括贱民、半贱民和贫穷的佃农和自耕农。从契约来看,他们是出卖子女的主体。由于他们的身份和经济状况,他们的婚姻形式很复杂,对于有庶民身份的佃农和自耕农来说,他们的婚姻形式可能还比较正常,但也显示了较高的变数;但对于贱民和半贱民来说,甚至连"纯粹的聘娶婚"(即合乎礼仪的男娶女嫁)都难以做到。他们的婚姻往往表现为一些非正常的婚姻形式如劳役婚、入赘婚、买卖婚和契约婚等,这些婚姻形式在一些契约文书中得到了较为普遍的反映。下面具体说说徽州的这些非常态的婚姻。

(一)劳役婚

关于劳役婚,前人主要从庄仆制的角度进行了探讨,傅衣凌和仁井田陞指出,赘婿主要是一种劳动力,他们要为地主和女方家庭负担无偿的劳役,以此代替女方的身价或聘金。劳役婚和入赘婚有时并无严格区别,元代徐元瑞说:"赘婿……今有四等焉:一曰养老,谓终于妻家聚活者;二曰年限,谓约以年限,与妇归宗者;三曰出舍,谓与妻家析居者;四曰归宗,为年限已满,或妻亡,并离异归宗者。"[①]这四等的划分颇为模糊。陈顾远将赘婿分为养老婿和出舍婿两种,养老婿是指无子召来养老者,出舍婿是指立有一定年限者[②]。但不论是哪一等,其地位都很低,在法律上也被一体视之:"凡招赘须凭媒妁,

---

① (元)徐元瑞:《习吏幼学指南》之《亲姻》。
② 陈顾远:《中国婚姻史》,上海:上海书店,1992年,第108页。

明立婚书,开写养老或出舍年限。止有一子者,不许出赘。"①在徽州,这样的劳役婚很多,包括养老婿和年限婿。他们大多于婚后在妻家或妻子主人家服若干年的劳役,然后携妻子归宗。下面是一份崇祯十四年(1641年)的契约:

> 安山立代招亲婚书房东谢良善、谢用明等,今有庄仆汪有寿,自幼父母继亡,次弟逃散,三弟众卖樟村度活。今有寿子立,日食难度,漂流无倚,向在外境佣工糊口,房屋倾颓,二门主众谪[商]议,久已拆毁,身无所栖,且年登二旬有五,无力婚娶,若不代为招亲,汪仆一脉,诚恐湮没矣。今有本族谢正仁家有使女,是有寿浼求二门房东主婚,前往招到房东谢正仁使女为妻。议定:填工二十二年,以准婚娶财礼之资,工满听自夫妇回宗,日后生育,无问男女,听留一赔娘。所有二门主众,当受酒礼银,讫。二门人众,每房议一、二人画押为凭,馀外房东家不齐,不得生端异说。今恐无凭,立此招亲婚书为照。
>
> 再批:二门婚姻丧葬,照旧应副[付]毋词。众批。崇祯十四年八月二十二日立代招亲婚书。
>
> 顺治九年十二月卅日,汪有寿因前妻富喜不幸病故,思以失配,无力再娶。托凭二门众,复浼求妻主将使女联喜另招为妻,所有礼银无措。众议:着寿身照旧外填工十年,以准复招财礼。日后生育男女,听妻主使唤,二门毋得异言。此照。众批②。

这份契约文书包含着十分丰富的信息。汪有寿是一个典型的出舍年限女婿,其服役年限加在一起足有32年之多。对服役对象和所生子女的命运问题也有详细的规定。这类婚姻在有的地方被称为"招亲"。休宁《葆和堂需役给工食定例(功善抄存)》中对仆人招亲做了较为详细的规定,尤其是在回

---

① 正德《明会典》卷二二《户部七》。
② 转引自傅衣凌:《明代徽州庄仆文约辑存——明代徽州庄仆制度之侧面的研究》,载《文物参考资料》,1960年第2期。

宗和服役方面。它规定:客村人"招亲年满者,即时回宗……或时势难归,必须还祠堂应主纸笔,倘日后回宗,批明原笔缴还","在本村招亲者,年若满足,本主不用,即一体守船桥,交柴薪银,认甲丁,不得假本主之名,以避差役。本村招赘者,悉听其便;若寻客村者不许。如万不得已,无论众己仆,必须禀明祠堂,还定应主文书,庶乎其可,否则断断不允。若朦胧成就者,责令本人夫妇回归故乡,本村不容其居住";本村人"贫不能娶,招亲客村,势也。必须禀明家主,文书求家主居间,年满回宗。招亲之年,本村不唤差役"①。

下面再看一份养老婿契约:

> 十都李仲德年二十九岁,未曾婚娶,有谢士云宅长女蜀娘,未曾出事。今凭亲眷谢元熙为媒,招仲德到谢士云宅为养老婿,随即告禀亲房族长,已蒙允可,今自过门。合亲之后,自当侍奉舅姑二尊及受干公私户门等事,务在精勤,毋致怠惰。二亲存日,决不擅自回家。百年之后,倘要回宗,听从自便。如违一任经公陈治,仍依此文为用。今恐无凭,立此文书为用者。洪武元年四月初八日②。

在这种婚姻中,女婿在地位上同媳妇差不多,他得称女方父母为舅姑,而且,在女方双亲存日,不能擅自回家,只有在双亲去世后,才能自愿回宗。这实际上也是一种年限上的规定。实际上,养老婿的解放在于女方家长的消失。当然,养老婿还得承担一系列的义务,有时是双方的义务。在明清的法律中,还明确规定了招有养老婿的家庭必须要在家族内立继。

(二)入赘婚

真正的入赘婚则是女方家无子或丧子但又要延续香火因而为女儿或寡媳招夫的一种婚姻形式。在下层社会,入赘婚的双方一般条件都不好,或丧偶,或贫穷,或需劳力。如:

---

① 转引自章有义:《清代徽州庄仆制度管窥——休宁吴葆和堂庄仆条规剖析》,《明清徽州土地关系研究》,北京:中国社会科学出版社,1984年,第135页。
② 中国社会科学院历史研究所收藏整理,王钰欣、周绍全主编:《徽州千年契约文书》(宋元明编)卷一,石家庄:花山文艺出版社,1991年,第23页。

> 祁门县十三都立托赘文书方勇,原入赘五都胡家,不幸丧妻,向未婚配。今有本县十西都汪阿李男汪六圣于先年身故,遗妻张氏六仙寡居,是勇得知,自情愿托媒李年空身投赘汪家,永远入籍当差。自成婚之后,侍奉李氏如同亲母,并男天赐、女天香并是方勇承管、供给抚养,并汪家户门差役俱是本身承当。日后本身生有男女并本身永远居住房东谢求三大房庄屋,逐年照例应主毋词,倘有违文,擅自逃回,听主告官理治,仍依此文为准。立此为照。嘉靖四十三年润二月日①。

这份契约对赘婚的要求很苛刻,因为女方家已有后代,承嗣已不是目的,而服役的要求被提升,并延及所生后代。赘婿方勇要承担两方(妻家和妻主家)的义务,并且连他的子孙后代也永远束缚在妻主家。

也有男方因丧偶而入赘女方的,也就是说,男子再婚而女子初婚。但在契约文书中,这种情况不多见。在"表 3-3"的统计中,在 14 例入赘婚中,只有 4 个初婚女子,另外 10 个为再婚女性。与此相反,再婚男子只有 3 个,而初婚男性则达到 11 个。

在徽州,独子一般不能入赘,这也是法律上的规定。作为身份低下的贱民,因具有服役义务,如果独子出赘,则要同上引的方勇一样,承担本主和妻主的双重服役义务。因此对于入赘方(仆人家庭)来说,赘婚要考虑种族的繁衍问题。即使是非独子入赘,也要为以后的服役义务做出安排,如上引的朱得祖出赘,即安排"本生宗枝有亲弟承嗣及服役原主"。但在实际上,入赘之子与服役之子有时往往均摊养老的义务。

另外还有一种逃避服役义务的入赘,这主要指军户家庭的子孙。清朝曾为此制定法律,规定:"军户子孙,畏惧军役,另开户籍,或于别府州县入赘、寄籍等项,及至原卫发册清勾。"②

---

① 中国社会科学院历史研究所收藏整理,王钰欣、周绍全主编:《徽州千年契约文书》(宋元明编)卷二,石家庄:花山文艺出版社,1991 年,第 354 页。
② 光绪《清会典事例》卷七五二《刑部三〇·户律户役·人户以籍为定》。

(三)买卖婚

买卖婚是以女子换回钱财的一种婚姻制度,它可能源于早期交换婚遭到破坏后所建立的婚姻补偿体制,也可叫"新娘身价",可以用劳役、实物和金钱的形式付出,后来经过"礼"的改造,改头换面成"聘金"的形式。徽州的买卖婚有所改变,且很普遍。这种婚姻多指女子经过买卖成为别人的侧室或小妾或侍婢。下面就是这样的一份契约:

> 立发使女字人王太太,情因所买使女刘氏,年十六岁,自幼抚养使唤,今以[已]长大成人,应当择配,不合留用,只得凭证情愿出发与姚意得名下作为侧室,传流后裔,子孙绵绵。当日凭证财礼得银,比日如数亲手收讫,人、银两交,任听过门成亲。自发之后,如有异说,不干受亲人之事。恐口无凭,立此发使女字为据。大发。同治十年十月十一日①。

不仅仅是侧室、小妾,还有媵人、婢女、侍人等,虽然地位低下,但也与主人构成相对稳定的性关系。这种关系主要是通过买卖得到的,因此属于买卖婚的一种。另外,还有大量买婢女给男仆配婚的情况,贱民或半贱民的婚姻有很多是买卖婚。如:

> 立承豢养地仆谢进旺,今因父名连盛卖身于家主叶明德朝奉名下使唤,买婢婚配身父为妻,生身一子至今服役无异。……嗣后婚丧祭祀各事务,永远照常服役,不敢有违。今恐无凭,立此承约,永远存照②。

买卖婚在徽州人的文集中也多有反映,主要表现为买卖妾婢。《休宁碎事》记载一人叫孙亨,他"见族属年已长无子,贫不能置妾,出金为买妾,卒生

---

① 安徽省博物馆编:《明清徽州社会经济资料丛编》第一辑,第 16 类"卖身契",北京:中国社会科学出版社,1988 年,第 557 页。
② 转引自傅同钦、马子庄:《清代安徽地区庄仆文约简介》,载《南开学报》,1980 年第 1 期。

之"①。这种买卖行为大多属于再婚或重婚。

(四)契约婚

契约婚是笔者从徽州文书中概括出来的一种婚姻规定,它主要是指在人口买卖的契约中,买、卖双方给被卖者设定了一种婚配的权利和义务。它具有确定和不确定的两面性。确定的一面是买主必须承担起给未成年的被卖者成年后完婚的义务;不确定的一面是它没有固定的婚姻形式,它可能是入赘婚、买卖婚或劳役婚,也可能是其他的任何一种婚姻形式。这样规定婚姻义务的契约在徽州文书中大量存在。从"表3-2"看,卖主的身份,有父母,也有主人;有庶民,也有贱民和半贱民。被卖者则有男有女。文书中有着强烈的对生存和婚配的关注。下文的人口买卖中对此有详细的分析。

劳役婚、入赘婚、买卖婚和契约婚是徽州下层社会婚姻的一大特色。契约婚更多的是一种在人口买卖过程中的虚拟婚姻,它可以通过其他的婚姻形式来实现婚配;它同买卖婚一样,实行的对象可男可女;买主则以此控制着所买之人及其后代。劳役婚和入赘婚是确定的婚姻形态,它一般不会发生在人口买卖过程中,受婚者在结婚的同时扩大了服役范围;其实行的对象基本上是男子,男子暂时或永久性的居于女方家中,基本上以女方的条件为转移。这些非常态婚姻的普遍源于下层社会的贫穷及其所占人口的绝对多数。

除了劳役婚、入赘婚、买卖婚和契约婚外,在徽州还有其他的一些婚姻形式,比如少男娶长妇和童养媳。这些婚俗是环境所迫,有它生存的土壤。

非常态婚姻不是社会主流的婚姻形式,它总是在一些比较特别的环境下产生。明清时期的徽州社会面临着脆弱的生态环境、扩张的人文礼教环境和男女失衡的性别环境。所以有这么多的非常态婚姻是不足为怪的。从这些非主流的婚姻形式中可以发现两个特点:一是男性身份的下降,二是女性普遍的再婚。

身份下降是非常态婚姻的一个非常特别的后果。这种身份的下降可以

---

① (清)徐卓:《休宁碎事》卷四。

分为三种：一是从庶民降为半贱民或从半贱民降为贱民，这可称为直接的下降；二是从一家之仆变成二家或三家之仆，也就是从服役一家到同时服役几家，这可称为间接的下降；三是头婚男子娶或入赘于再婚女子，这可称为隐性下降。下面以入赘婚为例进行说明。

导致身份直接下降的原因，就是因为婚姻双方不在一个阶层。良贱婚虽受到法律的限制，但对于无法生存的下层民众来说，仍是其换取婚配和赖以谋生的一条出路。如在清代浙江婺州，官员罗镜菴就令婚嫁失时之婢女"或外嫁良民，或内婚僮仆"①。徽州契约文书中也有反映，如：

> 休宁三十三都许天德今为家贫无钱继娶，自情愿入赘到祁门西都谢敦本庄上故仆汪时妻黄氏催弟永为婚配。自进门之后，务要小心管雇家务，抚养时子记祖及户门差役及应付房东工夫，无得推诿，亦不许私自逃回。如违，听自房东告理无词。今恐无凭，立此为照。万历十三年三月初六日②。

导致身份间接下降的婚姻也有很多，这种婚姻的当事双方基本上属于同一阶层。前述庄仆汪有寿招亲后，议定填工22年，同时"二门婚姻丧祭照旧应付毋词"。汪有寿虽然身份没有直接下降，但他在婚后要同时服役二主（本身主和妻主），负担明显加重，无形中身份有所下降。大部分的劳役婚都有这种身份的间接下降现象。

导致身份隐性下降的婚姻更多。如：

> 十六都程祐一今因无妻空身托媒投赘房东郑臣五公焦坑口庄人郑五孙媳吴氏为妻，抚育子女成人，养郑五年老，及承种田地，照管山场，永远应付。自投赘之后，务要小心伏侍，毋得言语抵畜，私自回祖，如违听自房东理治，纳还财礼银壹拾五两整。今恐无凭，立

---

① （清）李渔辑：《资治新书》二集卷一四《文告部》之《风俗》。
② 中国社会科学院历史研究所收藏整理，王钰欣、周绍全主编：《徽州千年契约文书》（宋元明编）卷三，石家庄：花山文艺出版社，1991年，第150页。

此为照。万历二十一年六月廿日①。

程祜一作为未婚的男人,且可能还具有庶民身份,本不应娶再婚的女子,何况还是庄仆之寡妻。婚后程祜一身份的下降可想而知。在笔者收集的 14 例赘婚资料中,有 7 例就属于头婚男子赘再婚女子(见表 3-3),这说明隐性下降的婚姻占有相当高的比例。

表 3-3　劳役婚和入赘婚中的再婚情况

年代	男子姓名	婚姻形式	男子第几次婚配	女子第几次婚配	资料来源
1368	李仲德	劳役婚	1	1	A1 卷一,23 页
1557	黄春保	入赘婚	1	2	A1 卷二,254 页
1564	方勇	入赘婚	2	2	A1 卷二,354 页
1585	许天德	入赘婚	2	2	A1 卷三,150 页
1593	程祜一	入赘婚	1	2	B,12 页
1623	张积	入赘婚	1	2	B,12 页
1629	程旺寿	入赘婚	1	2	A1 卷四,278 页
1634	汪梦喜	入赘婚	1	2	B,13 页
1639	朱得祖	入赘婚	2	2	A1 卷四,444 页
1641	汪有寿	劳役婚	1	1	B,13 页
1644	胡应凤	入赘婚	1	1	A1 卷四,502 页
1652	汪有寿	劳役婚	2	1	B,14 页
1674	吴社孙	入赘婚	1	1	A2 卷一,79 页
1739	王百孙	入赘婚	1	1	A2 卷一,286 页
1745	王助龙	入赘婚	1	1	A2 卷一,301 页
1755	王友龙	入赘婚	1	2	A2 卷一,324 页
1827	方福田	入赘婚	1	2	C,72 页

此处"2"并不全部指二婚,有的可能为三婚、四婚,因契约文书中未有说明,故统以"2"代之。
代码 A1、A2、B 和 C 所指:
A1:《徽州千年契约文书》"宋元明编",石家庄:花山文艺出版社,1991 年。
A2:《徽州千年契约文书》"清民国编",石家庄:花山文艺出版社,1991 年。
B:转引自傅衣凌:《明代徽州庄仆文约辑存——明代徽州庄仆制度之侧面的研究》,载《文物参考资料》1960 年 2 期。
C:原件藏天津市历史博物馆,转引自傅同钦、马子庄:《清代安徽地区庄仆文约简介》,载《南开学报》1980 年 1 期。

---

① 转引自傅衣凌:《明代徽州庄仆文约辑存——明代徽州庄仆制度之侧面的研究》,载《文物参考资料》,1960 年第 2 期。

在契约婚中，也有大量的身份下降现象，这里以婚书为例做一说明。从"表3-2"看，在笔者所统计的19例婚书中，大体上可以表明身份下降的有11例，约占婚书买卖总数的58%；在所涉及的22人中占了14人，约占人数的64%。如果排除其中的两对已婚夫妇外，这样的比例则占到了53%，仍占到了半数以上。由此可见身份下降的幅度之大。在12例男性买卖中，卖子侄的有8例，占总数的2/3；卖义男或仆人的4例，占总数的1/3。子女的买卖最为明显地表明了其身份的下降，这表明在婚书买卖中，导致身份下移的买卖案件和买卖人口都占到了一半以上。身份的因素从财礼银的数量上也可见一斑。在12例男性买卖中，卖子7例，平均财礼银6.9两；卖侄1例，财礼银3.5两；卖仆4例，平均财礼银2.33两。劳役婚和买卖婚中也有普遍的身份下降现象。如前述劳役婚中的汪有寿在劳役婚期间就同时服役本主和妻主二门。

虽然身份下降的幅度很大，但其下降的过程却是很复杂的。要注意的有三点，一是这种身份的下降并不仅仅指当事者本人，而是延续到其子孙。二是这种契约中的买、卖和被卖三方的身份是复杂的，对于卖方而言，有庶民，有自称仆人的贫农和半贱民；对于买方而言，基本上都是富有者，但有不少是家主和房东；对于被卖者而言，则有的是子女，有的是仆人，还有的是义男及其后代。三是在婚姻双方或三方（加上家主一方）中，也有类似于买卖三方的复杂性。由于这些身份和关系的复杂，所以其身份下降的过程也是曲折的、隐晦的，有时甚至是颇为混杂的。本书关于直接下降、间接下降和隐性下降的划分并不是绝对的，主要就是基于这种过程的复杂性。一般来说，在婚配中，导致身份间接下降和隐性下降的人基本上都是半贱民和贱民；而直接下降者多为贫穷的庶民。

从非常态婚姻中可以发现很多都是第二次乃至第三、第四次的婚姻。多次婚姻也使下层社会的男性和女性人口再次分流。再婚现象由于性别和社会地位的不同而有着显著的差异。大体说来，男性再婚普遍，到了清代，男子再婚除了金钱外没有什么限制，尤其是中上层社会的男性。而女性又为何再婚呢？

女性再婚现象在中国传统社会有一个逐渐受到压制的过程,以宋代为中界点,到明清时代,有许多政策都对女性再婚予以压制,对守寡予以鼓励,明代规定:"凡民间寡妇三十以前夫亡守志者,五十以后不改节者,旌表门闾,除免本家差役。"①在优免差役的诱惑下,寡妇再醮面临着巨大的压力。对强迫寡妇再嫁者,都实行重罪惩罚。一些官僚缙绅之家和强宗大族也对再醮予以否定。有些族谱在登载人口时,对再婚的女性不载。这里明显有着对女性再醮的隐晦,它表明了世俗社会对女性再婚的歧视。

然而,对于现实中的下层社会来说,女性的限制要少得多。第一,下层社会受理学和礼教的束缚不大,官方一般既不给予旌表,也不主动去纠察,因而下层民众行动相对比较自由,他们的家族也无法从旌表中获得赋役上的优免和地位上的提升。而且下层社会的男性不太看重守寡和殉节,并把守寡看作对女性的摧残。如前述的汪应宿"自度不起,私告母曰:'妇从儿十年,劳苦极矣。儿即死,幸择可者醮之。'"在这里,贫穷者汪应宿的大度与那些富有者的自私形成了鲜明的对比。

第二,下层社会的生活一般都比较艰难,女性再嫁能获得生存的保证。仍以上述的汪应宿为例,他的妻子跟着他劳苦十年,因此他希望她能"幸择可者醮之",能生活得安适一点。那些有小孩的贫苦人家的寡妇,出于抚育小孩的需要,也把再婚视为必要。如果在守节与抚孤之间选择,还是以抚孤为重,因为在时人的眼中,守节是为自身的名誉考虑,而抚孤则是为整个家族考虑。

第三,下层社会的女性也是不可缺少的家庭劳动力,是勤俭持家的典范。正如府志所载:"女人犹称能俭,居乡者数月不沾鱼肉……同巷夜从相纺织,女工一月得四十五日。徽俗能蓄积,不至厄漏者,盖亦由内德矣。"②她们不仅以纺纱织布支撑着家庭生计,而且还进行农业生产,所谓"女妇亦事耕锄,工校晴雨,辛勤所得,聊给饔飧"③。家庭少不了她们,外出劳动也给了她们

---

① 正德《明会典》卷二二《户部七》。
② 康熙《徽州府志》卷二《风俗》。
③ 民国《歙县志》卷一《风土》。

接近异性、接触社会的机会,使得她们在思想上比足不出户的女性所受的束缚要少。

最后,也是很重要的一点就是性别的失衡导致女性数量的缺乏,尤其是婚龄女性紧缺,使得人们可以从女性再婚中获利。如嘉靖初,汪永锡妻孙氏要为夫殉节,永锡兄永祥就说:"彼何能死,即病者死,必嫁之。"[①]逼迫寡妇再醮可以获得一笔财礼钱,还可以获得寡妇的家产。

下面笔者从契约文书的部分统计情况来进行分析。从"表3-3"中可以发现,劳役婚和入赘婚中女性再婚现象非常普遍,再婚在徽州的下层社会并不是个难以接受的婚姻形式。在笔者所统计的14例入赘婚和3例劳役婚中,经历二婚和二婚以上的女性有10个,约占总数的60%,一婚的女性只有40%;而二婚的男性则只有4个,不到总数的1/4,不及女性再婚的一半。这在抑制女性再婚的社会中是一个相当惊人的比例和对比。当然在有的文书中,男性是否再婚并不被注明。但无论如何,这样的数字和比例有力地证明了,在徽州的下层社会中,女性的再婚是一个普遍甚至不比男性少的社会现象。有的女性甚至经历了几种婚姻形式,如:

> 立文书人程氏爱香因夫毕社得无子,曾将次女春弟招赘本都张宅地仆吴社孙为婿养老。今因口角,社孙不幸身故,伊母方氏老来衣食无靠,身自情愿将女春弟过婆方氏之门,另行择婿以为膳给终身。所有张宅照旧应役,四甲吴弘茂户下照旧当丁。日后生育毋论男女,将壹个继毕氏之后,祭祀不致有缺,应役当丁悉照旧规。自议之后,各无异说,如有违议,听将此文呈官理论。立此文书存照。

在这份康熙十三年(1674年)的文书上还留有康熙三十四年(1695年)的批字:

> 毕春弟于康熙卅四年十一月吴用昭、吴有林等眼同批于李天时

---

① (明)汪道昆:《太函集》卷二九《七烈传》。

为妻,其吴社孙户丁弘茂户得银叁两以为递年应役之费,日后永无异说。此照。……康熙十三年玖月①。

程爱香先是招赘地仆,在丈夫因口角而亡故(自杀或他杀)后,被过门到婆家,准备在婆家招婚以养婆老并应役当差。21年后,被卖给别人为妻,她身上所承担的差役被买主用三两银子的价格注销。在这里,程爱香这个女人先是招赘婚,然后又经历了买卖婚。在这两次婚姻中她没有丝毫的发言权。这也可能是徽州下层社会女性再婚的一个缩影,徽州下层社会的女性虽然再婚现象非常普遍,但其中有多少反映了女性本身的意愿则是一个疑问。除了正式的妻子外,像侧室、小妾、侍人和婢女之类的性伴侣的贞操则不被人所看重。她们一般都被卖来卖去,有的甚至是被赠送。如果把这类的小妾、侍人和婢女也统计进去,那么下层社会女性再婚的比例还会有不小的提高。另外,由于商人特殊的职业环境和职业风险,商人之妻也有可能随时遭到被抛弃的命运,正如歙县一商人妇所写道:"柳叶青复黄,君子重颜色。一朝风露寒,弃捐安可测?"②商人妇如此,商人妾更不用说了。这类被抛弃的商人妇和妾无疑也汇入再婚的人流之中。

总而言之,对于下层社会女性的再婚比例不应低估。下层社会广泛的再婚现象是徽州文化多元化的一个突出表现。在理学和礼教鼓吹节烈的同时,下层社会以它特有的方式向这种说教和禁锢表达了否定。因此,对下层社会的再婚思想和再婚行为都需要进行进一步的探讨。

下层社会的女性的再婚实际上也是一种人口行为,她们通过重新或多次买卖或婚配,缓解了下层社会适婚龄女性的紧张,在一定程度上满足了婚配困难的下层社会男性的需要。非常态婚姻能够广泛存在,同下层社会女性较少和受到婚姻的禁锢有关。同样,这一婚姻也以买卖的方式拉动了男性人口向下层社会的流动。

---

① 中国社会科学院历史研究所收藏整理,王钰欣、周绍全主编:《徽州千年契约文书》(清民国编)卷一,石家庄:花山文艺出版社,1991年,第79页。
② 光铁夫:《安徽名媛诗词征略》,合肥:黄山书社,1986年,第132页。

第二节　卖身、婚配与生存

一、卖身与婚配

近年来学者们通过对谱牒、档案、方志等资料的开发和利用,开创了中国人口史研究的新模式①。人口史研究的重点从人口的数量、规模、结构及迁移转向人口行为,并与婚姻家庭史研究进行了紧密的结合②,使得中国人口史研究更趋系统化和本土化,并最终获得对中国的传统社会的再认识。关于人身买卖契约文书,前人从劳役婚和贱民的角度给予了一些关注③,缺乏从人口史的角度进行深入研究。考虑到下层民众的数量以及文献记载上的缺乏,另辟途径,挖掘新资料对这个群体进行人口史的研究实属必要。而在明清时期的徽州恰恰有这样一种比较独特的资料——婚书。说其独特,是因为名为婚书,实际上是一种卖身契约。笔者收集了《徽州千年契约文书》中的 8 条、《明清徽州社会经济资料丛编(第一集)》中的 7 条、《明清徽州土地关系研究》中的 3 条和《中国历代契约汇编考释》中的 1 条,这样共有 19 条资料。另外还有 2 条"批婚书",因为它们只是在前次买卖基础上的再次转卖,故未纳入笔者的统计范围。依时间顺序将这 19 条资料进行了编号列表(见"表 3-2"),本书据此并结合其他资料对明清时期徽州的人口问题做一探讨。

---

① 李中清、郭松义:《清代皇族人口行为和社会环境》,北京:北京大学出版社,1994 年;李中清、王丰:《人类的四分之一:马尔萨斯的神话与中国的现实》,北京:三联书店,2000 年。

② 李中清、郭松义、定宜庄主编:《婚姻家庭与人口行为》,北京:北京大学出版社,2000 年;郭松义:《伦理与生活——清代的婚姻关系》,北京:商务印书馆,2000 年;王跃生:《十八世纪中国婚姻家庭研究——建立在 1781—1791 年个案基础上的分析》,北京:法律出版社,2000 年。

③ [日]仁井田陞《明末徽州的庄仆制——特别是关于劳役婚》,见刘淼辑译:《徽州社会经济史研究译文集》,黄山书社,1988 年;叶显恩:《明清徽州农村社会与佃仆制》,合肥:安徽人民出版社,1983 年;彭超:《谈"义男"——安徽省博物馆藏明清徽州地区契约介绍之一》,载《安徽文博》,1980 年试刊号;叶显恩:《试探庄仆、佃仆和火佃的区别》,载《中国史研究》,1984 年 1 期;傅衣凌:《明代徽州庄仆文约辑存》,载《文物参考资料》,1960 年第 2 期。

婚书源于何时,它的格式和内容是怎样的,又是什么原因导致了这种特殊婚书呢?从"表3-2"看,1#婚书立于嘉靖三十年(1551年),19#婚书立于乾隆十年(1745年),前后共约二百年,跨16、17、18三个世纪,明清二代。其中立于明代的有10条,清代的有9条。如果打破朝代的限制,则可发现,集中在1551年至1662年这一时段中的婚书共有14条,占了总数的73%。可以说,婚书大多集中在明代后期和清代初期,其所反映出的基本上是明代中后期以来的社会现实。当然,更早的资料也许存在,但是婚书起源的确切年代已不可考。从契约文书的发展看,早期婚书可能具有婚姻和卖契的双重意义。人类早期的婚姻与人身买卖存在着密切的关系,长期延续的买卖婚就是二者的合一,婚姻中的重财也是它的一种反映。在仁井田陞《中国法制史》和张传玺《中国历代契约汇编考释》中有一些婚书式的卖契。下面举卖子契格式为例:

> 立婚书人某都某图某人,今有亲生男子名某,年方几岁,因为家下贫穷,抚寒无奈,是以夫妇商议,同亲叔兄某人等,托中亲说合,与某名下养为义男,当日结受礼银若干,一并完足,严定抚养成人,悉依婚娶,终身听从使唤,不致躲懒,此系二家情愿,并无重叠来历不明等事,亦无货利准折逼抑等情,自今以后,系是本主之人,生不归宗,死不归墓,如或逃归拐带,卖主和中人承管,倘风水不虞,系是天命,与主人无干,敬立婚书,并本男手印,悉付本主收执存照①。

这种契式可能为全国通用之格式,从中可见,婚书与卖契已经混同使用。吕绍祖《新刻徽郡补释士民便读通考》中也有一种买卖义男婚书格式:

> 立婚书某,今因日食无度,自愿将男、女名某,年命某生,凭媒与某名下为义男、女,得受财礼纹银若干,自后听从使唤,永不归家。如内外人等生端引诱,凭从证理,致立婚书并男、女手印,付主存照。

---

① [日]仁井田陞:《中国法制史·家族村落法》,牟发松译,上海:上海古籍出版社,2011年,第807—808页。

徽州卖身婚书的格式基本上跟它差不多，这种混同使用的情况也一样，如 8# 抬头和落款都为"立婚书人陈盛全"，正文结尾却为"立此卖契存照"；再如 12# 抬头为"立卖契人吴士铉"，正文结尾却为"立此婚（书）存照"，落款也为"立婚书人吴士铉"。可见不管从形式上、内容上，还是从时人的观念上，明清时期的婚书就是一种卖契。只不过有的加入了一些为被卖者婚配的规定；有的还写有一些吉利的话语，如 1# 婚书在正文结尾写有"长命富贵、婚书大吉"，因而具有了某种真正婚书上的意义。

徽州婚书的内容包括两部分：正文部分，含有立婚书人的地址和姓名、出卖何人和出卖原因、买主、财礼银、各当事人的权利和义务以及立书原因；落款部分则有时间、立婚书人、被卖者、媒人、中人以及代笔的签名和画押。被卖者、媒人、中人和代笔有时不全，有时彼此兼任，但至少必有其一。虽然历经二百多年，但其内容和格式仍然没有什么变化。只是在清代出现了一种婚书的变体——批婚书或曰批字婚书，即婚书持有者在卖出奴仆时，只需在原先的婚书上加以批注，不需另立婚书。本书的 15# 和 17# 婚书后来都经过批注而易主。实际上，这种批婚书在明代甚至更早的年代已经存在。它是买卖手续的一种简化，更杜绝了日后可能的纷争，因为只在原先的婚书上加以批注缴给买主，不再另立婚书，卖主也失去了对被卖者拥有所有权的凭证。15# 婚书"日后听从汪姓婚配之日永不得取赎、再批"中的"再批"就是此类。

婚书买卖的情况比较复杂。从"表 3-2"中看，卖者与被卖者的关系，有父母与子女，如 1#、3#、7#、8#、13#、14#、15#、16#、17#；有伯父与侄子，如 19#；也有主人与仆人，如 2#、4#、5#、9#、11#、12#、13#（主人和母亲合卖）、18#；有一家自卖的，如 6# 和 10#；卖者的身份，有庶民，也有贱民和半贱民。被卖者则有男有女。主人卖婢仆的契约文书非常多，被卖的婢仆有男仆和义男、使女和义女，以及各自的后代。下面是 3# 仆人卖子婚书：

> 立婚书仆人王连顺为母死棺木后事无处设法，将子得金本命生于嘉靖甲寅十一月十八卯时，今年一十七岁，写立婚书卖在汪镇东家主名下，当时得受身价银七两正，自卖之后，听凭家主唤使，子孙

婚配俱照向来村例,尽由家主,不得违拗以及推故逃避。如有前件情事,一听家主呈公究处。恐口无凭,写立婚书永远存照。隆庆四年六月①。

关于主人卖仆人和仆人子女的契约比较多,如:

立文书[人]程普庵,今将讨养义男可旺,转卖与本都三图程□□名下为义男,三面议定财礼银贰两伍钱整。其银当即收讫,听从过门娶妻婚配使唤。日后永远即无取赎等情。系是两相情愿,亦非准折之类。倘有内外人异说,俱是本家承当。今恐无凭,立此文契为照。万历七年四月廿四日②。

非贱民也有买卖子女的行为,下面是一份卖女文契:

立绝卖亲生女文契人钱邦贵,今因衣食不周,难以度日,情愿将亲生女名领儿,行庚年十四岁,十月初六日申时生,自投引牙,情愿出契卖与朱奶奶名下为婢。当日请凭引牙说合,卖得身价九七大钱二万文整。当日其钱契两下交清,无欠分文。此女未卖之先并未许配人家,既卖之后,听凭买主取名换姓,早晚使唤。日后张大成人,听其买主择配。此系两愿,非逼成交,并无反悔,永无异说。如有来历不明,以及走失、拐逃并一切等情,俱系出笔人一面承当。倘若天年不测,各安天命。恐后无凭,立此绝卖亲生女文契,永远存证。道光二十二年十一月初六日③。

女性总是难以把握自身的命运,相对于被溺弃来说,被卖比较幸运,因为

---

① 中国社会科学院历史研究所收藏整理,王钰欣、周绍全主编:《徽州千年契约文书》(宋元明编)卷二,石家庄:花山文艺出版社,1991年,第458页。
② 安徽省博物馆编:《明清徽州社会经济资料丛编》(第一辑),第16类"卖身契",北京:中国社会科学出版社,1988年,第551页。
③ 安徽省博物馆编:《明清徽州社会经济资料丛编》(第一辑),第16类"卖身契",北京:中国社会科学出版社,1988年,第556页。

即使被卖给别人,也给其预设了婚配的结果。虽然这种婚配可能由于遭到频繁的买卖而一拖再拖,在有"锢婢"习俗的地方更是如此,但总比没有这种规定要好。不仅女子,男子也同样面临着卖身为贱的命运,如:

> 四都七图立卖婚书父程生同妻王氏,今因缺少食用无借,自情愿将亲生长男名唤长仂,系庚午年三月三十日酉时生,央媒卖与同都十图汪名下为仆。当日凭媒得受身价纹银拾贰两正,其男随即交与买主更名使唤,不得赴身家来往走动。从前并无当卖重复等情,如有偷摸逃走,尽是身力承当。倘日后风烛不常,各安天命,无得借端异说。今欲有凭,立此婚书存照。日后听从汪姓婚配之日永不得取赎再批。康熙三十九年十二月①。

上述契文中的被卖者虽然被卖,但却都有婚配的规定,如"听从过门娶妻婚配使唤"、"日后张大成人,听其买主择配"、"日后听从汪姓婚配之日永不得取赎再批"等。仆人卖身之后有婚配的可能,但婚配反过来使他们的身份进一步下降和固定化。这类与婚配有着密切关系的被卖者可以称为鬻身婚配之仆,实际上在明代徽州的审语中就有"鬻身婚配之仆"这一说法②。鬻身婚配从官方的律令中也可以看出。雍正年间开豁世仆后,曾经对如何界定世仆及其开豁标准产生了一场讨论。雍正五年(1727年)六月,安徽巡抚魏廷珍向休宁县发出一则告示:"照得民家奴仆,必系真正价买之人,立有身契,恩养年久,配有妻室,方得以为奴仆例断。"八月,徽州知府沈一葵上报布政使司:"查看得徽俗之伴当世仆……稽所由来,源其先世曾为富贵之家服役,无身价为伴当;有身价及无身价配与妻室者,皆为之仆。"③在这里,即使不是买来

---

① 转引自章有义:《清代徽州奴隶制残余的一个侧面——休宁奴婢文约辑存》,《明清徽州土地关系研究》,北京:中国社会科学出版社,1984年,第114页。

② 转引自彭超:《试探庄仆、佃仆和火佃的区别》,载《中国史研究》,1984年第1期。彭超也据此把明代庄仆分为"鬻身婚配"与"赁屋佃田"两类。

③ 转引自陈柯云:《雍正五年开豁世仆谕旨在徽州实施的个案分析》,见周绍泉、赵华富主编:《'95国际徽学学术讨论会论文集》,合肥:安徽大学出版社,1997年。

的,但只要配予了妻室,就成为仆人。这样的界定清楚地表明了鬻身婚配之仆的性质。以上的讨论虽发生在雍正朝,但无疑是历史的积累,是长期积淀的民间惯例的一种反映。它体现了卖身服役与婚配之间的内在关系。被卖者一方面必须为主人提供服役义务,另一方面他们也有了生存的机会和婚配的权利;买主则既有为仆人婚配的义务,同时也获得了大量的源源不断的劳动力。买卖双方都有存在的客观环境,因此可以推断,这种"鬻身婚配之仆"的存在是一种普遍现象。

如果从权利和义务的角度去看,服役就是卖身者的义务,而婚配就是他的权利。在卖身契中规定着众多的服役义务,一般都有要求被卖者日后要听凭家主使唤、"永远服役""不许私自回宗"等方面的内容,这些规定也得到了广泛的认同和遵守。这种服役既有生活方面的,也有生产经营或保镖护卫方面的[①]。被卖者对这些服役义务必须完成,"如有违失,听凭责治无辞"。还有一些买卖文书规定,被卖者要更名改姓,这可能是为了更彻底地断绝他与本宗之间的联系的原因。

与众多的服役义务相比,婚配是被卖者除了生存外所能有的几乎唯一的期望。前述的王连顺卖子婚书载明:"自卖之后,听凭家主唤使,子孙婚配俱照向来村例,尽由家主,不得违拗以及推故逃避。"这里值得注意的是出现了"村例"这一概念。这里的村例可以理解为风俗、土例、习惯和习惯法之类的概念和话语。经过一些合理的推敲和想象,同时结合其他资料,可以为"村例"作出如下解释:一,买主必须为买来者婚配,至于何时、何地、以何种方式进行婚配的主动权则掌握在买主手中,这意味着买主可以配给他婢女、寡妇,也可以将其入赘或卖到别家婚配;二,被卖者不能有自己在婚配方面的违拗家主的自由意志,否则"一听家主呈公究处",但从另一方面也可以看出,被卖者肯定发生过在婚配方面违拗家主意志的行为;三,不仅被卖者本人,而且其子孙都要受到这一村例的支配。这就是村例,为卖身者择偶婚配作为一种惯

---

① 奴婢的服役情况可参考韦庆远、吴奇衍、鲁素编著的《清代奴婢制度》,北京:中国人民大学出版社,1982年。

例存在于乡规民俗中,而且婚配在其中起到了决定性的作用。

"村例"虽然在乡土社会中具有强制性的一面,并和官方的律令基本一致,但只是一种婚配的预期。从卖身契中可以看到,绝大多数的被卖者在初次被卖时的年龄都不大,卖身婚书中有5个单身女性,分别为"崇祯八年(1635年)方长孺卖使婢婚书""顺治六年(1650年)吴阿谢卖使婢婚书""顺治六年(1649年)吴士铉卖使婢婚书""康熙四十五年(1706年)项国正卖女婚书""乾隆三年(1738年)李海卖义女婚书",除了一个是亲生女儿之外,其他4个从其名称——使婢和义女上就知道她们已经不是第一次被卖了。至于她们初次被卖时的年龄,那个亲生女儿年仅6岁,财礼银也才仅仅5两,由此看来,另外四个女性初次被卖时的年龄和财礼银恐怕也都比较低。应该说适婚龄女性的紧缺和昂贵是这种买卖低龄化的原因之一,买低龄女性是受利益的驱动所致。不仅女性,男性也有很多在童年被卖,如"黄省曾曰:徽州风土,皆役髫童,方与婚配,逐出别居,给本自爨,有召始来"①。他们同样也因低龄被卖而有着婚配的预期,并可能实现。

低龄被卖当然要考虑其成人后的婚配,因此不少卖身契中要有婚配的预期。前引的"程普庵转卖义男婚书"规定:"听从过门娶妻婚配使唤。""钱邦贵卖女文契"也载明:"此女未卖之先并未许配人家,既卖之后,听凭买主取名换姓,早晚使唤。日后长大成人,听其买主择配。""康熙四十五年(1706年)项国正卖女婚书"也说:"自过门之后,听从改名养育,长成人,一听汪宅议婚遣嫁,不涉项姓之事,亦不许项姓往来。"②崇祯八年(1635年)方长孺卖使婢契也规定,该使婢三年满取赎,若不赎则听凭主人婚配③。

如果仔细分析这些契文中的话语,的确很难分清婚配究竟是卖身者的要求和权利呢,还是买主的权利呢?无论如何主人总是设法通过给仆人婚配以

---

① (明)张萱:《西园闻见录》卷六《婢仆》。
② 转引自章有义:《清代徽州奴隶制残余的一个侧面——休宁奴婢文约辑存》,《明清徽州土地关系研究》,北京:中国社会科学出版社,1984年,第113页。
③ 张传玺:《中国历代契约会编考释》下册,北京:北京大学出版社,1995年,第983页。

获取更多的利益,使得被卖者世代都成为家主的仆人,因而主人的这种利益更多地与仆人的利益相冲突。从这点上看,仆人往往不满于家主给他们的配婚方式和对象,可以想象,一定发生了反抗行为,所以才需要有"村例"的存在作为一种工具。由此可见,村例和婚配都是把双刃剑,但对于走投无路的卖身者来说,他们更渴望的是能够实现婚配。有的卖身契中还写有一些吉利的话语,如"胡音什卖子婚书",在正文结尾还写有"长命富贵、婚书大吉"的贺词①,看起来具有了某种喜庆的意义,这实际上是卖主对被卖者命运的祝福,尽管它是那么的苍白无力。

预期中的婚配虽然仅仅是一种预期,但却先被赋予了非常重要的意义,因此,预期婚配的实现在被卖者从自由之身降为奴婢和世仆的过程中往往起到决定性的作用。前引的"程生卖子婚书"中规定,程生之子被卖给汪姓后,"日后听从汪姓婚配之日永不得取赎再批"。这说明,在其未婚配之前,可以赎回,也可以再批给别人;一旦婚配之后,就再也不能赎回了,往往就成为了世仆。由于这种定性作用,使得家主受利益的驱动愿意为被卖者婚配。卖身者的预期婚配实现的形式多种多样,它可能是入赘婚、买卖婚、劳役婚或其他的任何一种婚配形式。相对于庶民的"纯正的聘娶婚"②来说,贱民和半贱民种种非常态婚姻的比例就大得多。中国传统的婚姻讲究的是父母之命、媒妁之言,虽然仆人基本上和本生父母脱离了关系,但却又与主人构成了一种虚拟的血亲关系,所以,仆人等贱民阶层的婚姻就是由主人负责,由主人为他们进行配婚。本家族或家庭内的男女仆人是首选的婚配对象,如休宁县地主汪可礼,在康熙六十年(1721年)买到孙姓地主的一个婢女,名叫金桂,改名金花,将她配给家中的仆人长发③。家里若没有婢女,有时就从外面买进,如地

---

① 安徽省博物馆编:《明清徽州社会经济资料丛编》(第一辑),第16类"卖身契",北京:中国社会科学出版社,1988年,第551页。
② 陈顾远:《中国婚姻史》,上海:上海书店,1992年,第90页。
③ 转引自章有义:《清代徽州奴隶制残余的一个侧面——休宁奴婢文约辑存》,《明清徽州土地关系研究》,北京:中国社会科学出版社,1984年,第116页。

仆谢进旺的父亲在卖身之后,家主叶明德朝奉就买婢女为其婚配①。再如歙县岩镇的曹以植就"尝以白金二升为仆娶妇陈",买回来之后才发现陈氏已有孕在身,原来这是被妒忌的主母卖掉的小妾②。一般来说,女性的卖身价较贵,"白金二升"恐怕是不低的价钱,一些家主不愿或不能付出这样高的价钱去买婢女,因此很多男性仆人愿意入赘于别家或者被原主卖给新主,如歙县郑黑儿因为妻子死亡和年荒难度就请求旧主将他卖掉,并因此得以"配妻完娶"③。有的主人由于不愿因入赘而失去仆人,往往采取以劳役代替财礼银的做法,如谢氏有一庄仆汪有寿就由家主配给族人的使女,议定为妻主填工22年,后来妻死,又招另一使女为妻,为妻主填工10年,这样两件加起来就得为妻主服役32年。同期还要为原主服役。对他所生的子女也有规定:与前妻所生的子女要留一陪娘,与后妻所生的子女要听妻主使唤④。这样的婚配条件真是苛刻极了。

在方志中也有类似的记载,仆人是有权要求婚配的,否则他就有采取某种行动的自由。万历《歙县志》中也记载了一个义仆小黑,主家贫穷,不能给其婚配,但仍勤勤恳恳服侍主人,"里有羡其勤者,讽以胡不赘于富厚之家而乃自苦为也,答曰:'吾命即主命也,生则养其身,死则事其鬼,何复有力以事娶妻,冀他日埋于主之侧,足矣'"⑤。这说明,仆人在婚配预期得不到实现的情况下,有通过某种婚配形式而转换主人的可能,徽人对这种换主行为也予以认可,并不看作对原主的背叛,对不换的反而难以理解。这种半贱民的自由度到底有多大,则取决于社会的整体状况,一旦社会出现紧张,生存环境恶化,"何复有力以事娶妻"的仆人只好以糊口为满足;如果社会条件比较好,婚

---

① 契文藏天津历史博物馆。
② (清)佘华瑞纂:《岩镇志草》之《义行传》。
③ 安徽省博物馆编:《明清徽州社会经济资料丛编》(第一辑),北京:中国社会科学出版社,1988年,第553页。
④ 契文转引自傅衣凌的《明代徽州庄仆文约辑存——明代徽州庄仆制度之侧面的研究》,载《文物参考资料》,1960年第2期。
⑤ 乾隆三十六年《歙县志》卷二〇《拾遗》。

嫁和传宗接代就成为仆人的进一步要求。如果主人不能或不愿给予婚配,则主人要么将其卖出,要么将其入赘。如休宁四都三图汪松如就"因仆长大未有婚配,自情愿凭媒说合,卖于同都十图汪名下为仆"①。很多仆人都是以转卖或入赘的方式得以婚配的。有的仆人虽换了主人,但原主仍在一定时期内有权将其赎回,如果过期不赎,则听凭现主人婚配,一经婚配,就不能赎回了。在这里,能否实现仆人的婚配预期似乎成了主人是否完全拥有该仆人的一种象征和标志,可见婚配在人身买卖中所具有的多重意义。应该看到,卖身者婚姻预期的实现虽然艰难,但不少还是能够实现的;买卖婚、入赘婚和劳役婚等一些非常态的婚姻形式在下层社会,尤其是在贱民阶层中是非常普遍的,再婚的现象也很多②。他们的婚姻有着相当的灵活性,基本上不受理学和礼教的束缚。

随着仆人婚配的实现,他的后代也就开始了向世仆的转化。关于仆人子女所有权的规定实际上是在制造出一个又一个的世仆家庭。根据法律规定,主人的贱民所生子女属于主人,其婚配也在主人掌握之中。"国初定,凡家仆将女子私嫁与人,不问本主者,鞭一百。不论年分远近,生子与未生子,俱离异,给予本主。康熙八年覆准,凡家仆私嫁女子,伊主五年内控告,断归本主,给还聘礼,将聘女之人仍鞭一百。若过五年者,令偿妇女一口,给予本主,免其离异;如不能偿,仍断令离异,嫁女之人亦鞭一百"③。雍正四年(1726年)议准:"汉人家生奴仆,印契所买奴仆,并雍正五年以前白契所买,及投靠养育年久,或婢女招配已生子者,男属世仆,永远服役;其女婚配,悉由家主。仍造清册呈明地方官存案。"④即使在开豁世仆之后的次年4月,安徽巡抚魏廷珍奏请,要求已经赎身的世仆,"其本身及在主家所生子孙仍应存主仆名份"⑤。

---

① 转引自章有义:《清代徽州奴隶制残余的一个侧面——休宁奴婢文约辑存》,《明清徽州土地关系研究》,北京:中国社会科学出版社,1984年,第116页。
② 胡中生:《明清徽州下层社会的非常态婚姻及其特点》,载《安徽史学》,2001年第3期。
③ 光绪《清会典事例》卷七五六《刑部三四·户律婚姻·嫁娶违律主婚媒人罪》。
④ 光绪《清会典事例》卷一五八《户口七·户口·买卖人口》。
⑤ 《清世宗实录》卷五六《雍正五年四月癸丑条》。

上述的程生卖子婚书上批注有被卖者在"雍正己酉年(1729年)十二月二十一日丑时生一子名春九",下面仍有证人画押证明,这个批注说明了该仆对自己的子女没有完全所有权。在现存买卖男仆和义男的4例婚书中,有两例是卖义男之子,一例是卖地仆之子,这也证明了,大部分仆人的后代是属于主人的。只有婚配才有生育,能够拥有仆人所生的后代无疑是买仆配婚的驱动因素之一。只要需要,买主就可以凭此获得源源不断的劳动力;如果不需要,还可以出卖仆人及其后代以从中获利。

总之,鬻身婚配既由生存压力和婚姻市场的压力所导致,又源于徽州社会对服役人手和适婚龄女性的需求。这种人口买卖能够长期存在,应该说是明代中后期徽州地区社会生存压力的一种反映,在某种程度上婚书买卖缓解了这种社会紧张。婚书的这种缓解作用具体表现在它是小姓细民在性别失衡下协调婚姻的一种机制,是在宗族扩张下分流人口和延续香祀的一种变通。

二、下层人口的规模与生存

这种人口为了生存向下层社会的分流不仅限于卖身婚配的形式,除此之外,佃田、住屋和葬祖坟等事都可以造成主仆之分的既成事实。婚书中的卖身者和其他如佃仆、庄仆等在明清时期的徽州构成了一个庞大的半贱民和贱民群体。从"表3-2"看,在12例单身男性的买卖中,卖子侄的有8例,占2/3;卖义男和仆人的有4例,占1/3,其中男性后代的买卖最为明显地表明了其身份的下降。另外,主人买卖婢仆有8例,占买卖总数的42%。还有两例转卖,这样主人卖仆已接近婚书总数的50%。这说明"鬻身婚配之仆"在徽州是广泛存在的,尤其是在困难时期。赋役与灾荒的结合对仆人的影响更大。顺治八年(1651年)秋,米奇缺,达到7两2钱一石,而且一石实际上是米8斗,糠1斗,水1斗。富家每日人食米3合,凡婢女俱流散境外[①]。在这种困

---

① (明末清初)计六奇:《明季南略》卷四。

难时期,恐怕连卖都卖不掉了,只有放他们出去自寻生路。

虽然难以做出确切的统计,但很多的文献记载还是能够证明这个群体的规模。叶显恩关于徽州佃仆制的研究也证明了这点。这个群体名目繁多,有火佃、庄仆、佃仆、庄佃等诸多名目。根据叶显恩的调查,祁门查湾有郎户和小户之称,小户根据其承担的劳役,赋以不同的名称,如守坟庄、包袱庄、抬棺木庄、龙灯庄、吹打庄、道士庄、火把庄、挑担庄、抬轿庄、粮仓庄、守业庄、守木庄、修房庄、搭戏台庄等①。起源很早、比较普遍的看法是这个群体在宋代就已经形成相当的规模。买卖、佃田、租屋、葬坟、婚配等,都可以构成主仆关系。居住形态上,祁门查湾有所谓"三千郎户、八百庄"之谚,可见他们也与聚族而居的宗族居住形态差不多。从这些方面都可以看出贱民和半贱民群体的规模相当庞大。

仆人以丧失自身和后代的身份和自主性为代价,获得了生存和婚配,集中着大量资源,背负着儒家伦理的主人也承担起了豢养他们的道义上的责任,给予仆人生存和发展的空间,满足仆人对安全和稳定的物质和精神上的渴求。

首先,仆人获得了物质保障。生存的困境是人口向下流动的根本原因。从"表3-2"中"出卖原因"看,在19例婚书中,有17例标明了原因,其中就有15例出于衣食钱粮方面,占了出卖原因的绝大多数。关于徽州赋役的情况,在第一章已经有过说明,这里再引述嘉靖《徽州府志》里的一段话:"嘉靖以来,又益以不时之派,一岁之中,征求亟至。其弊孔之开,由一二大贾,积资于外,有殷富名,致使部曹、监司议赋,视他郡往往加重。其实商贾虽馀资多不置田业,田业乃在农民。赋繁役重,商人有税粮者,尚能支之,农民骚苦矣……往余少尝属役于里中,睹编户流移,十常三四。其著籍者亦多赤立无物业。每遇征需,卒不能取之下户,即里长破产以偿,苟逃苛责,官府不知也。吾之徽民有宁倾资破业卖佣子女以完逋负而不忍以身受官府之棰楚,其故俗

---

① 叶显恩:《明清徽州农村社会与佃仆制》,合肥:安徽人民出版社,1983年,第234页。

也。以故徽之征敛易完,其自爱然耳。今下户既多无赖流移,而上户富民,又皆自窜于中下之间,以相影射,多者一人至数户,或数十户。故今之受害者,偏在中家,中家小有田业,无余资,一更重役,无不折而入于贫,此诚可悯也。"①重赋的情况对徽州来说可能有更大的影响。中产之家也在走向衰落,何况贫民。当然,"钱粮紧迫"可能只是卖子女的一个更为合法而"自爱"的理由。

宗族和人文礼教扩张与人口的贫困化也是需要强调的一个重要原因。所谓"丧祭依文公仪礼,不用释氏。然祭奠颇奢,设层台祖道,饰以文绣。富者欲过,贫者欲及,一祭费中家之产"②。这样的祭祀费用一般的自耕农和贫农是负担不起的。有几例卖身婚书就是出于无钱丧葬而卖子,如仆人王连顺为葬母而卖17岁的儿子,姚季恩因母病为预备后事而卖子,王文锦为葬胞弟而卖17岁的次侄。前面二例财礼银都是7两,高于男性平均数,由此看来,丧葬费用当是不菲。从三例卖主身份看,不仅一般百姓(姚季恩和王文锦),而且仆人(王连顺)也摆脱不了这种繁礼缛节的束缚,这种繁文缛节显然加剧了生存压力。

乾隆三十四年(1769年)安徽按察使认为徽、宁、池等地区的佃仆来源于贫民,"自宋、元、明以来,缙绅有才之家,招募贫民佃种田亩,给予工本,遇有婚丧等事,呼之应役。其初尚不能附于豪强奴仆之列,累世相承,称为佃仆,遂不得自齿于齐民"③。这与"前人置立庄、佃,不惟耕种田地,且以预备役使"④的观念确实是一致的。缺乏保障的贫民就这样失去了齐民的身份。中原衣冠强调身份,但是缺乏保障的贫民还能保持身份吗?身份与生存相比,他们更需要的是生存,以及稳定和安全感。

生育控制的有限性使家庭走向贫弱,贫困家庭也能够以买卖子女的方式

---

① 嘉靖《徽州府志》卷八《食货志》。
② 康熙《徽州府志》卷二《风俗》。
③ 《条奏佃户分别种田确据以定主仆名分》,转引自叶显恩《明清徽州农村社会与佃仆制》,合肥:安徽人民出版社,1983年,第296页。
④ 周绍泉、赵亚光:《窦山公家议校注》卷六《庄佃议》,合肥:黄山书社,1993年,第95页。

缓解生存压力。从"表3-2"中看,被出卖的对象有长子、次子、三子、次侄、次女等,这说明了这些家庭中的子女数量至少在两个以上。二子一女是中国绝大多数家庭所希望的生育模式,从较大范围和较长时段来看,也的确遵循着这样的模式,如绩溪遵义胡氏,男性后代的平均数量就基本上在2个上下。但是不断地分家析产造成了大量的弱小家庭。在多次均分下,即使非常富有的地主,他们子孙后代的生存空间也会日趋缩小。以2#婚书为例,谢弘、谢羡兄弟二人就因子侄众多,而一个义男难以满足众人,故而众议卖之。这一方面表明,众多的子孙已经面临着生存的压力,因为他们不是买进而是卖出仆人;另一方面也暗示出,经过若干次分家后,他们的生活环境会有进一步恶化的趋势,如果无仆可卖,就有可能卖地,由地主降为自耕农,甚至完全失去土地。在丧失生活来源的情况下,再卖子女或自身,由编户齐民降为仆人。

贫穷的缺乏保障的徽州人以失去身份为代价,寻找安全而稳定的生存保障。而缙绅之家对贱民和半贱民群体有着巨大的需求,投靠他们能获得最安全的保障。第一,族田和地主的土地上容纳了相当多的人口。关于土地和人口在各种阶层的分布可以做一个大致的估计。根据1949年的统计,自耕农耕地约占27%,半自耕农耕地约占15%,族田占14%,除此之外,各种地主的占地达到44%。这样,族田和地主的土地就达到了58%。而这一大部分土地上的主要劳动人手就是各种佃农和仆人。按照叶显恩的估计,明代万历六年(1578年)徽州人口已达120万[①],而当时官方上报数不到60万,这样还有一半多的人口没有上报,根据仆人不入户籍推算,这未上报的60多万人口当中佃仆的数量肯定不少。洪武、永乐年间的休宁人程维宗在弃儒从贾后在休宁、歙县增置田产4 000多亩,佃仆370多家,如果以平均一家三口计算,佃仆就已经超过了1 100多人;这些佃仆分成5庄:宅积庄,供伏腊;高远庄,输税粮;知报庄,备军役;嘉礼庄,备婚嫁;尚义庄,备凶年。当招赘的女婿回去时,他分给屯溪等处的田地50多亩和15家佃仆[②]。一家佃仆大约3~4亩左右

---

① 叶显恩:《明清徽州农村社会与佃仆制》,合肥:安徽人民出版社,1983年,第32页。
② 张海鹏、王廷元主编:《明清徽商资料选编》,合肥:黄山书社,1985年,第80—83页。

的田地,如果一家佃仆 3~4 口人,则人均田地 1 亩。屯溪地方的土地是比较肥沃的。可见,佃仆的生存还是应该能保障的。同 6# 婚书一样,在很多婚书中,使唤仆人的具体内容之一就是种地纳租。在劳役婚中,也可见这种人口的分流。有些家族因为富有而使前来招亲的人不愿回去,如休宁吴氏葆和堂就自称"向来招亲者多不肯回宗,以家主及村例宽厚所致",并为此而忧,"今人丁繁众,谁多山场,足供斫伐?谁多田园,足供耕种?谁多屋宇,足供居住?"①可见照管山场、耕种田地是被招亲者的主要任务之一。同时他又认为,本村人"贫不能娶,招亲客村,势也"并在"招亲之年,本村不唤差役"②,从而鼓励这种劳役婚和人口分流。但必须指出,劳役婚所表现出来的这种人口分流是暂时的,因为他们大多还得回宗。其他入赘婚、买卖婚和契约婚则是真正意义上的人口流动。在入赘文书中,大多规定,入赘者必须承担户门差役,及服役房东或家主。徽州的庄仆、佃仆主要就是从事种地纳租。这样庄佃到底有多少呢?解放前,祁门查湾汪氏祠堂尚拥有 208 户佃仆,当地谚语"三千郎户、八百庄"当真实反映了一定的历史。成书于嘉靖年间的《窦山公家议》发出感叹:"计议佃仆,昔称繁庶,今渐落落,殊可慨也。"③而就在这种"落落"的情况下,该书所罗列的佃仆尚有 47 户,"昔称繁庶"的年代当会更多。清代顺治年间,《李姓各庄印信议墨》中载李宗德、宗厚等五房拥有的佃仆便有 11 姓又 13 户,一姓多少户不得而知,但地主动辄拥有几十户十余姓佃仆,数量确实可观。虽然他们可能不仅仅用于种地纳租,但在占总人口 1/3 的贱民和半贱民中,从事种地纳租的当不在少数。

因为这种人口分流方式大多随着财富而转移,所以小姓和细民投靠大族、商人和士绅等富有之家,其基本的生活还是有保障的。前面关于徽州土地集中的方向和人口流动的方向的论述已经证明了这点。除此之外,徽州的

---

① 转引自章有义:《清代徽州庄仆制度管窥——休宁吴葆和堂庄仆条规剖析》,《明清徽州土地关系研究》,北京:中国社会科学出版社,1984 年,第 135 页。
② 转引自章有义:《清代徽州庄仆制度管窥——休宁吴葆和堂庄仆条规剖析》,《明清徽州土地关系研究》,北京:中国社会科学出版社,1984 年,第 135 页。
③ 周绍泉、赵亚光:《窦山公家议校注》卷六《庄佃议》,合肥:黄山书社,1993 年,第 95 页。

一些宗族还有专门的救济措施。歙县人毕仁于洪武七年(1374年)"营置膏腴之田五百亩,尝割五十亩作义田,赡济族之贫者及生活无依之佃仆"①。明代成化年间,曾任兵部尚书的休宁人程信,"赐茔田内外共四百三十二亩,立作义田,分为三部分:一分祭扫及修理享堂碑序坟墙;一分周济贫难族人、亲戚丧葬婚娶;一分给予守坟人衣食用度"②。在徽州,守坟人同佃仆的地位差不多。这些对仆人的周济表明,仆人的基本生活在社会正常发展的时候能够得到一定的保障。但在任何一个社会中,下层民众的生活都是很困难的,在徽州也是如此,一旦遇到一些特殊的困难如灾荒等,就需要特殊的救济。徽州的一些家族也很注意这方面的情况并有一定的举措。在《窦山公家议》中有很多关于"佃困"及解救"佃困"的举措。关于"佃困"的原因,该书中有所描述,"前人置立庄佃,不惟耕种田地,且以预备役使,故驰之宽而取之恕。今时之弊,役使烦苦,且征收科取比昔不无加重,况又有分外之征,人所不知者乎?"③,"主众仆稀,役使日繁,彼何以堪?"④拥有田地的家主们也注意到了佃困的危害性,他们主张"苏佃困","今宜悉革此弊,以苏佃于困。不然,敛愈烦而佃愈困,其不至于迁徙流亡者几(稀)矣。此抚恤之不容已也"⑤。怎样"苏佃困"呢?对于服役方面,"今议:凡有婚娶丧葬大事,令赴役一日,其余寻常事务,毋得滥征"⑥。对于收租,要管理者"尚当体祖宗之意,存恤下之心,或监或让,众议宽之,庶佃人有所依归,无怀异土之念矣"⑦。"凡遇水旱,管理者须分勘各处轻重量助,令其就治。若有荒歉,或监或让,须亲勘通处。其田

---

① 转引自叶显恩:《明清徽州农村社会与佃仆制》,合肥:安徽人民出版社,1983年,第183页。
② 转引自叶显恩:《明清徽州农村社会与佃仆制》,合肥:安徽人民出版社,1983年,第183—184页。
③ 周绍泉、赵亚光:《窦山公家议校注》卷六《庄佃议》,合肥:黄山书社,1993年,第95页。
④ 周绍泉、赵亚光:《窦山公家议校注》卷六《庄佃议》,合肥:黄山书社,1993年,第95页。
⑤ 周绍泉、赵亚光:《窦山公家议校注》卷六《庄佃议》,合肥:黄山书社,1993年,第95页。
⑥ 周绍泉、赵亚光:《窦山公家议校注》卷六《庄佃议》,合肥:黄山书社,1993年,第95页。
⑦ 周绍泉、赵亚光:《窦山公家议校注》卷四《田地议》,合肥:黄山书社,1993年,第29页。

原亩步紧者,亦须酌量宽减,俱毋得执一,以困贫佃。"①对于山场,"日后力垄照例给与,毋得短少"②。还有其他一些特殊的临时性的或固定性的补助,如"韩村之庄甲于诸庄,佃仆之困甚于诸佃,其所当恤者,亦当先于诸佃也"③;"中村庄佃有看守祠宇、供奉香火之责,固宜推恤"④,各庄佃男妇病故者,"每人,管理者给与银壹钱,其年幼不能应役者不给"⑤。大族对仆人的赡济,缓解了贫富分化和身份下移所造成的社会紧张,具有一定的积极意义。在传统社会,主仆之间都受到生存伦理的约束,在这种约束下,往往不是看主人从庄佃那里获得了多少,而是看主人能给庄佃留下多少,至少要给他们提供基本的生存保障,不能让他们濒临崩溃的边缘。这是最重要的。所以,主人一再强调在收租时要或监或让,在实际收成的基础上保障庄佃的基本需要。其他的"苏佃困"也体现出了这种生存伦理。

需要指出的是,徽人大量外出,造成了本土人力的缺乏,使得"徽之本土仅贫婆而不能出者耳"。这部分自己没有田地又无钱外出经商者就成为仆人的一种广泛来源。他们实际上已经成为徽州农业的主力。洪武二十五年(1392年)时,"朝廷例取无粮人户二丁者分房赴京,永充夫役"。当时拥有4 000多亩田地和370多家佃仆的程维宗就说,徽州的大户田地,都是由这些人佃种,如果把他们调去应役,必然导致徽州大量的田地荒芜。最后,朝廷终于停止了在徽州的这次征调行动。徽州大户的田地和山场集中了大量的佃仆是毫无疑问的。到清末时,"徽州约60％以上的山林都为宗族所有"。在山林经营中,山主大量使用佃仆和雇工⑥。佃仆制的存在还造成了一个奇怪的现象,佃仆无田地、山场,也无税粮,但他们却真正是田地、山场的主力。田

---

① 周绍泉、赵亚光:《窦山公家议校注》卷四《田地议》,合肥:黄山书社,1993年,第29页。
② 周绍泉、赵亚光:《窦山公家议校注》卷五《山场议》,合肥:黄山书社,1993年,第73页。
③ 周绍泉、赵亚光:《窦山公家议校注》卷六《庄佃议》,合肥:黄山书社,1993年,第95页。
④ 周绍泉、赵亚光:《窦山公家议校注》卷六《庄佃议》,合肥:黄山书社,1993年,第96页。
⑤ 周绍泉、赵亚光:《窦山公家议校注》卷六《庄佃议》,合肥:黄山书社,1993年,第96页。
⑥ 陈柯云:《从〈李氏山林置产簿〉看明清徽州山林经营》,载《江淮论坛》,1992年第1期;陈柯云:《明清徽州山林经营中的"力分"问题》,载《中国史研究》,1987年第1期。

地的集中和佃仆的力作,使徽州人能够更多地从事儒业和商业。徽州儒、贾、农三种主要职业的分流发生在不同的阶层中。

第二,外出经商也分流了相当一部分人口。明代中后期徽州商业开始了辉煌时期,在长江流域有"无徽不成镇"之谚,很多市镇的兴起都与徽商有关,也成为徽商的汇集之处。不仅如此,徽商的足迹还远远超出长江流域,"九洲四海尽皆徽客,即寄籍者十之五六"①。"徽之富民尽家于仪扬、苏松、淮安、芜湖、杭州诸郡,以及江西之南昌、湖广之汉口,远如北京,亦复挈其家属而去。甚且与其祖父骸骨葬于它乡,不稍顾惜"②。那么,徽人外出的比例到底有多高呢?据1950年的调查,绩溪县余川村200户841人中,因外出经商而侨居异地者有210人,占总人口的25%,黟县的南屏村也达到了20%③。明代中后期,徽州有所谓"大抵徽俗,人十三在邑,十七在天下"④的说法。曹树基据此推算认为明代中后期徽人外出者至少应有30万,其中至少有15~18万人落籍他乡⑤。而其依据的人口总数为在籍的60万,实际上还有大量的漏报和未入籍人口。若以叶显恩估计的明代万历年间的120万人口计,徽人外出者当远远超过30万,落籍他乡的人口也远远超过18万。休宁县孚潭在明代"以钜富称者十数家,鼎革以后,犹为名乡"。到了康熙后期,"则贫耗日甚,十室九空,庐宇不及昔年之半"⑥。而在外出人口中,仆人数量当为数不少。因为徽商中大贾多,那些较大的木商、盐商、茶商等都需要大量的劳动人手和保护人员,而且"身上带有奴隶制斑点的名宗大族历来就有驱奴营商的习俗"⑦。休宁程廷灏之父,弃儒从商,"课僮奴数千人,行贾四方,指画意授,各

---

① 万历《歙志》考卷三《条鞭议》。
② 康熙《徽州府志》卷二《风俗》。
③ 叶显恩:《明清徽州农村社会与佃仆制》,合肥:安徽人民出版社,1983年,第152页。
④ (明)王世贞:《弇州四部稿》卷六一《赠程君五十叙》。
⑤ 葛剑雄、吴松弟、曹树基:《中国移民史》(第5册),福州:福建人民出版社,1997年,第415页。
⑥ 雍正《休宁孚潭志》卷三《风俗》。
⑦ 叶显恩:《明清徽州农村社会与佃仆制》,合肥:安徽人民出版社,1983年,第116页。

尽其才"①。"各尽其才"充分说明了仆人在商业活动中的广泛使用。其中有一类在家充当家兵,出门充当保镖的"郎户",为数也不少。"新安古昔称材武"②,徽州自古就有尚武传统。据叶显恩实地调查,解放前,祁门查湾汪氏祠堂尚拥有拳斗庄121户③。在宗族和徽商强盛的明清时期,此类人数可能更多,谚语"三千郎户八百庄"当是其极盛时期的一个反映。

至于从商的仆人,他们的风险大,获利可能也大,获得自由的机会也多。小姓"间或出外为贾,若与大姓同肆,亦平等视之;及回乡,则不与抗行矣"④。可见,外出经商的小姓在外地可与大姓相"抗行"。在《儒林外史》卷二三讲了一个徽州盐商的奴仆,因充当主人的小司客,不断积聚私财,没过多少年便发了大财。这可能就是现实生活的一种反映。至于官僚士绅阶层既是奴婢的合法拥有者,更是财富的占有者,在这种环境中,奴仆的生存当不会存在问题。

第三,徽州文风极盛,举业发达,理学和礼教影响深远,在与此有关的活动中,仆人被大量使用。如用仆人看守坟墓、照管长养竹木、四时拜扫、侍候主人祭祀,以及在主家有婚丧大事或节庆日时,赴主家服各种杂役,如抬轿、奏乐、搭建戏台、搬运戏班物什等,这些都需要专门的技艺,往往成为仆人的世业。另外一些体力性的劳动如修桥、铺路等也使用仆人。在富有的地主、乡绅之家,还存在着不少生活上的奴仆,其中有些随着主人而侨居外地。

从以上可知,徽州对仆人有着广泛的需求,且为仆人提供了生存保障,从而使人口向下的分流成为可能。但从身份下降幅度之大和财礼银价格之低也可看出,仆人在徽州有着庞大的数量。对劳动力有着广泛需求的商人、宗族地主和官僚士绅等阶层就以他们的财富为基础,以婚姻为杠杆,获得了源源不断的劳动力供给。这是由于婚姻而导致身份下降的根本原因之所在。

---

① 转引自叶显恩:《明清徽州农村社会与佃仆制》,合肥:安徽人民出版社,1983年,第121页。
② (明末清初)顾炎武:《天下郡国利病书》原第九册《凤宁徽》之《徽州府·义兵》。
③ 叶显恩:《明清徽州农村社会与佃仆制》,合肥:安徽人民出版社,1983年,第121页。
④ 徐珂:《清稗类钞》第四册《种族类·小姓》。

然而,这种在恶劣的环境中、不平等的条件下进行的身份下移性的人口分流,却也是小姓、细民为了生存,为了娶妻生子,为了种族的繁衍而采取的一种变通手段。

其次,他们的精神需求被宗族伦理所规范。传统的宗族伦理在中国传统社会已经成为人们精神上的一种需求。这种伦理也贯穿主仆关系之中,它在维护主仆名分的同时,推动了仆人自身血缘组织的建设。宗族伦理所要求的尊卑有序导致了主仆名分的严格遵循。"乡落皆聚族而居,族必有谱,世系数十代尊卑秩然,主仆之分甚严,役以世,即其家殷厚,终不得列于大姓。或有冒与试者,攻之务去"①。"家多故旧,自唐宋来数百年世系比比皆是,重宗义,讲世好,上下六亲之施,无不秩然有序……其主仆名分尤极严肃而分别"②。主仆名分甚至也成为宗族伦理的一部分。主仆名分有相关的程式维护着,"各处庄佃至除日辞岁,例有年饤,管理者照丁散给,每男丁给谷肆斤,幼丁及妇人俱各贰斤。正旦俱集正堂,拜年讫,照丁给散包子并酒。此例不可不守"③。这种岁时节日的仪式,散发给庄佃的是物质,透视并维护着的是伦理。

嘉靖朝的官僚歙县人方弘静认为,在西汉末年,他们家的太常府君之墓就世代由人看守。主仆聚居、仆人为主人应役的居住形态起源非常早,不是一朝一夕所形成的。大族著姓聚居者不下千人,而其家族中的仆佃也几乎等同此数。仆人各为其主,主人为仆人提供生存的保障,已经形成了一种固定的模式。而且他还认为这些仆佃是子弟父兄之兵④。为宗族和世家看守祖墓是很多世仆的职业,世仆还从事很多与宗族活动和宗族伦理相关的其他职业。徽州的宗族和身份制社会是这些下层群体长期存在和生存的土壤。因此在长期的延续中,世仆的很多精神需求也被宗族伦理所规范。曾在雍正年

---

① 光绪《婺源乡土志》第六章《风俗》。
② 道光《徽州府志》卷二《风俗》。
③ 周绍泉、赵亚光:《窦山公家议校注》卷六《庄佃议》,合肥:黄山书社,1993年,第96页。
④ (明)方弘静:《素园存稿》卷一七《郡语》下。

间在歙县和休宁任过职的官员高凤翰认为,徽州的世仆早在唐宋时就已形成,祖孙父子世代相承①。既然是聚族而居,累世相承,他们与主人之间,以及他们自己的内部之间都必然要遵循着严格的规范和伦理,行使着自己的权利和义务。否则是无法进行长期的延续和有效的管理的。

  仆人置身于宗族这样一个血缘组织和伦理规范之中,他们同样也进行着累世相承的血缘人口组织的建设。如上文所述,卖身者要求婚配,是"不孝有三,无后为大"的伦理思想的反映。在传统社会,这种思想不仅贯彻于各种血亲关系中,而且存在于主仆关系中。婚书最初的卖主有可能是父亲,他们为了自己家庭的生存而出卖子女中的某一个,有时是唯一的儿子。他们在自己获得生存和繁衍的同时,也希望被自己卖出的后代同样能够生存并繁衍下去。于是婚书中有关婚配的规定就为买卖双方所认可,在 19 例婚书中有 9 例规定了婚配的内容,在其他的契约婚中,也有着大量类似的规定。这种婚配最大的代价就是世代都成为家主的仆人,甚至不许取赎。前述的程生卖男婚书就规定,"日后听从汪姓婚配之日,永不得取赎再批"。大多数婚书都规定被卖者"不许私自回宗"。7#婚书更具体规定被卖者不承担本宗的一切义务,"所有家下门户一应等情尽是兄弟承担,不累房东之事"。大多数被卖者因此割断了与本宗之间的联系。没有给予婚配的仆人,如果他是本家承嗣之人,有时是可以赎回的。如在万历三十八年(1610 年)的"叶进德赎子文书"中,就因为叶进德只有应祥这一个儿子,他怕自己年纪老了无人服侍,故而赎回其子,但契约规定:"向蒙恩主扶养成人,无恩可报,议定递年着应祥应役伍工。"叶应祥能够回宗,是受强大的宗族继嗣观念影响的结果,但是他从此也背上了另一个义务,每年为以前的主人服役几天。在很多下层社会非常态的婚姻中,关于"不许回宗"的规定是普遍的,并被广泛得到认同和遵守。还有一些买卖文书规定被卖者要更名改姓,这可能是为了更彻底地断绝他与本宗之间的联系。徽州文书有不少主仆同姓的现象,这可能也是原因之一。

----

① 高凤翰:《申饬世仆开户新例条约稿——代皖抚作》,转引自叶显恩《明清徽州农村社会与佃仆制》,合肥:安徽人民出版社,1983 年,第 295 页。

仆人一旦在种种婚姻或买卖中失去了回宗的可能,他同时也就有建构自己宗族的意愿。徽州强烈的宗族观念,极为深远地影响了主仆之间的关系。这主要表现为仆人建构宗族的行为是在家主的赞许之下进行的。一旦婚配,他们就有可能获得某种独立和自由,"徽州风土,皆役髫童,方与婚配,逐出别居,给本自爨,有召始来"①。婚配使他们与主家有了距离,并获得了一些生产资本,从而减少了对主家的依赖,除了为主家服役外,可以较为自主地安排自己的生产和生活。所谓的"小姓为世族所蓄家僮之裔,已脱籍而自立门户者也"中的小姓,其自立门户大多当在婚配之后。另外,由于仆人大多有自己的世业,或耕种土地,或看守山场,或看守祠堂、坟墓,或修桥铺路,或抬轿,或搭戏台等,这些专业特长要求世仆家族的存在。只要家主的生存环境适合,仆人家族的规模就可以扩大,直至形成主族和仆族"丁户村庄相等"的现象。

实际上,从契约中反映出来的信息可以看出,通过对人身依附关系的转移和身份的下降,义父和义男或主仆之间形成了豢养和服役的关系,建立起了类似父子关系般的虚拟的血亲关系。义男和仆人在承担义和孝的双重义务时也获得了某些权利。一方面,家主要承担起给仆人娶妻婚配的父亲般的义务。这使得卖身者也能够像正常人那样有自己的家庭生活,并最终有可能形成一定的家族规模。另一方面,能够获得生存的物质保证,如永远耕种家主的土地,即使地权的转移也是在仆人的本家之间进行。这看起来似乎有点像永佃制,确实,如果排除他们的身份因素,这就是典型的永佃制。也许正是仆人身份的下移而获得了永佃权,这种永佃制又反过来保证了仆人的生存以及自身种族的繁衍。同土地关系上的永佃制相似,在其他领域也存在着很多"世业"的情况,这样的仆人家族的存在能够保证家主享有源源不断的专业劳动力供给队伍。正因为这样,家主默许仆人建构自己家族的努力,并关心仆人香火的延续。

在前述的庄仆汪有寿的主人代他立的招亲婚书中,汪有寿的次弟逃散,

---

① (明)张萱:《西园闻见录》卷六《婢仆》。

三弟众卖樟村度活,他的一家只剩他一人,因此其主人担心汪仆一脉就此湮没,于是就设法代为招亲,在他丧妻后,又为他续娶。主人除了为仆人完婚,负责仆人的生活外,在仆人的后代增加时,还要提供屋基地或建造房屋让他们居住,并提供安葬先人的坟山。但是仆人家族的规模是受到各方面制约的,一旦超出家主的承受能力,家主就有可能采取措施抑制仆人人口的再生产。这种抑制表现为出卖仆人屋地及其所生子女、放逐仆人、转卖仆人,甚至出卖仆人整个家族。如在《徽州千年契约文书》中有不少出卖火佃屋地的契约,"张克昌卖仆文契"把"承祖遗下仆人吴多贵、多寿两房子孙妇女人等,今因正用,自愿央中出卖与朱名下为仆"[1]。

徽人注重先人的安葬和祭祀,这是他们维系宗族的精神力量。小姓、细民也不例外,他们也有这种精神需求,甚至很多人就是因为将先人葬入地主或别的宗族的山场而构成主仆关系。葬主之山后来成为开豁世仆身份的障碍,其原因就在于它也是主仆关系的一种象征。在徽州,主山仆葬是一种通例。小姓、细民通过安葬先人并祭祀祖先,而获得了一种精神上的力量,可以以此集合子孙,努力维持自己种族的繁衍和生存。他们实际上已经做到了,以至于到了后来,主仆之间甚至争夺坟山的归属权。实际上这也是身份权的争夺。其结果并不乐观,"脱有稍紊主仆之份,始则一人争之,一家争之,一族争之,并遍国之人争之,不直不已"[2]。这种身份等级制的背后是宗族,是政权,小姓和细民的力量还是很薄弱的。但是,这种争夺可能只是少数,大多数的小姓和细民仍在维持主仆名分的状态下延续香祀,所谓"主仆之严,虽数十世不改"[3]即是有力的证明。也因此形成了"两姓丁户村庄相等,而此姓为彼姓服役"的现象。从一些文书中还可见主族利用叩节叩寿等仪式进一步控制仆人的努力。休宁吴氏葆和堂规定:在元日那天,"汪、陈两姓婢仆,无论男妇

---

[1] 安徽省博物馆编:《明清徽州社会经济资料丛编》(第一辑),第16类"卖身契",北京:中国社会科学出版社,1988年,第556页。
[2] 康熙《徽州府志》卷二《风俗》。
[3] (清)赵吉士:《寄园寄所寄》卷一一《故老杂纪》。

老幼,到祠堂阶下叩贺。各给利市粽一双,其在外者,亦给粽一双。在家故意不到者,查出,于讲约日议责。若果有老耄疾病者,可以从宽"①。同时还有类似的"寿诞叩贺""归寿叩贺"和"科甲叩贺"。这些叩贺仪式和议责制度就是主族试图将仆人纳入自己控制之中的制度化的努力。它是在施恩的外表下对主仆名分的强调。

第三节　小结

明清时期的徽州社会,女性几乎完全不能控制自己的命运,一出生就受到被溺弃的威胁。在婚姻和流动上,她们受制于男性的多妻妾制和财富,并受到某种程度的禁锢,甚至在生与死的选择上,她们也要受制于理学和礼教的贞节观念。这些使得下层社会的女性人口流失严重,尤其是适婚龄女性严重缺乏,很多贫穷的男性人口被迫接受种种非常态的婚姻形式,他们在获得婚配的同时,也降低了自己的身份。为了平衡性别,下层社会的女性再婚现象非常普遍。从性别的失衡中我们可以看到对女性的需求有进一步低龄化的趋势,但还有一种高龄化的趋势,除了婢女有时高龄被卖和婚配外,一些奴仆的妻子即使在高龄丧偶后也同样面临着被再次出卖和婚配的命运。女性人口在下层的流动具有非常鲜明的特色,体现了主流文化之外的多元化现象。不仅如此,人口买卖也受到性别失衡的影响。本书对以卖身婚书为主要资料的人口买卖现象的研究就证明了这点。

从人口买卖契约看,不仅仆人卖子、叔父卖侄,而且原先的自耕农和拥有仆人、奴婢的家主也加入了卖子、卖婢仆乃至卖全家的行列。人口的买卖、身份的下降真实地反映出了在徽州这个生存艰难的社会中,人的生命的渺小,人类对自身命运的无法把握,人类所作抗争的力量的微弱。这也是人口与耕地矛盾的一种必然反映,这种压力和矛盾要求人口进行分流,下层社会性别

---

①　转引自章有义:《清代徽州庄仆制度管窥——休宁吴葆和堂庄仆条规剖析》,《明清徽州土地关系研究》,北京:中国社会科学出版社,1984年,第135页。

的失衡更是加剧了贫穷人口的身份下降。

人口向下的分流实际上反映了明代中后期发生在徽州的深刻的社会变动。一方面是性别失衡,另一方面却是女性和财富的集中;一方面是地少人多,另一方面却是宗族、士绅和商人的扩张。这个时代的徽州就处于这种矛盾之中。非常态婚姻和人口买卖缓解了这种紧张的矛盾,其本质是贫穷者以身份的下移为代价而获得生存,获得婚配,甚至获得了自身种族的繁衍。名为婚书,实际上是一种劳动力买卖,富家大族、官僚士绅控制了自然资源和婚姻资源(女性),他们以财富为基础,以婚姻为杠杆,通过对权利和义务的某种转让,从而形成了一种虚拟的血亲关系,通过宗族的势力,以义和孝的双重枷锁控制着数量庞大的下层民众,使得贫穷的下层民众只有以身份的下降去换取生存和婚姻的解决。

徽州能形成如此大规模的贱民和半贱民群体,与徽州社会的生存伦理是分不开的。贫穷的人口丧失土地,往往也就失去了生存能力。集中了大量土地和女性人口的宗族和地主有为他们提供生活资源的道义上的义务,那些贫穷的人丧失的是身份和自主性。在这种人身交易以及服役和豢养的相互关系中,生存伦理并不仅仅表现在物质方面,传宗接代的儒家伦理还要求给予他们婚配人道,这是以放弃后代的自主性为代价的。由此形成了累世相承并聚居的世仆群体。并在长期的互动中,形成了主族和仆族既相互利用又相互冲突的新型的主仆关系。这种关系遵循着生存伦理的规范,在一定程度上消除了数量如此庞大的下层民众可能带来的高度的社会紧张。徽州人口向下层的分流既是性别失衡下协调婚姻的机制,也是生存困境下维持稳定和整合社会的机制。

第四章 分家与迁徙：由血缘到地缘的人口分流

第一节 分家

子孙众多、和睦幸福的多代同堂的大家庭一直是中国传统社会人们的一个理想，也是儒家所极力提倡的家庭模式。但是在中国漫长的历史长河中，中小家庭几乎一直占据着绝对多数的地位①。唐宋以来随着士族的衰落、分化，原先属于士族的政治、经济和文化等特权也从上层向下层、从大宗族向中小家庭转移。在这样的社会中，中小家庭也有着较为宽松的发展环境，只要有合适的条件，它们就会向家族发展；同样，如果条件不合适，大家庭也会分化成许多小的家庭，这样，就形成家庭和宗族的循环发展，由此形成了小家庭—大宗族的社会结构②。但是由于经济、赋役或其他的原因，人口众多的大家庭和大家族始终是难以长期维持的，分家是中国传统社会的常态。而分

---

① 这方面的研究成果很多，参见胡中生、戴洪亮：《20 世纪 80 年代以来中国家庭史研究综述》，见《家族文化与传统文化——中日比较研究》，天津：天津人民出版社，2000 年 7 月。清代的家庭结构研究主要有：冯尔康：《清代的家庭结构及其人际关系》，载《文史知识》，1987 年第 11 期；张研：《清代家庭结构与基本功能》，载《清史研究》，1996 年第 3 期；王跃生：《十八世纪中后期的中国家庭结构》，载《中国社会科学》，2000 年第 2 期。

② 唐力行：《明清徽州的家庭与宗族结构》，载《历史研究》，1991 年第 1 期。

家后小家庭的弱化,也加快了中国人口迁徙的趋势。大家庭的分户和家族人口的迁徙构成了人口由血缘向地缘分流的主要方式。

一、赋役与分户

传统社会,赋役政策往往严重影响中国大家庭的生存。正如第一章所述,徽州的赋役不但繁重,弊端也很多。譬如明代的粮长制度,朱元璋的本意是为了在赋税征收中根除前朝所发生的种种弊端,以良民治良民,凡每纳粮一万石或数千石的地方划为一区,每区设粮长一名,由政府指派区内田地最多的大户充当;同时为了鼓励粮长,给予他们种种的政治待遇,"平日粮长在乡村里,也是威风十足,简直就像个官儿一样"①,有的甚至位居高官。所以有的地方如江南产粮之地,地主大户多以充粮长为荣,其位置几同世袭,这就是"永充制"阶段。但是在徽州地区,粮长是一个非常难当的差使,因为徽州粮食严重短缺。实际上到后来,粮长制也衍生了种种弊端,他们上下其手,中饱私囊,侵吞公款,造成上下交困的状况。与此同时,明朝的赋役征派也越来越苛重,而赋役重担也更多地落在小民的身上,造成大量农民逃亡。这些因素使得赋役越来越难以如期完成,逋赋已经成为一种惯性行为。在这种状况下,充当粮长的大户已经不堪重负。永充制已经维持不下去了。后来政府采取了一些措施,如在每区内增添名额,在粮长下,添设若干名副粮长;或者将粮区缩小,把粮长一职并入里长职务内;后来,又出现了数户轮流充当粮长的"轮充制"和集合众户一起应役的"朋充制"②。

从程维宗的身上可以看到徽州粮长的艰难和永充制下粮长的衰败。洪武、永乐年间的休宁人程维宗弃儒经商致富后在休宁、歙县置买了 4 000 多亩田地,在屯溪有店屋 4 所 47 间,所以他的税粮冠于一县,麦约 229 石,米约 355 石。于是一些繁重的徭役都由他承担。他在充斗级时赔粮 1 300 多石,在充库子时赔钱 1 万多贯。"洪武十八年,国家以税粮为重事,每区特选大户

---

① 梁方仲:《明代粮长制度》之《引言》,第 2 版,上海:上海人民出版社,2001 年。
② 梁方仲:《明代粮长制度》之《引言》,第 2 版,上海:上海人民出版社,2001 年。

一名常充粮长,专一催征;因事繁难,添设副粮长一名,时以为便"。程维宗可能也就承担了粮长或副粮长的差役,"清心宣力,税粮进纳,先期办集,船车之费,为民代办",即使这样,还屡次"堕无辜之谴",其中一次就被发配到金陵服役。但是他"柱而获伸,仆而复起,艰苦万状,前后耗资以白金计者不下三千余两"。可见,他在承担种种徭役的同时,也就是他不断赔粮赔钱甚至冤枉治罪的坎坷时期。虽然他最终挺了过来,没有衰败,但"实皆祖母内助之力也"①。笔者推测,他是借助商业经营和家族力量才避免了迅速的衰败。如果没有商业和祖母内助,恐怕他早已破产甚至下狱了。

徽州的粮长负担尤其重,因为徽州本来就非常缺乏粮食,无米可纳。"民间之食尚仰四方,京仓之储岂能他贷?故自改米而后,部粮之官不及终任往往以罢软见黜,而小民一当粮长,身亡家破,联延扳累,并及亲邻,甚至有赔贝皮难前,始而逃亡,继而自毙。昔人所谓十家而九者,臣窃谓其十家而十也。夫徽非谓不当纳米也,实不能纳也;非有米不纳也,实无米可纳也"②。

从永充制到轮充制再到朋充制的演变过程中可以看到,即使是出发点非常好的粮长制度到后来也成为累民之役。不仅粮长之役,里甲之役也是如此,而一开始充当里役的大户自然首当其冲。

立于顺治十一年(1654年)的休宁汪正科的《汪姓阄书》说到他们家在明代定为匠籍,又充二十四都一图里役,可能在弘治年间,五世祖因当里长充赔无措,所置之业,竟成乌有。大约到了嘉靖、万历年间,虽然家道微薄,汪正科的父亲仍勉充里役,奔驰催征,"苦难尽述"。为了不让里役贻累子孙,就和"甲首孚潭许发德户头惟汉者,议以里甲朋当","今吾姓里役之苦得苏者,吾父之力也"③。由此可见,不仅粮长之役,里长之役也经历了朋充制阶段。大户的衰败由此可见,同时也可看出大户里役的长期延续,以及想方设法地摆脱。

---

① 张海鹏、王廷元主编:《明清徽商资料选编》,合肥:黄山书社,1985年,第80页。
② 光绪《婺源志》卷六○《纪述五》。
③ 张海鹏、王廷元主编:《明清徽商资料选编》,合肥:黄山书社,1985年,第303—304页。

随着大户的不断衰败和花分,朝廷的科派越来越繁重,粮长和收头的征派越发困难,"每遇征需,卒不能取之下户,即里长破产以偿,苟逃苛责"①。面对日益严峻的形势,大户首先是想方设法地摆脱粮长、收头,他们贿赂官府、收买胥吏,结果被编为粮长的多数已不是真正的大户。其次是大户花分成若干中小户,这已成为大多数大户的必然选择,那种理想的多代同堂的大家庭根本应付不了官府的赋役征派。明清徽州地区本来是传统的宗法制保持得非常完整的地区,但是就是在这个地区,却是以小家庭占据着绝对多数,形成了小家庭—大宗族的社会结构。笔者认为,分家析产的一个动机就是为了规避各种徭役。当然,在分家阄书中不可能明确写出这方面的因素,但是,在很多分家阄书中都有关于赋役的一些规定,如顺治十一年(1654年)祁门洪大网所立的《洪姓阄书》就规定在两个儿子分家后,"粮差均当"②。康熙四年(1665年)休宁《胡姓阄书》也规定:"致于粮税差役等项,照阄各管各纳。"③很多大家庭在分家时存留一部分作为赡养老人、祭祀和应付粮差等。康熙五十九年(1720年)休宁陈士策有资产3万多两,他所立阄书也对丁粮做了规定:"每见贫乏谋食维艰,不能输完正供,势必累及里排,以至呈追,将如之何?故予将益谦众粮,除将分过产业卖完,粮尽公存之业公项办纳,始苏贫乏。予亦照式,将万安布店一所租金坐作逐年完粮,庶免子孙之累。倘有不肖擅用其租,则坐以抗粮之罪,以免拖累他房。租金所余,择贤生息,以防无租之日。"④这样的规定已经很严厉了。因为如果不严格规定,赋役真的可以让一个家庭倾家荡产。政府的徭役有的根据税粮,有的需要夫役。需要夫役的这部分往往就派给人丁较多的家庭。如洪武二十五年(1392年),朝廷就曾试

---

① 嘉靖《徽州府志》卷八《食货志·岁役》。
② 《徽州地主分家书选辑》第2条,章有义:《明清及近代农业史论集》附录,北京:中国农业出版社,1997年。
③ 《徽州地主分家书选辑》第3条,章有义:《明清及近代农业史论集》附录,北京:中国农业出版社,1997年。
④ 《徽州地主分家书选辑》第7条,章有义:《明清及近代农业史论集》附录,北京:中国农业出版社,1997年。

图在徽州例取无粮人户二丁者分房赴京,永充夫役。为了躲避这种抽调,丁多的人户就会实行分家。

大户的鼠窜、衰败和花分,民间逃避各种徭役,种种严峻形势迫使政府进行役法改革。如何才能有效地征派赋役,已成为明代中后期中央和地方各级政府的首要难题。徽州同其他地区差不多,可以选择的范围并不大,在国库和府库空虚的情况下,减免的空间有限。只有简化科派的方法和手续,才能扩大科派的群体。而扩大科派的群体是在打着均役的旗号下进行的。正如粮长、收头被人人所畏惧一样,除了均役外没有更好的方法,而均役实际上就是扩大编佥范围和科派群体。这种扩大一是由户向粮转移,二是由粮多之户向粮少之户转移。这两个转移本质上都是由大户向中小户分摊负担。

嘉靖《徽州府志》卷八《食货志·岁役》记载,徽州役法有均徭、里甲、粮长、收头、解户、军户、匠户和猎户8种,主要考察均徭、粮长、收头征派对象的转变。各县原来分区佥派粮长,歙县十五区、休宁十二区、婺源十二区、祁门四区、黟县五区、绩溪七区;不论粮之多寡,每区额编粮长一正二副,使得各区甘苦不均。收头是额办军需及不时坐派的经收人役,早先是通县佥点,不拘区分异同,每名征银五百两,不管每项银数多少,最多的不过三四名,少的仅一二名。若有人户拖欠,就要赀累赔补。知府何东序同各县商议,粮长和收头不拘名数,以粮为主,通融编佥。此区粮少,附近彼区粮多人户帮之。大约歙、休二县每粮一石计收银五十两,其余各县每粮一石计收银三十两。这是由户到粮的转变。

祁门县原来编佥粮长、收头的方法是,在一年里役之后,再进行比较,粮多者为粮长,稍多者为收头。而在编均徭时,又以粮多者编力差,粮少者编粮差。这样对于粮多者来说重差一个接一个,往往导致他们破产。知县桂天祥请求从三名解户减一名以编粮长,再裁革县丞皂隶以贴补粮长重役。这样上户就以粮长充力差,不再受双重重差之苦,而下户银差如故。原来编为粮长的改编为收头,原编为收头的改为贴户。

歙县知县谢廷杰将编力差的标准下降到粮2斗以上的人户,将他们汇聚成册,均匀分派,粮 2 斗编力差银 1 钱 5 分,粮 2 石编银 1 两 5 钱。他认为这样就使粮多的人户能够减轻负担,粮少的人户也不受重累,即使大户花分成许多小户也不能脱漏、幸免。

虽然看起来粮 2 斗以上编派力差银,粮多者仍派得多,似乎很公平,但实际上,这种编派是向中产之家倾斜的,因为在明代中后期,大户毕竟非常之少,而中产之家的数量多得多。祁门县是粮多者编力差,粮少者编银差,这是因为力差较为苦重,只有粮多之家才有力承办。但从祁门县的征收来看,力差银只有 532 两,而银差银却高达 2 206 两,是力差银的 4 倍多。这只能说明,众多的"粮少者"仍然是赋役的主体,而少量的"粮多者"可能会进一步衰败或花分成"粮少者"。按粮均摊的结果虽然保证了赋役容易完结,但粮少者的负担显然会进一步加重。从均徭银看,嘉靖三十五年(1556 年)和嘉靖四十一年(1562 年)相比,从 27 233 两增加到 28 712 两,多了约 1 480 两,增长了 5.43%。即便如此均摊,原先编派之中的弊端也是无法完全清除的。

赋役改革的主要成果之一就是所谓的编甲法,将各种役法归并,以十年为期,全县通融均派,不限本甲,"设权制以钩之,明厉害以示之,信赏罚以齐之,参伍以敷之,多方以括之,贫富之实可尽得也,欺隐之弊可尽抉也。使九等之户各自占籍,黄册之外别为一书,著之令甲,班之编氓,家晓户习,吏不得缘为奸利,则赋可平,役可均,而善政举矣"①。在这种改革下,原来面向大户的粮长、收头和解户的编佥对象从户转向粮,从粮多之户转向粮少之户。这种转向是一种无奈之举,上户的衰败、破产必然要把粮长、收头的重役向中户摊派。这实际上已经是朋充制了,朋充制的主体是中户,中户数量多,户均摊征也不会太多,因而便于征派。这样"人户多而征收少,公事易完,民皆便之"。这对于赋役征派来说,确实是"众轻易举"的"良法"。以至地方志作者称赞:"以上二法拯民水火,免破身家,后有作者,幸无轻议变更者。"②但在实际上,中户的负担却有了大量的增加,粮长和收头对他们来说更是一个非常

---

① 嘉靖《徽州府志》卷八《食货志·岁役》。
② 嘉靖《徽州府志》卷八《食货志·岁役》。

沉重的负担,从这个角度,可以理解嘉靖《徽州府志》作者的感慨:"分户之弊亦难尽罪民,以避粮长收头重差耳。"但他同时认为这种分户的后果确是"然户多分而粮长收头重差益苦矣"①。事实确实是如此。

明代万历十一年(1583年),婺源人余一龙出任两浙观察使,便道归省时,他的群从诉苦说,十年一役的里甲之役来年就要临到他们家了,他们恐怕没有办法"完公事而善私图"了,并称先前几年他们的东邻和西邻也是因为没有完成公事,"至撤垣屋鬻子女以从之,越数载,逃者犹未返故土也"。他们所说的十年一役主要就是催征钱粮,"每里十室朋之,其役于官也,则以年叙以次迁,不皆役也。所辖有甲,甲凡百计。一室役于官,其余待役之九室以及所辖百甲之赋悉以属焉。郡檄旁午勒限往输,其九室与百甲之完否勿暇论也……里中之税粮动千百计,曾未征其锱铢而欲以徒手应之,是所谓未卵而求时夜也。故但应是役,靡不破家"。针对这种情况,余一龙认为,"君子之征民财也,如用民之力。此有屠夫焉,以千钧系其背,而令其掉臂以逞,不已难乎。分而为十,又析而为百,令十人与百人者各肩之,彼屠夫者释重负,其致远也,则易易耳"。实际上后来婺源新到任的官员也许受到了余一龙的影响,改变了以前的做法②。

这种由一而十、由十而百的转变,就是为各级官方所津津乐道的均平赋役的实质,它同宋代的经界、元代的自实田在本质上都是一样的,是增加赋役的代名词。历朝历代对赋役征派对象的转变过程,实际上就是民众趋于贫困化和扩大贫困化的过程。在这样的转变下,暂时是有效果的,公事易完,民力也易舒。因为原来由大户承担的一些重差现在实际上已经由中户来承担。中户数量多,便于征派。但是,统治者的欲求是没有有效的办法予以遏制的,日渐腐朽的朝廷在征派上更没有节制,所以中户的负担一重再重,最终中户也和大户一样难逃破产之灾,而不是像祁门知县自称的那样,"不惟上户息

---

① 嘉靖《徽州府志》卷八《食货志·岁役》。
② 光绪《婺源县志》卷六〇《纪述五》。

肩,中户亦均受福"①。

在任何一个社会,中户都是一个非常重要的阶层,它关系社会发展和稳定,是一个政权存在的基础。事实也证明,明后期无节制的征派对中户的危害最大。虽然征派容易完成,但大量的中等之家衰败,真正从根本上动摇了明朝的根基。到嘉靖时期,中户的生计已相当困难。"今下户既多无赖流移,而上户富民又皆宇窜于中下之间,以相影射,多者一人至数户或数十户,故今之受害者,偏在中家。中家小有田业,无余资,一更重役,无不折而入于贫,此诚可悯也"②。从上文的分家书中,我们看到,很多家庭分家时所拥有的土地都不多,分家后的土地就更少,人均土地就更少之又少。如果以人均耕地算,他们恐怕大多数都要归入下户的行列。唯一庆幸的是他们还有商业的支撑,但商业的高利润是和高风险并存的。

如果说在轮充制下,充当粮长的多数还是中等之户,那么到了朋充制时,贫困的下户也无法幸免。明代嘉靖年间的形势是,"大抵朝廷之科派愈繁,则齐民之规避愈巧;齐民之规避愈巧,则有司之权制愈密"③。这可能形成一种恶性的循环。"一条鞭法"的推行和汪正科设法把里役负担分摊给另外一个甲首户,就是对这段话最好的注解。赋役向中下户的转移最终使贫困面更加扩大。

为了保证赋役的征派,扩大科派群体是必然且无奈的选择,所以大户花分和害在中家也是必然而无奈的结果。明代中后期的赋役征派方法的改革虽然有其合理性,使得役法较为公平,但由于其着眼点是为了便于赋役征派,所以它也产生了严重的后果,那就是明代中后期以后出现了种种坐派和加征,而且是一加再加,层出不穷,使得社会的坚实基础——数量众多的中等之家也在迅速走向衰败,这直接冲击着民间社会稳定的基础。

---

① 嘉靖《徽州府志》卷八《食货志·岁役》。
② 嘉靖《徽州府志》卷八《食货志·岁役》。
③ 嘉靖《徽州府志》卷八《食货志·岁役》。

二、析财分居的传统模式

大户在赋役的压力下花分成众多的中、小户,而赋役也在向中、小户转移。中小家庭由于人口的增加,也在面临越来越大的压力。传统中国社会是否有家庭人口控制的理念和行为,有人认为节育和溺弃婴儿成为中国传统社会被迫采取的一种控制人口行为①,但这不是人口的分流,而是人口的毁灭,是对人口总量的一种控制。实际上,婴儿的高死亡率和传宗接代的思想仍使生育多子成为大多中国家庭的追求,以保证至少有一两个儿子能长大成人,延续血脉。如果以五口之家的理想模式来推算,子女之比为 2∶1。这意味着二子长大后分家成为一种必然,尤其在徽州这个有着大宗族和经商习惯的社会中,核心家庭作为一种比较理想的家庭模式在徽州的家庭结构中占有大多数,并构成了徽州独特的小家庭—大宗族结构②。徽州地区大量的分家文书证明了这一点。

徽州文书中分家阄书有很多,对此已有过一些研究。日本学者臼井佐知子探讨了徽州的分家和家产分割的一些特点③。张研对清代徽州分家文书的书写程式作了考察和分析④。栾成显也以徽州为例探讨了中国封建社会的诸子均分制⑤。本节主要是从分家书中探讨家庭人口分流的原因。一般的阄书都有序言,或自序或他序。从序言中可以窥见当时人们对于分家的看法。除了不能言明的赋役方面的因素外,分家的最主要的原因就是人本身的因素了。人口增加开支增大、父母年老或多病、子女成人或已婚嫁、保持家庭

---

① 李伯重:《堕胎、避孕与节育:宋元明清时期江浙地区的节育方法及其运用与传播》;常建华:《清代溺婴问题新探》,见李中清、郭松义、定宜庄编《婚姻家庭与人口行为》,北京:北京大学出版社,2000 年。
② 唐力行:《明清徽州的家庭与宗族结构》,载《历史研究》,1991 年第 1 期。
③ [日]臼井佐知子:《论徽州的家产分割》,见周天游主编:《地域社会与传统中国》,西安:西北大学出版社,1995 年。
④ 张研:《对清代徽州分家文书书写程式的考察与分析》,载《清史研究》,2002 年第 4 期。
⑤ 栾成显:《中国封建社会诸子均分制述论——以徽州文书所见为中心》,见周绍泉、赵华富主编:《'98 国际徽学学术讨论会论文集》,合肥:安徽大学出版社,2000 年。

人际关系的和谐等都可以成为分家的理由,还有的分家是以维持家产或壮大家产为目的的。

章有义编著的《徽州地主分家书选辑》①里面收集了清代徽州地区 48 个家庭的分家书,最后一篇分家书中先后有两户家庭分家,因此共有 49 条分家书。笔者对这些分家书进行了一些统计。根据统计的结果看,有两个很明显的特点,一是土地不多,二是商人不少。

这些家庭的田地的数量都不是很多,分家之后土地就更少了。分家时的田地在 50 亩以下的约有 22 个,在 100 亩以下的有 8 个,在 100～150 亩之间的有 4 个,在 150～200 亩之间的有 2 个,在 200 亩以上的有 4 个,在 300 亩以上的有 3 个,在 600 亩以上的有 3 个,还有 3 个不清楚。这说明了分家时的大部分家庭所占有的土地并不是很多。如果仅仅从田地的数量看,他们中的大多数无疑都属于中下户。那么到底有多少田地才算得上是中等之家呢?康熙五十一年(1712 年)休宁谢姓阄书中的父亲是一个官僚,他自认为为官清白,致仕之后,他"自计不过中人之产"。他死后 20 多年,他的儿子们计算家产,比父亲在世时可能稍有增添,共有田地 600 亩以上。应该说,有 600 多亩的田地绝对不止是中人之产,但由于他们是官宦家庭,可能是以官宦家庭的标准来衡量的。官宦家庭虽然产大,但开支也大,仅仅是子孙读书就要一笔不小的费用。对于普通的民众来说,中人之产是不可能有如此之多的田地的。徽州地区非常重视祭祀,所谓"丧祭依文公仪礼,不用释氏。然祭奠颇奢,设层台祖道,饰以文绣。富者欲过,贫者欲及,一祭费中家之产"②。祭祀一次就要费中家之产,这里的"中家之产"显然不是上述官宦家庭的"中人之产"。这些家庭再经过分家,平均所占有的田地就更少了。从分家后每户平均拥有的土地数看,有 5 亩田地的 4 个,10 亩上下的 21 个,约 20～30 亩的 8 个,40 亩上下的 3 个,50～100 亩之间的 6 个,100～200 亩的 1 个,200 亩以上的 3 个。如果仅仅从田地的数量看,绝大多数都成了中下户或贫困户,真

---

① 作为附录收入章有义:《明清及近代农业史论集》,北京:中国农业出版社,1997 年。
② 康熙《徽州府志》卷二《风俗》。

正的中户很少，大户更难以一见。如果再从人均占有土地看，那就更低了。从分家书中我们可以得出徽州土地的缺乏，人地关系的紧张。每次分家虽然可能有稍许的土地转化为共有族产，但更多的是分散。徽州普遍的小自耕农是集中在宗族之内的，而且他们面临着普遍的困境。地权的分散和族人的贫困也说明了选择商业对徽州来说是多么的必要。

从分家书中看，徽州的商人家庭或曾经有过商业经历的家庭不少。在49条阄书中，这样的家庭约有40个左右，占绝对的多数。徽州的家庭大多依赖商业维持，如果没有商业，即使土地不少，也很难算得上中人之产。正如一些学者所说的，商人的大量存在的确对分家析产有正面的作用。乾隆三十六年(1771年)王姓阄书中的祖父有田地180亩以上，但因有4个孙子继承，原先在外的两处典业也失去了，所以他还是感觉继产浅薄[①]。所以在这些阄书中除了田地外，多数还有在外面经营的店业，有的店业资本还相当雄厚，如休宁陈士策虽然只有土地50亩，但却有店资3万多两，即使有9个儿子，平均每个儿子还能分得2 800两[②]。有店业资本在，虽然所分得的田地不多，但只要生意顺当，就可以慢慢地添置。光绪五年(1879年)吴宗炜分得田地9亩多，店本和生息银3 672两。30年之后，他再给儿子分家时已有田地45亩[③]。但是这样的大商人并不多，多数还是中小商人，资本有限，土地也不多。

如果说这样的生存环境是徽州地区盛行分家的原因，大概也不为过。从分家书中看种种分家的原因，能强烈感受到徽州所特有的生存危机，以及由于这种危机所产生的生存伦理。人们在说明自己分家的原因之前，一般都强调随着人口的增加和后代的长大成人，分家是理所当然的事情。笔者将48个家庭49条阄书中的人口信息列表反映出来(见"表4-1")。

---

① 《徽州地主分家书选辑》第17条，章有义：《明清及近代农业史论集》附录，北京：中国农业出版社，1997年。

② 《徽州地主分家书选辑》第8条，章有义：《明清及近代农业史论集》附录，北京：中国农业出版社，1997年。

③ 《徽州地主分家书选辑》第48条，章有义：《明清及近代农业史论集》附录，北京：中国农业出版社，1997年。

表 4-1 徽州阄书中的人口信息

年代、县和姓氏	身份	兄弟状况	儿子状况	出继信息	早逝信息	父母死亡信息
1.休宁汪姓	父	兄弟2,祖父兄弟2	3子,长男2子,三男1子			祖父7岁丧父
2.顺治十一年洪姓	父	兄弟3,二弟中年死	2子,长男2子,次男1子			
3.康熙四年休宁胡姓	兄弟	兄弟2,	老大4子,弟弟2子			
4.康熙四十七年徽州某姓	父		3子			幼年丧父
5.康熙五十一年休宁谢姓	三弟	兄弟3,二兄死		仲兄子承绍长房	长兄及其子早逝	4岁丧父
6.康熙五十四年歙县金姓	母	父兄弟5,	4子			父5岁丧父10岁丧母
7.康熙五十九年休宁陈姓	父	兄弟8	9子	对立继有规定①	一子早逝	
8.雍正三年黟县洪姓	二弟	兄弟3,长兄死			季弟早逝无嗣	
9.雍正六年歙县胡姓	母		3子			
10.雍正十年倪姓	母		2子			2子未成立父已死
11.雍正十二年歙县陈姓	兄弟	兄弟11				
12.雍正十二年祁门曹姓	兄弟	兄弟3,共30余人				
13.乾隆六年徽州许姓	父		2子			幼年丧母
14.乾隆六年休宁吴尊德堂	父(死)	兄弟2				幼年丧父
15.乾隆十三年祁门汪姓	父	兄弟2,胞弟因痴愚未娶	5子			10岁丧母,厄于继母

---

① 每见子多,恐有乏嗣之患,当遵律法同父周亲相应立继之条。惟以换房轮继,不得僭越重继,致多争论。

续表

年代、县和姓氏	身份	兄弟状况	儿子状况	出继信息	早逝信息	父母死亡信息
16. 乾隆三十五年洪姓	母		6子		二男夫妇早逝有子	父少孤、幼子5岁丧父
17. 乾隆三十六年王姓	母、祖母		4子,长子死	次子承继叔父		4子俱幼年丧父
18. 乾隆五十二年叶姓	曾祖		9子,3个乔迁,5个先后绝代			
	母		2子			
19. 乾隆五十九年黄姓	母		2子			
20. 乾隆六十年黟县胡姓	嫡母、庶母		3子			
21. 嘉庆二年余姓	母		3子			三子俱幼年时丧父
22. 嘉庆五年徽州谢姓	兄弟	兄弟3				
23. 嘉庆九年徽州潘姓	父		原配王生4子			
24. 嘉庆十四年黟县某姓	兄弟	父辈兄弟2				父亲幼年丧父
25. 嘉庆二十三年歙县沈姓	父		4子			
26. 道光五年歙县盛姓	父		4子,长子幼遭残疾			
27. 道光六年黟县胡姓	母		3子	长子出继长房		子幼年丧父
28. 道光六年歙县某姓	叔	兄弟6人,5个已死				
29. 道光六年黟县程姓	叔	兄弟4,长二三死				
30. 道光九年黟县某姓	三弟	兄弟3,仲兄死		子承继长兄	长兄早逝	
31. 道光十二年吴姓	兄弟	兄弟3				早丧父母
32. 道光十五年潘姓	母		4子			三、四子幼年丧父

续表

年代、县和姓氏	身份	兄弟状况	儿子状况	出继信息	早逝信息	父母死亡信息
33.道光十八年黟县某姓	兄弟	兄弟2				
34.道光二十二年黟县黄姓	祖父		4孙			孙幼年丧父
35.道光二十五年休宁胡姓	长兄	兄弟5,二三四死		过继给伯父	伯父子早夭,女未嫁而殇	五弟幼年丧父
36.道光二十六年吴姓	父		6子			
37.咸丰五年章姓	父	兄弟3,	4子,长男3子,次男1子,三男5子,四男2子			
38.同治二年休宁曹姓	兄弟	兄弟5		听凭自愿过继给叔		
39.同治十三年休宁胡姓	父	兄弟3	5子			
40.光绪元年程姓	父		2子,长男1子			幼年失父
41.光绪二年歙县江姓	母		2子,庶母所生			2子未成人父亡
42.光绪四年黟县某姓	叔	兄弟4,长三死				
43.光绪十六年黟县某姓	兄弟	兄弟5,三弟夫妇死			二弟早夭	
44.光绪二十年祁门某姓	兄弟	兄弟5,四五死			长兄早逝有后	
45.光绪二十四年沈姓	兄弟	兄弟2				
46.光绪三十年祁门金姓	父		3子			
47.光绪三十二年宗姓阄书	兄弟	兄弟5				

续表

年代、县和姓氏	身份	兄弟状况	儿子状况	出继信息	早逝信息	父母死亡信息
48. 光绪五年吴姓	母	夫辈兄弟4	1子，三弟1子，四弟数子。	立四弟次子为次子	子已婚无子早亡，二弟幼殇，四弟长子早逝	
49. 接上：光绪三十四年	母		3子	长子承继大伯，三子生子应承继次子	次子已婚无子早逝	
总计			6个1子；19个是2子；18个3子；12个4子；9个5子；2个6子；1个8子；2个9子；1个11子；1个不清	9个，其中有7个已经过继，2个有意向	13个早逝者，1女12子，有的未婚，有的已婚或无子或有子	20个，其中2个是丧母，2个父母双亡，16个是丧父

资料来源：章有义《明清及近代农业史论集》附录《徽州地主分家书》。

从"表4-1"看，家庭中男性后代的数量以2~5个为多，其中兄弟或子女数量为2个的19人，3个的18人，4个的12人，5个的9人，6个的2人，8个的1人，9个的2人，还有11个的，1个数子，而1子的只有6个。从"表2-3"看绩溪遵义胡氏松、柏、楫、格4支在18~25世的生子数，除了胡松一支由于人数太多，平均数有所下降外，其他3支的生子数都在2.34左右。男性后代的数量是家庭人口增加的最重要的因素，在人口不断增加和孩子长大成人的情况下，徽州地区的父母对分家的态度开明。所谓"木大分枝，人大分家，伊古以来于今为烈"①。在有的人看来，"盖闻子壮须分，由来旧矣。良以流长则派别，树大则枝分，势所不得不尔也"②。如果说"子壮"是以婚姻作为衡量

---

① 《徽州地主分家书选辑》第25条，章有义：《明清及近代农业史论集》附录，北京：中国农业出版社，1997年。
② 《徽州地主分家书选辑》第37条，章有义：《明清及近代农业史论集》附录，北京：中国农业出版社，1997年。

准则的话,婚姻本身就是人口增加的最大一个原因,所谓的"生齿日繁"可能很多就是因娶妻生子而起。但在徽州阄书中,仅仅一个儿子结婚就分家的情况很少见①。应该说只有一个儿子婚配时,家庭矛盾并不突出,但结婚的儿子一多,不但人口增加了很多,而且这些人贤愚不等,长短不齐,人心不一,所以人大也就意味着人多,这时分家就同树大分枝一样是很自然的事。他们有的对那种九世同居的说法不屑一顾,道光九年(1829年)黟县某姓立阄书,妹婿江一鹏作序时就认为:"九世同居,则十世之分可知矣。与其分于后,何如分于前。惟品搭之时,多寡均匀,无厚无薄,则异居俨然同居矣。"②只要公正分家,分家后和睦相处,那么分的结果就与不分差不多,而且分家能消除矛盾于前。

人口增加不仅使开支增加,还要新建房屋,所谓"家人众多,勉力添置屋宇"③。有的家庭虽然比较富裕,也可能矛盾不大,但由于新房和老屋的距离较远,不能同居共爨,所以要分家。道光五年(1825年),歙县盛尚钟所立阄书中,就以住房为由分家。盛尚钟生了4个儿子,"俱已婚娶,各发兰孙"。这样老屋就显得狭小,"蜗居湫隘,人丁渐衍,促膝难容",因此就在月形山下建造三间楼屋二堂,房成之后,"奈与旧宅相鸾,未能共爨,自应拨移居住"。但即使实情是这样,做父亲的也还是以"年近花甲,家务浩繁,艰于总理"做另一个理由④。由于人口的增加,使得房屋的建造和买卖非常频繁。康熙五十九

---

① 张研认为,在中国传统社会,婚姻不能形成新的家庭。儿子乃至孙子的婚姻是旧有家庭存在和发展过程的重要环节和内容之一。为儿孙们择婚和婚配是旧有家庭家长代表祖宗行使的重大责权。所以分家的时机通常是在诸子都已完婚,家长自觉大事已完,以年老事繁主持分家。参见张研:《对清代徽州分家文书书写程式的考察与分析》,载《清史研究》,2002年第4期。

② 《徽州地主分家书选辑》第30条,章有义:《明清及近代农业史论集》附录,北京:中国农业出版社,1997年。

③ 《徽州地主分家书选辑》第35条,章有义:《明清及近代农业史论集》附录,北京:中国农业出版社,1997年。

④ 《徽州地主分家书选辑》第26条,章有义:《明清及近代农业史论集》附录,北京:中国农业出版社,1997年。

年(1720年),休宁陈士策有兄弟8人,所以他的父亲要购料兴工,创造益谦堂基址,"家用甚费";他自己也因遭遇讼害,"十年所得房屋尽为倾圮,不得已拮据兴造,共成十进,于今始落成……而予之成是业也,得尺寸铢锱积累,阅数年而工成"。他因此告诫居住在这幢房子里的子孙,"当念予栉风沐雨之劳苦,独立开创之艰难,式好无尤,永守是业,庶不负予与两孺人成就家业几许心血也"①。乾隆年间祁门汪庭芝在分家时已有相当多的房屋,其中新造三间楼屋一重,买受五间楼屋一重,传德堂众屋四股之一,还有厨屋、店屋等,加上田地和一房奴婢,共花费了数千金。他之所以需要这么多的房屋,是因为他有5子,其中4个都已经完娶,且有孙辈,人口已是相当的拥挤②。至于因为居住的原因所导致的分家究竟有多少,笔者认为在土地比较紧张的徽州地区并不少见。徽州土地的紧张自然也导致了住房的紧张,正因为如此,徽州地区仍存有大量的房屋买卖和租赁文书。

即使分家之时人口并不多,但还是以将来的人口增加为理由,如光绪四年(1878年)黟县某姓立阄书时,兄弟4人中老大和老三已死,但都有后代,当时他们家庭的人口并不多。"但恐日后支丁繁衍,难免参差,若与其合而启参商之隙,不如分而赓式好之雅也"③。

虽然由于人口的增加使得分家变成很自然的事,但如果父母健在却分家,往往又是违背儒家伦理的,奉养父母尤其为儒家所强调。在徽州分家书中,如果还有长辈在,那么长辈也大都以自己年老多病,或精神不济,或懒于管理作为分家的理由,诸如"双目昏盲""父今老矣""常多疾病""年老志倦"之类。从阄书中看,分家的时候父母的年龄确实也比较高了,一般大约在60岁左右。因为如果一个家庭要达到一定的规模,子女长大成家,必然要经历一

---

① 《徽州地主分家书选辑》第7条,章有义:《明清及近代农业史论集》附录,北京:中国农业出版社,1997年。
② 《徽州地主分家书选辑》第15条,章有义:《明清及近代农业史论集》附录,北京:中国农业出版社,1997年。
③ 《徽州地主分家书选辑》第42条,章有义:《明清及近代农业史论集》附录,北京:中国农业出版社,1997年。

段比较长的时间。即使有的年纪没老,但也是以"家政惟繁,懒于支持"作为理由①。

虽然强调分家的自然性,但从各自所陈述的分家原因中,他们还是试图解释自己的家庭不得不分家的特殊原因。这似乎是一个矛盾,但正如徽州人不得不弃儒业贾一样,实际上这就是徽州所特有的生存伦理。徽州作为东南邹鲁,奉行着儒家伦理观念,但徽州的生存环境又改变了这种伦理,加入了徽州所特有的内涵。

从分家书中可以看到,徽州人治家之艰辛。虽然有父母年龄和健康方面的因素存在,但在实际上,由于人口增加后,开支增加,导致谋生的艰难而不得不分。乾隆年间洪姓父亲有6子,长、二、三子已经结婚,四、五子在读书,家庭开支非常大,他在外撑持店务,早作夜思,备极辛苦,所积攒起来的钱都用来添置房屋和田地。正因为如此辛苦,所以中年早逝。死后"稽盘店项,不特空虚无余,更有外项未杜"②。从"表4-1"看,绝大多数的家庭父亲已经去世,从这些阄书中就反映出了19条幼年时丧父或父母双亡的资料,比子女早逝的资料要多③。而且发生在兄弟之间的死亡也很多,第2、5、8、28、29、30、35、42、43、44共10条阄书中,分家时兄弟都有死亡的,有的甚至6个死了5个。徽州分家书给人最深的感受是处处可见创业的艰辛,处处可见死亡的记录。家庭人口的增加所导致的生存压力的增大无疑是许多父亲在子女幼年时就因过度操劳而死亡的重要原因。在古代社会,经商也是一项高风险、高死亡率的职业。虽然经商容易致富,但致富的背后确实有着艰辛的历程。分家书尤其强调创业的艰辛。因此,保持家业、振兴家业也成为分家最有力的理由之一。有不少家庭就是在经济陷入困境或即将陷入困境时开始分家。道光二十六年(1846年)《吴姓分关书》就是在家庭经济陷入困境的情况下分

---

① 《徽州地主分家书选辑》第10条,章有义:《明清及近代农业史论集》附录,北京:中国农业出版社,1997年。

② 《徽州地主分家书选辑》第16条,章有义:《明清及近代农业史论集》附录,北京:中国农业出版社,1997年。

③ 子女早逝的信息很难得到全面的反映,尤其是婴幼儿就夭折的。

家,"不料年来农事失时,屡遭饥馑,经营未遂,不获肥资。近日人口浩繁,用度不浅,入少出多,极难给济……家务纷繁,实难专管。切念张家九世同居,姜氏大被同眠,如此翕和,终归各爨,是以合之为宜,不若分之为便"①。

  治家的艰辛必然导致家产积累的缓慢和家产构成的复杂化,这也增加了家庭关系矛盾的复杂性。由于徽州商人家庭多,一般来说,商人家庭家产的构成都比较复杂,除了土地外,还有在外经营的店业。即使是土地,也是不断地购买所得。因为对于商人来说,境遇好时,可以多置一些田地;生意不顺时,也有可能将田地、房屋卖出去。如顺治十一年(1654年)《洪姓阄书》中洪大网的父亲就同伯叔经营木商亏本,"悉以房产偿人"②。道光六年(1826年)黟县《胡姓分关书》中的父亲不幸中年身亡,因为他在外背有债务,为了偿还欠债,他的家庭也不得不将祖先遗留下来的田产变卖,"所余无几"③。顺治十一年(1654年)《汪姓阄书》中汪正科就利用在景德镇贸易丝帛的所得不断添置产业,后来店业连遭焚劫,自己满腔郁结,双目昏盲,担心逐年所置产业,并承祖田地,"若不清书于册,日久难以稽查",因此分家是为了清理家产,以避免日后的矛盾④。家产的复杂使得家产的归属容易模糊,时间一长容易发生纠纷。康熙五十九年(1720年)休宁《陈姓阄书》中陈士策一家恒以商贾为业,有着庞大的家产,店业资产约有3万两。陈士策也有64岁,"常多疾病,恐不久于世,故将产业财本逐一清理,公存配搭,分股均阄"⑤。光绪二十年(1894年)祁门某姓在所立的阄书中就说,他们兄弟5人,父母双亡,长兄早逝,现在四、五

---

① 《徽州地主分家书选辑》第36条,章有义:《明清及近代农业史论集》附录,北京:中国农业出版社,1997年。
② 《徽州地主分家书选辑》第2条,章有义:《明清及近代农业史论集》附录,北京:中国农业出版社,1997年。
③ 《徽州地主分家书选辑》第27条,章有义:《明清及近代农业史论集》附录,北京:中国农业出版社,1997年。
④ 《徽州地主分家书选辑》第1条,章有义:《明清及近代农业史论集》附录,北京:中国农业出版社,1997年。
⑤ 《徽州地主分家书选辑》第7条,章有义:《明清及近代农业史论集》附录,北京:中国农业出版社,1997年。

两弟又谢世,只剩下老二和老三哥俩,他们认为,五房虽然"各爨有年",但若不在他们"眼中为之分析,恐诸侄辈不恪,日后难以经理",因而分家①。

如果父母不在了,家产的纠缠会更为厉害,甚至有变卖家产的,这时分家更是必然的结果。康熙四年(1665年)《胡姓阄书》中分家者父母双亡,他们的母舅以母党亲属,"见其家务纷纭,难效田氏紫荆之义,虽欲勉强同居,尤恐反生嫌隙",因此为外甥分家②。雍正十二年(1734年)歙县《陈姓阄书》中陈正徵有兄弟11人,他们的父亲曾经给他们兄弟9人立有阄书,后来又为十弟立阄书,其间有许多重叠错误的地方,而十一弟还没有立阄书。父亲在雍正五年(1727年)死后,他们兄弟中有时命不齐的,"致将产业变卖者,遂咎分拨不清,反开阅墙衅隙"。因而重新均分,无分嫡庶③。乾隆六年(1741年)休宁《吴尊德堂阄书》中谓父亲过世后,兄弟间"力维名教",将产业一一开载成册,各房收执二册,约定五年后,照议分析。但是仅仅过了三年,各房就以薪水不敷,要求分析④。同治二年(1863年)休宁曹姓兄弟五人,在父母双亡后,也认为:"家无总管,事难归一。与其同居,摊拖而多龃龉,不如各人鼎力而成家业,以图兴隆"⑤。

有些商人家庭,分家并不分店,但矛盾仍然存在,兄弟之间也可能因为矛盾而不能合作下去。休宁陈士策的父亲将家产分割后,陈士策同二兄共同经营京祥生记钢坊。"因内亲不合,予恐日久资本渐削,且同事一业,或生疑忌,不若乘年少之精力,另创基业"。因此他禀请父命,从钢坊中分析出来,另创石塘纸业⑥。

---

① 《徽州地主分家书选辑》第44条,章有义:《明清及近代农业史论集》附录,北京:中国农业出版社,1997年。

② 《徽州地主分家书选辑》第3条,章有义:《明清及近代农业史论集》附录,北京:中国农业出版社,1997年。

③ 《徽州地主分家书选辑》第11条,章有义:《明清及近代农业史论集》附录,北京:中国农业出版社,1997年。

④ 《徽州地主分家书选辑》第14条,章有义:《明清及近代农业史论集》附录,北京:中国农业出版社,1997年。

⑤ 《徽州地主分家书选辑》第38条,章有义:《明清及近代农业史论集》附录,北京:中国农业出版社,1997年。

⑥ 《徽州地主分家书选辑》第7条,章有义:《明清及近代农业史论集》附录,北京:中国农业出版社,1997年。

在振兴家业的愿望下,即使兄弟之间关系很好,也会分家。道光十二年(1832年)《吴姓阄书》中兄弟三人,关系很好,"世间最难得者兄弟……纵不能如张公义九世同居,一堂聚首,何忍言分?"但长兄认为自己措置不善,屡次亏折,三弟又结婚,二弟又得子,父母又将安葬。"分析一事,虽情之所不忍,亦势之所必至,惟望各自整理……如有顺遂之日,兄弟照旧相看,无分彼此"①。有继母的家庭,家庭矛盾更多。乾隆十三年(1748年)祁门汪庭芝已经61岁,他回忆说,自己10岁丧母,厄于继母,孤苦伶仃,不堪备述。22岁时与林氏结婚,林氏入门20余年,"事吾继母,虽遇性悍,百般委屈体志承顺。其处族党,无问亲疏内外,克尽妇道。或闻逸言闲语,悉以和颜受之,不形声色"②。

家庭矛盾是阻碍家业振兴的一个重要原因,因此,分家就是要消除矛盾。嘉庆二年(1797年)《余姓分关书》中的母亲守寡多年,兄弟三人以长子出力最多,"惟念生齿日繁,费用亦夥,虽汝等雍睦,无有间言,而树大分枝,各勒尔职,各守尔业,可期永久,此予之倦久于中者也。昔张公九世同居,后人传颂;田氏分财,荆花萎谢。予纵女流,窃闻斯训,顾近日人情浇薄,习俗衰颓,至有因区区家产,至亲一本,视若雠仇者,良可叹息"。她看到了潜在的家庭矛盾,所以她说自己老了,分家析产也可以减轻长子的负担,每个人为自己负起责任③。嘉庆二十三年(1818年)《沈姓阄书》中的父亲也以"予适周花甲,家务甚繁,人心渐弛"为表面理由,点明了分家的好处:"与其放而莫约,孰若分而各管为愈焉。"④乾隆六年(1741年)徽州《许姓阄书》中的父亲就直接点明了分家是为了保持日后的安宁,"窃闻同爨齐家,固昔人笃义之高风;分析遗安,

---

① 《徽州地主分家书选辑》第31条,章有义:《明清及近代农业史论集》附录,北京:中国农业出版社,1997年。

② 《徽州地主分家书选辑》第15条,章有义:《明清及近代农业史论集》附录,北京:中国农业出版社,1997年。

③ 《徽州地主分家书选辑》第21条,章有义:《明清及近代农业史论集》附录,北京:中国农业出版社,1997年。

④ 《徽州地主分家书选辑》第25条,章有义:《明清及近代农业史论集》附录,北京:中国农业出版社,1997年。

亦历来作父之恒情。虽曰兄弟同胞,难冀人心合一……且予年望六,来日已少,恐日后之争,宁先遗之以清"①。

从振兴家业的角度,他们认为,不分家往往为害更大。在徽州的父母看来,同居是虚名,沽虚名就是选择矛盾,就是不计实害。这不但会使家业不旺,而且贻累子孙,更有可能断后。道光元年(1821年)休宁胡秋浦就说他的祖上因为没有分家,"以至屋宇倒坏,山地荒芜,且易他姓"。因此他认为:"世人沽虚名而不计实害者,每言兄弟不当分析,吾则不然。盖树大则枝散,人众则心异,其理一也。此不必借观于别人,惟观吾祖一家之事,而知分则有益,不分则有害。且知人生在世,果存心忠厚,行事方正,即少分些,反为实受;否则,虽多分些,亦无所用。吾家累世清白传家,自春宇公生二子,长子习之公,次子正之公,其后子孙渐见蕃衍,然往往无传焉。究其所以,总因不忠厚,不方正之故。尔等悉知,吾亦不赘第述。"②

振兴家业是需要人去努力的,虽然人口增长是分家的直接动因,但同时,徽州人口的高死亡率往往也给他们造成了乏嗣的威胁。他们认为,分家后矛盾的消除,有利于繁衍后代,振兴家业。家庭矛盾的消除,更容易使人存心忠厚,行事方正,为自己积累阴德,贻福子孙。至于善行和子孙后代之间的关系,在明清时期非常盛行的各种功过格和善书中都有体现,不仅佛教中人、儒家学者,普通的文人和民众也都信奉着这样的理论:"有百世之德者,定有百世子孙保之;有十世之德者,定有十世子孙保之;有三世二世之德者,定有三世二世子孙保之。其斩焉无后者,德至薄也。"③在地方志中也有实例证明,在歙东乡有一个人叫张翁,家产雄厚,但因无子,在外地误买别人之妻,他在

---

① 《徽州地主分家书选辑》第13条,章有义:《明清及近代农业史论集》附录,北京:中国农业出版社,1997年。
② 《徽州地主分家书选辑》第39条,章有义:《明清及近代农业史论集》附录,北京:中国农业出版社,1997年。
③ (明)袁黄:《立命篇》第4页。对于这方面的论述可参考[美]包筠雅:《功过格——明清社会的道德秩序》,杭州:浙江人民出版社,1999年;游子安:《劝化金箴——清代善书研究》,天津:天津人民出版社,1999年。

了解情况后,马上送还,并送给他们夫妻一笔钱,资助他们谋生。他回乡后,不到3年,妻子就生了2个儿子,他自己和别人都认为是阴骘所至,因此长子命名为阴,次子为骘①。

在阄书的结尾,分家者对于分家后都抱有很大的期望,"所愿家业虽分,心志孚合,有既具既翕之忱,无不均不安之患,庶天显克敦,不负予垂裕之深心矣。若其扩增前绪,更振家声,则在有志者之克自树立,抑又予之所甚望也"②。这种愿望都是建立在分家之后兄弟之间更加和睦的基础之上的,"惟愿分家之后,兄弟共笃同气之谊,有光于先人,不胜愿望之至"③。"兄弟和乐,日新月盛,异时分与尔等子孙,更远胜今兹,是则吾心所深望也夫"④。只有兄弟和睦,才会更振家声,也才会子孙繁衍。"自今分析之后,各宜立志成家,恢大光前裕后,兄爱弟敬,和气一堂,家庭雍睦,自然日新月盛,房房瓜瓞绵绵,是我之厚望,以此为嘱"⑤。分家本来是为了分流大家庭内的人口,但是分家对于小家庭的人口的增加可能又有促进作用。分家后,原先的经济紧张状况可能由于小家庭更为合理的规划而得到缓解,小家庭的积极性也得到了充分的发挥,居住环境也得到了改善,夫妻之间的感情更容易释放,生育率也可能会有提高。这些都是分家对于人口增加的促进因素。

总之,分家的原因很多,有家庭外部赋役的原因,也有家庭内部的人口和经济方面的因素。徽州的分家书确实有着更为显著的特点,一是商人家庭占有绝对的多数,这可能不能证明商人家庭容易分家,但至少可以证明徽州商人家庭的比例非常高;二是土地的数量非常之少,尤其是人均所占有的土地,

---

① 弘治《徽州府志》卷一二《拾遗》。
② 《徽州地主分家书选辑》第37条,章有义:《明清及近代农业史论集》附录,北京:中国农业出版社,1997年。
③ 《徽州地主分家书选辑》第38条,章有义:《明清及近代农业史论集》附录,北京:中国农业出版社,1997年。
④ 《徽州地主分家书选辑》第39条,章有义:《明清及近代农业史论集》附录,北京:中国农业出版社,1997年。
⑤ 《徽州地主分家书选辑》第40条,章有义:《明清及近代农业史论集》附录,北京:中国农业出版社,1997年。

家产的积累非常艰辛,这证明了徽州土地的稀缺及由此导致的生态环境的脆弱;三是分家中对消除家庭矛盾、振兴家声的特别强调。这三者之间是有着内在联系的,正因为土地的缺乏,才导致了商人数量的庞大。人口的增加所造成的经济压力和人际关系矛盾在不断增大,分家正是为了缓解人口增加所带来的矛盾和压力。分家中有着对生存伦理的强烈关注,商人从商业管理的经验得出分家后各自为自己的命运承担责任的必要性。他们要消除家庭的内部矛盾,稳固兄弟之间的感情,以繁衍人口,振兴家业。生存意识的强烈,也造成了对振兴家业的强烈关注。从结果看,也确实有很多的小家庭在分家后勇于创业,最终在困境中兴起,振兴了家业。徽州人对于分家的开明态度也是徽州地区小家庭广泛存在的重要原因之一。从这个角度看,分家是对大家庭生存压力的一种缓解,是对大家庭内血缘人口的一种分流,也是出于对商业经营的考虑。而分家与商业相结合的另一个结果恐怕就是迁徙了。

三、分家与家庭—宗族结构

家庭中的人口尤其是男性人口不断地增加和分流是家庭—宗族结构形成的必要条件。但由于分中有继也有合,"部分家庭义务、宗教义务以及文化意义上的种种约定,仍然把他们联系在一起……在文化上,中国的家永远是分不开的"[①]。"在家庭中一直存在着与生俱来的两股对立的力量:血缘亲情产生的向心力和财产利害产生的离心力。每个家庭都在这两股力量的一张一弛中、在不断的倾斜与平衡中得以维系着"[②]。离心力产生了小家庭,向心力产生了大宗族。小家庭与大宗族的关系颇类似于小传统和大传统的关系,是现实生活与精英文化之间的关系。它们之间并不对立,而是有着传承和结合。

赋役和人口增加导致家庭关系复杂化,人们的生计已经陷入或有可能陷入困境。在强烈的生存和忧患意识下,为了消除矛盾,振兴家业,徽州地区普

---

① 麻国庆:《分家:分中有继也有合——中国分家制度研究》,载《中国社会科学》,1999年第1期。

② 邢铁:《家产继承史论》,昆明:云南大学出版社,2000年,第178页。

遍选择了分家,分家的结果既造成了徽州地区普遍的大量的小家庭的出现①,也确实使很多的小家庭勇于创业,最终兴起。很多分家时的家庭并不是孤立的,而是处在一个更大的家族之中,有亲族的参与和监督,要为族内的事情出钱出力,要在族内处理好关系。乾隆三十六年(1771年)王姓阄书在回顾时就说,他们的先祖侨居外地,"业日隆起",康熙四十六年(1707年)祖父奉曾祖携家归里,"承欢暮年,敬宗睦族,一切公事,率倒箧倾筐为一族倡。若建造宗祠头门,及叶石书院大事,迄今犹啧啧在人口。历年广置房屋田产,开创德元、日升两典,其为子孙计,诚深且远也"②。积极参加宗族活动,就能够在族内获得应有的地位,即使是女性在家掌管家务,也会如此。乾隆五十二年(1787年)叶姓阄书中的父亲在外时,母亲掌管家政,"备极妇职,式礼莫愆,是助吾父备福于子孙也。始倡输修祠,报祖德以报功,遵族谕保全祖业,凑买宗照公葆和堂内分法之半。亲族皆知其勉力,实体祖父之遗训"。后来她的儿子也是"卜吉择兆,重修祠宇,八世报功,似乎少慰先灵于九泉也"③。

分家虽然是一种家庭内部行为,但分家时对家产的某种安排显然有利于宗族的形成。考虑到赋役、祭祀和科考等方面的因素,很多家庭在分家时存留一部分公产,作为公共的必需的开支,或作为读书、考试的费用和奖励。如上述的王姓在分家时就将祖遗田租拨留一部分作为正项。虽然不少阄书规定在父母死后,留存的那部分资产可以进行再次分配,但也有很多阄书规定把它作为固定族产,"其除分籍之外,仍存有众租,以作子孙有能诗书,奋志青云者,每科应试卷资程仪取用……世世子孙永遵不违"④。"氏所存口食,生

---

① 唐力行认为人口和耕地的矛盾和徽商是造成徽州地区家庭规模缩小的原因。参见其论文《明清徽州的家庭与宗族结构》,载《历史研究》,1991年第1期。
② 《徽州地主分家书选辑》第17条,章有义:《明清及近代农业史论集》附录,北京:中国农业出版社,1997年。
③ 《徽州地主分家书选辑》第18条,章有义:《明清及近代农业史论集》附录,北京:中国农业出版社,1997年。
④ 《徽州地主分家书选辑》第15条,章有义:《明清及近代农业史论集》附录,北京:中国农业出版社,1997年。

则存养,殁则立祀,毋得后来生端起衅。"①祖先的坟地更是公共的,不能分,要集体保护②。随着家庭的不断分析,公共财产有可能越聚越多,以族产为中心,家族的作用也就日益显现出来。就在这种人口和财产的不断地分与合当中,小家庭越来越多,大宗族越来越普遍;小家庭越来越弱,大宗族越来越强,最终形成一种小家庭——大宗族的社会结构③。

  小家庭的普遍出现与赋役有关,大宗族同样如此。宗族作为一个有效的自治组织,在赋役征派中成为国家与小家庭之间的中介角色,它要求族人急公需,按时足量完成国家的赋役征派;但同时宗族也起着保护人的角色,保护族人免受种种赋役弊端的侵害。不少家庭在分家时,就明确说明各自承担税粮,不得贻累族人和族产。一个家族往往就是一个大的纳税单位,由家族先在内部的各个小家庭或房之间征收,然后再集中交纳,这样的赋役征派,对于小家庭来说是有利的,可以免却许多额外的勒索。有的家族、宗族的族产就承担了族内的赋税。这样,小家庭的负担会有所减轻,家庭人口会有增长的趋势。

  宗族对小家庭的保护角色并不仅仅体现在赋役方面。经济基础决定了上层建筑,从这个角度来看,族产对于宗族来说是至关重要的。族的强弱与族产的多少是有直接关系的,而族产的多少对于宗族的向心力、凝聚力又是至关重要的。增置族产成为明清时期士大夫乃至民间社会的共识。绩溪城南方建寅在谈到增加祀产的理由时,认为:"旧遗祀产,粗足以供粢盛,然祀先有余而惠下不足,且无以急公需,是宜增。"④实际上,随着不断地分家析产,族产也越来越多,而小家庭的财产日益减少,族产的功能已经是越来越多地对族人进行帮助,

---

① 《徽州地主分家书选辑》第 27 条,章有义:《明清及近代农业史论集》附录,北京:中国农业出版社,1997 年。

② 日本学者臼井佐知子探讨了"存众"部分的家产的管理和分割情况。参见其《论徽州的家产分割》,见周天游主编:《地域社会与传统中国》,西安:西北大学出版社,1995 年。

③ 唐力行从商人的角度探讨了徽州社会的家庭与宗族结构,认为徽商对这种结构起了关键作用。大量商人疏散了当地的人口,抑制了当地人口的增长,商业的发展也促成了家庭的裂变,扩大并加固着宗族血缘群体。参见其论文《明清徽州的家庭与宗族结构》,载《历史研究》,1991 年第 1 期。

④ 民国《绩溪城南方氏宗谱》卷二三《杂著下》之《再书谱尾示后》。

"祀先""急公需"和"惠下"都已成为族产同等重要的功能。《窦山公家议》中载有大量的族产,对于族产的运用和管理也有多次论述,"窃将供课、存祀以外之浮租,立议众贮支吾公费。其无事则分给子孙也,祖宗之泽也,权也;有事则众司出纳也,祖宗之制也,经也。经不废私,权不废公"①。文人士大夫的宗族理念不断付诸实践,说明在明清时期,宗族对于族产的管理和运作已经形成了一套成熟的理论。宗族形态在日益普及的同时,宗族的经济基础所惠及的对象也在日益普及。在这样的宗族理念和实践下,族产和宗族的有效管理可以使从大家庭中分流出来的人口和众多小家庭仍能维持着聚族而居的形式。

但如果族产不能得到有效管理,便往往会受到管理者的侵吞。如歙县柳山方氏就多次发生了守视僧侵盗家庙祀产的情况,万历二十六年(1598年)守视僧如福又联合邻近的潘氏和吴氏,藏匿家庙中的方氏祖像和敕额,篡改庙梁上的字迹,并随意增建建筑物。导致这些侵盗行动的一个起因就是,负责管理祀产的方鏊拖欠税粮,并与里长合谋转嫁给守视僧。守视僧如福也情愿代方鏊交纳税粮,而交纳税粮是拥有所有权的根据。因此,当后来方鏊上告,守视僧却敢于径直上诉到台宪,并在败诉后,还觉得不服②。

家庭—宗族结构能够保持分家后的稳定。宗族的存在对于分家后的族内子孙的行为有一个约束,康熙五十九年(1720年)休宁陈士策在分家时就规定:"后嗣倘有不肖,蔑视家法,荡检疏闲,必致倾家弃产,废尽祖业,累及妻子啼饥号寒,无可控诉,而尚不悔悟,为亲族所鄙,羞辱祖宗,莫此为甚。惟望为贤父兄者,防微杜渐,时时警戒。如或子弟执迷不悟,甘为匪类,许执遗命,投明本族,绳之以祠规,逐出祠外,不许复入……倘有顽梗不化者,则悬予像于中堂,请本房亲长公论杖罚;居桑梓则照祠规绳之。余言俱在,永以为鉴。此不惟遗诸子言,即传之世世子孙可也。"③

---

① 周绍泉、赵亚光:《窦山公家议校注》卷五《山场议》,合肥:黄山书社,1993年。
② 《方氏会宗统谱》卷一八《歙令钱公中选谳语》《歙南柳亭山真应庙纪事》。
③ 《徽州地主分家书选辑》第7条,章有义:《明清及近代农业史论集》附录,北京:中国农业出版社,1997年。

这种保护和约束的措施也说明了,徽州普遍的小家庭—大宗族结构是一种有效的人口分流形式。分家后的小家庭毕竟是势单力薄,但有了宗族这样一个既能保护又能约束的角色,家庭人口的增长以及人口从家庭中分流的速度都会加快。人口从家庭中分流的速度可以从分家时的家庭结构中得到体现。父母不在了,兄弟分家才更合乎风俗和儒家伦理,一份阄书就称:"吾父作古……今亦不能免俗。"①但从49条徽州分家书中看,有29个家庭中父母双方或一方还在,其中14个只有母亲在。正因为家庭—宗族结构的存在和发挥作用,即使父母还在,分家仍被普遍接受,并被规范在宗族伦理内。

总之,在明代中后期的徽州社会,宗族组织的快速发展、人口的大量增加、分家的普遍,以及小家庭—大宗族结构的建立,这几者是互为因果的。徽州的小家庭—大宗族的社会结构促进了徽州人口从大家庭中的分流。

但是分家后小家庭的增加,引起居住地的增加,有的在本县和本府进行扩张,也有的由于其他的原因迁徙外地,小家庭围绕宗族聚居的这种居住形态难以维持,从而形成了众多的派别。这就在家庭—宗族的血缘聚居结构之外,又形成分支与本支的地缘网络结构以及小徽州与大徽州的格局。

第二节　迁徙、出赘与出继:对《新安第一家谱》的分析

翻开中国的族谱,我们会发现,中国传统社会实际上就是一个人口流动不止的社会。聚族而居是宗族的地域性表现特征,但是,宗族人口的迁徙又是一种普遍的现象。这种迁徙往往有科考、任职和经商等原因,但它的根本原因还是因为人口增长的压力和生存环境的恶化。

一、早期在本土以支派为主的迁徙——以大圭公的后代为例

随着宗族人口的增长,生存压力也随之大大增加,族人的迁徙也越来

---

① 《徽州地主分家书选辑》第43条,章有义:《明清及近代农业史论集》附录,北京:中国农业出版社,1997年。

频繁,这在家、族谱中有大量的反映。清人程世善修的《新安第一家谱》有丰富的人口迁徙和出继的记载。程氏从 27 世开始,连续几代生育率都非常高。27 世珍公生有 8 子,这 8 子就成为大派八祖。其中最小的汾公始居休宁方源,唐末天祐四年(907 年)为郡助防驱使,携家居郡迁河西,遂筑室定居。汾公生有 4 子,以平均生 2 子计算,28 世就可能有 8 子。29 世的生育率继续保持着高水平。如此高的生育率对他们家族的生存构成了严重的危机。因此从 28 世或 29 世就开始了迁徙,其中一个称为峄公的迁中山博野。后来一个叫希振的由博野迁河南,据说就是程氏二夫子的曾祖。29 世彦斌又生有 4 子,但这 4 个儿子全部迁走,长子迁屯石岭,次子迁范坑,三子迁罗祁;四子廷坚迁槐塘,成为槐塘派始祖。这 4 子分为 4 派。从 27、28 和 29 世的生育率、他们的家世以及所处时代来看,他们的迁徙是没有什么令人置疑的。家族人口的膨胀必然增加生存的压力,而且又面临着唐末五代的战乱,迁徙是最好的选择。早期的迁徙者中大多是官僚。珍公的第五子仲繁是唐检校户部尚书,他迁祁门善和里。珍公的第八子汾公就曾在徽州当地任职。

30 世始祖廷坚公于后周广顺二年(952 年)迁槐塘,为槐塘始祖,从槐塘 1 世祖到槐塘 6 世祖的生育率不清,但从家谱上看,可能是因为存活率不高的原因,所以都是单传,因此也没有迁徙的记载。

但是从槐塘 7 世祖大圭公开始,生育率又陡然升高。大圭公生有 5 子:长子子瑾迁岑山渡,其 5 世孙(槐塘 12 世)两个都出继给本族,到 6 世时本支无传;第三子子珣 5 世孙瞻祖出继给本族,辛祖再迁无考,因此,到 6 世时第三子也无传了;第四子出继稠墅汪氏,遂成为汪氏之祖,孙子应元为浙东提刑;居槐塘的是第二子子瑜和第五子子玘,这两房最盛,"共九子十八孙,多以文章发身,超擢显爵,遂开基筑室,分旧、正、上、下四府居之"①。谱中虽说是 9 子 18 孙,但在后来的世系上只有 6 子 13 孙,估计有 3 子 5 孙早亡了,这意味着这两代各有 1/3 的男性后代早亡。人口的大量增加,而且又是显爵,所

---

① (清)程世善辑:《新安第一家谱》之《槐塘程氏本支迁派谱略》。

以有充分的条件来扩张,扩张的具体行动就是"开基筑室",连同新房和旧房共有四处,大圭公的这13个曾孙就分成四府居住。在此基础上进行了分家,并继续在本土进行着扩张。从"表4-2"看,在房子的分配上,子瑜的长子和三子的4个儿子居上府,分别为前派、后派之祖;次子的3个儿子居下府,分别为前派、续派、新宅之祖;子玘的长子的2个儿子居正府,分别为上门、下门之祖;次子和三子各有2个儿子,其中各有1个儿子居旧府,分别为旧府前派和后派之祖,相继建立了槐荫堂、敦余堂、孝友堂、世恩堂、乐善堂五派。从"表4-2"看,虽然他们一开始分成上、下、正、旧四府,但是在四府之下又继续进行了扩张,在本土形成了上府前派、上府后派、下府前派、下府继派、下府新宅、正府上门、正府下门、旧府前派、旧府后派以及槐荫堂、敦余堂、孝友堂、世恩堂、乐善堂共14个分派。这些派、门、堂等都是在本地扩张后形成的,它们构成了家族内的分支。

表 4-2　槐塘 7 世祖大圭公第二子子瑜、第五子子玘的子孙与派别情况

子	孙	曾　　孙
子瑜	十二	元隆:上府前派之祖。大干派、岩镇派出其后。
	念六	元亮:下府前派之祖。
		元应:下府继派之祖。汤口派出其后。
		元亨:下府新宅之祖。江村派、槐台派出其后。
	三七	元德:上府后派之祖。大程村派、富溪派、岑山渡派、下长庆派出其后。
		元杰:上府后派之祖。
		元岳:上府后派之祖。凤凰派出其后。
子玘	放	元定:正府下门之祖。绩溪仁里派出其后。
		元凤:正府上门之祖。
	纲	元迪:旧府前派之祖。长子迁洁湖为前派、次子另成槐荫堂派。
		念九:洁湖中派之祖。
	轮	念四:洁湖后派之祖。
		元吉:旧府后派之祖。敦余堂、孝友堂、世思堂、乐善堂四派出其后。

但随着人口的继续发展,本地的扩张能力已经非常有限,所以向外地的迁徙就越来越多。后来从这四府中又因迁徙、出赘和出继于外地,而另成12派,大圭公就是这外地的12派的共同祖先。而这外迁的12派也主要是他的次子子瑜和五子子玘的后代分别成立的。从"表4-2"看,子瑜有三个儿子,大

干派和岩镇派出自他的长子,汤口派、江村派和槐台派出自他的次子,大程村派、富溪派、岑山渡派、下长庆派和凤凰派出自他的三子。子玘也有3子,绩溪仁里派出自他的长子,而洁湖的前派和中派出自他的次子,洁湖后派出自他的三子。

在家族人口发展到一定程度,已超出生态环境所能承受的能力时,用迁徙的方法进行人口分流是必需的。而这可能受制于一定的外部条件,即外部环境较适宜,不难获得土地等资源,家族内部的压力虽然比较大,但也还有向本土或外地扩张的能力。但如果正常的迁徙难以进行,利用出赘和出继来分流人口,就越来越多地为家族所采用。

表 4-3 四府自槐塘迁徙、出赘和出继而另成派别情况

府、派	槐系	名字	派别	原因	祖先和后代情况
旧府	10	念九	洁湖中派	迁徙	
	10	念四	洁湖后派	迁徙	
	11	十一直学	洁湖前派	迁徙	无子族内立嗣
正府	11	宏祖	仁里派	迁徙	无子族内立嗣
	11	瞻祖	仁里一派	迁徙	
	11	辛祖	仁里派	迁徙	又迁邑南,无考
上府后派	11	元三	大程村派	出继	
(大程村)	13	继仁	富溪派	赘富溪汪氏	
(大程村)	13	诚	岑山渡派	赘庄上方宅,迁居岑川	父出继本族
(大程村)	17	□生	下长庆派	赘下长庆汪氏	
上府后派	16	祥荫	凤凰派	赘汪姓	父出继本族
上府前派	14	添寿	大干派	迁徙	
上府前派	17	希发	岩镇派	出继余姓后复姓	5世孙复居槐塘
下府继派	15	恢	汤口派	赘方村谢姓	祖出继本族
下府新宅	16	福得	江村派	赘江村江氏	后代迁槐台
(江村)			槐台派	由江村迁槐台	

程氏家族在发展的早期是主要利用迁徙来分流人口压力的。从"表4-3"中可以看到,槐塘10世和11世共有7个人移居外地而成立派别,其中有6

个是迁徙。这6个迁徙者共成立了2派:洁湖派和仁里派,而洁湖派又细分为前派、中派和后派,槐塘10世祖念九为中派之祖,10世祖念四为后派之祖,11世祖十一直学为前派之祖。十一直学在迁居洁湖之后,也因乏嗣,而立洁湖中派之祖念九的次子的儿子为后。念九是十一直学的叔叔,他们是叔侄关系。作为洁湖派前、中、后3祖的十一直学、念九和念四全出自旧府。仁里派也有3个祖先。槐塘11世祖家祖①是大圭公第五子子玘长孙元定的第三子,他同大圭公第三子的4世孙瞻祖和辛祖由槐塘迁居绩溪,"别业仁里,子孙家焉"。家祖无子,立瞻祖次子为子。瞻祖的弟弟辛祖后来又从仁里迁邑南,"今无考"。所以仁里一派有两支,一支为家祖后代,一支为瞻祖后代。作为仁里派3祖的家祖、瞻祖和辛祖全出自正府。由于谱中没能提供当时迁徙的详细信息,故没法做出更深的分析。但是,这种非常工整的对应(旧府——洁湖、正府——仁里),而且人数(两派各有3个祖先)和时间(槐塘10和11世)又相对比较集中的情况,说明了该家族早期的迁徙规模是比较大的,也可能是有组织的。这很有可能是在人口和生存压力很大的情况下发生的。

在外地成立的12派17个祖先中,有9个是迁徙,但因迁徙而成立的支派只有4个:洁湖、仁里、大干和槐台。通过出赘的方式成立的派则多达6个,其中13世2个,15世1个,16世2个,17世1个。通过出继而成立的派虽然只有2个,但开始得却比较早。槐塘11世祖元三出继给大程村的程氏,该程氏与槐塘程氏可能不是同族。17世时有1个出继岩镇余氏。

从这外地的12派出处来看,洁湖派3祖出自旧府,仁里派3祖出自正府,大程村派、岩镇派、大干派和凤凰派出自上府,汤口派、江村派和槐台派出自下府,另外3个富溪派、岑山渡派和下长庆派出自大程村派。他们基本上都是大圭公的次子和五子的后代。这是非常集中的、规模很大的族内人口的分流情况。

可以肯定,程氏家族在将人口向外姓分流的过程中,出赘是越来越多的

---

① 家谱中有的地方又称"宏祖"。

选择。出继大程村的元三成立了大程村派,他的孙子继仁出赘富溪汪氏,成为富溪派之祖;另一个孙子诚出赘岑山渡方氏,也成为这个支派之祖;而诚的父亲即元三的儿子又出继给本族。元三的一个7世孙出赘给下长庆汪氏。6个出赘者当中的另外3个是:槐塘15世祖恢自槐塘出赘方村谢氏,成为汤口派之祖;16世祖祥荫自槐塘出赘凤凰汪伯牛公宅,为凤凰派之祖;16世祖福得自槐塘出赘江村江氏,居新屋下,为江村派之祖。出赘者的生存环境可能还可以,因为他们毕竟都成为一派之祖,这说明出赘者生存压力不是很大,发展的空间比较大。按照惯例,他们极有可能对外姓承担着一定的义务,和外姓有着较多的利害关系。在这种情况下,出赘者有的融入不了外姓,或与外姓有较大的矛盾冲突,从而使得他们自身仍保持了一定的独立性,并最终导致了再次转移。如江村派的后代中又有迁居槐台的。荷兰学者宋汉理通过对休宁范氏宗族的个案研究,认为,范氏男子入赘于别的有势力的家族是明初该族兴起和发展的先决条件①。

从出继的对象也可以看出当时的生存状况。因出继而成立的派别只有2个,槐塘11世元三出继给大程村的程氏,这个程氏可能并不是本族。槐塘17世时希发出继给岩镇余姓,但几世后又复姓了,复姓5世后复居槐塘。可以肯定,复姓和复居槐塘之间有着必然的关系,也许在出继外姓后,因种种原因并没有融入该姓,或者并没有在该姓内受到平等的对待,所以后来又复姓并返居槐塘了。出继给大程村程氏的元三的后代有3个出赘,说明元三的生存状况不是很乐观,所以他的后代多次出赘。出继给非本族的本姓或外姓,以及频繁的出赘可能都是一种无奈的选择,因为这种出继和出赘并不合乎当时的伦理规范。但在一个资源日趋紧张,生存压力越来越大的环境中,出赘和出继外姓也可能是一个尚可接受的选择。

除了因出继而成立的两派之外,大圭的后代之中,还有大量的族内出继情况。大圭公长子迁岑山渡,两个5世孙都出继,智出继给槐荫堂十二上舍,

---

① [荷]宋汉理:《徽州地区的发展与当地的宗族——徽州休宁范氏宗族的个案研究》,见刘森辑译:《徽州社会经济史研究译文集》,合肥:黄山书社,1987年,第40页。

已出继给正府下门荣祖十六公,而他们的本支却无传。

大圭公的次子子瑜是这个家族的 37 世祖,子瑜的孙子元应无子,继长兄元亮的次子扬祖为子,扬祖生荣三,荣三又无子,继元凤次子述祖子琼为子。这次出继有些问题,本来扬祖应该是 40 世祖,荣三是 41 世祖,而所继的琼应该是 42 世祖,但琼与荣三是同辈的。所以在这个家谱中琼就取代了荣三成为 41 世祖[①]。琼的孙子恢就是 43 世祖,但是在槐塘 24 世孙程兼所著的《槐塘程氏本支迁派谱略》中,就把汤口派之祖恢公作为槐塘 15 世祖,而且认定恢公是元应公 6 世孙。但是在家系中恢公却是槐塘 14 世祖,是元应公的 5 世孙。频繁的出继和立继有可能产生混乱和矛盾,这也是有些家族以家规或族规的形式对此加以规范的原因。

子瑜的三子三七也有 3 个儿子,长子元德有 6 子,二、三、五、六都出继,本支到 8 世无传。次子元杰至 5 世时无子,立他的弟弟元岳的 5 世孙祜的次子为嗣。而祜原是大程村宁二公的第四子,元岳的 4 世孙福无子立为子。

大圭公的三子的 5 世孙出继给大圭公的第五子的后代。

大圭公的五子有 3 个儿子:放、纲、轮。放有 2 子:元定、元凤。元定有 4 子,第二子荣祖十六公无子,立大圭公长子 5 世孙已为子。第三子家祖迁仁里,无子,立大圭公三子的后代为嗣。第四子可能出继给元凤,成为元凤的长子。元凤还有 2 子,也都是过继来的。第二子述祖是元德的第五子,第三子崇祖是元岳的第三子。元凤又被称为念六丞相,虽然他无子,但他有立嗣的各种条件。所以他过继了 3 个儿子。

纲有 2 子:元迪、念九。元迪的次子十二上舍无子,立大圭公长子 5 世孙智为子。

还有一些过继情况不明,如元德的 6 个儿子有 4 个出继,现在知道第三子出继给大程村,第五子出继给元凤,其他 2 个不清楚,不能排除出继给外族的可能。总计到大圭公的 6 世孙时大约有 13 个出继,只有 2 个族外出继。

[①] 在家系中明确说明琼是扬祖的继子。

这样剩下的 9 个都是族内出继,其中 3 个是发生在次子子瑜的后代中:1 个是发生在子瑜次子的两个儿子之间,2 个发生在子瑜三子的后代之间;其他 6 个发生在不同的支派之间。大圭的 5 个儿子当中,第五子子玘的后代官居最显,他的孙子元凤官居丞相,子玘也因此被封为齐国太师,元凤的父亲放被封为鲁国太师。这一支的显赫地位在族内出继中表现得最为明显。除了子玘的四哥出继给稠墅汪氏外,他的大哥、二哥和三哥的后代都和他的后代之间存在着继嗣关系。大哥的 2 个 5 世孙过继给子玘的后代,大哥本支却无传;二哥的 2 个 4 世孙过继给元凤;三哥的一个 4 世孙也过继给子玘的后代。丞相元凤的 3 个儿子都是过继来的①,他的一个孙子又过继给状元扬祖,扬祖是子玘二哥子瑜的后代。就是说,在不同支派之间的 6 个出继事例之中,有 5 个是流向了官居最高的子玘这一支;即使是从子玘流回子瑜的 1 个,其父原本也是出自子瑜本支,而且也是流向了状元扬祖之家。有理由相信,早期的继嗣的确比较混乱,除了出继给外姓之外,族内的出继对象多是官宦之家,无疑官宦如丞相和状元之家的条件自然是好得多,能够容纳更多的人口,元凤自己无子,因为官居极品,因此立继了 3 个儿子。而大圭公的长子的后代因为出继导致了本支的无传。这些出继情况说明了出继的对象是生存条件很好的官宦之家,并没有遵循着后来的一些规则。

兄弟之间的继嗣非常少,到了后来 53 世祖光进的后代之间就彻底得到了改变,光进后代的 4 个出继事例有一些共同点,如都是在兄弟之间进行的,都是无子立继,被出继者的兄弟都较多。57 世应采只有兄弟 2 人,哥哥迁龙游,自己出继给叔父,他们的家庭有可能遇到了某种危机,才迫使他们一个出走,一个出继。这 4 例继嗣与较早期的继嗣相比,无疑更为规范,更为严格,完全遵循着血亲的原则;而我们也有理由相信,早期的继嗣混乱情况,通过在家族内部制定一些继嗣规则而得到了遏制。

这样的结论与绩溪遵义胡氏的继嗣情况相类似。遵义胡氏在 17 世时有

---

① 元凤的长子在《统宗谱》中注为"继子",在《会通谱》中注为元定公(即元凤的哥哥)的第四子。这一个过继没有计入 13 个过继事例当中。

2个出继外姓,他们出自同一家庭,都被过继给该县的官员,表明这个家庭同该县的上层之间建立了某种密切的联系。他们早期既有大量的无后者又不见族内出继,这也许说明了当时该族对族内出继持一种否定和抵制的态度。而胡松一支到22世时有8人立继,顺利地使没有后代的人实现了香火的延续,基本上再也见不到17世之前有大量无传者的现象。这说明随着人口的增加,该族的继嗣也增加了,并有了某种规范。有1个兼嗣,有一户3子出继2个,有一户4子出继2个,还有一户4子出继3个,这种出继者集中于某个家庭的现象或许与他们的家庭出现大的困境有关。另外,在那么多的无考者中间,很难保证每个人都有子孙延续,仍有不少人乏嗣。

家族人口的增加与家族所处的地位和经济实力有关。大圭公的次子和五子这两房最盛,"二公九子十八孙,多以文章发身,超擢显爵,遂开基筑室,分旧、正、上、下四府居之"。正是他们开始打下的这些基础,使得人口需要分流,也使得在早期就分成四府居住,而四府又陆续分成许多的门、派和堂,在后期又向外扩张建立了12派。血缘人口因此得到了较大规模的分流。

不管是迁徙、出继或出赘,大圭公后代的迁居地都不是很远,大部分都在本邑之内,可能正因为移居地不是很远,所以他们能与迁出地的本宗之间仍保持着联系,同时,他们各自的后代以"派"的名义聚居于某个村落,互相之间以"派"相区别,从而保持着某种独立性①。这种分支派别的存在,实际上已经使徽州的小家庭—大宗族结构发生了改变,又形成了一种小家庭—分支—宗族的结构,在小家庭和大宗族之间又有了分支这一中间层次。这种相距不是太远的各派为以后的结合奠定了基础,作为相互之间联系的纽带和证明,并相继修有统宗谱和会通谱。嘉靖年间开始允许继嗣始祖,新的宗祠纷纷建立,并以始祖作为联系的纽带开始进行结合活动,宗族组织迅速扩大。朴元熇还通过自己对歙县柳山方氏的个案研究,认为,由于生存竞争的激烈,一些

---

① 美国学者贺杰也认为:"有一些被族谱所记载的家族集团,是分居在各个独立的村落中。"参见其《明清徽州的宗族与社会流动性》,见刘淼辑译:《徽州社会经济史研究译文集》,合肥:黄山书社,1987年。

特殊的事件,如祀产被外姓侵盗激发了宗族内各派对祀产管理的关心,并以此为契机,进行了宗族内部的整合,最终在万历年间完成了十派的联合①。徽州许氏也在嘉靖十八年(1539年)修成了《许氏统宗谱》,其中记载了许氏在徽州境内建立了大量的支派,仅在歙县就列举了40多个或大或小的支派②。《许氏统宗谱》的修成,也意味着许氏进行了同宗结合的活动。通过大量的支派建设,徽州的宗族人口更多地集中在支派之内。与家庭—宗族结构一样,分支与本支所构成的网络是徽州人口存在的一个形式。

二、后期向外地规模性的迁徙——以光进公的后代为例

程氏家族的迁徙、出继和出赘仍在继续。除了从江村派中因迁居槐台而有了槐台派,汤口派也有分派。汤口派的始祖恢公是这个家族的43世远祖。谱中记载,恢公在洪武初选魁杰者,居职,但是他不乐仕进,因为汤口近黄山,幽阻,于是就赘谢伯亮女,"遂家焉,以避其选"。因逃避选官而入赘他姓,这也许只是一个托词,以为其祖隐讳。恢公的孙子得和公生了4个儿子:富生、宁生、则生、象生,前3个为山内三分,后1个为山外一分,皆同居汤口。虽然还同居在汤口这个地方,但已经进行了扩张,从而有了山内和山外之分。

汤口山外的象生是这个家族的46世祖,49世祖至正公少年时代就到山东张湫经商,事业颇盛,在当地行为谨慎,"居邻问馈往来甚善","言忠行敬,土人德之",与当地人的关系处理得很好,因此在张湫居住了好几代,他本人和他的儿子都死在张湫。一直到第52世翔公,还没有归志。同宗的一个进士寰公从京师还乡,特意到张湫去看他,见他生活得很好,恐怕他再也不想回去了,就力劝他:"桑梓之地,先人坟墓在焉,乌可不归。"在这样的力劝之下,翔公于是携家扶曾祖和祖父的灵柩归葬,因为想同寰公一同居住在槐台,所以不再居住在汤口。然而没有居住多长时间,就屡屡被水患所苦,于是又离开槐台,居郡颍园,至持公末年,徙居镇安门外,称为小北门派。所谓的《新安

---

① [韩]朴元熇:《从柳山方氏看明代徽州宗族组织的扩大》,载《历史研究》,1997年第1期。
② (明)许汉编:《许氏统宗谱》,据歙县许氏支派统计。

《第一家谱》就是指这一派,所以这一派的人口记载较多,可以做一些具体分析。

53世光进公有6个儿子:士鑑、士铎、士鋹、士钰、士镜、士镕,17个孙子。长子士鑑有2子,老大一支到4世时至少有3个迁镇江府;老二一支到4世时至少有1个迁宁国。

次子士铎有1子5孙,儿子是万年县庠贡、州同知。《汤口迁小北门派谱略》中只记载了长孙和次孙的后代,长孙官景宁县,生了3个儿子,其中老大是国学生,抚育了一个异姓子(杭州府商籍庠生),自己也生了2子;次孙这一支迁常州府。

三子士鋹生1子3孙。四子士钰生2子,长子又生2子。

五子士镜生4子18孙,长子登泰为万年县庠贡,州同知。登泰就生了11个儿子13个孙子17个曾孙。11个儿子中没有记载后代的有5个,无子立继的有1个,这样有后代的就只有5个:长子、三子、六子、七子和九子,长子的后代迁扬州,三子的后代迁龙游,九子的后代居州城,六子文炯是这个家族的56世祖。登泰的孙子中有2个无子立继,都是族内立继。仅仅从登泰一支就可以看到《新安第一家谱》中的程氏家族在明代以后继续以迁徙和出继进行着族内血缘人口的分流。

士镜的次子登鼎为郡庠贡,"四任广文,终铎邳州",有2子3孙,其中次子的后代迁寿州。

士镜的三子登文为国学生,有2子,其中长子有3子9孙,"俱迁繁昌县";次子生2子,迁金华。

士镜的四子登仁为邑庠生,有3个儿子,只有长子有4个儿子,其中一个出继给次子,一个迁祝塘。

光进公的六子士镕生有7子,长子为镇江府庠贡、教谕,次子为镇江府庠生,三子为镇江府庠生、县丞,四子为国学生。7个儿子中只有2个记载有后代,"俱迁镇江府"。

光进公的6个儿子中,三子和四子的后代凋零,没有多少记载,其他4子

14 孙的后代共进行了 11 次迁徙,迁居省内的有 5 个:宁国、州城、寿州、繁昌和祝塘,省外的有 5 个:镇江、常州、扬州、龙游、金华。规模较大的迁徙有 4 次:两次"俱迁镇江府",一次"俱迁常州府",一次"俱迁繁昌县"。可以认定,明清时期这个家族的人口主要是向经济繁荣、人文发达的江浙地区转移的。与前述的 36 世祖大圭公的后代相比,光进公的后代的 11 次迁徙中,迁居地只有一个在州城,有 10 次是向省内或外省迁徙,而且迁徙的规模更大,4 次出现"俱迁"的情况,其中 3 次是镇江和常州。与大圭公的后代分流后自成一派并载诸谱牒有所不同的是,光进公的后代大规模的集中的迁徙之后的情况并没有在谱牒中反映出来。是否因为他们迁移得比较远,已经完全脱离了原宗,而重新建立了自己的宗族组织?还是人口的大量增加和扩散,实在是难以收集相关的信息?抑或二者兼而有之?

　　光进公的后代进行大规模的人口迁徙,其原因自然首先是族内的人口压力,其次是儒、贾在家族内的结合。光进公有 6 子 17 孙 38 曾孙,即使在 57、58 世有大量迁徙无考的情况下,仍保持着 2 个多一点的生子数量。光进公的后代能够有这么高的生育率,自然与他们家庭的经济能力和官宦背景有关。因为只有富裕的家庭才可能承受多妻妾的家庭生活和如此高的生育率,光进公的第五子士镜就有 2 个侧室,士镜的长子登泰也有 1 个侧室。由于家谱中的资料有限,其他人的婚姻子女状况不清,但是士商的家庭背景是人口持续增长的重要原因之一。

　　在早期大圭公的后代中还无法见到经商的情况,但是后来情况有所改变。光进公的高祖开始在山东经商,事业较为兴盛,长期在当地居住;这种情况一直延续到光进公的父亲,他在一个同族进士的劝说下返回徽州,但并没有返居早先的居住地汤口,而是与该进士同住在槐台。显然这个进士属于槐台派。光进公的祖上不愿回来,而且回来后也没有居住在本派,是否与本派之间有潜在的矛盾不得而知。但光进公的父亲接受进士的劝说返回并与进士同住槐台,表明他与该进士的关系已经非常密切,显然已经开始向儒宦靠近,开始了家庭外部的儒、贾结合,而且大概从这时就已经开始了有意识的从商业向儒业的转移。光进公的孙子登仁也向族中的一个进士学习医理。这种同族士商的靠近还可能是一种初步的互相利用,士人需要商人的财富,而商人需要士人的关系。虽然程氏家族儒宦辈出,但光进公的祖上连续几代在外经商,已经失去了可以利用的关系。从光进公的后代一直保持着扶贫济困、仗义疏财的作风来看,光进公及其后代显然并不缺乏财富,他们愿意从山东迁回显然也是看重族中进士的官宦背景。振兴家族声望和向儒业转移已成为家族发展中的一个重要的策略手段。由于后代数量的大量增加,又不缺乏物质基础,利用各种策略谋生是必然的选择,而读书入仕是最能为家族带来巨大利益的最好选择。

为了振兴家族的声望,获得地方上的声誉,他们积极参与当地的公益活动和慈善事业。这是明清时期大多数商人所热中的一种活动。光进公的高祖、祖父和父亲在山东经商时就通过义行在当地获得地位——"士人德之"。光进公的父亲翔公,"丰姿英伟,仗义疏财"。正是他们一贯的仗义疏财的作风,才是进士愿意与他们交往的真正原因。符合儒家伦理的商人与士人之间有着更多的认同之处,他们之间也才有更大的互补性。光进公自己也"生平朴厚,孝行怜贫",并获得了有司的旌善奖德,成为乡饮宾。他的儿子士镜公封儒林郎,好善,乐于济困,有父风。士镜的儿子登泰疏财济困,"能继父祖志"。登泰的儿子文炯"性至孝,济困怜贫,有光进公之风"。文炯的儿子应宿也"性慷慨,多卓识"。仗义疏财、济困怜贫使他们在地方上获得了很多的声誉,并因此被封为"行风户"。

行医济世是义行的又一个体现。这个家族从光进公的孙子、士镜的儿子登仁就开始学习医理。士镜小的时候患痨症,曾经有一个妇人上门自荐,门人通报时遭到光进公的呵斥,因为当时"治家严遵礼法,三姑六婆不许入门"。士镜在次年气绝。这个妇人又来了,这回被允许一试。妇人通过一番奇怪的治疗,士镜被救活了;而妇人忽然不见了,四下追访,"无有知者,因疑为神"。这个事情无疑对这个家族以后的发展有着深远的影响,礼佛、行医和行善成为这个家族的传统。士镜的母亲从此"长斋礼大士"。后来士镜的儿子也"感父遇女神之救，常敬礼大士"。同时该家族也对医理的兴趣大大增加。士镜的第三个儿子登仁就向族中的一个进士学习医理；士镜的孙子文炯继承了父亲所传的医道，聪敏过人；曾孙应宿也"工承医艺，心存济人"。他们本人均在当地有着很高的声望。学医不仅可以养生，还可以济人，更重要的是通过学医和行医，家族的社交圈子大大地扩大，所建立的各种关系成为该家族所拥有的宝贵资源。

作为这种策略运用的成果，光进公的 17 个孙子中至少有 9 人为儒宦，其中只有 2 个是本地的：一个是郡庠贡，一个是邑庠生；2 个是国学生，2 个是万年县庠贡、州同知，3 个是镇江府庠贡、庠生。早期经商的经历、资金的支持以及与族中儒宦的密切关系无疑是他们后来能够大规模走出徽州，寄籍江浙人文发达地区的重要因素之一。他们从早期儒、贾的外部结合（也可以称为"族内结合"），过渡到后来的儒、贾的内部结合（也可以称为"家内结合"）。这种转变说明了他们自身调整所获得的巨大成功，他们已经在家族内实现了儒贾并重的职业分工，这为他们大规模向徽州以外的地方进行迁徙创造了良好的条件。

而且，明清社会日益加深的士、商结合也使得他们能够更顺利地进行迁徙，甚至是大规模的迁移。光进公的高祖是在山东经商，但是山东与江浙相比，无论是经济还是人文，都逊色很多。在明初的时候，江南地区由于赋役繁重，人口大量地外徙，但是随着社会经济的恢复和发展，从明后期到清前期，又出现了外地人口纷纷流入的局面。随着人口、商品和资金的大量涌入，江浙一带已经成为明清时期的经济和文化中心地区，反过来又对周边地区的人口流动有着巨大的向心力。应该说从山东转移到江浙对他们家族的未来发展是非常有利的，既可以不放弃商业，还可以充分享受到人文中心所带来的各种好处。光进公的后代所进行的 4 次大规模的迁徙中就有 3 次是迁往江苏的镇江和常州。光进公的第六子士镕有 7 个儿子，前 3 个都是镇江府庠贡或庠生，所以士镕这一支的后代出现了"俱迁镇江府"的情况。随着人口的大量外迁，实际上已经在更大的范围内形成了小徽州与大徽州的人口分布格局。

大圭公的后代在不断地迁徙、出继和出赘之后,却各自能在迁居地自成一派,也与大圭公的"九子十八孙,多以文章发身,超擢显爵"的家族声望有关。程姓作为徽州的著名大姓之一,宗族网络非常发达,虽然有时可能遇到生存上的困难,但只要对人口进行合理的分流,再充分利用该家族的传统,重新恢复显然不是难事。光进公的后代在儒、贾合流的大背景下再次兴起,虽然再也没有见到支派的建立,但从分流的时间和地点看,规模可能更大,出现了多次的集体迁徙。

对于这种某个宗族或族内的某支向一个地方集中迁徙的情况,唐力行将胡适的小绩溪和大绩溪之说推而广之,指出小徽州外也有大徽州①。胡适在《绩溪县志馆第一次报告书·胡适之先生致胡编纂函》中指出:"县志应注重邑人移徙经商的分布与历史。县志但见小绩溪,而不见那更重要的'大绩溪'。若无那'大绩溪',小绩溪早已不成局面。新志应列'大绩溪'一门,由各都画出路线,可见各都移殖的方向,及其经营的种类。如金华、兰溪为一路,孝丰、湖州为一路,杭州为一路,上海为一路,自绩溪至长江为一路。然亦有偏重,如面馆业虽起于各村,而后来成为十五都一带的专业;如汉口虽由吾族开辟,而后来亦不限于北乡。然通州自是仁里程家所创,他乡无之;'横港'一带亦以岭南人为独多。"②胡适的大、小绩溪和唐力行的大、小徽州说反映的是徽商大规模兴起后人口向外迁徙的一个实际状况。垄断和扩张是商业的本性,更何况宗族制下的商业,更是容易导致大规模的人口集中迁徙。光进公的后代出现多次"俱迁"的情况,而且多是向江浙一带,完全证明了这点。

除了程氏家族,本书第二章所分析的绩溪遵义胡氏家族也是这种情况。从该族谱牒传记资料中看,遵义胡氏胡栶一支的后代,经商地主要就在郎溪(或建平),而且在郎溪经商的时间应该很早。如胡文甫,从小就跟随他的父

---

① 唐力行:《明清以来徽州区域社会经济研究》,合肥:安徽大学出版社,1999年,第288—289页。
② 唐力行:《明清以来徽州区域社会经济研究》,合肥:安徽大学出版社,1999年,第288—289页。

亲和兄弟营商于建平,太平天国时返回绩溪,但亲人悉数死亡,太平天国之后为衣食计,仍赴建平经商,也大获成功。胡定祥,与胡文甫共曾祖父,先是和他的父亲同为冯门幕僚,在太平天国之后,他和在建平经商的同乡汪积功建立了密切的联系,后来他们集资在当地开设粮行,胡定祥被推为经理,商业日盛,他的家里也因而致富。"自是乡人羡之,多与郎溪继续开行,公实为先导也。"他的儿子也旅居郎溪,修谱时捐银1 500两,可见其财力之雄厚。这里出现的两个地点:建平或郎溪,就是绩溪遵义胡氏主要的经商地。胡定榜先是在孙家埠经营木行,失败后来到建平为人做伙计,后来成为一家粮行的经理,再后来自己创建杂货行,获得成功,与同乡汪积功发起新安同乡会,最后卒于建平。他的儿子胡位乾14岁时就辍学到建平操计然术,颇有声望,然而28岁也因病死于建平。他的两个弟弟胡位坎和胡位晟则到郎溪创业,尤其是胡位晟在民国时,商业大兴,联号数处,被选为盐业公会主席、绩溪旅郎同乡会常务委员,也死于郎溪。胡定夔在太平天国后只身到建平谋生。在太平天国之后,遵义胡氏也开始向上海转移。胡嗣迪就是因为乡人的介绍而到上海茶号习业的,后来首创茶号多处。胡位咸在鼎革后也旅居上海从事商业。这显然是上海的发展吸引了众多的遵义胡氏族人。遵义胡氏在郎溪的大规模经商和迁居,也证实了胡适所说的大绩溪。而沿江区域有"无徽不成镇"之说,胡适对此解释为:"一个地方如果没有徽州人,那这个地方就只是个村落。徽州人住进来了,他们就开始成立店铺;然后逐渐扩张,就把个小村落变成个小市镇了。"①这虽然有所夸张,但却生动地说明了徽州人的扩张与创业之间的关系。徽州商人的迁徙的确已经形成了小徽州与大徽州的格局。

本书对36世祖大圭公的后代和53世祖光进公的后代的分流情况做了比较详细的分析,但这种分流前后有着明显的不同。从迁徙方面看,大圭公的后代多在较近的本邑或邻邑之内分流,并建立了众多的分派,迁徙的动力主要来自儒宦家庭;而光进公的后代则大量地分流到较远的江浙一带,迁徙

---

① 胡适口述,唐德刚译注:《胡适口述自传》,北京:华文出版社,1989年。

的规模更大,迁徙的动力主要来自儒贾结合的家庭。从出继方面看,大圭公的后代在出继方面比较多,也比较乱;光进公的后代的出继全部发生在兄弟之间,遵循着更严格的规范和血亲原则。从出赘方面看,大圭公的后代出赘的相当多,而光进公的后代出赘的几乎没有。这说明在后来的人口分流中,人们更注意到了血缘方面的因素,这可能与当时的宗族建设的加强有关。如果说前后之间有共同点,那么就是儒宦家庭都是宗族血缘人口分流的主要动力之一。与分家后所形成的小家庭—大宗族的结构不同,血缘人口的迁徙形成了分支与本支的地缘网络结构,并在更大范围内形成了小徽州与大徽州的格局。

第三节 小结

明清徽州的家庭所面临的赋役、人口和经济压力,使得分家成为理所当然和势所必然的事情。大户为了逃避赋役的压力而花分成若干中户、小户,其结果是赋役向中户转移,中户之家也面临着破产的命运。与此同时,从大量的分家书中看,分家的绝大多数家庭的家产只有中、小规模,而且大多面临着人口与生计的矛盾,资产雄厚的家庭并不多。家庭人口的增加所导致的经济压力和家庭矛盾是大多数家庭分家的真正原因。分家就是对家庭人口压力的分流。家庭人口的不断分流,小家庭成为徽州占据主导地位的家庭结构;与此同时,徽州的家族和宗族组织也得到了快速发展。在徽州社会形成了小家庭—大宗族结构。家庭与宗族结构使得分家更为普遍,而且大多数在父母双方或一方还在的情况下就进行了分家,显示人口从家庭分流的速度加快。

但聚居的小家和大族并不能从根本上缓解人口增长所导致的生存资源的紧张。他们需要更多的土地、更多的房屋,向周边地区的扩张就像徽州的分家一样成为一种很自然的进程。从《新安第一家谱》看,这样的扩张可能主要是由手中握有经济资源和政治权力的儒宦家庭所推动,也是宗族早期迁徙的一种形式。在这种扩张和迁徙中,迁徙者建立了众多的支派,形成了分支与本支的地缘网络结构,支派已经介于小家庭和大宗族之间,血缘与地缘进行了结合。明后期的同族结合活动也证明了这种宗族网络在徽州的广泛存在。而从后期的迁徙看,迁徙地已经转向徽州以外的地区,而且这样的迁徙规模比早期更大,出现了多次许多人"俱迁"一地的迁徙现象。由于在家庭和宗族内进行了儒、贾的结合,后期因为商业原因而迁徙的人口也越来越多,并在更大的范围内形成了小徽州与大徽州的格局。血缘与地缘进一步结合。

迁徙的原因众多,战乱、人口压力、出仕甚至流离等都可能导致迁居外地。在分家书中可以看到,分家的兄弟之间,如果关系不好,也会造成某个生存状况较差的迁徙。康熙五十四年(1715年)歙县金姓阄书中的父亲5岁丧父,10岁丧母。丧母之后,虽然他当时还年幼,但仍然分了家,"维时家业零落",虽然上面有4个哥哥,但却不能给予照顾,他"劳身苦卓,以供膳粥"。等到他结婚之时,仍然是家徒四壁。30岁后,才开始鬻贩德兴,等资金稍有积累,就与汪姓合开店业,但不久又因合伙不能自由,就以成业让给汪姓,自己携余资到景德镇创业,妻子也同往,佐理中馈。十年之间,事业日新月异,又碰上耿精忠叛清之乱,遂携家归里①。如果不是遇上战乱,他们一家很可能就定居景德镇。

出赘在中国传统上确实是一种非常普遍的现象,它实际上也是一种迁徙。《新安第一家谱》中的出赘者建立了众多的支派,表明在较早期,利用出赘的形式分流家族人口的压力未尝不是一种好的办法。出赘现象在徽州相当普遍,虽然要承担某种义务,但它不像劳役婚那样伴随着身份的下降。徽州的儒宦在贫困时也往往采取这种婚姻形式。如后来出任莱州知府的赵彦玑就是程维宗的赘婿,他在入赘后将自己的田屋全部让给了哥哥。后来他回归时就由岳父程维宗为他重新置办了房屋、50亩田地和15家佃仆②。嘉靖

---

① 《徽州地主分家书选辑》第6条,章有义:《明清及近代农业史论集》附录,北京:中国农业出版社,1997年。

② 张海鹏、王廷元主编:《明清徽商资料选编》,合肥:黄山书社,1985年,第247条。

十八年(1539年)休宁孚潭许汉在修《许氏统宗谱》时说到许氏族人的严重流失的情况:"其余或赘他族,或迁远方,皆不相知矣"①。在他看来,入赘他族与迁居他地是许氏族人流失的主要原因。

在早期的发展阶段,宗族人口迁徙、出继和出赘都是很普遍的。"后代的延续是使中国社会有序的基本原则之一"②,而且与个人的品德之间有着密切的联系,虚拟血亲是对个人良好品德的弥补,"善人无嗣易商量,何用天公作主张"③,收继外姓是一种民间根深蒂固的习俗。从《新安第一家谱》看,早期有出继外姓的现象,还有的经过几代后又返回本宗,但是在后期很难再看到出继外姓的现象。另外有证据显示,兄弟之间的潜在矛盾,使得族内出继也容易激化矛盾,并且在族内产生混乱。但是明代中叶以来宗族建设的强化冲淡了这种习俗,转而更加强调族内的血缘立继,并对族内的血缘立继加强了规范。但一旦遭到某种突然的变故,则很难保证这种继嗣的秩序得到真正的维持。长子出继也很多。虽然有学者认为,长子是很少出继的,存在着一种仪式性的长子身份④。但在一个家族内,如果是长子要立继弟弟的儿子,弟弟的长子可能就是第一选择。吴光炜的大伯只有一子,但无子早逝,吴光炜就出继给了大伯作为次子,他生了3个儿子,长男就出继给大伯的长子为子⑤。

从分家书中看,多子家庭的人口向无子家庭转移是非常正常的情况。这种出继行为是对生育能力欠缺的一个弥补。由于人类本身的缺陷,生育能力并不能依人的意志而转移,因此,一个家庭的子女越多,那么就越有可能有生

---

① (明)许汉编:《许氏统宗谱》。
② [美]安·沃特纳:《烟火接续——明清的收继与亲族关系》,杭州:浙江人民出版社,1999年,第3页。
③ (明末清初)李渔:《巧团圆》,转引自[美]安·沃特纳:《烟火接续——明清的收继与亲族关系》,曹南来译,杭州:浙江人民出版社,1999年,第104页。
④ [美]安·沃特纳的《烟火接续——明清的收继与亲族关系》对该族谱有比较详细的分析。
⑤ 《徽州地主分家书选辑》第48条,章有义:《明清及近代农业史论集》附录,北京:中国农业出版社,1997年。

育缺陷者。康熙五十九年(1720年)休宁陈士策有9个儿子,他就担心:"予每见子多,恐有乏嗣之患。"这么多的兄弟,很难保证每一个人都能有后;如果真的有过继情况,也很有可能产生某种纠纷。因此他特地强调了这一点:"当遵律法同父周亲相应立继之条,惟以换房轮继,不得僭越重继,致多争论。违者许执遗命,请本族尊长祠内公议,治以不孝之罪。"① 僭越或重继的焦点恐怕都是与继嗣所带来的实际利益有关。无独有偶,另一个有9子的家庭不知什么原因,就出现了大量绝后的情况。如乾隆五十二年(1787年)叶姓阄书中谓,他们的曾祖父尚书公在淮扬贸易,生有9子,后来2个迁徙无考,5个先后绝后,真正承先启后、香火延续的只有两房②。确实,男性后代越多,那么出现的无子和立继的现象也就会越多。如果乏嗣时没有可以选择的立继人选,就有绝后的可能。除了生育能力外,还有其他的因素,如无子早逝等,这在分家书中有大量反映。从"表4-1"看,在49件分家书中,共有13个早逝者,1个女儿和12个儿子,其中有的有子,有的无子。无子的只要有可能,一般都要立继。与此相应,在49件分家书中,有9个出继的情况,其中有7个已经立继,还有2个有立继的期待。可以说,随着族内人口的增加,迁徙和出继等现象也会增加,实际上,它不仅弥补了生育能力的欠缺,也是分流人口压力的一个方式。在《新安第一家谱》中有5子的36世祖大圭公和有6子的53世祖光进公,他们的后代中就有许多出继现象。早期的出继更多的是缓解人口和生计压力,晚期的出继更明显具有规范性,延续香火的意义更强。

从《新安第一家谱》看,族内人口的增长必然增加了生存的压力,为了缓解压力,迁徙、出赘和出继等人口分流行为的大量增加也是必然的行为,而且其中不少是在时间和空间上比较集中地进行的。可以肯定的是,随着人口的大量增长和宗族的日益普遍,越来越多的人口集中在宗族内。经过建祠、修

---

① 《徽州地主分家书选辑》第7条,章有义:《明清及近代农业史论集》附录,北京:中国农业出版社,1997年。

② 《徽州地主分家书选辑》第18条,章有义:《明清及近代农业史论集》附录,北京:中国农业出版社,1997年。

谱和置产的宗族建设,以及族内进行的一些有效分工,尤其是士商的职业分流和士商在族内的相互结合,明代中后期以来,宗族的凝聚力有了明显的增强,早期的迁徙为日后的同族结合创造了条件。

分流的人口扩散后,为了扎根并融入当地,经常的办法是在移居地置买田地、承担赋役,并取得户籍,以尽快实现土著化。同治二年(1863年)休宁曹姓阄书中的父亲曹松贵早年从青阳迁居休宁岩脚地方,开设店铺,克俭克勤,"数十年辛苦,积有余资,置买屋宇田地产业,立户供课,以为子孙久长之计,德至厚渥"。母亲宁氏孺人,"随休内助,亦极勤俭帮扶"[①]。王振忠对外地徽商的土著化进程进行了研究,指出除了取得户籍外,有的还以侨寓地为中心,重修族谱和重建宗祠[②]。

迁徙、出赘和出继的广泛性说明,在传统中国,人口的流动具有某种内在动力,中国传统文化遵循着扩散、延续和发展的这样一种途径。与早期中原和江南士族向徽州的迁徙相比,正如遵义胡氏始迁祖的观点"此可以远害,此可以开后"一样,后期徽州人口向江浙的迁徙也可以视为一种回流,也是一种"远害",也是一种"开后",本质上都是为了安全、生存和发展。

---

① 《徽州地主分家书选辑》第38条,章有义:《明清及近代农业史论集》附录,北京:中国农业出版社,1997年。

② 王振忠:《明清徽商与淮扬社会变迁》,北京:三联书店,1996年。

第五章　徽州的生存伦理与宗族社会

本章有几个概念需要进行一些说明。首先是"内卷化"概念。"内卷化"概念是目前学术界比较有争议的一种提法，学术界对这种概念也进行了一些辨析。"内卷化"概念来自美国人类学家戈登威泽，他用这个概念来描述一类文化模式，即当达到了某种最终的形态以后，既没有办法稳定下来，也没有办法使自己转变到新的形态，取而代之的是不断地在内部变得更加复杂。并以哥特式艺术为例，当艺术的基本形态达到极限，结构特征得到了固定，创造的源泉枯竭了，但是艺术仍在发展，在所有边缘被固定的情况下，发展表现为内部的精细化。戈登威泽的"内卷化"的基本含义是指系统在外部扩张条件受到严格限定的条件下，内部不断精细化和复杂化的过程。格尔茨借用"内卷化"作为一个分析性概念，即一个既有的形态，由于内部细节过分的精细而使得形态本身获得了刚性[1]。他在1963年出版的一部研究印度尼西亚的著作《农业的内卷化：印度尼西亚生态变迁的过程》中运用了"内卷化"概念，其本意是指农业发展路径的一种，即在土地面积有限的情况下，增长的劳动力不断进入农业生产的过程，属于一种劳动力填充型的农业模式，这是"农业内卷化"，强调的是一种稳定的维持。黄宗智受其影响，在《华北的小农经济与社

---

[1]　刘世定、邱泽奇：《"内卷化"概念辨析》，载《社会学研究》，2004年第5期。

会变迁》中借鉴使用了"内卷化"概念,但强调的是人口过剩与土地不足状态下的劳动力边际报酬递减①。黄宗智的另一部著作《长江三角洲小农家庭与乡村发展》,也提出了"过密型增长"和"内卷型增长"的概念②。美国学者杜赞奇则用"内卷化"概念来说明20世纪前半期中国国家政权的扩张及其现代化过程。在政权内卷化的过程中,政权的正式机构与非正式机构同步增长,乡村社会中的非正式团体代替过去的乡级政权组织成为一支不可控制的力量。更广泛地说,国家政权内卷化是指国家机构不是靠提高旧有或新增机构的效益,而是靠复制或扩大旧有的国家与社会关系——如中国旧有的赢利型经济体制——来扩大其行政职能③。从华北乡村到长江三角洲,从经济增长到政权管理,黄宗智和杜赞奇的研究,已经把"内卷化"概念的运用范围及其内涵逐渐扩大。笔者借用"内卷化"概念,其中有经济层面的涵义,但更多的是希望说明徽州社会的发展路径。已有的研究证明,徽州社会内部确实进行着精细化的管理和控制。家族建设发展出了一套严密的教化体系,家族内对女性的控制有强化的趋势。在近代社会的转型过程中,徽州没有跟上时代的脚步,因此随着徽商的衰落,缺少了经济动力的徽州社会呈现保守内向的发展趋势。徽商的辉煌已经过去,其向外扩张之路已经被堵死,大徽州影响范围日渐缩小,已经难见昔日辉煌。而在徽州本土,由士商合流而形成的社会管理仍旧如此,社会秩序没有明显的松动。徽州发展内卷化即是说明这一点。

第二个概念是"生存伦理"。美国学者詹姆斯·C.斯科特从东南亚的缅甸和越南农业社会的历史发展轨迹,特别是从农民的反叛和起义入手,探究了市场的兴起对传统农业社会的巨大冲击。他认为,在农民及农业社会中存在着广泛的"安全第一"的生存伦理,农民所追求的绝不是收入的最大化,而

---

① 黄宗智:《华北的小农经济与社会变迁》,北京:中华书局,2000年。
② 黄宗智:《长江三角洲小农家庭与乡村发展》,北京:中华书局,2000年。
③ [美]杜赞奇:《文化、权力与国家——1900—1942年的华北农村》,南京:江苏人民出版社,1996年,第66—67页。

是较低的风险分配与较高的生存保障,而地主也有在道义上为他们提供生存的责任①。任放也指出,中国传统文化中的经济伦理对政治文化产生了非常重要的影响。所谓的经济伦理"是指经济行为背后的伦理动因,是一定历史阶段人们对经济行为的道德判断,它着意强调社会经济活动的道德意义。中华文化是以农业土壤、宗法血缘为基础的政治—伦理型文化,因此中国古代政治文化具有醒目的伦理色彩"②。商人的负面形象和对农业经济及社会秩序的冲击一直成为中国传统文化中各派所诟病的主要理由。儒家吸收了法家、道家等抑商的主张,从先秦时期的重农发展到后来的重农抑商。但是从明代中后期以来,社会风尚显然再次发生了改变,尤其是徽州地区,人们选择生计的空间越来越广,社会的宽容性也越来越大。从经济收入上看,明清时期的徽州实际上已经算不上是传统的农业经济社会。人口的增长和生存的困境,在徽州形成了独特的生存伦理,且渗透到徽州社会的各个阶层,并与之相对应,产生了一套非常精细的社会管理方法。儒贾并重的职业观已经占据着主导地位,儒、贾的职业分流已经非常明显;而贫穷的小姓和细民则被迫以丧失身份为代价,获得生存和婚配,以延续香火;宗族人口在向本土和外地不断地进行着迁徙,商人也在不断地增加和发挥着越来越大的影响力。徽州的人口分流渗透出强烈的生存意识和伦理观念。这是徽州社会所特有的生存伦理,它主要表现为三点:一是在多层结构下的生存保障,二是生存意识下的多元文化,三是以宗族为主导的精细管理。徽州社会的生存伦理不仅仅具有经济上的意义,更具有伦理上的意义,它与宗族伦理一样促成了徽州强大的宗族社会。

第三个概念是"宗族社会"。正如冯尔康所指出的,"宗法(宗法性)制度及其观念,与等级制度及其观念,是贯穿全部中国历史的两大制度及观念,体

---

① [美]詹姆斯·C.斯科特:《农民的道义经济学:东南亚的反叛与生存》,程立显、刘建等译,南京:译林出版社,2001年。
② 任放:《中国古代政治文化与经济伦理》,载《中国史研究》,1998年第1期。

现宗法(宗法性)制度与观念的宗族,无疑是中国历史的极其重要成分"①。宗族是中国历史上存在时间最长、流布最普遍、影响人口最多的民间组织。宗族的作用无论怎么过高估计,都有其合理性。正如科大卫、刘志伟研究珠江三角洲的宗族发展历史得出的观点:"了解宗族在社会史上的作用,归根到底,必须掌握两方面的关系——宗族是一种独特的社会意识形态,也是一种独特的社会经济关系。"②赵华富、唐力行对徽州宗族的研究,说明了明清时期的徽州是一个非常典型的宗族社会,唐力行从形成与分布、社会结构、社会实态、文化教育、控制与保障、迁徙与定居以及社会变迁等几个方面对徽州宗族社会进行了较为系统的探讨,指出徽州宗族社会是由中原士族移植,并经由一系列社会变迁形成的。正是在移民、文化、经济三大要素的相互作用下,才形成了徽州宗族社会的人文景观。作者对徽州望族的空间分布形态作了系统研究,并创造性地指出,徽州宗族社会结构的典型特征是小家庭—大宗族结构,这一结构使徽州社会更富弹性和流动性,有利于徽州社会的稳定以及徽商的商业活动,并巩固扩大了宗族组织,强化了社会秩序,也创造了灿烂辉煌的徽州文化③。宗族社会最为核心的组织就是宗族,而徽州宗族对徽州社会的影响和控制是全面的,在相当程度上已经超越血缘,成为地域社会的自治者④。徽州宗族社会是以朱熹《家礼》为核心指导思想建立起来的,礼仪成为宗族建设的核心内容,在家族教化体系中,家训的宣讲、家政的实行、家法的执行都离不开礼仪,以礼仪为基础,徽州宗族建立起一套教化体系。从教化体系看,徽州宗族的发展已经达到一种高度发达的形态,在传统社会结构下,宗族在徽州本土已经无法扩张。宗族既是徽州社会的主要管理者,也是生存伦理的信奉者和执行者。宗族与生存伦理相结合,使徽州多层次的人口结构保持着较为稳定的状态,并最终影响了徽州社会的发展方向。

---

① 冯尔康等:《中国宗族史》,上海:上海人民出版社,2009年,第1页。
② 科大卫、刘志伟:《宗族与地方社会的国家认同——明清华南地区宗族发展的意识形态基础》,载《历史研究》,2000年第3期。
③ 唐力行:《徽州宗族社会》,合肥:安徽人民出版社,2005年。
④ 冯尔康:《清代宗族、村落与自治问题》,载《河南师范大学学报》,2005年第6期。

第一节 人口分流与生存伦理

一、多层结构下的生存保障

在脆弱的生态环境和扩张的人文环境下,徽州人口的增长给徽州的家庭、宗族和社会带来了沉重的压力,人口不断地贫困化,不仅农民,连士人也无法避免贫困。在这种贫困化的压力下,徽州的人口在职业、身份、血缘和地域上进行着分流。徽州人口的分流在徽州形成了多层的人口社会结构。

首先,由于儒贾并重的治生观,徽州人口在职业上向士人和商人进行大量分流,徽州社会形成了士—商的人口职业结构。明代中后期,竦塘黄氏宗族中的人口,也有着明显的儒贾分流,除宦学优游者外,"次则待贾而足者居五,又次则待耕而足者居五之三,其余则否"①。在这里,儒业的地位最高,商贾的人数最多。儒、贾两业共同支撑家族和徽州社会的模式已经在明代中后期形成。"大之郡邑,小之乡曲,非学,俗何以成;非财,人何以聚"②。徽商的规模之大与宗族的参与之深也是相一致的。宗族儒贾并重的分工模式使经商的青壮年男性居多。王子承"诸子诸弟从之游,分授刀布,左提右挈,咸愿与之代兴,各致千万有差。无德色"③。徽商的规模从徽商的经营范围上也可以看出来。徽商的经营范围非常广。徽人大量外出经商,需要了解全国的水陆线路,徽人在这方面的成果令人骄傲。隆庆、万历年间,徽商黄汴历时27年,通过对各种路程图引的校勘,编成《天下水陆路程》一书,列出全国水陆路程143条。天启年间徽人儋漪子编成《天下路程图引》一书。徽州有不少水路和陆路连接着江南的经济发达地区。对商业线路的总结性著作,说明

---

① (明)汪道昆:《太函集》卷七二《竦塘黄氏义规记》。
② 《两淮盐政全德记》,转引自唐力行:《商人与文化的双重变奏——徽商与宗族社会的历史考察》,武汉:华中理工大学出版社,1997年,第31页。
③ (明)汪道昆:《太函集》卷一七《寿械篇为长者王封君寿》。

了商人的流动范围已经相当广泛,规模已经相当庞大,相关知识的积累、传承和需求也都已经达到了相当高的程度。

其次,在宗族和人文礼教的扩张下,徽州的宗族和缙绅结合得非常紧密,不仅数量众多,身份很高,而且占有比较多的生存资源,如田地、山场和婚姻资源如女性人口。而徽州的贫穷者,由于无法生存或婚配,或者通过一些非常态的婚配方式,或者通过人口买卖的方式,或者通过其他的经济关系如佃种主人家的田地,或者在主人的坟山上安葬先人的坟墓,或者住着主人的房屋……被迫丧失了全部或部分的身份和自主性,成为贱民或半贱民,形成了数量庞大的下层社会人口,由此构成了徽州人口中长期盛行且普遍存在的主—仆结构。在生存伦理下,主—仆结构具有虚拟血亲的性质,主仆双方都有自己的权利和义务。

最后,由于家庭和家族内部的人口增长和外部的赋役等方面的原因,徽州盛行着分家析产,血缘人口的不断分流使小家庭在徽州占有绝对的数量;在小家庭不断增加的同时,宗族势力也在加强,形成了小家庭—大宗族的血缘聚居结构。但同时,不断分家的过程,可能也是不断弱化的过程,它们所拥有的土地等生存资源也会越来越少,所以,他们被迫以迁徙、出赘或出继等形式分散出去,以缓解这种人口与资源的矛盾,因此形成了分支与本支的地缘网络结构,并在更大的范围内形成了小徽州与大徽州的格局。这种迁徙很多发生在商人身上。小家庭经过自己的努力,经过经商和科举,光大门楣,可以成为宗族内的显赫的一支。

生存困境是徽州人口在不同的层次上进行分流的主要原因,多层结构与网络的格局为徽州人口提供了较为广阔的生存空间,抑制了徽州本土的人口增长,同时为他们提供了寻找相对安全和稳定的生存保障的更多机会,处于困境中的徽州人可以有更多的选择。儒士、商人、佃仆等既是身份的体现,也是职业的体现。

徽州的人口分流抑制了徽州本土的人口规模。贱民和半贱民群体的人口数量就受到生存条件的严重制约,如第三章所述,首先在他们的婚姻上,有些婢女受到禁锢，男性的婚龄也很大。有些仆人如汪有寿甚至面临着绝后的威胁。仆人的生育率也是如此，有的虽然生育子女较多，但不断被卖，这些幼儿的存活率难以保证。主人因为资源有限，也不会让仆人无限制地生育。商业人口的增长和人口向外的迁徙，本身就使徽州本土的人口规模缩小。

徽商的影响更为明显，徽商从三个方面抑制了徽州本土的人口的增长：一是生育率，二是迁居他乡，三是客死他乡。

徽人长期在外或迟迟不归，影响了他们的生育率。一旦走出徽州，徽人经商在外，回来的次数就不能确定了。徽人"以货殖为恒产，春月持余资出贸十二之利，为一岁计，冬月怀归，有数岁一归者"①。由于路途的艰辛，一般是几年时间才能回来一次。徽州商人也与其他地方的行贾无异，背上了"重利轻别离"的不好的名声。徽州当地有"一世夫妻三年半"的谚语。程且硕《春帆纪程》记徽俗："女子自结缡未久，良人远出，或终其身不归，而谨事姑嫜，守志无怨。此余歙俗之异于他俗者也。"②清代学者魏禧在《江氏四世节妇传》中说："土著或初娶妇，出至十年、二十、三十年不归，归则孙娶妇而子或不识其父。"《新安竹枝词》也歌咏："健妇持家身作客，黑头直到白头回。儿孙长大不相识，反问老翁何处来。"③还有很多妻子自新婚一别后，就再也无见面之期，或者是因为丈夫客死他乡，或者是长期不归，妻子先死。

这种迟归必然对徽商的生育率产生影响，抑制徽州人口的发展。如朱介夫的父亲在外面经商，纳妾，但妾不生子，等到他回来为家丈人祝寿的时候，他的妻子程氏才有了身孕④。如果两地分居，商人妻子受孕的机会是很小的。休宁汪正科15岁时以六礼娶塘口许氏，而汪正科自己自弱冠时就拮据经营十几年，他的妻子善事翁姑，克全妇道。27岁时汪正科又以乏嗣为由娶侧室陈氏。虽然在15岁就结婚，但十几年的时间妻子都没有生育，很明显，

---

① 嘉靖《徽州府志》卷二《风俗》。
② （近代）许承尧：《歙事闲谭》卷八《程且硕〈春帆纪程〉》。
③ （近代）许承尧：《歙事闲谭》卷七《新安竹枝词》。
④ （明）汪道昆：《太函集》卷二八《朱介夫传》。

这与汪正科结婚之后就外出经商,夫妻长期隔离有关。这十几年的时间,他们夫妻恐怕也没有多少时间相聚。徽州有少年娶长妇的习俗,主要目的是为了在丈夫外出时,妻子在家善事翁姑。徽州有那么多的家庭立继,有那么多的无传和无考家庭,有那么多的烈妇,这些都是徽商的迟归和不归对家庭的影响。但是笔者并不认为,明清时期的徽州社会内部有对生育行为的理性抑制。

对在外经商的人数难以做整体而有效的统计,一般都是根据自己所见所闻作出大致的判断。王世贞认为:"大抵徽俗,十三在邑,十七在天下。其所蓄积则十一在内,十九在外。"① 祁门县"人性椎鲁,农者十之三"②。这与康熙府志所得出的"徽之本土仅贫窭而不能出者耳"的结论是非常吻合的。"徽歙俗多业商,在休宁者居半。"③ 绩溪《遵义胡氏宗谱》中的无考、有考和传记资料中都有大量的商人。他们族人大量地流向郎溪经商,其中有一些人甚至死于当地。徽商在各地安家的也很多。规模大、分布广是徽商分流的特点。

客死他乡的徽州人非常多。徽州人在各地建立了众多的义冢,尤其是在经商人数最多的江南地区④。大量义冢的存在,说明徽州人死于他乡的数量非常多。分家书中充满着商人创业的艰辛和死亡。儒宦在外定居的也非常多。从绩溪《遵义胡氏宗谱》中可以看到一些儒宦者在外地结婚,所生子女就与徽州本地失去了联系。

儒贾并重的分流模式及其所形成的士—商结构在解决徽州贫困化问题上发挥了十分重要的作用。人口贫困化的一个主要原因就是宗族和人文礼教的扩张,这属于礼教体制下的贫困。由于家庭和宗族人口的增长,原来很充裕的家产经过不断的分析,小家庭所拥有的土地呈下降的趋势,而他们所

---

① (明)王世贞:《弇州山人四部稿》卷六一《赠程君五十序》。
② 道光《祁门县志》卷五《风俗》。
③ 张海鹏、王廷元主编:《明清徽商资料选编》,合肥:黄山书社,1985年,第52页。
④ 范金民对江南地区徽州商帮的慈善设施进行了探讨,指出徽州商帮在江南的慈善设施最基本的是殡舍和义冢,参见其论文《清代徽州商帮的慈善设施——以江南为中心》,载《中国史研究》,1999年第4期。

承担的祭祀和其他方面的开支呈上升的趋势,在双向挤压下,小家庭走向弱化。有些个人或家族,仍然抱着传统的四民之分的职业观,追求着耗费越来越多而希望又越来越渺茫的儒业。在缺乏土地的情况下,他们不愿选择其他的职业。而另外一部分改变职业经商的人在成功后,通过种种儒行将商业利润回流徽州,这也造成了徽州本土的通货膨胀和攀比之风,所谓富者愈富、贫者愈贫,"富者百人而一,贫者十人而九"应该带有明显的通货膨胀因素。康熙《徽州府志》记载:"向徽称富足,民尚俭朴,所服不过布素,今则愈贫愈逐奢侈,家无宿舂而轻裘耀目,此亦俗之最弊者也。"① 风俗的变迁与经济上的通货膨胀不无关系。受种种情况影响,大量的士人群体不可避免地贫困化。他们的贫困是缺乏就业的贫困,是人文消费下的贫困。总之,徽州的生态和人文环境使宗族人口普遍出现了生计艰难的困境。

解决儒业贫困的主要手段是改变职业观。正如袁采对儒业的理解,儒业的范围已经非常宽泛,上至科举出仕,下至与文字有关的一些生计如教书、入幕乃至为人代写书信都属于儒业的范围。在儒业从业扩大的同时,儒业的理想化色彩也在减退,缺乏经世能力的腐儒已经为新儒家所抛弃,治生的本领越来越为儒士所重视。而同时,对重农抑商的重新诠释、工商皆本思想的提倡,商人对儒行的热衷,都提高了商人的地位。这为大批儒士转向商业做了理论和实践上的准备。一部分儒士经商在消除了他们本人的贫困的同时,还能实践种种儒行,甚至实现向上层儒业的回归,以科第致富贵,维持着徽州的身份制社会。儒士在经商致富的同时,也使一部分身份低下的贱民和半贱民群体分享到了经商带来的利益,少数甚至还过上了比较富裕的生活。针对风俗中的奢侈化倾向和通货膨胀,对俭朴生活的强调,也是儒士抑制贫困化的一个手段。

如果说儒士经商还得益于他们的优游之风,那么,农民则属于安土重迁的群体。如果有足够的土地和粮食,人们一般都是不愿意迁徙的。但人口的

---

① 康熙《徽州府志》卷二《风俗》。

增长给徽州人口带来了巨大的生存压力,商业人口的增长有效地解决了徽州社会的困境。如黟县,"往者户口少,地足食,读书力田,无出商贾者(原注:本正德陈志)。《徽郡六邑评》所谓'黟县男耕女绩麻',盖纪实也。国朝生齿日盛,始学远游,权低昂,时取予(原注:本窦志)。为商为贾,所在有之。习业久,往来陈橡,资以衣食"①。士人和农民大量经商和士商的进一步合流,使得依靠商业谋生的人越来越多,商业成为徽州人的本业。许承尧根据其族谱记载,他的祖上在正统时已出居庸关运茶行贾,他由此断定,到正统时歙人出贾风习已久②。根据《歙志风土论》的记载,"寻至正德末、嘉靖初,则稍异矣。出贾既多,土田不重,操资交捷,起落不常"。而到了嘉靖末隆庆年间,又有所变化,"末富居多,本富居少,富者愈富,贫者愈贫,起者独雄,落者辟易,资爱有属,产自无恒,贸易纷纭,诛求刻核,奸豪变乱,巨猾侵牟"③。休宁县情况也差不多。与人口的增长趋势相一致,商人的规模也是逐步地扩大的。

《徽商研究》认为,徽商的绝大多数是因生计所迫外出谋生的小商小贩,"徽商中出身于阀阅之家者固不乏人,但为数更多的则是为生计所迫外出谋生的小商小贩。这些小商小贩虽然资本无多,但却富于商业经验和艰苦创业的精神,而当时商品经济的发展又为他们牟利生财提供了极好的机会。所以他们之中'挟一缗而起巨万'者比比皆是,这就使整个徽州商帮的实力得以迅速增强"④。该书还认为,从整体上看,徽州6县中除黟县、绩溪从商风习形成较晚以外,其他几县在明中期就已经形成了出贾之风,从成化到万历中叶是徽商的发展阶段,从万历后期到康熙初期是徽商发展遭受挫折的阶段,从康熙中期到道光时期是徽商的兴盛阶段,该书把徽商的挫折主要归因于赋役和

---

① 道光《黟县志》卷七《地理志·风俗》。
② (近代)许承尧:《歙事闲谭》卷一《歙人出贾时期》。
③ (明末清初)顾炎武:《天下郡国利病书》原编第9册《凤宁徽》。
④ 张海鹏、王廷元主编:《徽商研究》,合肥:安徽人民出版社,北京:人民出版社,1995年,第10页。

战乱①。唐力行在《明清以来徽州区域社会经济研究》中指出了宗族在徽商兴起和发展中起到了非常重要的作用。

大量的古籍文献也印证了徽州人经商的主要原因确实是出于生计所迫，徽商中的绝大多数确实是小商小贩，这也印证了徽州贫困化的普遍程度。宗族的族谱中有着大量的商人传记资料，这说明了徽商中绝大多数的小商小贩出自宗族，是趋于或已经贫困化了的族人。明代中后期以来，人口的大量增长和贫困、佃仆的广泛使用、宗族建设的普遍开展和商人的大规模兴起，这几个现象之间必然有着内在联系。笔者立足于明清时期徽州脆弱的生态环境和扩张的人文礼教环境，认为徽州的赋役征派的确对徽州脆弱的农业经济和生态环境构成了严重的威胁。赋役是宗族内的人口贫困化的一个主要原因，在种种赋役弊端和不断加派下，大户衰败或花分、中户破产、小户丧失身份和自主性。赋役在徽商形成的过程中所起的作用的确很复杂，它不但在后来催生了徽商群体，还在早期提升了徽州本土物产的商品化程度，培养了徽州人的商业意识，扩大了徽州的商业网络。徽州的贡赋性商品经济为徽商的大规模兴起奠定了基础。而徽州的宗族和缙绅又与人文繁盛和商品经济发达的江浙地区有着千丝万缕的地缘和血缘上的联系。江浙地区的衣冠缙绅在早期向徽州的迁徙，与后期徽州人向江浙地区的迁徙，实际上都是为了安全、生存和发展的需要。笔者认为，徽州众多中小商人的商业经验和艰苦创业的精神的确与贡赋性商品经济有着密切的关系。

《徽商研究》关于徽商发展的三个阶段和遭受挫折的原因，与历史文献记载并没有多大的冲突。但赋役和战乱对商业的影响非常复杂，不可一概而论。从绩溪《遵义胡氏宗谱》可以看到，明末清初和太平天国这两次战乱之后，遵义胡氏都兴起了规模比较大的经商潮，尤其是太平天国之后的商潮更大。战乱之后，人口的压力大大减轻，如仙源杜氏家族，号称"人烟数十村，丁

---

① 张海鹏、王廷元主编：《徽商研究》，合肥：安徽人民出版社，北京：人民出版社，1995年，第9—16页。

男盈数万"①。但在接连遭受"咸同间粤寇之变加之以兵燹,继之以凶年,又继之以大疫,其间阵亡者、殉难者、避害而徙者、被掳而戕者、合家绝粮而僵者、比户染疠而毙者……得以重见天日者尚存十之二三焉"②。生存的压力并没有减轻多少,土地荒芜、生计萧条的状况迫使大量的胡氏族人弃学业贾。明代中后期的赋役改革和不断加派,实际上也是造成徽商大规模兴起的一个原因。因为加派的主要对象还是土地,商人稍有资产,还可以勉力支撑;农民的负担不断加重,农业的地位实际上在年轻的徽州人眼中已经成为末业。对他们来说,土地并不是恒产,而是更具有商业资本的意义。中产以下皆无田的现象出现,赋役负担仅仅是其中一个原因,另一个原因是重商的观念已经深入人心。

总之,徽商以资金的形式回流徽州和宗族,建设徽州和宗族,徽商以此博取义行的名声。而士人则以礼教的名义维持着徽州乡族社会的稳定,解决纷争。"雀角何须强斗争,是非曲直有乡评。不投保长投文会,省却官差免下城"③。士商在这样的环境下,相互协作和融合成为主导徽州社会的主流力量。

血缘人口分家和迁徙后形成的家庭与宗族结构、分支与本支网络、小徽州与大徽州格局对宗族人口的生计是非常有利的。徽州本土在宗族内部,"有无得以相通","吉凶有以相及",具有道义经济的功能④。家庭和宗族人口的迁徙、出赘和出继,很多情况下也是出于生计方面的原因,早期的迁徙是出于人口与耕地的压力,后期的迁徙更多的是经商的原因。绩溪《遵义胡氏宗谱》和《新安第一家谱》中的情况就说明了这点。从他们早期能够通过迁徙、出赘和出继建立自己的支派来看,他们在迁徙后的生存状况明显得到了改善,人口的繁衍速度加快。徽州许氏散居四方,嘉靖十八年(1539年)休宁

---

① 光绪《仙源杜氏宗谱》卷末《仙源杜氏重修宗谱跋》。
② 光绪《仙源杜氏宗谱》卷首《五修宗谱序》。
③ (近代)许承尧:《歙事闲谭》卷七《新安竹枝词》。
④ 叶显恩:《徽州和珠江三角洲宗法制比较研究》,载《中国经济史研究》,1996年第4期。引文出自苏大:《大宗小宗说》,见《新安苏氏族谱》。

浮潭许汉要求迁居外地的族人同心协力,"凡我宗人,当思居虽异地,亲系一家,凡可相扶持之事,悉力悉心以扶持之;有显达者当置赎田产以大睦族之道"①。

迁徙不仅分流了宗族当时的压力,还对日后的发展带来了明显的好处。如《新安第一家谱》中光进公的父亲从山东迁回,没有回本支,而是住到了槐台支派,为了家庭日后的发展,进行由商向儒的转向。正如遵义胡氏族人一代一代大量到郎溪经商一样,他们在开始的时候可能给人佣工谋生,但后来,许多人都有了自己的店业。当佣工是许多商人最初经历的一个过程,可能也是许多徽人终其一生的职业。前文所说的柳山方氏的同族结合是这种分支与本支网络维护宗族利益的典型例子。大小徽州的格局也同样对徽州人寻找生计提供了非常多的机会。婺源程栋在汉口营商得厚利,置有产业,"凡亲友及同乡者,借住数月,不取伙食,仍代觅荐生业"②。这与他们本土的道义经济是一致的,宗族伦理在经济行为上的表现非常明显。

宗族、人文礼教和商人是徽州地区贱民阶层长期存在的原因,是贱民的最大拥有者,同时也是贱民生活的保障者。本书在第三章已经论述了下层人口的生存问题。徽州地区的世仆大部分都是存在于所谓的衣冠门第之家。后来商业兴起,这些衣冠门第也实行儒贾并重,有的人更集多重身份于一身。但在传统的影响下,商人富裕后也有对奴仆的需求。康熙五十九年(1720年)休宁陈士策在分家时就拨仆妇一名照顾族中没有生育的妾③。汪庭芝在经商成功后,也买奴婢男妇一房④。商人的兴起,在某种程度上取代了一些日渐式微的门第之家。对于钱粮紧急、衣食缺乏又无其他物质保障的贫苦农

---

① (明)许汉编:《许氏统宗谱》。
② 《婺源县采辑》之"孝友",转引自叶显恩:《徽州和珠江三角洲宗法制比较研究》,载《中国经济史研究》,1996年第4期。
③ 《徽州地主分家书选辑》第7条,章有义:《明清及近代农业史论集》附录,北京:中国农业出版社,1997年。
④ 《徽州地主分家书选辑》第15条,章有义:《明清及近代农业史论集》附录,北京:中国农业出版社,1997年。

民来说,他们往往是以人口买卖的方式来缓解这种紧急状况。买卖之后,他们的生存能够获得保障,婚配也能够解决。由于地权的集中,更多的贫穷者可以选择佃种宗族或地主的田地。徽州地区的下层群体有很多的名目和称呼,如庄佃、住佃、火(伙)佃、细民、小姓、伴当、佃仆、地仆、庄仆、世仆、僮仆、奴婢等。叶显恩对徽州佃仆制的调查可见更为详细的劳役划分和名称,如歙县查湾的小户就因承担的劳役不同,而被赋予不同的名称,有拳斗庄、守坟庄等共约 15 个左右的名称,并对这些佃仆的户数和分布地点进行了列表统计[①]。这些众多的名称说明,众多的小户往往都有自己的满足当时社会需要的世业,这些不同的名目可能分布于不同的地区和年代,可能也有着特殊的含义。有学者认为,"鬻身婚配"之仆与地主具有严格隶属关系,近似农奴;"赁屋佃田"之仆不是人身出卖,只是在豪强的凌压下累世相承,身份下降,但经过退屋吐田之后,即可脱佃仆之名;火佃主要是在经济上"兴山分成""佃田交租"和"赁屋纳息",但在佃仆的影响下,往往也有服役的义务,但不是法定的[②]。虽然身份有法定的或非法定的下降,但他们无疑都有比较固定的收入,足以养家糊口。在徽州脆弱和扩张的生态人文环境下,佃仆的服役义务已经形成一种惯例,影响了一些纯粹属于经济关系的佃农和火佃,使他们也背上了非法定的义务。这更说明了,在缺乏民权思想的中国传统社会,生存意识是第一位的,而其他身份上的因素是第二位的。为了生存,他们不惜承担一些非法定的服役义务。对于处于困境中的佃仆,宗族有义务帮助他们。徽州的一些宗族还有专门的救济措施。歙县人毕仁于洪武七年(1374 年)

---

① 叶显恩:《关于徽州的佃仆制的调查报告》,《明清徽州农村社会与佃仆制》,合肥:安徽人民出版社,1983 年,第 307—310 页。

② 彭超:《试探庄仆、佃仆和火佃的区别》,载《中国史研究》,1984 年第 1 期。彭超的观点与叶显恩的不同,后者认为,历史上的火佃到明清时已经和庄仆、佃仆等一类具有严格封建隶属关系的依附者没有任何实质性的区别,见叶显恩:《明清徽州农村社会与佃仆制》,合肥:安徽人民出版社,1983 年,第 234—239 页。彭超对火佃的看法与刘重日的观点基本一致,参见刘重日:《火佃新探》,载《历史研究》,1982 年第 2 期。

"营置膏腴之田五百亩,尝割五十亩作义田,赡济族之贫者及生活无依之佃仆"①。在《窦山公家议》里有很多关于"佃困"及解救"佃困"的举措。关于"佃困"的原因,就是役使越来越繁,征取越来越重。因此在服役的时间和长短上做了规定,在收租上多次强调要"或监或让","尚当体祖宗之意,存恤下之心,或监或让,众议宽之,庶佃人有所依归,无怀异土之念矣"②;"凡遇水旱,管理者须分勘各处轻重量助,令其就治。若有荒歉,或监或让,须亲勘通处。其田原亩步紧者,亦须酌量宽减,俱毋得执一,以困贫佃。"③对于山场,"日后力垒照例给与,毋得短少"④。在传统社会,主仆之间都受到生存伦理的约束。在这种约束下,往往不是看主人从庄佃那里获得了多少,而是看主人能给庄佃留下多少,至少要给他们提供基本的生存保障。不能让庄佃濒临崩溃的边缘,这是最重要的。所以,主人一再强调在收租时要或监或让,在实际收成的基础上保障庄佃的基本需要。其他的"苏佃困"也体现出了这种生存伦理。从征收记录看,他们确实有很多的监收和让租的情况,而且整体上,租额有着下降的趋势。

生存保障还表现在一些政府、社区和宗族行为上。这主要就是储蓄和赈济。由于粮食的严重缺乏,平时进行蓄积非常重要。但仓储的变化非常快,其兴废关键在于官员和管理者的个人因素。根据嘉靖《徽州府志》卷九《恤政志》,元代时的永丰仓,明朝改为杂造局,弘治年间通判陈理建官厅三间。而义仓仅休宁县有一所。

嘉靖年间主要是预备仓和廉惠仓。预备仓共45所,其中歙县7仓,休宁8仓,婺源6仓,祁门6仓,黟县5仓,绩溪4仓,新安卫有9仓,基本上比较均匀地分布于徽州全境。但是预备仓虽然很多,却也是"盈缩不恒,张颐之民每每失望"。基于此,正德十五年(1520年)徽州知府张芹建廉惠仓。据杨廉

---

① 毕济川:《新安毕氏族谱》之《仕宦志》卷九,转引自叶显恩:《明清徽州农村社会与佃仆制》,合肥:安徽人民出版社,1983年,第183页。
② 周绍泉、赵亚光:《窦山公家议校注》卷四《田地议》,合肥:黄山书社,1993年。
③ 周绍泉、赵亚光:《窦山公家议校注》卷四《田地议》,合肥:黄山书社,1993年。
④ 周绍泉、赵亚光:《窦山公家议校注》卷五《山场议》,合肥:黄山书社,1993年。

《徽州府廉惠仓记略》记载,张芹守徽 3 年,节省公费钱 5 千缗,买田近 3 千亩;郡城的廉惠仓有堂五楹,廒凡二十楹,主要救济歙、休两县,婺、祁、绩三县也有廉惠仓,只有黟县没有来得及建设。但是廉惠仓在张芹走后,也渐渐萎缩,嘉靖四十一年(1562 年)徽州知府胡孝将郡城的廉惠仓改为察院,而将仓移至已经废弃的永丰仓西侧。

但无论如何,张芹还是获得了高度的称赞,"环天下郡邑,以堂食之钱为囊中物者固不足道,使一毫不取而无以利于民,虽如昔人之悬鱼留犊,谓其洁一己之名则可,求其为民久远之利,则未也。若侯是举,吾知田存则仓存,仓存则侯之廉惠亦存。田与仓岂有不存者哉?廉与惠岂有不存者哉?"①

仓储在管理和利用上的弊端可能更多,对于官府的赈济,当时有民谣:"嗟嗟父母,放稑生我,彼伧攘我,生不识官家,左右相摩。百里来乞粱,两日不得一颗,嗟嗟父母知那。"又有:"小麦青青,大麦未黄,父母恤我放黄粱,谁去籴者姑与章,丈夫何在戍远方,少妇支门户,两足不能行,若之何?官如市,吏如侩。嗟嗟彼尪羸其何能耐?"灾荒年份百姓的悲惨状况可见一斑②。实际上,由于官办仓储弊端太多,已逐渐走向衰落,明中后期以社仓为代表的民办仓储制度已经建立并发展起来,但是政府的干预和管理的不健全,其作为可能比较有限③。从嘉靖《徽州府志》卷九《恤政志》看,当时只有休宁县有一所义仓,但这个可能还是官仓。从总体上看,官办或官督民办的仓储都是兴废无常,难以长久。

中国的社会保障体系主要还是依赖于血缘组织,所谓养而后教。"宗族以互助团体帮助成员解决物质生活问题"④,"明清时期的宗族组织为了更好地收族,越来越认识到保证族人生活及对族人普及教育的重要性"⑤。对于宗族制非常发达的徽州来说,宗族的作用尤其显著。尤其是自明中后期以

---

① 嘉靖《徽州府志》卷九《恤政志》。
② 嘉靖《徽州府志》卷九《恤政志》。
③ 段自成:《明中后期社仓探析》,载《中国史研究》,1998 年第 2 期。
④ 冯尔康、常建华等:《中国宗族社会》,杭州:浙江人民出版社,1994 年,第 21 页。
⑤ 冯尔康、常建华等:《中国宗族社会》,杭州:浙江人民出版社,1994 年,第 231 页。

来,族田越来越被要求强化"急公""惠下"的功能,因此不断有扩大祀产的呼声。

徽州人口的分流主要以生存为出发点,这一点毫无疑问。宗族即使有很强的赈济赡养能力,也主要针对鳏寡老弱群体和读书应试的优秀子弟,并不针对那些年轻力壮的人群。所以这些人,在年轻时大多是没有多少家产的,而且很多人在幼年时就失去了父亲或父母双亡,他们的生存状况非常不好。在大量的分家书中,我们看到的是一幕幕艰辛的发家史,其间贯穿着与命运抗争和死亡的主题。所以在为了生存而引起的人口分流中,有着强烈的生存伦理。

二、生存意识下的多元文化

人口的分流和多层结构的形成也体现出了以生存意识为核心的徽州文化的多元性。徽州脆弱的生态环境和扩张的人文环境对徽州的风俗影响深远,最明显的就是在日常食用方面崇尚节俭,而在宗族和礼教方面却又崇尚奢侈。徽州节俭的风俗主要表现在日常生活上,生活必需品的短缺和昂贵,使食品开支增加,限制了在其他方面的消费。"俭而好礼,吝啬而负气,家资累万,垂老不衣绢帛"[①]。徽商虽然名扬海内,"然其家居也,为俭啬而务蓄积,贫者日再食,富者三食,食惟饘粥,客至不为黍,家不蓄乘马,不蓄鹅鹜,其啬日日以甚。不及姑苏、云间诸郡,产相十而用相百,即池阳富人子犹不能等埒。而反以富名,由为贾者在外售虚名云"[②]。黟县也是"家居务俭朴,城市无茶馆、酒肆,冲处仅有之,亦苦茗一盂。无衣冠人至,不足言馆"[③],"是商以求富厚,非实富厚也"[④]。实际上求富厚还不是多数徽州人经商的初始目的,求生存才是原始动机。不管他们在外到底是不是很富有,但是他们的老

---

① 同治《黟县三志》卷三《风俗》。
② 嘉靖《徽州府志》卷二《风俗志》。
③ 道光《黟县志》卷三《地理志·风俗》。
④ (近代)许承尧:《歙事闲谭》卷二一《歙问》。

家——徽州确实称不上是富庶之地。徽州是一个闭塞之地，交通不便自然无法作为商品的集散地。如此闭塞的地方，又处于深山之中，能有什么样的商品经济呢？如果有，那也只能是一种维持生存的商品经济。粮食贸易、木材和茶叶等特产的输出都属于这种商品经济的范畴。从经济状况尤其是粮食短缺去看徽州的一些风俗，则更容易得到更深一层的理解。

外地的奢侈让有些迁居的商人有后顾之忧，迫使在外定居多年的商人，还要谋划归乡之举。休宁陈士策于康熙三十二年（1693年）到苏州经商，后来在此结亲，就定居苏州，开创布业。他说："店中原非位家之所，予因创业吴门，结亲于此，权宜为之。日后若尽迁寓，而屋不能容，如位他处，此地多盗贼水火之患，耽惊受怕，不可居也。余虑身后人事难齐，倘生意不顺，则有不堪之形；在外联姻，虚费实广，皆不合宜。乘予在堂，归乡安顿，奉祀之分，轮流值年，田园薄产，不致荒芜；嫁娶省费，不致过奢。本乡之女能知稼穑艰难，宗族姒娌婚丧之礼靡不周知。苏俗繁华，穷奢极欲，决难久居，不若本乡人士节俭，贫富皆可度日。若不听余言，后悔必生。"①他的众多儿子中也有在苏州结婚的，如他的早丧的儿子就在吴地娶妻金氏，但金氏的祖先出自休宁曹村，隆庆年间始迁苏州，金氏生于官宦之家，不知本乡礼节。陈士策对此再次强调："子女须婚本乡，庶不致如吴俗之奢侈也。毋违我命。"②陈士策在考虑了徽、苏两地的风俗后，认为徽州节俭的风俗对后代有好处，于是决定迁回徽州。在他的理由中似乎婚姻是一个重要的因素，但是与其说是吴地奢侈的婚俗使他决定迁回，不如说他是以婚姻作为借口而试图说服他的儿子。

徽商在外奢侈与在内简朴这两种矛盾性的生活方式是徽州文化多元性的一个表现，也是徽州生存伦理的表现。在外的奢侈是为了生计，为了商业经营，在家的简朴也是为了生计，它们都是徽州生存伦理的真实反映。

---

① 《徽州地主分家书选辑》第7条，章有义：《明清及近代农业史论集》附录，北京：中国农业出版社，1997年。

② 《徽州地主分家书选辑》第7条，章有义：《明清及近代农业史论集》附录，北京：中国农业出版社，1997年。

生存状况的不同也导致风尚的差异。《歙风俗礼教考》把徽州的风俗做了分类,歙县西北二乡与休宁东部,风俗富厚而备于礼,衣冠整齐,讲究修饰;其他地区都比较简朴,而绩溪风俗极简,为诸邑所不及①。这种以经济状况划分风尚也是生存伦理的典型表现。节俭的风俗是不适合商业经济发展的,从经济基础决定上层建筑看,商人文化在徽州也是没有经济基础的。

但是徽州在节俭的风尚下却又有着对宗族和人文礼教的大量投入。徽州人非常看重祭奠,而且所需的费用也很高,一次就有可能相当于中家之产。尤其在后来同族结合后,祭祀的礼仪更盛大。对科举人文的投入也非常多。这是徽州扩张性的人文礼教之表现。徽商虽然在生活方面很节俭,但是却在各种各样的义行、善事方面不惜花费,以此为自己博取贾而好儒的名声。儒行虽不利于商人的资本积累,但对于生存困境中的人们来说,儒行意味着生存的机会。儒行有利于徽州社会的整体稳定。

徽州文化的多元性在婚姻文化上表现得也很明显。在徽州的各类人口分流中,无疑都对婚姻给予了非常大的关注。这种关注是基于本家香火延续的需要。徽州地区漫长的宗族文化,强化了徽人传宗接代的意识。徽商的早出和滞留在外也造就了一些特殊的婚姻形式,如早婚、娶长妇、两头大等。这些婚姻形式对于徽商的生育和传宗接代有着积极的意义。徽商长期在外,与妻子两地分居,如果几年才回来一次,生育率就会大大降低。在这种情况下,在经商地纳妾就是一种选择。这种在外地买的妾,由于只有两人共同生活,男主外,女主内,妾的地位实际上与原籍的妻子没什么区别,所以徽商的这种两地各有一个家庭的情况就被称为"两头大"。这种外地的妾由于没有夫家家庭的束缚,甚至还有相当高的地位和自由,如掌管钱财等;在丈夫死后,也有选择去不去夫家的自由。朱介夫的父亲死后,"少姬阄出父钱匿母党,不欲归,介夫日夜泣曰:'即余小子无良,余先考无罪。'少姬始奉丧归葬,卒善事终身。"这个少姬能够回夫家,肯定也将钱财带回,应该说是对夫家作出了贡献,

---

① (近代)许承尧:《歙事闲谭》卷一八《歙风俗礼教考》。

所以也得到了夫家的善待。朱介夫自己从小跟随父亲在武林就学,后来因家用不给,弃儒经商,也在武林买妾①。为了能让夫家延续香火,很多妻子都主动要求丈夫置妾。查八十从父兄受贾,处处好为人上,因在一个娼家受到刺激,遂专习琵琶,学成之后,又"托贾而游",长期不回,没有儿子,等他回家之后,妻子屡次要他置妾②。有的妻子甚至亲自为丈夫置妾,"伯母不宜子,寻进伯父媵人"③。为族中乏嗣的人买妾延嗣成为商人的义行,如歙县汪良蛟为两个贫穷无嗣的人买妾,使他们有后④。

家族对族人的婚姻和传宗接代有着高度的重视。歙县商人多,经商人口的死亡率很高,所以,在方志的孝友、义行等传记中,能看到很多的抚孤事例。虽然家族内出现了大量的人口和无子家庭,但通过一些积极的族外和族内的人口分流,利用迁徙、出赘和出继等手段,在家族内延续香火应该是能够做到的。休宁陈士策生有9子,他在分家时担心有的儿子以后会有乏嗣的危险和在立继时产生矛盾,因而在分家书中就规定:"予每见子多,恐有乏嗣之患,当遵律法同父周亲相应立继之条,惟以换房轮继,不得僭越重继,致多争论。违者许执遗命,请本族尊长祠内公议,治以不孝之罪。"⑤虽然有出继异姓的情况,但那并不是主流。很多家族都有自己的婚姻圈,婚姻与商业之间有密切的关系⑥。

徽州文化的多元性典型地表现在贱民文化方面,尤其是在他们的婚配方面,体现出了与主流文化强烈的差异性。前面已经说过,奴仆们在婚姻方面往往是没有自主权的,他们要为主人的利益服务。因此,他们的婚配表现为多种多样的非常态婚姻,而且女性再婚相当普遍。当然,身处在徽州这样一

---

① (明)汪道昆:《太函集》卷二八《朱介夫传》。
② (明)汪道昆:《太函集》卷二八《朱介夫传》。
③ (明)汪道昆:《太函集》卷四三《先伯母许氏行状》。
④ 张海鹏、王廷元主编:《明清徽商资料选编》,合肥:黄山书社,1985年,第357页。
⑤ 章有义编:《明清及近代农业史论集》,北京:中国农业出版社,1997年,第312页。
⑥ 唐力行:《明清以来徽州区域社会经济研究》,合肥:安徽大学出版社,1999年,第6—9页。

个社会,有些下层社会的女性也产生了贞洁观念,但是,即使她们有此想法,她们的主人也未必允许。明隆庆间,司琴为歙人黄梁的小僮,"事主勤慎,梁爱之,许配以小婢庆云"。后来黄梁晚上饮酒后不慎从桥上掉了下去,司琴为了救主人而淹死,庆云发誓以身相殉。黄梁告诉她:"许配,戏耳,更觅佳偶。"庆云忿恸,数日而绝,年仅十六①。这说明主人对奴仆的配婚观是不一样的,主人对他们终身大事的许配可以成为一句戏言,而且主人是不会鼓励奴仆们效法贞女节妇的,因为奴仆是主人的财富,而她们的贞洁举动是不能为主人带来任何利益的。再如前文所述的小黑,因为主家贫穷,不能为他婚配,就有人劝他另觅新主。这说明仆人在有些时候也是有相对的自由的,如果主人不能为他婚配,按惯例他可以以某种方式离开主人,或同时兼顾旧主和新主。这些说明上层社会所倡导的贞洁、忠孝观念在下层社会中有着相当的变通,并不为时时面临生存危机和人道危机的下层社会所奉行。

在一些人身买卖中,能否决定仆人的婚配似乎成了主人是否完全拥有该仆的一种象征和标志。由此也可见,婚配在人身买卖中所具有的多重意义。由于主人控制着紧缺的适婚龄女性,所以,这种卖身婚配在为主家带来潜在利益的同时,也为贫穷的男女提供了婚配的机会。女性在向富贵之家集中的同时向贫穷的未婚男性保持了一种开放,正是这种开放才有可能缓解适婚龄女性紧缺和婚嫁失时的紧张。必须提出,大部分婢女还是能够婚配的,在一些"痼婢"习俗较为严重的地区,一些地方官也规定婢女要限期出嫁,"凡有丫鬟婢女,年过二十以上者,不论大家小户,总以一月为期,或外嫁良民,或内婚僮仆,尽行配合。如过期不嫁不配者,许地方乡保人等,指名首告,以凭尽法严处。其婢女即著地方乡保,择贫穷男子之无妻者,至本厅当堂配合,量给聘资,不准全礼。此后著以为例。凡属民间使女婚嫁之年,总不得过二十以外"②。地方官员的这种"人道"政策是受到了中央政府的支持的,一直到了清后期,仍有这方面的规定:"嗣后旧时婢女照定例年二十五以上,无至近亲

---

① (清)赵吉士:《寄园寄所寄》卷一一《故老杂记》。
② (清)李渔辑:《资治新书》二集卷一四《文告部》之《风俗》。

属可归者,由主家婚配,不得收受身价,违者照例治罪。"①仆人的寡妻再嫁和招夫的现象也很多。这表明,在社会的低层,两性的结合是灵活的,婚书就是这种灵活性的体现。它起到了性别失衡下协调婚姻的作用,巧妙地把人口买卖同婚姻进行了结合。但同时也应该看到,它也是在明代中叶以后生存竞争激烈、身份下移的社会变动中对人口压力的某种缓解和谋求种族生存的一种变通。

生存意识下的徽州多元文化的另一个表现是,徽州的缙绅士大夫一方面抱怨徽州的赋役之繁重,但同时,他们又以徽州人很少逋赋而自得,甚至为了完赋而将卖产卖子女作为自爱的表现。但是,不断地加派也会冲垮自爱的堤防。徽州下至百姓上至官员也在进行着赋役的抗争。如种种不时坐派之供不仅让农民面临着日益严重的生存问题,因而引起了人民的不满,也让地方官员不堪应付,有时他们也敢于表达出自己的抱怨。

从嘉靖《徽州府志》卷八的木植坐派来看,徽州的地方官员也多次或明或暗地进行抵制。嘉靖九年(1530年)营建宫殿,工部又坐派徽州木竹共67 000根,木价和脚价都从徽州府应该解发工部的银两内动支。札付到府衙后立即又引起了人户的恐慌。知府自然是照例向上申奏,其理由非常充分:一,鹰架、平头、杉板非本地所产;而且徽州顽山峻岭,所产有限,由于多次科派,杉条都快被征完。二,先前所议定的木价太低,仅仅买山上的木材都不够,何况还有运送出山的费用;这么低的费用,出产地都不肯承买,更何况徽州还得出境购买、解送。三,徽州府应该解发的料价银都已经解完,因连年采买竹木及烧砖等项支出,府库里已经没有银两可动。地方官员认为,实在没有理由摊派给徽州;应该增加费用,让江浙出产地方收买。如果说工期紧急,仍要徽州府买办接济,就应该由各府协济,不应只苛求徽州一府;否则不但事情办不了,而且徽州地方将会受到严重骚扰,民众有可能被迫起来反抗。由于有减免的前例,再加上地方官的这一通抱怨和威胁,最后将徽州无力承买的一部

---

① (宣统元年)宪政编查馆《禁革买卖人口旧习酌拟办法》,转引自经君健:《清代社会的贱民等级》,杭州:浙江人民出版社,1993年,198页。

分通融均派给邻府靠近水路的地方①。

地方官员在每每作出抗争的举动前,一般都有民间首先作出抗争。徽州人深受木植坐派之苦,甚至谈木植就为之色变,一遇木植就纷纷上诉甚至逃亡。这是因为,木植并不仅仅只是出钱买木这么简单,还有脚价银,再加上所需要的解户、水手和其他人力,不仅费钱、费人还费时,所以连出产地都极力避免被摊派,更何况徽州不是产地,还要出境购买,费用更大,深受其累。从正德十年(1515年)、嘉靖六年(1527年)、九年(1530年)和三十六年(1557年)这四次木植坐派看,形成了一些惯性的循环:其一是朝廷屡屡坐派徽州所不产的大木,而且数量都很大;其二是徽州官民屡屡申诉和逃亡,地方官也自然会将下情上达;其三是朝廷最后作出妥协,要么改派到出产地,要么让宁、池等府协济,要么扣留料价、事例等银抵买,要么综合运用以上方法处理。

赋役负担过重是徽州生存伦理产生的根源之一。地方官员作为当地的父母官,为官一任,造福一方,这是正直官员的理想,也是儒家经世思想的体现。徽州沉重的赋役负担使在任官员看到了社会承受力、稳定和完课之间的辩证关系,屡屡为民请命,因而也成就了不少官员的名声,他们死后,为当地的官府和民间所祭祀。一些官员在离任后还不断地为徽州呐喊。徽州宗族和缙绅势力的强大,地方官员受到他们的影响也是很自然的。在徽州的丝绢纷争中也可见地方官员为拒不执行上层发出的逮问衣冠豪右的命令的情况。

徽州人口分流的一个重要推动力就是赋役。分户本身就是一种规避赋役的行为。宗族的建设也有利于对国家赋役弊端的防范。儒贾并重的职业分流自然能缓解家庭和宗族的赋役压力,而且有功名者还可以优免差役,甚至还规避赋税。商业对于徽州的赋税是非常重要的,早在唐代,茶叶贸易就成为"给衣食,供赋役"的一个主要经济来源。在赋役折银后,商业贸易对于赋役更是不可缺少的环节。商人急公的事例以及为族内贫穷的儒士完课,都足以说明商人在赋役中所起的作用越来越重要。

---

① 嘉靖《徽州府志》卷八《岁供·不时坐派之供》。

赋役下的人口分流与对赋役的抗争,使我们能够看到传统社会中的个人、家庭、宗族乃至地方官员如何对待来自国家层面的赋役征派。其中可见中央与地方、国家与社会、家庭与宗族、财富与身份等之间的冲突与协调。通过种种方式,徽州的赋役负担确实得到了减轻,贫困人口的钱粮紧急也得到了缓解,有助于社会的稳定。

前文已经论述的职业观的转变使徽州文化的多元色彩更趋明显,儒贾并重的职业观是徽州多元文化的一个重要表现。多元文化是生存环境的产物,多元化的结果往往使伦理文化具有一种中庸的取向,在精英文化和世俗文化之间,实际上采取的可能更多的是一种中庸文化。如程文彝在看了朱熹的《家礼》后,"为太夫人谋窀穸,手辑《葬纪》一篇,盖折衷《家礼》而通于当世之可行者"。徽州"最称秉礼,以古礼为迂阔,守俗尚为典故,吉凶大事,无所考正久矣。士君子在朝则治政事,居乡则正风俗,先生所纪,亦读礼时之政事也。是编所述,皆切近可行。其论风水之妄、缓葬之非更切中时弊"①。徽州的儒士由于职业的选择不同,在处事和思想上也有相当的分化。腐儒也确实存在,但经商的非常多,出仕的也很多,后二者与腐儒相比,在行事和思想上更趋现实,往往既不甘流俗,也反对迂腐。随着社会的发展,程朱理学已经僵化,如何适应社会,成为清代儒家们重新探讨的问题,徽州的不少士大夫都对宋儒表现出了批判的态度。如戴震就说:"宋人则恃胸臆为断,故其袭取者多谬,而不谬者在其所弃……宋以来儒者,以己之见,硬坐为古圣贤立言之意,而语言文字实未知之。其于天下之事也,以己所谓理强断行之,而事情原委隐曲实未能得,是以大道失而行事乖。"②这种论调在晚清时的徽州非常普遍。徽州的生态与人文环境显然已经改造了理学,但对理学的否定,并不是对礼教的否定。

中国传统社会具有多元的结构,它体现在经济、文化、社会控制体系等各

---

① 康熙《休宁县志》卷七《纪述》。
② 戴震:《孟子字义疏证》卷下《与某书》,见《戴震全集》,北京:清华大学出版社,1991年,第211页。

个方面①。这种多元化特征在徽州表现得非常典型。徽州虽然是一个等级制和身份制非常显著的社会,但生存伦理下的多层结构和多元文化,还是为徽州人提供了远离徽州社会的较为广阔的生存空间,他们可以根据社会的职业需求而有着更多的职业选择。这种具有多元化特征的人口分流和生存伦理还强烈影响了徽州社会的发展,使徽州社会从稳定走向内向。

第二节 荣耀与耻辱:明清徽州家族对女性的控制

家族通过教化权,对地方社会实施控制。当然,家谱文献反映出的是一种家族精英所希望达到的理想状态,或是对前代相关规范的一种盲目延续,与现实生活相比,可能会有相当大的差距,这一差距需要综合利用其他文献来探讨,这不是本书所能达到的目标。

一、男女有别:徽州家族对女性的日常生活控制

传统社会强调的男女有别,主要是在教育、日常生活与家族事务上的内外有别。

女子的受教育经历对女子的欲望和行为有着决定性的影响。徽州号称礼仪之邦,在儒家文化渗透之下,尤其重视教育,女性尤其是上层社会的女性普遍受到良好的教育。朱熹《家礼》在徽州影响非常大,其中也涉及了女子教育问题,强调从六岁开始,男女教育开始出现差异,女子要练习初步的女红。七岁,男女不同席,不共食,女子也要诵习《孝经》《论语》。八岁,女子不出中门,生活空间受到限制。九岁,女子要知晓《论语》《孝经》《列女传》《女诫》。十岁,女子要从德、言、容、功四个方面接受更高级的教育②。顺从是女性主要的行为特点。"女红"包括了纺织、编织、缝纫和刺绣等内容,一向被视为典型的女性工作,很早就被赋予了经济层面和道德层面上的意义。"女红"产品

---

① 傅衣凌:《中国传统社会:多元的结构》,载《中国社会经济史研究》,1988年第3期。
② (宋)朱熹:《家礼》卷一《通礼》。

既能满足家庭日常所需,还能满足国家与社会的需要,是一项重要的生产活动。在纺织品生产专业化之后,家庭女红在经济上的贡献基本上被边缘化。国家鼓励妇女从事女红,主要出于稳定社会秩序的考虑,女红的道德意义被强化。为了培养女性美德,女红成为所有女性的必修课。因此,女红呈现给人们的,是体现了女性性别身份和女性美德的一种活动①。

徽州是宗族控制之下的社会,家族女子受教育机会比较多,很多的家规和家训中都有关于女子礼教的内容。明代著名学者歙县人汪道昆在刘向《列女传》的基础上编辑了新的《列女传》,对徽州女子的教育颇有影响。受到良好教育的女子是被世人所赞赏的。有的是父母在家言传身教,如孝女许淑玄自幼聪慧,随母亲诵习《论语》《孝经》《列女传》②。也有跟随女师学习的,如金环秀,出生于维扬,从小就跟随老师学习《内则》,聪慧能诗③。还有入私塾读书的,如江峰青继妻王氏入塾读书,记忆力非常好,过目不忘④;潘家骧妻俞氏幼入塾读《女诫》诸书⑤。

对于来自外姓的族人——媳妇,徽州家族尤其强调要进行特殊的教育,三田李氏宗族规定,新婚第三天举行庙见礼⑥,然后丈夫带妻子到中堂见长幼亲属,明确大小尊卑关系。第五天后接受家族规范方面的教育,要求她们做好自己的分内之事,掌管内室,不可干预属于男人的外政⑦。

妻子在日常生活中的表现,决定了家庭是否和睦,家庭是否和睦决定了家政的好坏,关系家庭是否兴旺,所以家族对女子在日常生活方面的欲望和行为控制很严密。如:

---

① 宋晓萍:《"女红"经验:超越日常生活》,载《花城》,2007年第6期。
② (明)程敏政:《新安文献志》卷九九《许孝女刲股传》。
③ 民国《重修婺源县志》卷六三《人物十七·列女九·才媛》。
④ 民国《重修婺源县志》卷六三《人物十七·列女九·才媛》。
⑤ 民国《重修婺源县志》卷六三《人物十七·列女九·才媛》。
⑥ 庙见礼是新媳妇第一次在夫家祠堂祭祀祖先的礼仪,庙见礼之后,表明新媳妇已经正式成为丈夫家庭的一员。
⑦ 光绪《三田李氏宗谱》卷末《家规·冠婚》。

家之和与不和皆系由妇人之贤否,其贤妇侍舅姑必孝顺,事夫主必恭敬,处娌妯必温和,抚子侄必慈爱,御奴仆必宽恕。家有此等贤妇,则子孙必昌。其不贤者,逆舅姑,凌夫主,渐渐狠戾妒嫉,恃强欺弱,摇唇鼓舌,面是背非,争长竞短,家政既坏,祸亦随之,为长妇当预警饬①。

梁安高氏家族强调"别男女":

欲正人伦,先别男女。男女虽同胞,自八岁以上即使有别,所以远嫌辨疑而防微杜渐也。男子不得入内室,男女不得同坐,不得笑谑;妇女不得入寺观烧香,三姑六婆不许入门。闺风正则风俗隆,而家门昌大矣②。

歙县蔚川胡氏家族强调,在日常生活中要"正风化":

夫妇所以正家道,为风化之原也。夫纲不可少弛,闺门不可不肃。切禁妇女出外闲游,即庆吊当行,须令婢女小厮先导避人,方见大家气象。即农庄商妇,或不能净坐深闺,亦必循规蹈矩各事其事。若妇人狮吼,致内外不分,惟家之索,试问其夫安在?有于此者,族房长公治其夫,令治其妻,以端风化,违则削其世系③。

仙源杜氏家族强调"闺阃宜严":

古者男女不杂坐,不同椸枷,不同巾栉,不亲授,叔嫂不通问,嫌疑之间,《礼经》言之甚详。今酌定家规:妇人年未五十者不准干预外事,到老不准入庙烧香,不准与三姑六婆通往来,不准僧道入门,不准长大男子入内室,不准男女同场赌博,不准妇人凌辱养媳及婢女,不准与人辨斗图命,妇女无论贫富须课以女工。如此方是有礼之家,而无渎乱之患矣④。

---

① 道光《婺源长溪余氏正谱》卷首《祖训》。
② 光绪绩溪《梁安高氏宗谱》卷一一《高氏祖训十条》。
③ 民国歙县《蔚川胡氏家谱》卷二《规条》。
④ 光绪《仙源杜氏宗谱》卷首《家政十四条》。

休宁茗洲吴氏有比较详细的针对女性的"家规":

> 妇人必须安详恭敬,奉舅姑以孝,事丈夫以礼,待娣姒以和,无故不出中门,夜行以烛,无烛则止。如其淫狎,即宜屏放。若有妒忌长舌者,姑诲之,诲之不悛则出之。
>
> 妇人媟言无耻及干预阃外事者,众共叱之。
>
> 嫌疑之际,不可不慎,非丧非祭,男妇不得通言。卑幼之于尊长,有事禀白宜于厅事,亦不得则入内房。
>
> 家道贫富不等,诸妇服饰但务整洁,即富厚之家,亦不得过事奢靡。
>
> 主母之尊,欲使一家悦服,切不可屏出正室,宠异侧室,为之以乱尊卑。
>
> 诸妇之于母家,二亲存者,礼得归宁,无者,不许。
>
> 妇人亲族有为僧道者,不许往来。
>
> 少母但可受自己子妇跪拜,其余子弟不过长揖,诸妇并同。
>
> 内外最宜严肃,男仆奉主人呼唤入内供役,事毕即退,见灯不许入内室。姻家僮仆至,除传视问安外,妇人不许接谈。
>
> 女子小人最能翻斗是非,若非高明,鲜有不遭其聋瞽者,切不可纵其往来,一或不察,为祸不浅。
>
> 三姑六婆概不许入门,其有妇女妄听邪说引入内室者,罪其家长。
>
> 妇女宜恪守家规,一切看牌嬉戏之具宜严禁之,违者,罪家长。
>
> 侧室称呼及一应行坐之礼,不得与正室并①。

中国传统社会特别强调五种人伦关系:父子、君臣、夫妇、兄弟、朋友,夫妻关系号称人伦之首,所谓有天地然后有男女,有男女然后有夫妇,然后才有父子、君臣等其他人伦关系。夫妻关系为儒家所看重,夫妇由男女构成,因此

---

① 雍正《茗洲吴氏家典》卷一《家规》。

要正人伦,首先要别男女。对女性日常生活的控制,中心思想是恪守妇道、男女有别。作为"主母""少母"和"侧室"的女性要尊卑有序地谨守各自的社会、家庭角色,孝奉公婆,礼事丈夫,和待姒娌。女性做好自己的分内事,就是要控制自己的欲望,谨守自己的行为;在家内事物上要男主外、女主内,女性家长是族内女性的管理者。

女性家庭生活空间讲求私密性,注重性别隔离。一般以家庭中门为界,中门以内为内室,是女子的主要日常活动空间。成年男子不得随意进入内室,女子也不能随意跨出中门以外,即使是家中卑幼有事禀告,也要在厅堂进行。妻子娘家来人,也只可在中堂相见,不能进入内室。只有外甥、女婿等才可进入内室。徽州条件较好的家族,住宅一般有二进或三进,女子的闺房大多建在二进以内的阁楼上。在建筑设计上,阁楼靠近天窗,容易采光。闺房窗户一般使用繁琐的雕饰,从窗外难以看到窗内。一楼入口处有一扇小门,可以锁上,通向二楼的楼梯往往又陡又高,且极其狭窄,只容一人行走。女孩子在出嫁前,不轻易下楼,终日待在阁楼里,学习女红或者抚琴绘画,或去家族私塾接受教育。

在社会交往上,男女授受不亲,随时防范与男子的近距离接触,也不得随意交谈。禁止女子入庙烧香,禁止与三姑六婆、僧道人士往来,禁止与男子同场赌博,禁止出门闲游。如果妻子要出门参加婚、丧活动,就要让自己的婢女和小厮在前面引导开路,并处理随时发生的突发情况,避开自己和路上陌生男性的直接接触。父母去世之后,就不许再回娘家。娘家如果有人做了和尚、道士,不许与他们往来。

在夫妻关系上,不可做悍妻,不可对丈夫不顺,如果违反夫为妻纲这条礼教原则,族房尊长就要惩罚丈夫,责令丈夫管治自己的妻子,如果管不好,就要从家谱上除名。很多家族强调,闺门整肃,要从男子做起,丈夫守正,妻子谁敢不正[①]。同时强调,妻子不准凌辱童养媳和婢女。女子不分贫富,都要

---

① 光绪绩溪县许余氏《南关惇叙堂宗谱》卷八《家训》。

从事女红。

徽州由于很多男人出去经商,死亡率很高,留下娇妻弱子,造成大多数商人家庭长期处于残缺状态。这种家庭如果不进行有效约束,可能会严重影响社会稳定。所以徽州家族特别关注男女风化问题。徽州人一般在外出谋生之前要成家,其中有些年龄不大,往往娶一个年龄比较大的媳妇以操持家务和侍候双亲①。商人常年不归,导致年轻女性独守空房,女子被要求必须严格控制自己的性欲。商人妻子贪图物质享受,就必须降低自己在情感和性生活方面的要求。

徽州流传有催人泪下的"纪岁珠"的故事:新婚一月后,丈夫外出,妻子在家以刺绣谋生,每年买一珠,称为"纪岁珠"。丈夫回来时,妻子已死了三年,打开箱子,看到妻子已经积累了20多颗珠。歙籍诗人汪于鼎为之赋诗曰:"几度抛针背人哭,一岁眼泪成一珠,莫爱珠多眼易枯。小时绣得合欢被,线断重缘结未解。珠累累,天涯归未归?"《歙县志·风土》评论道:"只此一事,而其事礼教之谨严,生计之迫压,家族之苦痛,交通之闭塞,皆可见矣。其通常三岁一归者,固不敢怨,商人重利轻别离也。"

女子要谨守内外之别,一般只涉足家族的内部事务,禁止女子干涉外事,但是有的家族规定,一旦女子过了50岁,就不受此限制。女子到了50岁,多数已经成为家族内的女性长辈,甚至可能因为丧夫而成为一家之主。当家的女性可以干预外事,包括子女的婚姻和职业。

徽州是一个重商和重儒的社会,支持丈夫经商致富和科举成名的妻子,享受到很高的荣耀。有一位金母做七十大寿,汪道昆为她写了一篇祝寿文,高度赞扬她的才智和博学多闻,并帮助丈夫经商致家业兴旺②。女性的倾力参与,使得徽州商人兴起为明清时期中国最大的商帮。徽州士绅对这点认识很清楚,故而大力赞扬,给予这类女性很高的荣耀。

---

① (明)王士性:《广志绎》卷五"西南诸省":"蜀中俗尚缔幼婚,娶长妇,男子十二三即娶。徽俗亦然。然徽人事商贾,早娶则可有事于四方;川俗则不知其解。"

② (明)汪道昆:《太函集》卷一一《金母七十寿序》。

还有很多女性,全心治理家务,免除丈夫后顾之忧。徽州家庭的高度残缺性,导致了对女性持家能力的倚重。女性牺牲小我,成就丈夫的事业,丈夫不在家时,要付出更多的艰辛,照顾公婆,操持家务。这样的女性也被作为典型范例,被记载入各种文献,如地方志、文集和家谱,成为一种荣耀。

徽州家族的家法对女性在日常生活中的某些行为制定了惩罚措施。如仙源杜氏规定,对通奸的女子要休掉;妇人得罪公婆,要跪香、笞责甚至休掉,或罪其夫;女子凌辱童媳及婢女,罪坐其夫;妇人好斗,责令跪香或笞责;悍妇理屈图命以致自尽者,不准入祠入谱;妇人无故夜哭者,跪香①。徽州家族对女子的惩罚有很多是落实在丈夫或婆婆的身上,因为丈夫和婆婆是媳妇的监管人。

二、从一而终与贵男贱女:徽州家族对女性的婚姻生育控制

婚姻关系是中国传统社会除了血缘关系之外的最重要的一种人际关系。婚姻是人伦关系的开端,它所关系的不仅是当事男女,更重要的是关系两个家庭乃至两个家族。"昏礼者,将合二姓之好,上以事宗庙而下以继后世也,故君子重之。"②所以家族在婚姻方面有很多规范,要求族人对婚姻要慎重。

从一而终是对女子贞节的要求。朝廷对符合条件的守寡者给予旌表,符合徽州家族稳定地方社会秩序的需要。家族作为贯彻儒家伦常的组织,对女性的贞节极为看重。在宗族聚居的地方,就是贞节烈妇最多的地方。贞节女性是家族荣耀,一旦被朝廷旌表,就是家族莫大的光荣,会给家族带来各种各样的利益,因此很多徽州家族鼓励寡妇守节,并提供经济救助。绩溪县南关许余氏在家族救助对象中,要求对贞节寡妇,要特别加以优待,寡妇同残疾人一样,可以终身享受家族救济③。在中国传统社会,家族救济实际上是对寡妇守节的配套措施,有了家族的经济援助,寡妇可以安心守寡,一方面伺候老人,同时抚养孩子长大成人。在徽州这样一个经商人口众多的社会里,一方

---

① 光绪《仙源杜氏宗谱》卷首《家法》。
② 《礼记·昏义》。
③ 光绪绩溪县许余氏《南关惇叙堂宗谱》卷八《惇叙堂家政》。

面商人死亡率很高,另一方面有更多的商人夫妻实际上处于两地分居状态,所以许多徽商家庭是残缺不全的,如果不能稳定住商人妇这个群体,徽州社会将会动荡不安。因此,对待寡妇是徽州社会必须面对的一个大问题。对寡妇加以经济援助,同时给以礼遇,甚至上报朝廷给予旌表,以示荣耀。

徽州家族对女性的生育也同样进行控制。中国传统社会重男轻女的观念长期存在,家族作为血缘组织,尤其强调血缘关系要一脉相承,"不孝有三,无后为大",表现在生育观念上,就是贵男贱女,以生儿子为荣耀,以生女儿为耻辱。徽州社会在这种文化影响下,再加上实际生活中的生存困境和某种生育信仰,往往对生育进行性别上的有意控制,抚养男婴,溺毙女婴。导致男女性别失衡,产生一系列社会问题。

徽州很多家族有禁止、反对溺女的条文,表明徽州地区溺女现象比较多见。针对这一陋习,徽州家族提出了严厉的道德批判。梁安高氏家族有"禁溺女"的祖训[①]:

> 禁溺女。上帝有好生之德,人之善事莫大于救人命,人之恶事莫大于杀人命。然有心杀人罪更深于无心杀人,有心杀无怨之人罪更甚于杀有怨之人,杀无怨而为至亲之人尤甚于杀疏远之人。世俗之溺女者,父子至亲,婴孩何怨,乃竟立意杀之而不肯宥,其恶极矣。夫物之凶狠者莫过豺狼虎豹,然皆不食子;乃至人而自杀婴女,是凶狠过于豺狼虎豹。彼呱呱者方待乳待衣,而忽投之于水,此事能下手,亦何事不能下手。恶至于此,天理岂容?若谓恐分子乳故杀女以育子,是爱子而先为子杀一人命,其子亦必不昌。若谓家贫不能育,彼婴女所食者乳,并不食膏粱。既生女必有乳,即乳或不足,米汤粉糊亦可助乳。试观乞丐之徒,亦能襁负儿女,安在贫不能育?至谓免他日出嫁赔妆奁,此说更是可恶。既不能忍薄其妆奁,何独忍其性命。天道昭昭,无恶不报,凶狠至此,言之酸心。故宗族中有

---

① 光绪绩溪《梁安高氏宗谱》卷一一《高氏祖训十条》。

溺女者,其罪通天。虽别人戒杀放生,皆是无益。盖在他处有育婴堂,尚免载滑。吾乡无之,惟赖宗族设法禁止,随时告诫,功德无量。

华阳邵氏、祁门凌氏都有类似的规范:

> 世俗溺女,最可痛恨。彼来投生,父母何仇而致之死?若云家贫,甘苦可以同尝,一丝一粒皆有分定;若云难嫁,荆钗裙布可以从夫;若云出腹,生子则得子,有一定之命,岂不思残忍不仁,天比斩其嗣。此等人,天理尽绝,人心尽丧,最恶与杀人同科,可不戒哉①!

> 今世恶俗,生女辄以水溺之,谓生女无益。不思吾母亦女也,吾妻亦女也,向使吾母被溺焉有吾身?吾妻被溺焉有吾子若孙乎?如以贫故而溺女,不思贫富有命,溺女者岂遂富而不溺女者岂遂贫乎?且夫昆虫微物救之有功,杀之有过,况以自身骨血,而伤残至是,较虎狼而更甚者也!至若艰于子嗣者,尤不可溺女,以干天地之和而罹绝嗣之报②。

反对溺女的观点认为,杀害女儿的人罪过更大,比豺狼虎豹更凶残,天理难容。对于溺女的种种原因,如生女儿不能带来好处、家境贫寒不能抚育女儿、女儿长大结婚没钱赔嫁妆、女儿分走了儿子的乳汁、溺死女儿好早投胎生男孩;反对者也予以驳斥。反对溺女者认为,由于徽州地区没有收留弃婴的育婴堂,所以禁止溺女主要依靠家族力量。

虽然在徽州一些家族族谱中有反对溺女的条文,但是需要做具体分析。家谱中反对溺女的文字大多集中在"家训""祖训""家规"等条文中,基本上只具有道德约束力。而在徽州家族的家法条文中,则没有见到对溺女行为的具体惩罚措施。家法是有强制约束力的,违犯家法法条是要接受祠堂惩罚的。由此可见,家族反对溺女并没有从道德劝说层面上升到法律禁止层面。这样,家族对溺女的反对到底有多大的效果则值得怀疑。因此,道光年间,绩溪

---

① 光绪绩溪《华阳邵氏宗谱》卷一八《家规》。
② 民国祁门《凌氏族谱》卷一《规训小引》。

县依然有人耿耿于"吾乡多溺女"①,在清末所修的族谱中,依然看到禁止溺女的条文。

贵男贱女的观念,还影响到了一妻多妾制的婚姻形态。在传统社会中,夫妻关系要从属于父子关系,因为夫妻关系本质上是男女关系,父子关系本质上是血缘关系,儿子是延续家族血脉的唯一途径,这是贵男贱女的典型体现。蔚川胡氏特别强调纳妾问题,指出,如果妻子不生子,又阻止丈夫纳妾,是让丈夫家族断绝香火,这样的妻子即使休掉也不算过分。该家族对男性继承人的保护,甚至超越尊卑等级,认为如果男子丧妻再娶,继母与继子之间的关系大多数比较紧张,这种紧张关系要归咎于继母的不贤惠,对继子冷漠不关心②。

仙源杜氏将妻子阻止丈夫因无子而纳妾的现象称为"乡愚恶习",这样的妻子要带到祠堂内进行斥责③。钱氏宗族从宗祧继承的角度强调纳妾生子的重要性,对于阻挠丈夫纳妾生子的妻子,要请妻子娘家人劝说,宗族也要对其讲明道理,如果无效,就要把她休回娘家④。传统礼法有七个休妻的理由,无子就位列第一。但是在很多开明士绅眼中,因为无子而休妻是不人道的,所以主张以纳妾代替休妻。在血缘继承文化影响下,纳妾生子被视为必然。

如果有妻子因为无子而主动为丈夫纳妾,甚至是劝说或亲自为丈夫选妾,这样的女子就会受到赞扬⑤。为无子的族人置妾生子也成为一件善行。

---

① 张海鹏、王廷元主编:《明清徽商资料选编》,合肥:黄山书社,1985年,第454页。
② 民国歙县《蔚川胡氏家谱》卷二《规条》:"若正室已育子而纳偏房,则在可重可轻之列。若正妻不育中年置妾,则无后为大。嫡而贤,幸也;嫡而妒,是绝夫嗣也,甚属可恶,即出之殊不为过。然妻之妒与否,亦必宗族大众实覈之,方可信。否则爱妾者亦多,不可遽为嫡罪也。至于前妻已有子媳,复得继娶之母,贤而相恤者少,不贤而隔膜视者多。"
③ 光绪《仙源杜氏宗谱》卷首《家训十条》:"更有一种妒妇,自不生子,不准其纳妾。此最是乡愚恶习,曾不知无子已在七出之条,无人语之而彼不知也。遇这等妇,房长当引至祖堂,责以大义,毋令其夫蒙不孝之大。但为夫者,亦不得藉此罢妾凌妻,自干罪戾。"
④ 光绪《徽州彭城钱氏宗谱》卷一《家规·重宗祧》:"凡元配之妻无子,应娶妾生子延后。有妒妇专房,不许丈夫娶妾者,理应请外家相劝,娶妾生子,接长宗支,族内当以理晓之。如果不遵,即行休回母家。"
⑤ (明)汪道昆:《太函集》卷三二《许母汪孺人传》。

孙亨"见族属年已长,无子,贫不能置妾,出金为买妾"①。还有大量在外地经营的徽州商人也置妾,这种置妾行为客观上有助于徽州商人的生育和他们在外的生活。

贵男贱女的观念,能够直接影响到母亲的身份地位。妾和奴婢作为家族内的弱势群体,生育儿子的欲望更强烈,希望能够母以子贵,但是她们在生育行为方面却往往受到妻子方面的控制,有时她们所生子女可能由于没法确定血缘关系,更难以存活下来②。妾一旦生子就危及妻子在家中的地位,还会影响家产的继承,因此,妻子往往溺杀妾生子。歙县商人汪才兴在外地经商,他的妻子吴氏生了一个儿子,5个月后,侧室范氏也生了一个儿子,吴氏妒悍,"抑令溺杀之",范氏再生一子,吴氏又不养育③。在有些文献中,也特别记载了妻子像抚养自己的孩子一样抚养妾生子,这被视为一项妻子的美德而受到赞扬。

三、上谱入祠:徽州家族对女性的精神控制

所谓女性上谱,是指女性作为妻子、女儿或母亲而被家谱登记。家谱中妻子基本上是作为配偶记载在丈夫的简介中,妻子姓名一般书在丈夫的葬地之后,然后才是继娶及小妾④。杰出的女性,往往立有传记。

明清以来,家谱由族史文献发展成为带有强烈劝惩功能的教化文本,在诸多方面对族人进行控制⑤。族谱对女性的控制主要是精神上的。家族以能否上谱、如何上谱,对女性在现实生活中的欲望和行为进行控制。女性能

---

① (清)徐卓:《休宁碎事》卷四。
② (明)汪道昆:《太函集》卷二八《朱介夫传》。
③ 弘治《徽州府志》卷一二《拾遗》。
④ 光绪绩溪《梁安高氏宗谱》卷一《书法》:"世系图名后小字双行分注,准列史年表例,首书字,有官者次书官,次书生,次书没,次书葬,次书娶氏之生殁葬,其合葬者总书合葬,有继娶者次书继娶,有妾者次书妾,次书子女。"
⑤ 陈瑞:《明清时期徽州族谱的控制功能》,载《安徽大学学报》,2007年第1期。

否上谱,有三个条件:一是否贞节,二是否传宗接代,三是否婚姻失类①。清代徽州女性上谱规范是以儒家伦理为基础的,贞节是儒家伦常对上谱女性的基本要求,传宗接代突出了母以子显的血缘意识,婚姻失类则是对门第方面的要求②。女性上谱突出反映了谱法的教化功能。

家谱记载夫妇关系一般都要严格遵守夫为妻纲的儒家伦常。出嫁从夫,一旦妻子出嫁到夫家,妻子的地位就根据丈夫的地位而加以确定。妻子只能作为丈夫的配偶而以姓氏不以名字上谱,家谱一般不记载妻子的名字与行次。

母以子显就是指女性作为儿子的母亲而能够在家谱上得到显现。女性作为男性的配偶,其最大的贡献是传宗接代,因此,妾能否上谱则要看她是否育有子女,生有儿子的妾一般都可以同正妻一样上谱,没有生儿子的不可上谱③。原配、继娶和妾分别以娶、继、纳(或又娶)予以规范,一目了然,不致产生混淆。妾总是在正妻之后,名分和尊卑不容紊乱④。一些被排斥在家谱之外的女性如被休掉和再嫁的妻子,她们得以上谱也是因为育有后代。

家谱一般规定,如果只有一个妻子,则不注明儿子的母亲;如果有几个妻妾,对儿子的生母要加以特别的注明。具体做法是,如果妻妾都生子,就在儿子的小传里进行说明。对于出身下族的母亲,不注她们的姓,只注她们的名。妻子生子后改嫁,就在家谱中注明"改适某氏生",加上"改适"两字,以示耻辱。如果生子后,妻子被休,则不注明姓名,只注"出氏生",以"出"代姓,以示耻辱。妻子如果不准上谱,就要用"某"代姓。在徽州,居住地和姓氏往往就代表了出身,身份往往因此而显。对上谱的女性而言,不注姓而注名,显然是

---

① 冯尔康:《18世纪以来中国家族的现代转向》,上海:上海人民出版社,2005年,第149页。
② 胡中生:《清代徽州族谱对女性上谱的规范》,载《安徽大学学报》,2007年第1期。
③ 光绪绩溪《华阳邵氏宗谱》卷首《凡例》:"妻所以承宗庙,初娶曰娶,再娶曰继,纳妾曰纳,以明嫡庶之分也。妾有子女则书,无则不书。"
④ 光绪《仙源杜氏宗谱》卷首《凡例》:"纳妾后,嫡没再娶,以再娶之妇为继室,书于嫡室之后,妾次之,所以正名分、别尊卑也。"

一种耻辱①。有的规定,女子不能守寡而再嫁,如果有儿子的,就以"○"代姓;没有儿子的,就不许上谱②。误娶同姓女子,该女子不可上谱;故意违反的,男子也要从谱上除名③。娶本族再嫁的妇女,也同此处理。

虽然母以子贵,但是子并不因母而贱④。由于社会身份与财富的分离,以及实行诸子均分继承制,所以,一般家庭中的嫡长子并没有什么特别的优待,嫡庶之间的差别已经模糊。正因为如此,在上谱的规范上,母亲可以因为嫡庶而有明显的不同,但儿子却并不受到母亲的影响,而是按照父系的血缘关系来记载,可能仅仅在排列的先后上而有所不同。

在对妻子的书法中要彰显门第。强宗大族总是挑选风水比较好的地方,聚族而居,地名就是族名,意味着门第的高低。"良贱千年不结婚,布袍纨绔叙寒温。相逢那用通名姓,但问高居何处村"⑤。对媳妇的出身,一般要书写其父,尤其是有官爵的,更要彰显⑥。有的以"某官女""某处士女""某人女"区别女方的家庭出身⑦。但是,彰显门第的书法不适用于妾,妾后面不加地名与父名⑧。

族女嫁人也遵循与娶妇差不多的书写规范,体现出重门第和同姓不婚、

---

① 光绪《仙源杜氏宗谱》卷首《凡例》:"嫡室、继室、侧室皆生子,本传内子名下注某氏生。如有同姓者,加注前后字。嫡室与侧室同姓,则注嫡生、庶生。妻姓失考者,以某字代姓。娶下族女生子者,注妻名曰某生。生子后妻改适者,则注改适某氏生。生子后妻被出者,则注出氏生,不注姓。其妻不准上谱者,仅注某氏生。"
② 民国歙县《蔚川胡氏家谱》卷二《谱例大纲》:"倘妇人夫故不能矢栢舟者,有子则书娶○氏,生子以别之;无则削之。盖妇既出,与宗庙绝故也。"
③ 光绪《仙源杜氏宗谱》卷首《凡例》。
④ 同治婺源《湖溪孙氏宗谱》卷一《凡例》:"嫡庶所生之子各注其母名下,如编架以长幼为序,而承祧以嫡长为先。"
⑤ (近代)许承尧:《歙事闲谭》卷七《新安竹枝词》。
⑥ 光绪《仙源杜氏宗谱》卷首《凡例》:"妇之祖科第自举人以上,官阶自知县以上,书娶某县某地某职某人孙女。婿之父亦然,书女适某县某地某职某人子某职某人。其妇与婿之伯叔兄弟虽贵不书。"
⑦ 光绪绩溪《华阳邵氏宗谱》卷首《凡例》:"妻家父有官爵则书某官女,无官爵而有学行者书某处士女,否则止书某人某地女。"
⑧ 光绪《仙源杜氏宗谱》卷首《凡例》:"次书娶、继娶、三娶,妾则书纳,不加地与父名。"

良贱不婚的原则,如果女婿有学行官职,或者出身名门望族,都要加以注明。嫁给身份低贱的人,家谱上不能出现女婿的姓名。再嫁的族女,只在家谱上书第一个女婿姓名,后面的女婿姓名不得上谱①。有的还有更严厉的处罚,甚至被开除出族②。

未婚而亡的妻子上谱一般书"聘"③。有的家谱规定,男子聘妻后而死亡,妻子不可以上谱,防止招来争端,也免得女子日后再嫁招来羞辱④。族女已经订婚,但未嫁而亡,在家谱上注明未婚夫的姓名⑤。有的家谱笼统规定,女子没有许配就死亡的不书⑥。

夫为妻纲最为严厉的体现是要求妻子一切以丈夫及其家族为中心,要求妻子从一而终,因此一旦妻子被出、改嫁或赘婿,则对她们的书写非常严苛。

妇人有朝廷的封典也是家族的荣耀,必须要记录在谱,以光宗耀祖⑦。有的要立传,或以"合传"为夫妇立传,以"内传"为妇人立传,或将妻子的传记附于丈夫的传记里⑧。有的家谱专门立有节孝图⑨。这种彰显必须符合某种

---

① 光绪《仙源杜氏宗谱》卷首《凡例》:"同姓不娶,而良贱亦不得为婚。如误娶同姓者,其妇不许上谱。故犯者并削其夫。娶本族再醮妇者亦如之。娶仆隶下族之女为妇者,削去妇姓,直书妇名以贱之。至于为女择配,须门第相当,适下族者削其姓。已嫁女再醮者,只书前婿姓名。"

② 乾隆婺源《婺源庆源詹氏宗谱》卷首《凡例》:"良贱不婚,律有明条,倘有不顾名分,甘心下配及下嫁者,伤风败俗于斯极矣,应即鸣公削丁,除谱出族,永不许复入。"

③ 光绪《仙源杜氏宗谱》卷首《凡例》:"妻已定盟未婚者,书聘。未婚而妻没者,于公葬后书聘某氏未婚卒。葬某地不详,书生卒年日。"

④ 光绪《祁门善和程氏仁山门支修宗谱》第一本卷首《祁门善和程氏仁山门支修宗谱凡例》。

⑤ 光绪《仙源杜氏宗谱》卷首《凡例》:"女已定盟未嫁者,书字。未嫁而女没者,书字某人,注未嫁卒葬某地。女卒并未字人者,注未字卒葬某地。"

⑥ 光绪绩溪《华阳邵氏宗谱》卷首《凡例》:"女未适人而卒者亦不书。"

⑦ 光绪《仙源杜氏宗谱》卷首《凡例》:"妇有封典者于各氏下加封典。"

⑧ 光绪绩溪《华阳邵氏宗谱》卷首《凡例》:"男子不论仕隐,妇人无论妻妾,凡有孝节懿行可为族党仪表者,例得立传赞以表章之,若夫妇有懿行曰合传,妇曰内传,即于图系下作小传书之,或附传于夫传内。"

⑨ 同治婺源《湖溪孙氏宗谱》卷一《凡例》:"妇人四十以前夫故,矢志奉养翁姑,育貌孤成立者,年过六旬,不论存殁,悉入节孝图。"

条件,有的以地方志的记载为依据①。明清徽州宗族日益注重女性节烈事迹,请求朝廷旌表,以增加宗族的名声②。因此,有的宗族略为放宽了节烈女性上谱的范围,凡是宗族请求给予旌表的都收入,即使该请求没有得到朝廷的批准③。这样,一些没有得到旌表的,但守寡多年的,也给予立传④。有的家谱规定生不立传⑤,遵循盖棺论定的原则。有的家族则规定女子到了50岁,可以据实记载节孝情况;对战乱中的女性死亡者要大肆表彰⑥,通过家谱给予荣耀,以倡导礼教。

寡妇立继也要视其贞节,尤其是无子守寡及为未婚夫守贞的女性,宗族承认她们具有可以为早亡丈夫立嗣以延续后代的权利⑦。

除家谱外,祠堂的控制功能在徽州也是显而易见的⑧,死后牌位能否入祠也是对女性的一种精神控制。祠堂是祖先神灵的栖息地,如果不准入祠,则神灵无所依归,是一种莫大的耻辱。节烈妇女死后,其神主往往在祠堂获得一席之地,这是一种莫大的荣耀。女子能否入祠,不同的家族有不同的规定,这里选择一些家族规范,列表如下:

---

① 道光黟县《西递明经胡氏壬派宗谱》卷一《明经胡氏壬派宗谱凡例》:"至于男子有功业者,妇人有守节者,皆从县志,所载者书,不载者不书。"

② 民国《清华胡氏宗谱》卷首《乾隆壬午七修凡例九条》:"纪妇德盖以著内行励风俗也,有青年守志纯白无瑕者,议赞语,以待请旌。"

③ 宣统《古歙义成朱氏宗谱》卷首《重理宗谱条例》:"妇重孝贞节烈,青年守志,白首盟心,糟粕是甘,柏舟矢誓,为国典所褒扬,即为族人所钦敬,无论特荷恩纶已邀盛典,凡例合请旌者均于某氏名下注明,发潜德之幽光以兴观感。"

④ 乾隆《新安岑山渡程氏宗谱》卷首《凡例》:"按司徒谱云:妇之守志有终,常表扬数语,以励风化。今于新例符合者,虽未请旌,理宜作传;即不合例而守志多年者,亦当表扬。"

⑤ 光绪绩溪《华阳邵氏宗谱》卷首《凡例》:"生者例不作传,以人品德业犹未定也。节妇生者亦不作传,必俟盖棺而后论定也。"

⑥ 光绪《仙源杜氏宗谱》卷首《凡例》:"妇人节孝,凡年逾五十者,据实直书;已旌者书旌表;入志者书某志。至节烈因夫死殉节者,书某年日夫死殉节;因乱殉节者书寇至殉节;夫死守志,因乱殉节者,生庚后书;青年守志,某年日寇至殉节;旌表入志者如节孝例。"

⑦ 民国歙县《蔚川胡氏家谱》卷二《谱例大纲》:"其有子婚而故,其妇能孀守,已聘未娶媳能女身守志,及已婚而故,妇虽未能孀守,但所故之人业已成立,俱应为其子立后。"

⑧ 陈瑞:《明清时期徽州宗族祠堂的控制功能》,载《中国社会经济史研究》,2007年第1期。

表 5-1　徽州家族关于女子入祠的规定

条文	出处
康熙以前定例,三十岁内夫亡,历三十年终节者,始邀旌典。雍正年间优崇妇行,改以十五年终节者为合例,祠中节烈祔食中龛神主亦应凛遵定制,庶为得宜。	嘉庆《歙县桂溪项氏族谱》卷二二"祠祀·女神主"
嗣后凡幼殇冥配,僧道娼优,与夫出嫁招夫之妇,均不得入祠,以严礼法而重宗祐。至婚姻嫁娶,须择阀阅相当者,不可下配匪伦,致辱祖先。违者,即不得入祠。	光绪绩溪《华阳邵氏宗谱》卷首"新增祠规"
殇亡及室女均不许进主,如有隐瞒冒进者,即将木主当众涂毁,仍罚大周箝壹把,对祖烧化。派丁男妇有忤逆乱伦及犯奸为匪经官者,并卖妻女与人为妾者,即行革出,生死不许入祠。倘有族长、斯文狗情党庇,不即鸣众驱逐者,罚胙五年。	光绪《绩溪城西周氏宗谱》卷首"祠规"
妇人醮亲毋许入祠,自缢寻亡毋许入祠,乱伦乖舛毋许入祠,妇人改嫁毋许入祠,娼优卒毋许入祠,配人为妾毋许入祠,外姓接继毋许入祠。	民国《冯氏族谱》"本祠老家规"
凡再醮之妇与奸娶之妇俱不得入祠;再议,再醮之妇如无后者不许入祠,或有后而为子者不忍父之无配享,又不忍母之无祭祀,愿出银五两入祠者通情准入……凡出嫁母及妾僭妻位者,不许入祠。	民国《旺川曹氏续修宗谱》"祠规"
闺阃之间必严分内外,慎重其出入,限其进止。务使家庭严肃,毋致渎伦。倘有奸秽不道,贻玷宗风,祠正、副即会同门尊,令自引决,仍削本枝,不许入祠。	隆庆《溪南江氏宗谱》"祠规圣训六条·正闺门"
悍妇理屈图命以致自尽者,不准入祠入谱。	光绪《仙源杜氏宗谱》卷首"家法"

从上表中可以看到,女子能否入祠,与能否上谱有些类似。在有些特殊情况下,只要不违背大的原则,可以用金钱疏通。在歙县棠樾村,有一座女祠——清懿堂,建于清嘉庆年间,是鲍氏世祖鲍启运创建的。明清时,鲍氏家族孝贞烈女竟达到 59 人,她们为徽商的辉煌功绩作出了牺牲和贡献。为嘉奖这些贞烈的鲍氏妇女,破例为其建祠堂、立牌匾以流芳百世。徽州其他地方还有一些女祠,据说祁门历口倪氏祠堂"贞一堂"西侧有座"庶母祠",供奉家族里的多位小妾。

四、荣耀与耻辱:礼教渗透下的家族女性控制模式

儒家伦常的世俗化自唐代就已开始,宋代以来徽州家族组织持续扩张,世俗化的儒家伦常成为家族精英实施家族控制的必然选择。礼教向基层渗

透的力道通过家族建设,尤其是家谱编纂而变得空前强大。家谱通过荣耀与耻辱的人生价值评判,对家族女性实行着从出生到死亡、从肉体到精神的全面控制。女性由于出身不好或者再婚或者名分低下或者不能生子等原因,成为耻辱性规范的打击对象,而礼教还美之名曰"正人伦"①。在生育上以生儿子为荣,生女儿为耻,重在传宗接代。在无子的情况下,主动为丈夫纳妾的妻子受到赞扬,阻挠丈夫纳妾的妻子则受到严厉斥责甚至被休掉。优待妾生子被视为妻子的美德。贵男贱女所产生的溺女恶俗也因为非人道而被家族所抨击,保全女婴的行为被赞扬。

大大小小的儒教精英不遗余力地试图将日常生活的方方面面笼罩在儒家伦常之中。他们积极建设宗族组织,用宗族来控制女性,在日常生活中强调男女有别,严密规范女性的日常行为,限制女性的日常生活空间。恪守妇道、持家有方、助夫兴家的女子往往被载入各种家族文献,成为荣耀的享受者;而违背这些的女子则成为耻辱的承受者。

儒家伦理是家族建设的核心原则,谱法对女性的控制深刻地反映了这一点。家谱虽然强调为尊者讳为亲者讳,但是这基本上是对男性的一种隐讳,而不是对女性。恰恰相反,对女性的规范有着更多的耻辱性,它更体现出礼教向基层渗透的强度和深度。

清代徽州家谱对女性上谱的规范基本上是趋于严密和复杂的。这里以光绪婺源《紫阳堂朱氏宗谱》为例做一具体说明。在该谱中,有《世系例》和《世系续例》,《世系例》作于康熙四十八年(1709年)左右,而《世系续例》作于道光十九年(1839年)左右,前后相差130年。《世系续例》在《世系例》的基础上进行了补充和修改,基本上是针对女性的。先看看《世系例》中的规范:

> 书娶,正其配也。书子某某,嗣其传也;自右而左者,示嫡庶之

---

① 咸丰祁门《历溪琅琊王氏宗谱》卷首《凡例》:"男婚女嫁为人伦之始,重婚嫁即所以正人伦也。人伦正而礼法昭,推之以事父,资之以事君。三纲之极皆由此立,可不慎欤。况妻者,齐也,所以齐己,上事宗庙,下继后世者也。使择配不慎,则不惟为时所讪,而亦上玷先祖,下污嗣续矣。凡我宗族幸毋缔婚于不重之门,以免自贻伊戚。此亦统谱之例,可仿也。"

分,本朱子实纪例也。妾有子者书,以有继也;无者不书,微之也。母继出者不书,示正家也。妇嫁者不录,绝之也。孀妇来嫁者不录,丑之也;来而有子者不得已而书之也……女子适人者书婿,重婚姻也。再嫁者不录,励女节也①。

再看看《世系续例》的规范,其中标有下划线的文字就是增加和修改的部分:

书娶,正其配也。<u>若聘而未婚者则书聘某氏,其□娶者则书娶某氏,不书继者,明正始也。书子某某,嗣其传也;惟娶不弥月而生者,不书。</u>自右而左者,示嫡庶之分,本朱子实纪例也。妾有子者书,<u>书妾某氏,其子即从之,即易得妾以子之义,</u>以有继也。<u>若无子而服勤至死者,仍书妾某不书氏,不没其劳也。</u>母继出者不书,示正家也。<u>若在继母,则仍当书继娶某氏,以有出也;无出者,则书继某不书氏。</u>妇嫁者不录,绝之也。<u>凡妻已生子,夫在为夫所出,或夫亡而改嫁者,只书妻某不书氏,并去其生卒葬,下书出,义在夫也。若夫亡而改醮者,下书改易,节在妻也。书妻者,明子有自,非抚他人之子也。不书氏而去其生卒葬者,恶其志不终,义与庙绝也。未出□而氏未详者,书娶氏二字,疑则阙之也。孀妇改适,原为例所不禁,其有再醮为吾家妇者,无论有子无子,概得书之。既为吾家妇,则义无可绝也。若出赘生子须查明的实,方可入谱;若出赘妇仍是他姓之妇,则不得书娶氏,不得比例入谱。但妇或归家服翁姑之丧者,仍许</u>……女子适人者书婿,重婚姻也。再嫁者不录,励女节也②。

从下划线部分增加和修改的文字看,《世系续例》在《世系例》的基础上进行了全面的增加,更加严谨和复杂。这种严谨和复杂一是体现在作为妻子的身份上,一是体现在作为母亲的身份上。家谱里的妻子和母亲正常书法为

---

① 光绪婺源《紫阳朱氏宗谱》卷一《世系例》。
② 光绪婺源《紫阳朱氏宗谱》卷一《朱氏世系续例》。

"某氏",如王氏、张氏等,但是紫阳堂朱氏对女性有一个耻辱性的书法,就是"书某不书氏",也就是在女子的姓后面不加"氏"字。比如,继娶的妻子王氏如果没有生儿子,家谱中的记载就是"继王",而不是"继王氏"。同样,虽然生了儿子,但被丈夫所休,或者丈夫死后改嫁的妻子也是记载为"妻某",并去其生、卒、葬日期,就是"恶其志不终,义与庙绝也"。作为妻子,更强调她的"义"和"节",绝义和失节者,在书法的用语上给予羞辱。这种耻辱和强化是在宗族不断组织化、儒家礼教日益世俗化的历史背景下发生的。

一般来说,男女族人一旦违犯家法被驱逐,或违犯国法,或自寻短见,或出家为僧、道、尼,都不予上谱。但是对女性的规范范围要比男性大,尤其是对女子名节的关注。男人可以一妻多妾,而女人却被要求从一而终。另外,在惩罚手段上,对女子的惩罚更具有耻辱性。不许女性上谱,本身就是对女性及其父家的一种羞辱,也是对女性最为严厉的惩罚。其次是削姓,妇人削姓犹如男人削名,也是一种耻辱。这种耻辱性还体现为书"某"不书氏,书名不书姓,或直书妇名,或书生不书殁①。同姓不婚和良贱不婚是婚姻中的两个原则,违犯者要削名,故意违犯,连夫名也要削去。妾的地位很低,蔚川胡氏家族道光二年(1822年)规定妾只能"书妾某而不书氏",但是如果妾生子,说明对家庭贡献比较大,就书"某氏"②。

这种耻辱性规范也同样体现在被休的妻子、再婚的妻子以及夫死招夫的妻子的书法上。一般来说,妻子一旦被休或再婚,就与丈夫及夫家绝义了,她们的姓名是不能上谱的。但是如果被休妻子无子且丈夫没有再娶,就用一种耻辱性的书法"娶氏出",说明该男子的婚姻情况;如果该男子继娶,则被休妻子不被记载。再婚女子情况也差不多。对这两类女子的书法,基本上是从她们的丈夫和儿子方面考虑的,说明了这个男人已经结过婚了或者说这个儿子

---

① 同治婺源《湖溪孙氏宗谱》卷一《凡例》:"如有不安其室,已育子女则书生不书殁,无子女者概不书。"
② 民国歙县《蔚川胡氏家谱》卷二《谱例大纲》:"若侧室生子助嫡成家,亦书某氏,嘉其德也。"

的母亲是谁。这是对儒家伦常夫为妻纲和家谱世系"尊所自出"的体现①。对女性的婚姻还有特别的规定,如族女赘婿或族妇夫亡招夫养子,都不予上谱②。对娶他族再醮妇的,可以记载,对于娶本族再醮妇的,则严禁上谱。

一般家谱都喜欢彰显妇人、女婿出身门第,但是,这种书法不适用于再婚再嫁者③。虽然母以子显,但对妻、妾及下族女子和再嫁女子所生之子,在注明生母时也要有所不同。

礼教的强势渗透也使得有些家谱对族人配偶上谱规定了年龄上的限制,规定女性如果到了50岁还谨守妇道的,就可以上谱;如果已经改嫁者,则不能上谱。50岁在这里似乎成了一道门槛,超过50岁的女性,即使守寡,也没有再嫁的可能。虽然国家律法不能禁止女性改嫁,但是将上谱年龄限制在50岁以上,表明在家族,谱法代替了律法,谱法控制家族女性要谨守妇道,实现了律法之外的礼教束缚④。

徽州商人众多,商人本身的行为对儒家伦常有一定的冲击,但是由于宗族日益扩张和普及,宗族借助传统上强势的儒士阶层和徽商回输的商业资本强力推行儒家礼教。在宗族内部,儒士和商人互相利用,甚至很多人集儒士、商人、地主于一身,他们日益看重儒家礼教对宗族和自身利益的维护。宗族

---

① 光绪《仙源杜氏宗谱》卷首《凡例》:"妻出无子并未再娶者,公葬后书娶氏出;妻因夫死无子再醮者,书娶氏改适,明其已娶也。如有子则否,惟于子名下注某氏生。如有继娶,则无子之出妇不载。无子之继室再醮者亦然。"

② 乾隆婺源《婺源庆源詹氏宗谱》卷首《凡例》:"俗有赘婿为子及夫殁招夫养子者,俱属败坏宗规,应黜不书。"

③ 光绪绩溪《梁安高氏宗谱》卷一《书法》:"娶书娶某处某官某公女,或但书某处某氏女适某地某官某,或但书某处某姓。娶再醮妇,翁虽显不书;女再醮,婿虽显不书。"

④ 光绪《祁门善和程氏仁山门支修宗谱》第一本卷首《祁门善和程氏仁山门支修宗谱凡例》:"本谱书配必至五十者方才书之者,何也? 盖谓有天地然后有万物,有万物然后有男女,有男女然后有夫妇,有夫妇然后有父子,有父子然后有君臣,有君臣然后有上下,有上下然后礼义有所错,夫妇之道不可以不谨。故《易卦·咸则》:'受之以恒,恒者久也。物不可以久居其所,故受之以遯。'遯乃退之谓也。但律例妇女自行改嫁,属在不禁,而谱法何以御之?惟以其年定为限制,则无论现在之有夫、无夫,一本大公,不偏不倚。其寓意似薄寔厚,亦笃宗族以重人伦之正也,永为成法,嗣后修辑不可变更。"

成为礼教扩张的肥田沃土,对女性实行全面和严谨的控制,说明了儒家伦常已经深入基层,日益世俗化。

耻辱彰显礼教的强势攻击,而荣耀则彰显礼教的温柔渗透。能够得到官府旌表,或者能够在家谱中立传,或者能够神主入祠永享祭祀,是礼教统治下女性所能得到的最大的荣耀。彰显荣耀,就能推广礼教。清代家谱对于节烈女性的记载有着明显的增多。这一方面说明节女烈妇确实有了增加,同时也说明了礼教在从荣耀和耻辱两个方面,以软、硬两种手段向基层渗透,并占据了整个社会的舆论导向。

徽州现存孝贞节烈牌坊多,牌坊上一般有题字和被褒扬者姓氏,后来因为节烈女性数目巨大,因此,有的只记数字不刻姓氏。位于歙县城南街的贞烈砖坊宽约 6 米,高约 6.5 米,坊额石条上的文字说明,表彰的是徽州府属孝贞节烈 65 078 名。

表 5-2 现存旌表明清徽州节妇牌坊表①

名称	时间	位置	题刻
鲍氏节孝坊	明天启	歙县城内	节孝
节孝坊	明嘉靖	绩溪家朋村南侧	
黄氏孝烈门坊	清顺治	歙县城斗山街	
胡氏节孝坊	清康熙	歙县琳村东头	纶褒贞节　天赐孝慈
宝婺中天坊	清康熙	歙县溪村北面	宝婺中天　峻节纶首
姚氏贞节坊	清康熙	歙县昌溪村西首	节孝
古林节孝坊	清雍正	休宁县古林村	
黄氏节孝坊	清雍正	歙县新管村	彤史流芳　女贞崇祀
蒋氏节孝坊	清雍正	徽州区徐村下街	霜松青荫
竺川节孝坊	清雍正	徽州区×村东侧	
伍城石坊	清雍正	休宁县伍城桥头	荣褒冰节　恩奖幽贞
恩谌松筠坊	清乾隆	休宁县富溪村东	恩谌松筠
吴家节孝门坊	清乾隆	徽州郑村后街	
含贞蕴粹坊	清乾隆	歙县城内北大街	含贞蕴粹
屯田汪氏节孝坊	清乾隆	歙县屯田村村口	

---

① 王晓崇:《徽州贞节牌坊与节烈女性》,载《社会科学评论》,2007 年第 3 期。

续表

名称	时间	位置	题刻
兰田汪氏节孝坊	清乾隆	歙县兰田村村口	松虬雪古
吴氏贞节坊	清乾隆	徽州南头村口	纶音褒节 潜德馨闻
仇氏贞节坊	清乾隆	徽州区高金村东	青年守节
许氏节孝门坊	清乾隆	徽州大里村	
黄氏节孝门坊	清乾隆	徽州郑村后街	
富溪节孝坊	清乾隆	休宁县富溪村西侧	
彤史垂芳坊	清乾隆	歙县东沙村南	冰寒玉洁
王氏节孝坊	清乾隆	徽杭公路北侧	
汪氏节孝坊	清乾隆	歙县郑村镇	慈而兼严 节以成孝
吴氏节孝坊	清嘉庆	徽州区洪坑村南	
吴氏节孝坊	清道光	歙县深渡镇	
悟竺源石坊	清道光	竺源村山路边	
徐氏节孝坊	清咸丰	歙县慈姑村头	雪荫贞松
柔川三石坊	1668、1743、1851	歙县柔川村外岭道	
程氏节孝坊	清末	绩溪城北大街	光照彤史
方氏节孝坊	清末	绩溪城北大街	节凛冰霜

从"现存旌表明清徽州节妇牌坊表"上可以看到,牌坊上的题字,如"纶褒贞节""宝婺中天、峻节纶首""彤史流芳、女贞崇祀""霜松青荫""含贞蕴粹""荣褒冰节""纶音褒节、潜德馨闻""节凛冰霜"等等,带有强烈的价值导向。这样褒扬性的话语,这些冷冰冰的石刻建筑,是传统社会所能给予贞节女子的最高精神奖励,女性因此而不朽,家族也因此而荣耀。儒家礼教透过贞节牌坊,穿越时间和空间而强势彰显。

中国传统社会有不少开明人士非常关注家族对女性的规范,强调要对女性的欲望和行为进行控制,因为女子一旦出嫁为人妇,如果在婆家行为举止不得体,可能给家族带来耻辱,所以,汉代著名才女班昭才会说:"男能自谋矣,吾不复以为忧也。但伤诸女方当适人,而不渐训诲,不闻妇礼,惧失容它门,取耻宗族。"正是对女子因为缺乏教化、不知妇礼而为家族带来耻辱的担心,才促使她编写《女诫》教育家族女子,以避免家族蒙受耻辱,希望给家族带来荣耀。中国历史上著名的"女四书"①都是针对女子的教材。

本节主要根据明清家谱文献来分析家族对女性欲望和行为的控制情况。文本上的规定虽然可能与现实生活有相当大的距离,但是至少反映了家族精英利用儒家伦常进行收族的强烈企图。人类历史上,男女之间的性别战争是永远不会结束的。同样,只要家庭存在,家庭内夫妇之间的控制与反控制也不会停止。家庭和谐永远都是追求的目标。徽州号称"程朱阙里",朱熹以他系统的理学思想以及他与徽州地区独特的历史渊源,成为徽州人所崇拜的对象。朱熹《家礼》成为家族制定规范的指导思想。明朝政府和士大夫对《家礼》尤其是祭礼的提倡和改革,使祭祖礼制进一步深入民间②。明代徽州宗族组织化和乡约化也是以宋儒重建乡里社会秩序、移风易俗的主张深入基层社会为历史背景的③。徽州儒士和理学之士众多,儒家入世观要求修身、齐家、治国、平天下,而女性作为家庭、家族的另一半,如何从思想上去教化、从行为上去引导和管束,以及从符合儒家伦常规范方面去鼓励她们,一直被视为齐家、收族的一个重要内容。士大夫们通过其所拥有的文化资源,加强家族建设尤其是建祠、修谱活动,把儒家伦常渗透到生育、婚姻家庭和日常生活的方方面面,从而深入地推动了徽州社会以礼教为核心的思想文化与社会秩序整合,促成了徽州社会家族的普及化和礼教的世俗化,礼教的扩张与宗族的扩张在徽州进行了完美的结合。

家谱文献出自男性之手,对女性的规范自然格外在意,反映了男性控制女性的欲望。从这点上看,这些规范是男性价值观的一种反映,不一定是女人真实思想和愿望的表达。但是,上层社会的男女在物质利益和价值追求上

---

① 东汉班昭《女诫》、明成祖徐皇后《内训》、唐代宋若莘《女论语》、明代王相之母刘氏《女范捷录》四本书由王相一一加以笺注,于明代天启四年(1624),合刻为《闺阁女四书集注》,成为一套女子教育的系统教材,后简称为《女四书》。
② 常建华:《明代宗族祠庙祭祖礼制及其演变》,载《南开学报》,2001年第3期。
③ 常建华:《明代徽州的宗族乡约化》,载《中国史研究》,2003年第3期。

高度一致，对女性美德和儒家伦常的认识并没有明显的差别①。因此，女性的真实思想和愿望与男人的价值观有多大的差距，还需要从文献编纂和具体内容两方面进行具体考虑。家族文献除了家谱之外，还有契约文书，也有学者从徽州契约文书中探讨明清时期妇女的地位与权利②。从家族文献的具体内容看，对女性在某些领域的规范，是否意味着女性在这些领域触犯了男性的价值观？或仅仅是对早期规范的延续，是一种泛文化的表达，不具有现实意义？如果是真实现象的反应，需要了解，这是礼教趋于僵化后的过度反应，把原先认为正常的现象也纳入到礼教范围内进行规范，还是原先的个别现象发展成为严重的社会问题，威胁到了社会秩序？问题还有很多。

第三节　家族教化体系与明清徽州社会

血缘组织对基层社会的控制模式是非常值得探讨的传统中国发展机制和发展道路的问题。如何在民间推行儒家伦常教化，是传统社会后期儒家精英阶层特别重视的一个问题。家族作为中国历史上存在时间最长、影响人数最多的民间组织，一直具有教化管理功能。宋以后，家族建设的开展，也是在儒家伦常世俗化的大背景下进行的。家族的教化权以家族经济为后盾，以儒家伦理道德为意识形态，家族通过教化权，对地方社会实施管理和控制。一些清代学者如顾炎武、魏源等也意识到，政府在民生事务方面的无所作为，导致教化权下移，而宗族的教化功能，则有助于国家强大③。宗族通过义庄建

---

① 美国学者高彦颐和曼素恩在她们关于中国的女性研究中都强调了精英社会中男女在利益上的共享。参见［美］高彦颐：《闺塾师——明末清初江南的才女文化》，李志生译，南京：江苏人民出版社，2005年；［美］曼素恩：《缀珍录——十八世纪及其前后的中国妇女》，定宜庄、颜宜葳译，南京：江苏人民出版社，2005年。
② 阿风：《明清时代妇女的地位与权利——以明清契约文书、诉讼档案为中心》，北京：社会科学文献出版社，2009年。
③ （明末清初）顾炎武：《顾亭林诗文集·文集》卷五《裴村记》，北京：中华书局，1983年，第101页。

设,佐助国家"教民""养民",端正风俗,维系人心,是地方社会秩序的维护者[①]。冯尔康从国法与家法的关系探讨了教化问题,认为制定国法与家法的宗法思想原则是一致的,因此教化权由国家和宗族分享,宗族在民间教化中起着特别重要的作用,甚至起着主导作用[②],并认为清代宗族具有有限程度的自治性[③]。明清时期徽州家族数量大,组织完善,结构稳定,是乡村社会中广泛存在的基层组织,它在很多方面实际上控制着徽州社会,也相对独立于官府,具有一定程度的自治性。学术界对此也有比较深入的研究,尤其是在徽州家族的组织化建设方面的论述颇多。常建华指出,明代嘉靖以后,大规模推行乡约制度,徽州宗族的组织化也主要采取乡约化的形式,这对基层社会影响重大,也加强了宗族与官府之间的互动[④]。族规的兴起也是家族组织化的产物,明代嘉靖、万历时期制定的族规偏重祭祖,贯彻朱熹《家礼》仪节,赋予族长管理族人的权力,同时强化伦理道德和睦族方面的内容[⑤]。应该说,宗族的组织化是一个持续的渐进发展的过程。如果说,明代是以乡约化为实质内容的宗族组织化建设,那么清代的宗族组织化具有更为丰富的内容。明代宗族组织化建设为清代家族教化体系的形成奠定了基础。清代徽州家族已经形成了一套比较完整有效的教化体系,通过家族内部的道德说教、礼仪活动、经济保障和强制规范等不同层次、不同形式和内容的教化手段,和乡村其他权力网络一起发挥作用,对地方乡族社会进行良好的治理,从而维持着比较稳定的秩序。清代徽州家族教化体系的形成,是家族组织化建设的重要成果,也是徽州家族形态高度发展的标志,体现了徽州社会管理的精细化。本节将从家训、家礼、家政和家法四个方面阐述乡族社会的教化体系。

---

① (清)魏源:《魏源集·庐江章氏义庄记》(下册),北京:中华书局,1976年,第502页。
② 冯尔康:《国法、家法、教化——以清朝为例》,载《南京大学法律评论》,2006年秋季号。
③ 冯尔康:《简论清代宗族的"自治"性》,载《华中师范大学学报(人文社会科学版)》,2006年第1期。
④ 常建华:《明代徽州的宗族乡约化》,载《中国史研究》,2003年第3期。
⑤ 常建华:《试论明代族规的兴起》,见《明清人口婚姻家族史论》,天津:天津古籍出版社,2002年,第112—147页。

一、家训：道德说教与伦理普及

"家有训则知义",家训、祖训等属于宗族的意识形态范畴,它以道德说教为主要形式,教诲族人应该遵循哪些道德规范。光绪绩溪县许余氏《南关惇叙堂宗谱》中的"家训"共有"首明伦理""孝父母""敬祖宗""重师儒""正闺门""睦宗族""务正业""早完粮""息争讼""杜邪风""禁溺女"等11条内容①。"首明伦理"说明了儒家伦理道德思想位居一切教化之首,其核心思想是儒家的纲常礼教,认为世间人都是五伦中间人,儒家的五伦囊括了世间最为重要的五种人际关系规范:君王要仁爱百姓,臣子要尽忠报国,君明臣忠即君臣有义;父亲要爱惜儿女媳妇,儿女媳妇要孝顺,父慈子孝即父子有亲;丈夫要做义夫,妇人要做贤妇,夫义妇顺即夫妇有别;兄长爱惜弟弟,弟弟敬重兄长,即长幼有序;朋友之间以信义相结,终身不变,即为朋友有信②。

有的家族调整了五伦顺序,把"父子有亲"置于"君臣有义"之前:"五伦是父子有亲、君臣有义、夫妇有别、长幼有序、朋友有信。人有这五伦,我子孙男妇大小肯依伦理做事,便是个好人,天地要保佑他本身必有好处,子孙必然昌盛。若灭伦悖理,与禽兽一样,天地不容,算不得我的子孙。各宜敬守此训。"③这种调整更加凸显了在家族伦理规范中,孝位居忠之前,孝比忠更为重要,这也符合"求忠臣于孝子之门"的本意。

孝、悌、忠、信、礼、义、廉、耻等儒家伦理道德构成家训的核心内容,反映了家训的基本理念。这其中,父子、兄弟、夫妇关系是家族最为强调的三种人际关系,家训对这三种关系的规范和解读也是格外用心。

家训的教诲对象主要是族内的一般族人,尤其是那些受教育不多甚至是不识字的男女老幼。因此,家训的语言风格不同于精英阶层所熟悉的书面文字,用的是极为浅显易懂的民间语言。尤其是在对儒家伦理的说明上,更要

---

① 光绪绩溪县许余氏《南关惇叙堂宗谱》卷八《家训》。
② 光绪绩溪县许余氏《南关惇叙堂宗谱》卷八《家训》。
③ 宣统绩溪《仙石周氏宗谱》卷二《石川周氏祖训十二条》。

用非常浅显易懂的语言去说明哲学层次上的问题。"人与禽兽不同,皆因人有伦理,禽兽无伦理,所以人要有伦理才算得个人。读书的贵重,无非他知道伦理。你们农工商贾、妇人女子,目不知书,果能知道伦理,一切事都照伦理做去,便是一个好人,与读书人一样。假如读书人心知伦理,做事不依伦理,反不如你们了。"①这样的语言,极为通俗易懂。如果用书面语言显然不合适,因为它针对的对象就是"农工商贾""妇人女子"等"目不知书"之人。这种白话犹如在唠家常,娓娓道来,深入浅出,不仅语言浅显,而且语言的对比感也极为强烈,在说明五伦的时候,提出了明君与昏君、忠臣与奸臣、慈父与狠父、孝子孝妇与逆子逆妇、义夫与鄙夫、贤妇与淫妇等一系列强烈对比的概念,给人以极强的情感与思想冲击,不仅能打动人心,还能深入人心。这样的语言是民间的、草根的、底层的,也是直白的、浅显的、通俗的。

虽然语言浅显,但却带有强烈的是非感,而且内容非常丰富,反映了儒家修身、齐家、治国、平天下的入世理念。关于个人修身和行事方面的有"积阴功""择交友"②;超出小家庭范围而与大家族有关的内容也不少,如"修祠墓""重丧祭"③、"睦宗族""正闺门""务正业";跟国家有关的家训内容包括"畏王法"④、"早完粮""息争讼"等;还有其他诸如"严教诲""谨嫁娶""尚勤俭""崇礼让"⑤等内容。家训中绝大部分都是关于齐家、收族的。家训特别之处在于,往往对一些人所共知的常识性的概念给予了丰富的解释,反映了普通人的思想和情感。从这个方面说,家训是研究中国哲学史、思想史、伦理学方面的重要资料。如关于孝父母,在家训中就被分成爱惜父母、敬重父母、守身行善这三个层次:

> 前说五伦虽是君臣当头,但人人皆父母所生,要以尽孝为本。

---

① 光绪绩溪县许余氏《南关惇叙堂宗谱》卷八《家训》。
② 宣统绩溪《仙石周氏宗谱》卷二《石川周氏祖训十二条》。
③ 光绪《三田李氏宗谱》卷末《祖训八则》。
④ 光绪绩溪《梁安高氏宗谱》卷一一《高氏祖训十条》。
⑤ 光绪《三田李氏宗谱》卷末《祖训八则》。

皇帝以孝治天下,求忠臣必于孝子之门。古人说得好,孝为百行之原,人不孝父母,虽有别样好事都是假的。如果行孝之人决不肯做坏事,行孝的如古人扇枕温席、求鲤哭竹,说个不尽,大约要三桩完全才是。孝子第一是爱父母。别人爱惜我,我便感他好意,要爱惜他。你想父母生我养我,是何如爱惜我,我不爱惜父母,爱惜何人?或爱惜妻子,不爱父母,你无父母,那来的妻子?所以孝子第一要爱惜父母。第二是敬重父母。我是他的儿子,父母所以止须爱我,不必敬我,我但爱父母而不敬重父母,那怕父母衣丰食足,还有一大半不孝。这等孝顺与禽兽也差不多,你看禽兽小时也爱父母,但不知恭敬,所以孝子第二要敬重父母。已经爱惜父母、敬重父母,若还为非作歹,或被人殴伤,或犯王法,或面上做好人,暗中做不端之事,以致明遭宗族笑骂,暗遭神鬼怒谴,岂不玷辱父母?所以孝子第三要守身。守自己身体,时时存善心,处处行善事,扬名以显父母,这才是个真孝子。所以孝能感动天地,孝子必定有后。至于妇人在家如果是个孝女,出家必定是个孝妇,孝妇必能守贞,断不肯以清白身体受人污染,玷辱父母。可见天下好事都从孝字做起,所以说孝为百行之原①。

还有的家训谈到了孝悌要及时的观点:"曾子曰:亲戚既殁,虽欲孝,谁为孝?年既耆艾,虽欲弟,谁为弟?可见孝悌是人生要务,为子弟者须及时自尽。故谨身节用以养父母,则宗族称其孝;式好无尤以睦兄弟,则乡党称其弟。若家庭之内诟谇时闻,则大本已亏,其余不足观也矣。"②正所谓古人云"树欲静而风不止,子欲养而亲不待"。

家训也有对地方恶俗的批判,如溺女之俗,绩溪县梁安高氏在家训中就指出,因为本族没有育婴堂,弃婴无法得到妥善安置,所以对于溺弃婴儿的行

---

① 光绪绩溪县许余氏《南关惇叙堂宗谱》卷八《家训》。
② 光绪《三田李氏宗谱》卷末《祖训八则》。

为只有依靠家族力量设法禁止①。对一些丧葬、祭祀不符合儒家礼仪的地方,也进行了批判:

> 杜邪风。凡葬祖祭祖,儒家自有正礼,僧道邪说概不可信。近世僧道又添出恶习,聚众金鼓,以鄙俚言辞狂奔呼喊,作暴戾之气,引妖魅之风,乃王法所当禁者,更不可行。至于男女入教特斋,非但伤风败俗,而且贻祸宗党,可怕可怕②。

家训代代相传,就成为祖训,成为广义上的家法族规的一部分。家训要定期宣讲,"以上祖训十条,每年春秋二祭后宣读一过,各派祖屋书贴一纸,不可视为具文"③,"每岁正旦集长幼序行第,庆贺神主,次叙团拜之礼。族长开读祖训,幼辈拱听于阶下,实有益心身之语也"④。以便让所有的族人都明白家训的道德指向,从而规范自己的行为。对于儒士和精英而言,家族的高度组织化,使得家训成为灌输儒家伦理道德思想的主要手段;同样,家族的高度地方化,也使得家训成为传承、实践和创新传统文化的地方性知识的重要组成部分。

二、家礼:礼仪感化与社会整合

"家有礼则知序",家礼是家族的礼仪活动,既是形式和内容的结合,又是文化性和社会性的统一。对孝道的重视,也表现在家礼上,如庆礼:

> 凡父母生辰,长子整席请父母坐,长子夫妇及群弟夫妇为一行,男东妇西,子妇为一行,皆北面再拜,兴,长子奉酒跪父母前从俗进颂祝之词,父母受酒。众皆跪,长子复位,再拜,兴,礼毕。如兄嫂生辰,弟率妻先行礼,兄嫂立而答,礼毕。子侄以下行礼,乃坐受之。

---

① 光绪绩溪《梁安高氏宗谱》卷一一《高氏祖训十条》。
② 光绪绩溪县许余氏《南关惇叙堂宗谱》卷八《家训》。
③ 光绪绩溪《梁安高氏宗谱》卷一一《高氏祖训十条》。
④ 道光婺源《长溪余氏正谱》卷首《祖训》。

> 凡贺岁，父母坐，子孙一辈为一行，同拜讫，第一行男东妇西立。第二行拜如前，以次拜讫。东西男妇相对揖，礼毕。祠堂合族元旦行礼仿此，但族长不座，第一行拜后皆立，东序西面。第二行拜讫皆立，西序东面，以次拜讫，同揖而退①。

家族的礼仪文化建设被家族精英高度重视。由于朱熹在历史上的特殊地位，以及朱熹与徽州的特殊渊源关系，朱熹的《家礼》成为明清徽州家族建设的宪章，它关于冠礼、婚礼、丧礼和祭礼的规范，为绝大多数家族所接受。但是在遵循朱熹《家礼》的同时，徽州的知识分子也对朱熹《家礼》进行修改。儒家礼教世俗化的过程，也是民间引礼入俗的过程，也是对礼进行简化的过程。朱熹的《家礼》也是对先前繁琐礼仪简化的结果。家族精英在恪守儒家基本伦理道德原则的同时，还根据当地社会的实际情况，对很多不符合儒家理念的当地民俗进行修正，对一些比较繁琐的不符合时代的礼仪形式进行简化，以便在更大范围内传播、推广儒家伦理道德思想。冠礼太过古老，在徽州也不盛行，但女子的笄礼却还保留。"近世冠礼虽不盛行，而女子许嫁未有不笄者，但笄是合髻之簪，世俗误以紒为笄，紒与髻同音，所谓假髻乃妇人加于髻上之饰耳"②。婚礼也根据《家礼》做了一些调整，如对女婿行庙见礼：

> 新妇三日行庙见礼，《家礼》增新婿满月至妇家行庙见礼，此礼甚正，足补礼经之缺，最宜行之。凡我族新婚自亲迎后第二次来，嫁女之主人先告祠首启祠门，引婿以香拜见祖宗。虽嫁女者因贫未能请酒，祠首不得为难。至再醮之婿虽豪富不许行庙见礼，所以正纲常、重名节也③。

婚礼中有不少有违礼仪的习俗，被家族精英所攻击：

> 又世俗醮女之礼大重，使女南面端坐，母拜而整席拜而进酒，哭

---

① 光绪绩溪县许余氏《南关惇叙堂宗谱》卷八《惇叙堂家礼》。
② 光绪绩溪县许余氏《南关惇叙堂宗谱》卷八《惇叙堂家礼》。
③ 光绪绩溪县许余氏《南关惇叙堂宗谱》卷八《惇叙堂家礼》。

而整席哭而进酒,尊行卑,吉行凶,礼非礼之至。在女子既笄将嫁,端坐而醮之,此俗实难顿改。母立而祝之,使小辈进酒可也。将有远行,潸然出涕,固人情所不能禁者,奈何大作哭声乎?是在礼法之家变通行之,毋大违礼可也①。

至于婚姻之礼,原不能不从俗,但俗之大违乎礼者亦不可从。如山乡嫁女于婿,临行时女母以锁钥置女鞋中,并以假发长跪号泣,以纳婿袖中,非礼可笑,礼法者断不可行②。

徽州重丧祭,且遵循《家礼》:

> 重丧祭。凡治丧祭之道,一遵文公《家礼》,衣食棺椁,称家无有③。

> 祠堂春秋之祭,照《家礼》行三献及侑食之礼④。

> 至若丧祭之仪,文公《家礼》具在,遵而行之足矣⑤。

> 新丧家下男女无外大小亲疏,俱要全家斋戒满七,孝子百日,虽有故出外亦然。其服制并依文公《家礼》⑥。

在坟墓、祠堂的建造上,也依照《家礼》进行:

> 起造塚圹一以文公《家礼》为法⑦。

> 《家礼》云:君子将营宫室,宗庙为先。盖宗祠之建所以妥先灵而萃族涣,故自始祖以下咸祀无祧者,水木本源之心也。有事于庙,则群昭群穆咸在而不失其伦焉。若不建不修,则冠婚丧祭之礼无自

---

① 光绪绩溪县许余氏《南关惇叙堂宗谱》卷八《惇叙堂家礼》。
② 光绪绩溪县许余氏《南关惇叙堂宗谱》卷八《惇叙堂家礼》。
③ 光绪《徽州彭城钱氏宗谱》卷一《家规》。
④ 光绪绩溪县许余氏《南关惇叙堂宗谱》卷八《惇叙堂家礼》。
⑤ 光绪《三田李氏宗谱》卷末《祖训八则》。
⑥ 光绪《三田李氏宗谱》卷末《家法》。
⑦ 光绪《三田李氏宗谱》卷末《家规》。

而行,同派连枝之属无地以会,吾宗族属当以此为首务①。

但是对于儒家知识分子来说,徽州在丧祭方面的礼俗存在着许多的"非礼"之处:

> 丧事在宣歙间有三大非礼断不可从。第一是作佛事,谓之超度。试思父母行善何劳超度,父母若行恶,惟有行善以解父母之恶,又岂此辈所能超度?临丧不哀,妄信邪说,大非礼一。第二是亲房家家不举火而就食于丧家,丧家以酒肉燕客。夫孝子三日不食,亲邻当具饘粥以劝之食,奈何幸人之灾为醉饱计乎?至远来吊客亦止当具蔬食以待之,奈何每夕轰饮,同于喜庆,大非礼二。第三是惑于风水停丧不葬。夫亡者以归土为安,人家祸福由于善恶,故阴地由于心地,心地好当得好地,十日内亦可得好地,心地恶当得恶地,一百年还得恶地,断非地师所能代谋,不求心地而求阴地,以亲死为求福计,大非礼三。凡孝子当去此三大非礼而后可言丧礼②。

除此之外,还有诸如厚葬、丰馈等有碍推广儒家礼仪的地方习俗。厚葬习俗各处都有,就是在棺材里放入金珠玉帛,其结果让盗贼开棺烧棺,翻乱骸骨,盗窃殉物。儒家批判这是不孝行为,因为作为人子,不能报恩于父母生前,而反贻祸于父母身后。丰馈就是丧家回谢亲友财物,如果财物不丰就被指责为不知礼,导致家境不好的人家或停棺不葬,或草草出殡不能成礼。

在祭祖礼仪上也根据实际情况进行了修改,如对牌位的增加与撤除:

> 遵旧式概用木牌排书,进主时止书名氏于牌,有加无减,年代积久势不能容,因考《家礼》神主止祀四世,旁亲之无后者以其班祔,是旁亲先毁一代矣。今宗祠自始祖以下世世书牌而不毁,不得不省远代旁亲以为新主之地。凡旁亲无后者列牌,以族长以上三世为率,

---

① 光绪绩溪县许余氏《南关惇叙堂宗谱》卷八《惇叙堂家礼》。
② 光绪绩溪县许余氏《南关惇叙堂宗谱》卷八《惇叙堂家礼》。

四世以上无后旁祖概从毁主例,不复书牌,春秋祭则奉宗谱,盖牌虽无名,而名皆在谱也①。

家族最主要的集体活动是祭祀,因祖先崇拜而产生的各种祭祀活动非常繁多,因而祭祀礼仪成为家族礼仪中最为常态化的,也是最为重要的礼仪。特定祭祀对象和新祠堂的结合,往往造成宗族内部的裂变,产生新的房支和门派,形成宗族—房派—家庭的多层次结构体系。对远祖的追溯和在更大范围内的共同祭祀,可能因为某种特定事件如祖坟官司,进而产生了联宗运动,宗族发展成为整合区域社会的组织。丧葬礼仪中的五服制度,通过丧服的轻重,可以看出血缘关系的远近,以及权利、义务的行使。通过形式和内容的结合,精英们希望家族礼仪能够达到尊祖、敬宗、收族的理想效果,成为乡族社会序尊卑、别亲疏、正风化的有效手段。

三、家政:家族理财与经济救助

"家有政则知体",家政有广义和狭义之分,广义家政可以理解为"齐家"之法,涵盖了家训、家礼、家法等内容。光绪《仙源杜氏宗谱》中有《家政十四条》,分别是宗庙宜肃、祭祀宜谨、祭器宜珍、祠产宜理、宗谱宜修、尊卑宜序、义仓宜设、文会宜兴、嫁娶宜慎、闺阃宜严、赏罚宜明、诸费宜节、家仆宜束、诸事宜治②,实际上就是家族治理的规章制度,但却与家训的口气颇为相似,给人以长辈向晚辈进行道德说教的感觉。

狭义家政主要指家族的经济管理和慈善救助,属于民生范畴。宗族作为乡村社会的基本组织,发挥着极为重要的发展经济功能。绩溪县《南关惇叙堂宗谱》在《惇叙堂家政》③部分从七个方面阐述了家族内部的家政,分别为:理财、祭祀、营造、养老、赈贫、助学、救荒。在理财部分,特别强调"理财之人"的重要:

---

① 光绪绩溪《梁安高氏宗谱》卷一一《进主毁主例》。
② 光绪《仙源杜氏宗谱》卷首《家政十四条》。
③ 光绪绩溪县许余氏《南关惇叙堂宗谱》卷八《惇叙堂家政》。

> 族中别无所谓家政,不过理财而已。古人有言:穷村乡,富公堂。公堂富则虽众户贫寒,或助或借,缓急有恃。故一族虽以族长为主,而理财必由合族公举正直精明之人为祠董,或加一二人副之,以司出纳。如其诚心经理,使公堂丰足,合族受惠,百年后于报功祠立神主以祀之,俗所谓能干祠也。倘或侵公肥己,无功有过,虽终身管理祠堂,没后不许滥入。

一个家族是否有善于理财之人,决定了这个家族的经济状况。"穷村乡,富公堂"的确是徽州乡族社会的一个典型特点,这体现了祠堂在徽州至高无上的地位。祠堂作为家族管理机构和集体经济形式而存在,只要祠堂财力雄厚,宗族内部的小家庭或者个人一旦出现紧急情况,就可以向祠堂请求援助,或者向祠堂借贷。所以,对于一个宗族来说,族长地位虽然很高,是家族的主宰,但一定要由正直精明的人充任祠董,还要配备几个副手做出纳。如果他们能够为祠堂创收,整个家族都将受惠,他们也将在家族内确立自己的地位,死后享祀于报功祠或能干祠。在徽州的确有很多能干祠,这说明了徽州人在家族理财方面的确非常能干,也十分热衷于为家族理财。

在随后所列的具体的家族善政中,有祭祀、营造、养老、赈贫、助学和救荒共六条:

> 祭祀之用。每年春冬祭祀,牲仪、酒食、香帛及照例颁胙各费,均出于祀产租息,仍可有余,不可不足。凶年则祀品皆从省俭,不用鼓乐。
>
> 营造之用。凡修整祠堂坟墓及应办器用,祀租无余,则随所用之数而劝捐于富户中户,极贫者不可苛派。
>
> 养老之用。凡生平公谨,至年老又遭患难,无子侄服亲,无田产者,于祠祀产拨租以养之。如祀租无余,每年由祠董与族内富户派送月米,如无富户,则中户派送,不得任其转辗沟壑,不得视其流离乞丐。如本族有年老饥寒乞丐者,即族长、祠董与富户亲房之罪也。
>
> 赈贫之用。凡家贫孤儿寡妇与疲癃残疾,及年壮遇灾遇病、素

行归真、衣食无赖而无服亲者,祠董拨祀租以赈之。如祀租无余,于合族上户及其近房派送月米。在节妇则尤当加礼,其寡妇与疲癃残疾俱赈之终身。孤子病人以年长病好为度,孤子日后发财则捐资为义田义仓以济后之贫者。

助学之用。族中子弟读书三五年,如果天资高妙与天资平等而志大心专者,其家贫无力,则祠董于祀租每年拨助学资。如祀租无余,则于上户亲房劝其扶助,中举则偿其本。

救荒之用。每遇荒年,如既无义仓又无祀租可拨,族长、祠董会计合族富户捐资以保合族贫户,断不至家家赤贫,家家无粮。务求一族之富人能保全一族之贫民,不使一人独受饥寒。富者有钱出钱,有谷出谷。倘明明有钱有谷,为富不仁,凡以上各条从中违拗,以致祖训家政徒为具文,贫民求生无路,则由本族持此谱呈官求究,以不孝不义之罪治之。

以上各条皆由文会不足、无义仓之故,如果显宦富商能捐巨资置田产为义田、义仓,使鳏寡孤独、疲癃残疾、水旱凶祸、节妇志士皆有所赖,祗由祠董按例举行而不烦,临时劝捐尤为无穷善举。然此事不患无财,而患无理财之人,亦不患无理财之人,特患无能理财而好善之人耳。凡人欲后日昌盛必做好事,欲做好事必先从亲族做起。苟能洗心不染以理此事,使合族免饥寒之苦,何患日后不昌盛乎!

这六条具体谈到了祠堂财富的用途,具体说就是要用于改善家族内部的民生、应付紧急情况、保障特殊族人。正是因为祠堂财富能够给族人以实际恩泽,因此,一旦祠堂财富力有不逮,则需要族内其他力量伸出援手。不同的事务要求的援助力量也不同。祭祀是宗族的头等大事,其在六条善政中位列第一,所以,祠堂财富——主要是祀产租息,首先是为了保障宗族祭祀。只要是正常年份,祀产租息足可应付祭祀之用,而且还有剩余。一旦碰到灾荒年头,"则祀品皆从省俭,不用鼓乐"。

营造主要涉及的是修建祠堂、坟墓，以及置办相关器具。如果祀租不足，就要劝捐，劝捐的对象是族内的富户、中户，特别规定"极贫者不可苛派"。有的宗族修祠是面向族内全体男丁分摊费用，而许余氏惇叙堂禁止向极贫者劝捐则是一条非常人性化的善政。应该说修建祠堂、坟墓，泽及后裔，只要是稍有能力的族人，都不会也不愿袖手旁观。所以，家政在这方面并没有强行劝捐，而是禁止向某些极贫者强行劝捐。

养老并非针对族内所有老人，而是必须符合以下这些条件的老人：生平公谨、没有子侄服亲、没有田产。如果祀租不足，则要求祠董和族内富户派送月米，如果没有富户就要求中户承担。总而言之，不能放任不管。如果族内老人因此沦为乞丐，那么族长、祠董和亲房富户要负起相关责任。对于徽州这个典型的乡族社会来说，这条规定尤其具有极强的针对性，族长作为一族之长，负有领导责任；祠董作为家族经济管理人，负有直接责任；亲房富户负有血缘伦理上的连带责任。如果每个家族都有如此善政，那么中国社会必定会实现善治。

赈贫作为家族的又一善政，其赈济对象主要是两类人，一类是寡妇和残疾人，他们终身受赈；一类是孤儿和病人，他们受赈有着时间限制，孤儿长大成人后即中止受赈，病人病好之后也会中止受赈。如果祀租不足，那么族内上户和近房就要承担赈贫的责任。这里特别强调的是两点：第一是对贞节寡妇，要"尤当加礼"，这在中国传统社会实际上是对寡妇守节的配套措施，有了宗族的经济援助，寡妇可以安心，一方面伺候老人，同时抚养孩子长大成人。第二是对孤儿，要资助直至他们成人，但特别强调其成人后，如果发财了要回馈宗族，"孤子日后发财，则捐资为义田、义仓，以济后之贫者"。家族善政培养出家族善人，如此形成良性循环，何愁不能实现乡族善治！

助学是徽州家族实现振兴的关键，所以要不惜代价培养族内子弟读书中举。如果祀租不足，上户、亲房必须承担扶助责任，但是这种扶助同样不是单向的，一旦中举，被扶助人要知恩图报，向扶助人偿还扶助的本钱。

徽州民间救荒措施相对比较完善①,家族救荒是民间救荒机制中非常重要的一个方面。救荒最能体现一个家族共同行动的能力,也是在恶劣环境下对乡族善政的考验。该族特别强调,"务求一族之富人能保全一族之贫民,不使一人独受饥寒"。这个规定,体现了该家族具备集体行动的能力,具备在恶劣环境下实现善治的理念基础。"为富不仁"在中国传统乡族社会是非常令人不耻的行为,所以,一旦族内有人"为富不仁",导致"贫民求生无路",就可以呈官究治,"以不孝不义之罪治之"。

"家政"尤其强调建立在理财基础上的周恤恩泽行为,家族必须要发展经济,要运用善于理财之人,拓展财源,有了财力才能推进家族的常规性活动如祭祀、修造,改善家族内部的民生如赡养孤老、赈济贫穷、资助上学等,应付紧急情况如洪灾、旱灾等。尤其是在宗族面临突发性事件如灾害的突然袭击时,家政能够从容应对。这样,族人才愿意向宗族靠拢,凝聚在一起,实现收族的目标。从许余氏的惇叙堂家政中,我们看到了很多善政和恩泽,而这些善政往往都面临着祀租不足的情况,所以对族内的富户、中户提出了很高的要求。家政虽然建立在宗族公有经济之上,但客观效果却是弥合了宗族内部的贫富分化。家族要求并且鼓励族内的富户、中户等捐出一部分资财,从事家族的慈善公益事业。更让人感慨的是,很多善举是从宗族全体利益着手,如对寡妇的终身赈济、对优秀子弟的学习资助;也有一些善举是双向的,受益人在有能力后,要求其回报资助过他的人、资助宗族内需要资助的人。这样形成一种良性循环,由宗族理财,到实施善政,再到最后实现善治。由此可见,从理财到周恤,徽州家政可以视为民间的一种救济机制。家政规范对徽州乡族社会善治的实现,具有不可或缺的作用。

---

① 陈瑞:《明清时期徽州宗族的内部救济》,载《中国农史》,2007年第1期;周致元:《明代徽州官府与宗族的救荒功能》,载《安徽大学学报》,2006年第1期;周致元:《徽州乡镇志中所见明清民间救荒措施》,载《安徽大学学报》,2008年第1期。

四、家法：强制规范与乡村秩序

"家有法则知戒"，家法与国法一样，体现出一种强制力，主要是禁止族人从事哪些活动，它所针对的对象是族内的恶人。但是家法又与国法有很多的不同，家法有家法的原则，主要是要遵守两条原则：一是以尊治卑，二是治轻不治重。家法以尊治卑，不可以卑治尊，不允许族内卑幼以家法为由惩罚尊长，因为它违法了儒家"尊尊"的伦理原则，实际上是破坏了家法的立法原则。

> 不得以卑治尊，凡族中子弟犯家法者，叔伯父兄得以家法治之。若长辈犯国法，自有官治。若犯家法，晚辈不得藉口祖宗笞责尊长，但公请长亲评论，请其改过，免陷刑戮以辱祖先①。

> 杖责、驱逐皆祖父施于子孙，尊长施于卑幼者。假使尊长有过，而卑幼遂假家法之名以施于尊长，是欲行家法而先为悖逆，此行家法而反坏家法也。故家法止于杖责、驱逐，若罪不止此，则送官究治，不得私立死刑。杖责、驱逐之法，尊长可施于卑幼，卑幼不得施于尊长②。

家法治轻不治重，所惩罚的是小罪小恶，其目的是小惩大诫，是对国法的弥补，不是对国法的僭越，不可取代官府处理大罪大恶，甚至重伤乃至处死。

> 家法所以济国法之所不及，极重至革出祠堂、永不归宗而止。若罪不止此，即当鸣官究办，不得僭用私刑。山乡恶俗有重责伤人及活埋者，此乃犯国法，非行家法也③。

> 盖国法有五刑之属，而家法不过杖责与驱逐二条。若罪不止此，即非家法所得而治矣。假使泥家法之名，因而置人于死，如打死

---

① 宣统绩溪《仙石周氏宗谱》卷二《周氏宗谱家法》。
② 光绪绩溪《梁安高氏宗谱》卷一一《家法》。
③ 宣统绩溪《仙石周氏宗谱》卷二《周氏宗谱家法》。

及活埋之事,此行家法而僭国法也①。

家法的惩戒力度,轻则训斥跪香、杖责,重则剥夺在族内的部分或全部权利乃至驱逐、除名,永不许归宗。下面列举绩溪周氏宗族的家法法条,予以说明家法的强制力。

> 计开:一、男女逐出,永不归宗例。子孙悖逆其祖父母,祖父母生前维祠堂,照家法,屡戒不悛,使其祖父、父母含恨以死,罪无可解者。凶恶莫制欲伤害人命者。淫秽逆伦,丑迹明确,合族共见无疑者。有心掘伤祖墓者。远山盗葬与砍树误伤坟墓者不在此例。私卖宗族与他姓及伪派者。至于漂流在外,阴结匪党,行踪诡秘,及为凶杀劫盗者,除革逐外,仍禀县立案,抄案以免后累。以上由合族族长、宗长、房长公同告祖。具书犯家法之男女名字于板,钉于祠门边。其人生不得入族居住,死不得进主,不得上谱。男犯有妻子者,无论妻子同出与不同出,其妻子照常回族居住,没后照常进主上谱。例载宗书法条内。
>
> 一、暂革祠祚,逐出改过,取保归宗例。初次行淫,幸事未成者。好斗行凶,屡次伤人身体者。犯奸犯盗,不顾廉耻,伤风败俗,玷辱祖宗者。以上族长、房长公同以纸书革条,书"暂行革祚、逐出祠堂"等字贴祠门旁,如三年改过迁善,依旧归宗。如系行凶者,三年后仍须由亲戚取保约存祠,保其不复行凶,方许归宗。
>
> 一、革而不逐,改过归宗例。男子不孝父母,妇人不孝舅姑,及男子不正凌辱其妻,妇人不顺凌辱丈夫,已经停胙不改者;前条例罪当暂革而有父母儿女,势不忍逐者。以上照第一条书罪名男女于板,钉祠门内,革出祠堂,仍许在族居住三年,改过准其谢罪复族。如终身不改,死后不上谱,不进主。
>
> 一、不革不逐,止停祭胙,改过改业,服胙。终身不改,死则贬入

---

① 光绪绩溪《梁安高氏宗谱》卷一一《家法》。

幼殇主例。男子不孝父母及妇人不孝翁姑,已经笞责跪香而不改者。为优伶者。为皂隶者。为人奴仆者。未冠童子依人而服事人,非奴仆比,不在此例。为玷辱祖宗之业者。以上停胙不给,改正业乃给胙。终身不改,其有子者,死后进小主于幼殇之列,不得配享昭穆。

一、笞责跪香例。男子不孝父母,妇人不孝舅姑,已经跪香而仍不改者。十六岁以上男子,怒骂尊长,因尊长殴之而回手者。十六岁以上男子动手与妇女戏侮者。十六岁以上男子不饥寒而犯窃者。十六岁以上男子于祖坟山采细木为薪者。以上族长或其亲长令跪祠堂祖宗前,用细竹枝把笞其背伤皮,而不伤骨,用竹板恐成杖痕或受伤也。若不孝,妇示辱而已,仍令跪香服罪,并跪叩谢所犯尊长,誓不再犯。

一、跪香例。男子初犯不孝父母,妇人初犯不孝翁姑者。幼童男女初犯怒骂尊长者。男子与妇女口出戏言无礼者。迫于穷饥盗人食物者。以上族长引至祖宗前跪香,教而释之[①]。

家法对女性有特殊的处理办法。"家法老幼妇女无笞责之条,妇人有过,惟其姑与夫在家笞之可也。如果不孝翁姑,辱骂丈夫,既不忍出,又不可坐视,惟入祠罚跪,男子不得动手拖扯,所以重羞耻也"[②]。

作为具有强制力的家法,位居道德说教、礼仪感化和经济救助之后,为家族教化体系的最末端,是实现善治的最后一环。

五、家族教化体系中的权力阶层与国家角色

在中国传统社会,家国同构。儒家认为,"欲治其国,先齐其家","家国一理,齐治一机"。不少族谱把与国家的关系放在家法、祖训的头条位置以显示

---

① 宣统绩溪《仙石周氏宗谱》卷二《周氏宗谱家法》。
② 宣统绩溪《仙石周氏宗谱》卷二《周氏宗谱家法》。

其重要性。

　　掌控着家族教化体系的是家族的管理者和地方精英，包括族长、宗子、儒宦和富商等。由于在国家地位系统中占有一席之地，具有知识、文化的儒宦自然拥有社会声望、地位。富商则是因为经济原因，而对家族发挥着越来越大的影响力。族内权力阶层负责道德说教，控制宗族经济，主持家族礼仪，实施家法族规。祠堂是宗族公共场所，是族人的精神家园，也是祭祖的主要场所，大部分宗族集体活动也在祠堂举行，高大威严、精美装饰的祠堂，成为宗族教化的最好场所。

　　谱牒记载了宗族比较全面的信息。修谱是宗族的大事，并且保持着每隔三至五世便要续修的传统。为了教化，彰显美善、尊祖敬宗、尚贵尚贤是族谱必须遵循的原则，有善必书，恶用曲笔。对一些不良族人，则予以除名出谱，以激励族人，达到劝惩之效。徽州家谱影响着地方社会的风俗①。族谱中往往存在着对祖先的冒认、对祖先事迹的虚构，这些冒认的祖先自然是历朝历代的帝王将相、大贤与显贵，这些被虚构的事迹往往更是超出家族的范围，甚至超出地域的范围，以显示他们家族在国家角色中的地位，这样能够激发族人的自豪感和荣誉感，鼓励族人向上、向善。家族所受朝廷的恩荣，不论时代远近，往往一律刻印在谱。来自官方的旌表牌匾悬挂在祠堂内，牌坊也得到很好的保存，供后世子孙瞻仰。出自官府的告示、禁示往往也收入家谱，或禁伐林木，或禁止捕鱼，或保护祖坟，其背后显然都有一段故事，显示了血缘团体与地域社会之间的合作与冲突。绩溪城西周氏对祖坟的保护就是通过官府发布示禁，官府的示禁既针对"异姓棍徒"，也针对本族"不孝支裔"：

　　　　特授绩溪县正堂加十级纪录十次清为永保祖茔恳恩示禁事。据生员周荣、监生周广辉、生员周邦镇、周嘉铭、监生周槐堂、生员周宗燮、周宗朴、监生周玉章、廪生周启锦、布经周启运、生员周宗栋、抱呈周承莲等呈称，原夫报本必先乎祖墓，追远尤切于坟山，是以卜

---

① 周晓光、徐彬：《明清徽州家谱与徽州社会风俗》，载《安徽史学》，2011年第6期。

得佳城,律有禁步,阡成美穴,例重护坟,养荫木以卫来踪,开明堂以资拜扫,前代之神灵所寄,后人之命脉攸关,左右不得有伤,前后惟恐或损。今生等诹月筮日,勒石安茔,如西门外鱼形母鲤塘、胡里东头铺后、铜镇桥、梅木坦、间坑口、前坑口、牛窝墓、裡坑、隐张、坑口、周坑村口中央、高车、楼下巷、吴家坑,凡十有四所,廿有一穴,修葺完固,标志分明,祖茔幸保无虞,祭祀可以勿替。所可虑者,异姓棍徒惑遗穴于地师,魆行盗葬;最深恨者,不孝支裔听剥祖之邪说,暗地偷棺,即如盗荫取柴,锄根掘木,为害不一,受祸实深。为此,伏乞赏示严禁,保百世之祖茔,杜千秋之侵害,殁存啣恩感激上禀等情。据此,除批示外,合行示禁。为此,示仰各处居民及该族各支丁人等知悉,凡有卜宅兆者,须思地理即天理,人祖即吾祖,毋惑地师,在周姓坟山凯觎盗葬。至于各派支丁亦知根深则枝茂,祖妥则丁安,在在坵坟必当共保无虞,处处荫木均宜加意栽培。自示之后,倘有无知棍徒、不孝派逆,胆敢在于该处坟山盗葬及戕荫取柴,许该族指名禀县,以凭严拿究惩,决不宽宥,各宜凛遵毋违。特示。右仰知悉。嘉庆二十二年二月十八日示①。

虽然有的家族聚族而居,有很强的自治性,但是家族并不是独立于地域社会和国家之外的。家族的教化体系也反映了家族与地域社会、家族与国家之间的互动作用。宗族的教化活动丰富多彩,并且与官方的教化活动进行互补,相得益彰。族谱开端往往刻印着皇帝的圣训、圣谕。明太祖朱元璋的"圣谕六言":"孝顺父母,尊敬长上,和睦乡里,教训子孙,各安生理,毋作非为"②被不少家族刻印在族谱开端。入清以来,清政府继承和发展了明代以来的教化体系,并以圣谕的形式明确提倡和支持宗族。顺治九年(1652年)推行乡约制度,每遇朔望,皆宣讲"圣谕六言"。康熙九年(1670年)向全国颁布《上

---

① 光绪绩溪《城西周氏宗谱》卷一九《禁碑》。
② 《明太祖实录》卷二五五。

谕十六条》:"敦孝弟以重人伦,笃宗族以昭雍睦,和乡党以息争讼,重农桑以足衣食,尚节俭以惜财用,隆学校以端士习,黜异端以崇正学,讲法律以儆愚顽,明礼让以厚风俗,务本业以定民志,训子弟以禁非为,息诬告以全善良,诫匿逃以免诛连,完钱粮以省催科,联保甲以弭盗贼,解仇忿以重身命。"雍正皇帝把《上谕十六条》解释成洋洋万言的《圣谕广训》,在"笃宗族以昭雍睦"中,提出"立家庙以荐蒸尝,设家塾以课子弟,置义田以赡贫乏,修族谱以联疏远"。清代的宗族修谱时,十六条有时也置诸谱首,家族也配合官府的乡约宣讲政策,在族内宣讲。"恭逢圣天子谆谆教民敦化,所颁圣谕十六条见奉各宪府主县主实力举行,严敕各乡朔望宣讲。凡两族子孙务宜仰遵,倘有悖戾不法、致其亲属鸣众申诉者,各门尊长贤达必须会集宗祠,为之惩劝。更有事关风化,必致呈公,凡有名器者,当为秉公倡率,不得为尊亲者讳。若情真事实,故行推诿者,两族鸣鼓共攻"①。

国家角色几乎反映在家族教化体系的每一个层级。家训中有涉及国家的部分,如畏王法、早完粮、息争讼、明臣道等:

> 畏王法。王法者,朝廷所设,以治吾民者也。无王法则天下乱,苟平日不畏王法,恐一旦犯法而不自知,及遭刑戮,悔之晚矣。此君子所以怀刑也。故为绅为士为民皆当畏法,畏法则敬官府,早完粮,苟非万不得已,不可轻与人结讼,自能远耻辱而保身家矣②。

> 早完粮。百姓无君臣之分,只有钱粮是奉君王的,一日完粮,一日太平,一日百姓受福。惟乱世不完粮,苦不忍言,如今太平不完粮,等粮差上门,所费更多。到官受责,甚至破产倾家。每年钱谷务先完粮,而后作别事,好不安耽。假如少有天灾,未经奉免,亦宜完纳。凡有声名者,切不可抗粮取祸,一时好高,后悔迟了③。

> 息争讼。凡人一生不入公门便是福人,我新安沐朱子遗泽,称

---

① 康熙《歙县汪氏崇本祠条规》。
② 光绪绩溪《梁安高氏宗谱》卷一一《高氏祖训十条》。
③ 光绪绩溪县许余氏《南关惇叙堂宗谱》卷八《家训》。

文物之邦,而讼风反甚于他处,大抵为风水居其半。如果已葬祖茔被占而讼尚属万不得已,若因求地葬祖而与人结讼,岂不可笑?你看古来那有因讼得地而昌盛的,惟有已葬祖坟命盗等事不得不讼,其余田地银钱都算小事,不必结讼。至于已聘妻媳被占似乎有理,但已聘而愿改婚,其家无耻,其女已不贞,我且不屑娶,何讼之有?况一切小忿致讼,至于破家荡产,辱身失名,自害害人,到后始悔,何不早先思量①?

家礼和国家更是有着高度的交集,"就沿袭有明一代的制度而言,祭祖礼制基于《大明集礼》。而《大明集礼》仿自朱熹《家礼》,从而使《家礼》第一次进入国家典制,因此所谓明代的祭祖礼制实际上是《家礼》的官方化即国家制度化。从这个角度看明代是以官方传播朱熹《家礼》的时代,换言之,《家礼》在明代的极大传播,官方的礼制起到了很大的作用。明朝政府以及士大夫对朱熹《家礼》特别是祭礼的提倡,贯穿有明一代,明中后期进一步深入民间"②。明代嘉靖年间的大礼议之争,朝廷推恩于臣民,民间的祭祀仪式与祭祀组织得到极大的发展,并突破了对先祖、始祖的祭祀。民间以某一祖先为祭祀对象的祀会组织如清明会、某某公祀会等得到迅速发展。这些组织不同于祠堂祭祖,祠堂祭祖严格以祠堂为单位,体现族人权利与义务关系,是具有强制力的祭祖仪式。而祀会则往往独立于祠堂之外,是某一祖先的后裔自行组织起来的,有着自己独立的经济基础和共同遵守的契约合同。如果说祠堂整合了地域社会,祀会也同样有此类功能。有的祀会甚至是几个祠堂的联合,在更大范围内影响着地域社会的整合。

从家政关系到家族具体仁政的实行,往往超出了血缘群体的范畴:

> 诸事宜治。家事之外公事、外事,大族势所必有,即如举行乡约所以教导百姓,设立保甲所以保卫身家,当实力奉行之。其他如邻

---

① 光绪绩溪县许余氏《南关惇叙堂宗谱》卷八《家训》。
② 常建华:《明代宗族研究》,上海:上海人民出版社,2005年,第22页。

姓有庆公家理应致贺,宗人谒祖公家理应优待者,祠董、族长宜悉心料理,免失族体。至于族有外侮,实属理直而邻姓不能排解,万不得已而兴讼者,我族人亦当同心竭力,勿受欺辱①。

对于具有修身、齐家、治国、平天下理念的儒家精英来说,家国是一体的,"昔孔子告冉有以家事别于国政,是家不得言政,所以防僭越耳。其于君陈所谓施于家有政者,则谓是亦为政,诚以治国本乎齐家,以是见家国之通也……太史公谓'礼禁于未然而法治于已然',治国如斯,治家无异术也;治家如是,治国无异术也"②。对于徽州的精英来说,治国本乎收族,收族本乎齐家,家、族、国一体。

家法族规弥补了国家法律在民事纠纷方面的法律欠缺,宗族垄断了对家务事的解释权,与国家法构成了极强的互补关系。"或谓罪无大小,皆待治于国法,而家法止治小罪,立之何益?不知小过不惩,将成大恶,故小惩而大戒,为小人之福。此周易履霜所以戒坚冰也。既立家法,斯于必行,又恐行之不善,或行家法而遂僭国法,或行家法而反坏家法,此岂立家法之意哉?"徽州宗族通过家法族规,取得了自治权,既防御了官方过度干预宗族,也协助了官方治理地方社会,正因为如此,徽州社会才会长期保持着比较稳定的秩序。

家族教化体系自成一个系统,是基层社会教化的重要组成部分,也是维护基层社会秩序的必要手段,反映了传统文化在基层的传承与实践的过程。正如家族所宣称的,"然必每年宣讲家训,每岁遵行家礼,每事举行家政,然后可以行家法。若不讲家训,是不教而杀;不行家礼,是无风化;不举家政,是无恩泽。专行家法,恶人未必感服也"③。一些世家大族、儒家精英深知家族教化必须有系统性。"家有训则知义,家有礼则知序,家有政则知体,家有法则知戒,此家训、家礼、家政、家法所以有裨于王道而不可不讲。我族了斋公曰:'人公先后以理学名世,设立家教,兴起后进,意甚深远,所当效法。'兹故分析

---

① 光绪《仙源杜氏宗谱》卷首《家政十四条》。
② 光绪绩溪《梁安高氏宗谱》卷一一《家政叙》。
③ 光绪绩溪县许余氏《南关惇叙堂宗谱》卷八《惇叙堂家法》。

条目,列于卷首,每岁于宗祠聚祀日讲诵数条,俾人知谨守"①。

宋以后尤其是明代的宗族组织化建设为学术界所关注,常建华认为,徽州家族组织化的实质是家族乡约化,对基层社会影响重大,加强了宗族与官府之间的互动关系②,从祠庙祭祖礼制变迁和宗族乡约化可以看出这一点③。家族教化体系应该是家族组织化建设的重要成果,它从道德、礼仪、民生和法律几个方面规范着明清时期的家族建设,以达到乡族社会的善治。正如一些调查所显示的,乡族社会中,祠堂处于社会结构的顶端,如白杨源的十三祠④。乡族势力本身是血缘和地缘的结合,客观上具有缓和"社会阶级矛盾的对立和激化,而收到统治农民的实效"⑤。徽州强宗大族组织化所发挥的影响力,在一定程度上削弱了国家政权的地位和功能,如徽州的地保组织就是如此⑥。宗族对内部的控制在各方面趋于强化,如血缘秩序控制⑦。但是宗族地方精英为了维系宗族秩序,对异姓承继的理念也有改变,出现了不再单纯强调血缘纯洁的趋势,而是主张默认异姓承继,消弭血缘差别,从而将重点放在儒家伦理纲常的维护上去进行收族实践⑧。应当说,家族教化体系完善了族权,并把族权的实施更多地限定在道德教化上,限定在礼仪和民生的范围内。明清时期宅坦村的宗族管理,虽然强化了控制权,但也体现了宗族在面对社会动乱和社会变革时所具有的弹性⑨。即使是发展到民国时期,宅

---

① 光绪《仙源杜氏宗谱》卷首《凡例》。
② 常建华:《明代徽州的宗族乡约化》,载《中国史研究》,2003 年第 3 期。
③ 参见常建华:《明代宗族研究》,上海:上海人民出版社,2005 年。
④ 王振忠:《徽州歙县白杨源:一个盆地小区域社会的初步调查与研究》,载《上海师范大学学报》,2012 年第 3 期。
⑤ 傅衣凌:《论乡族势力对于中国封建经济的干涉》,载《厦门大学学报》,1961 年第 3 期。
⑥ 刘道胜:《清代基层社会的地保》,载《中国农史》,2009 年第 2 期。
⑦ 陈瑞:《明清时期徽州宗族内部的血缘秩序控制》,见《中国社会历史评论》(第八卷),天津:天津古籍出版社,2007 年,第 264—276 页。
⑧ 胡中生:《异姓承继及其上谱的争论与收族理念的转变》,见《徽学》(第六卷),合肥:安徽大学出版社,2010 年,第 186—195 页。
⑨ 卞利:《从宋明以降到咸、同兵燹:徽州山区一个宗族聚居村庄的宗族活动与社会变迁》,见《徽学》(第七卷),合肥:黄山书社,2011 年。

坦村的宗族组织在抗战和乡村日常生活中依然发挥着重要的作用,体现出宗族自治在政治方面所具有的弹性空间①。当人们今天把目光投向曾经辉煌的徽州古村落,投向无处不在的文化遗存,投向被学术界视为瑰宝的徽州文书和族谱时,人们可以从中看到徽商故里处处存在着教化,处处存在着规范性的管理制度,从经济发展到人文关怀,从家族治理到村落建设,从人际关系到地方关系,正是因为种种教化的存在,才使得徽州社会管理精细化,徽州社会也才会长期保持着和谐稳定的发展,很少发生内部动乱。

第四节　流失与归老:内向化的徽州

由于徽州的生态与人文环境,徽州人口在分流中具有强烈的生存意识和伦理精神,由此形成的多层次的结构、网络和多元化的文化特征,为他们寻找生计提供了更多的选择和保障。生存困境的解决自然有利于徽州社会的稳定。人口分流虽然抑制了徽州本土的人口规模,提高了人口的质量,具有协调与稳定的积极一面,但同时也有它消极的一面,即徽州本土人才的大量流失和老年人口的回归。从这两方面又可以推断出人口分流的另一个结果,那就是徽州社会在稳定中趋于保守和内向。

一、人口素质与人才流失

人口分流尤其儒贾并重下的职业分流虽然提高了徽州的人口素质,但是高素质的人才面临着严重的流失。徽州人口素质的提高,与徽州在理学中的地位和徽州对教育的特别重视有关,这在前面已有论述。据《紫阳书院志》的统计,从明洪武四年(1371年)至清光绪三十年(1904年)共530多年的时间内,歙县籍士人乡试中举者计1 552人,会试中进士者计525人。由于很多商

---

①　唐力行:《重构徽州农村基层社会的宗族结构与生活实态——徽州文书〈亲逊堂宗祠会议录〉的解读》,见卞利、胡中生主编:《民间文献与地域中国研究》,合肥:黄山书社,2010年,第332—368页。

人都是出自集儒贾于一身的强宗大族,很多人是习儒不成转而业贾,或因家计不堪转而弃儒业贾。徽商的这种出身,使得他们本身带有很强烈的儒士气息,并十分注重子弟的培养和桑梓的教育事业,对之投入巨资。这又使得徽州的人口素质得以保持,使得商人和儒士的事业都有了源源不断的继承者。

由于有儒贾并重的生命历程,很多人具有多重身份,徽州人的综合素质是首屈一指的。宗族内儒贾并重的职业分流也造就了徽州首屈一指的世家大族。世家大族更能利用集体的力量培养宗族子弟。成功的商人,都能够博取时人对其才能的赞誉。乾隆时婺源人洪胜,少时以耕地为生,生活贫苦;长大后,慨然说:"大丈夫即不扬镳皇路,一展生平之志,胡郁郁久居田舍为?"于是挟资经商于广丰,没有几年就富裕了。宗谱传记赞誉他才干非同一般[①]。徽州族谱的行状、传记等资料中充满了这类成功的商人。

士人和成功的商人都是徽州的精英人口,他们的素质是不容置疑的。徽州在几百年的时间里,产生了"新安学派""新安医派""新安画派",这些有助于徽州人口素质在整体上的提高。据道光《徽州府志·艺文志》的记载,徽州人经史子集的著述非常丰富,明朝有经 162 部,史 185 部,子 337 部,集 514 部;清朝有经 310 部,史 121 部,子 278 部,集 579 部。明清两朝总计达到 2 486 部[②]。

但是,徽州人口的分流却造成了徽州人才的严重外流,尤其是高素质的人才。徽州士人向来具有优游之风,再加上士商的结合,寄籍外地的士人也非常多。美国学者贺杰对道光七年(1827 年)《徽州府志》中的进士进行统计,发现大概有 31% 的有功名者,均在其名下注明了住在某某地方,但其户籍却是属于另一地方。歙县和休宁两地的 304 名隶籍于外地的进士中,只有 10 人是在 1551 年以前获得进士功名,因此这种向外移民的现象,基本上产

---

① 嘉庆婺源《燉煌郡洪氏通宗谱》卷五九《福溪雅轩先生传》。
② 张海鹏、王廷元主编:《徽商研究》,合肥:安徽人民出版社,北京:人民出版社,2010 年,第 389 页。

生于16世纪末以后①。清代这种寄籍现象更为普遍,以歙县为例,清代歙县296个进士中,有167个是寄籍者,超过了总数的一半。这些寄籍者绝大多数是寄籍在作为人文和经济中心的江浙地区②。

庞大的徽商群体,也有很多在外地定居下来。绩溪《遵义胡氏宗谱》中有约1/4的无考、待考者。《新安第一家谱》中49世祖程至正少时就客贾山东张湫,他的儿子、孙子、曾孙都一直在此经商和生活,并和当地人的关系非常良好。如果不是族中的进士劝说,他们也许就不会回到徽州。该谱中早期有因迁徙、出赘而成立支派的情况,晚期还存在着大规模的整房集体迁徙到镇江、常州和繁昌的情况。绩溪城南方氏也有大量的迁徙者,"自教谕公迁城南,历南宋、元、明以迄国朝,枝散叶分,繁衍支派固多,寡弱之支亦复不少。远迁而可考者十之三四,山居而难稽者亦十之二三。世远年遥,几难考订矣"③。远迁而可考的仅十之三四,可见无考者中的迁徙者和难以稽查者也非常多。如果按派计算,那么因迁居而建立的支派远远多于他们在当地的支派。

儒宦和商人为什么会大量迁出徽州呢?徽州本土的环境和周边地区的吸引力是造成徽州人口外流的主要原因。徽州本土的生存环境是人口流失的最为根本的内在因素。虽然商人的兴起对徽州社会贫困化的解决有着非比寻常的意义,但是脆弱的生态环境限制了徽州本土的商品经济的发展。商品经济在中国发展的程度到底如何,长期以来争论不休,并引起了旷日持久的关于资本主义萌芽的大讨论。到了明代中期,在农业经济发展的基础之上,商品经济确实得到了空前的发展,清代中叶继续了这种发展势头。但从另一个方面看,中国是如此之大的一个国家,地方差异非常显著。从目前所

---

① [美]贺杰:《明清徽州的宗族与社会流动性》,见刘淼辑译:《徽州社会经济史研究译文集》,合肥:黄山书社,1987年。
② (近代)许承尧:《歙事闲谭》卷一一《清代歙县京官及科第》,笔者据此统计。
③ 民国《绩溪城南方氏宗谱》卷二三《杂著下》。

研究的结果看,商品经济最为发达的无疑是明清时期的江南地区①,以及处于水陆交通要道上的重要城市。对于中国大多数的地区来说,只能说它们受到了这种商品经济所带来的影响,而它们本身的商品经济的发展程度并不高。

徽州本土的商品经济根基并不牢固,甚至可以说只是一种生存性的贸易经济。徽州本土的产品商品化程度最高的就是茶叶和木材。长期以来,由于茶叶、竹木既作为谋生的物品,又作为贡赋品,在唐、宋时期就已经大量地输出和缴纳,所以商品化程度很高。但在早期这是一种贡赋性的商品经济。这两种物产对徽州本土的经济确实很重要,参与生产和贸易的人数也非常多。女性也可以参与茶叶的生产,采茶成为徽州女性的普遍劳动形式,出嫁的女子在采茶时节也要回娘家帮忙。范成大记载南宋时"休宁山中宜杉,土人稀作田,多以种杉为业"②。多山的徽州对经营山场非常重视,"女子始生则为植杉,比嫁斫卖,以供百用"③。宋代时在徽州就对贩运出去的竹木收取竹木税。

但这有限的物产掩盖不了徽州本土生存环境的恶劣,作为生活必需品的盐、米、布严重缺乏,都要从外地购买,徽州不是一个自给自足的农业社会,这从根本上限制了以农业经济为基础的商品经济的发展。尤其是粮食的严重缺乏,生存性的粮食贸易更是必需的和随时的。虽然茶叶和木材的商品化开始得很早,程度也很高,但也显示出了强烈的生存性贸易经济的特征,一是完纳赋役,一是购买必需品。很多徽州人都要进入市场出卖自己的产品或本地特产以换取米、盐等必需品。如胡位宜小时父亲外出,母亲在家种菜拾柴,让

---

① 江南商业在早期是作为中国资本主义萌芽的一部分来研究的。近来关于江南明清工商业的研究有范金民:《明清江南商业的发展》,南京:南京大学出版社,1998年;张海英:《明清江南商品流通与市场体系》,上海:华东师范大学出版社,2002年;李伯重:《江南的早期工业化(1550—1850)》,北京:社会科学文献出版社,2000年。

② (宋)范成大:《骖鸾录》,转引自王世华:《富甲一方的徽商》,杭州:浙江人民出版社,1997年,第116页。

③ 淳熙《新安志》卷一《风俗》。

他上街换盐、米。后来他和他的二弟弃学外出经商,都获得了成功。不仅在本土,在境外也有这种交换。明代永乐时,徽商程实"尝以木易粟至姑苏贷人"①。如婺源县,"每一岁概田所入,不足供通邑十分之四,乃并力作于山,受麻、蓝、粟、麦,佐所不给;而以其杉、桐之入易鱼、秫于饶,易诸货于休"②。贫苦缺食的佃农也参与了这种生存性的贸易,"戴星负薪走市觅米,妇、子忍饥以待,不幸为负租家所夺,则数腹皆枵"③。由于生活必需品的短缺,徽州有着节俭的风尚,维持着低水平的消费。甚至连徽州人所垄断的食盐,徽州有的县也难以流入,如婺源县"以贫无盐商,凡婺之窝引皆休商行掣告销,虽休兼婺利,而盐止于休。婺民则挑负诸土物踰岭零星贸易,价溢而劳瘁倍之。故穷僻村氓多食淡者"④。地理位置上的闭塞和生活必需品的缺乏,显然都不利于当地商业的发展,无法吸引外地的资金和商品的流入,所以也造成了谋生的艰难。很多生计艰难的徽州人在走出徽州之前,都进行过以所有易所无的交易,积累了经商的一些基本经验。徽州本土丰富的物产如茶叶、竹木等,以及徽州本土所没有和紧缺的生活必需品如布、盐、粮食等,都是徽州商人所选择的目标。所以在人口大量增长之后,走出徽州的商人,绝大多数仍以经营这几类商品为主。农业的困境和生存性的贸易经济难以推动经济全面而整体的发展,明末清初和太平天国的战乱,更是给徽州本土的经济造成了严重破坏。

闭塞的环境、生活必需品的缺乏和节俭的风尚,不但吸引不了外地的商人,连本土的商人也大量地迁出。康熙《徽州府志》指出,在歙县西乡和休宁东乡,"今则徽之富民尽家于仪、扬、苏、松、淮安、芜湖、杭、湖诸郡,以及江西之南昌,湖广之汉口,远如北京,亦复挈其家属而去。甚且与其祖父骸骨葬于他乡,不稍顾惜。而徽之本土仅贫窭而不能出者耳"⑤。客观上说,徽州并不

---

① (明)程敏政:《新安文献志》卷九〇《百岁程君实墓表》。
② 道光《婺源县志》卷五《风俗》。
③ 道光《婺源县志》卷五《风俗》。
④ 道光《婺源县志》卷五《风俗》。
⑤ 康熙《徽州府志》卷二《风俗》。

是适合商人居住的地方,要想置产,徽州山多地少,且土地瘠薄,既没有必要,也没有可能大量置产。在地方志中,往往把赋役和官员的执政能力作为人口增减的最主要因素,"休之户口,其登耗不在岁丰、岁歉,而存乎政。政之苛也,民不胜其苦,挈妻子散而之四方。一望白屋高门,似若富庶,不知其下,皆饥寒无告之民耳"①。所以赋役对人口分流确实有非常重要的影响。由于赋役向土地的转移,徽州的一部分富民实际上已经丧失了对农业的兴趣。留在徽州本土的基本上是那些贫穷无助的人。已经习惯于在外生活的徽商,尤其是其中的富商,为了自身的事业和子女的前途,在外地定居是很自然的事。有的宗族也对这种族人大量迁居外地的现象表示出了理解:"吾邑习俗每喜远商异地,岂果轻弃其乡哉!亦以山多田寡,耕种为难,而苦志读书者又不可多得。是以挟谋生之策,成远游之风,南北东西,本难悉数。而始而经商,继而遂家者,则有迁清江浦、湖南、广西、成都、金陵、繁昌、桐城、蔡田等处。"②

从徽州人口的流向已经看出来,经济和人文中心的江浙地区吸引了徽州的高素质的人口。江南地区的繁华,为善于经商的徽州人提供了最好的生计。风俗与生计之间是一种辩证的关系,明代许多人对此有相当的认识,陆楫在《蒹葭堂杂著摘抄》中说:"大抵其地奢,则其民必易为生;其地俭,则其民必不易为生。"顾公燮在《消夏闲记摘抄》中说:"有千万人之奢华,即有千万人之生理;若欲变千万人之奢华而返于淳,必将使千万人之生理亦几乎绝。"地主消费的有效需求可以通过市场推动生产发展,特别有利于发展第三产业,解决社会就业问题③。一部分人生活的奢华是另一部分人就业的保证;同样,一部分地区的经济繁荣,也成为生存比较恶劣的另一部分地区经济和社会发展的依靠,经济秩序中的不平等和不均衡自古以来就是如此。没有奢华的徽州,却有非常奢华的周边地区。江南地区人文和经济的发展对商业人口

---

① 康熙《休宁县志》卷三《食货·户口》。
② 嘉庆婺源《燉煌郡洪氏通宗谱》卷五九。
③ 方行:《略论中国地主制经济》,载《中国史研究》,1998 年第 3 期。陆楫和顾公燮引文也转引自该文。

有着巨大的需求,徽商群体的庞大就是这种需求的产物。明中后期以来经济尤其是商品经济的发展是商人赖以生存的土壤。江南是明清时期徽商最为活跃的地区,江南作为明清时期全国的经济和人文中心,吸引了全国的资金和人才。它所拥有的人口和所达到的富裕程度①,也使得它成为全国最大的商品消耗地和流通中心。因此江南是最为理想的经商地,容易获取较高的商业利润。如果从商业的角度看,定居风尚繁华、交通发达的地方当然是最好的选择。应该说,能够走出徽州并获得成功的大多是能干之人。商人的才能表现在徽州商人的地位上,更表现在士商的紧密结合上。"商居四民之末,徽殊不然。歙之业鹾于淮南北者,多缙绅巨族。其以急公议叙入仕者固多,而读书登第,入词垣腾仕者,更未易仆数,且名贤才士往往出于其间,则固商而兼士矣。浙鹾更有商籍,岁科两试,每试徽商额取生员五十名,拔杭州府学二十名,仁、钱两学各十五名。淮商近亦请立商籍。斯其人文之盛,非若列肆居奇肩担背负者能同日语也。自国初以来,徽商之名闻天下,非盗虚声,亦以其人具才干,饶利济,实多所建树耳。故每逢翠华巡幸,晋秩邀荣,夫岂幸致哉。则凡为商者,当益知所劝矣"②。从录取的生员和府学的名额上,就可以看出徽州人才外流的规模。徽州的人文之盛表现在徽州之外,这同徽商名声在外的经济地位是相适应的,大徽州的存在助长了小徽州的名声。

那些迁出徽州的人和居住在外地的人更容易具有反理学的倾向,如占籍江都的汪中,幼年丧父,家贫,但他善于治生,所以家境富裕起来。"君最恶宋之儒者,闻人举其名,则骂不休。又好骂世所祠诸神如文昌、灵官之属,聆之者辄掩耳疾走,而君益自喜"③。这样的人在扬州可以,很难想象他能生活在徽州的宗族和礼教社会中。在迁徙与归老的大潮中,真正贫穷的人是无法走出的,"徽之本土仅贫窭而不能出者耳",他们只能把自己雇佣给别人,寄人篱

---

① 关于江南农民的富裕,李伯重和范金民等人都有论述,参见范金民:《明清江南商业的发展》,南京:南京大学出版社,1998年。
② (近代)许承尧:《歙事闲谭》卷一八《歙风俗礼教考》。
③ (清)凌廷堪:《校礼堂文集》卷三五《汪容甫墓志铭》。

下。而没有忧患意识的、生活优裕的世家子弟没有出走的动力,"世家门第擅清华,多住山陬与水涯。到老不知城市路,近村随地有烟霞"①。留在徽州的或是贫穷的人,他们是乞食者;或是富家子弟,他们是守成者;或是从事文章心性之学的人,他们更是礼教的维护者。那些具有忧患意识、反叛精神的年轻人则纷纷走出徽州,尤以商人为著。

二、归老、土地与宗族:从稳定趋于内向

从万历《歙志·风土论》看,明代徽州的社会风尚的确发生了剧烈的转变。有学者也据此认为,安土重迁和重本抑末观念被"流寓五方,轻本重末"的思想所取代;重义轻利思想衰落,金钱至上的心态开始确立;官员玩世不恭、地痞无赖阶层产生、宗族血缘认同强化,也产生一些畸形心态。徽州社会虽然发生了剧烈变迁,但由于无休止的战乱,并没有实现由传统向近代的转型②。笔者认为,商业和战乱确实冲击和影响了徽州社会的发展,但是,徽州社会内部的生态和人文环境可能更具有根本性的影响。徽州社会的变迁根源在于徽州人的贫困,而贫困又起因于徽州脆弱的生态环境和扩张的人文礼教环境,人口的增长加剧了这种矛盾。徽州之所以没有实现社会转型,是因为徽州社会的人口分流,而这种分流是在生存伦理和宗族社会的主导下实现的,徽州社会的人口压力和生存压力也由此得到缓解。

明清时期的徽州社会的确有着相当的不稳定性。但是通过人口分流,徽州社会基本上保持了稳定。从年龄上看,年轻人是难以稳定的,而老年人则渴望稳定;从职业上看,商业人口是难以稳定的,而儒宦和农业人口则是比较稳定的群体;从社会组织上看,小家庭和个人是难以稳定的,而宗族则更趋于稳定;从身份上看,低身份的人不愿稳定,而高身份的人则极力维持稳定。徽州的人口分流恰恰是在排除不稳定的因素,而吸纳稳定的因素。脆弱的生态

---

① (近代)许承尧:《歙事闲谭》卷七《新安竹枝词》。
② 卞利:《16至17世纪徽州社会变迁中的大众心态研究》,见唐力行主编:《家庭·社区·大众心态变迁国际学术研讨会论文集》,合肥:黄山书社,1999年,第539页。

环境对稳定的影响最大；而扩张的人文环境，则具有内在的稳定性。生存环境影响了伦理，伦理反过来也规范了生存。在人口分流后，形成了稳定的生存伦理和多层次的人口结构，提供了多方面的生存手段，这是稳定的根本原因。那些影响徽州社会稳定的因素受到抑制，下层群体被规范在宗族和人文礼教为代表的身份制社会中；生计艰难的年轻人走出徽州，向更广阔的社会寻求生计；优秀的商人和儒宦大量地流出了徽州，回流徽州的儒贾和老人也自觉地回归土地和宗族，以宗族作为自己最后的依归。商业利润所造成的贫富差距曾经深刻地影响了徽州社会的稳定，但是商人又通过种种儒行将不稳定的利润转化成具有相当的稳定性的个人身份和家族声望。士人结构及其成员的吐故纳新是社会秩序稳定的重要支柱之一①，在徽州，儒、贾的分流与结合更是社会稳定的保证。

商业具有高度风险性和不稳定性，但是回流的资金造就了商人的儒行，稳定了徽州社会。很多官僚、商人和地主，他们投资于当地的公益事业时非常注重稳定当地的人口和有利于当地人口的合理分流。因此，灾荒年份是最合适的时机，这样就能够用以工代赈的方式，既使当地的灾民挣得了一份口粮，又能够较为有效地兴建当地的公共事业。另外，徽州河流众多，山地难行，因此，铺路修桥在义行中占有相当大的比例，而且方志和谱牒对这类公益行为也是大为赞赏。绩溪城南方氏对于修建南关桥和疏通水道非常热心，"方氏祖若孙一再修造之，合邑士商利赖之，后之人安可不举而阐之哉。况渠之作，可以资灌溉、文笔之制，可以振文运。田赋于是乎出，人才于是乎生。则不特方氏子孙宜识之，即邑之讲地利、兴教化者，皆当留心而博访之矣"②。铺路修桥的公益事业既能为贫苦人民的生存口粮生产提供方便，也方便了士人和商人走出徽州，到更加宽广的世界去参加科举和经商。明清以来各种公益事业频繁举办，越来越多的商人成为这类公益事业的举办者，并为此赢得了个人和家族的声望。

---

① 冯尔康主编：《中国社会结构的演变》，郑州：河南人民出版社，1994年，第779页。
② 民国《绩溪城南方氏宗谱》卷二二《杂著上》之《南关桥记》。

商人的儒行和资金的回流显然有助于徽州本土的开发。商业利润的回流，"造成经济的繁荣，促使了人口的增殖，原有的生存空间显得狭小了，于是大家族中的一些分支就相继迁徙，寻找新的生存空间。商业利润成为始迁祖建立新的村落的物质基础"。村庄的大量增加，人口密度和宗族密度的相一致，显示了中国封建社会的稳定性[①]。本土的资源开发自然缓解了人口和生计压力，有助于社会稳定。

从商人的生命历程看，宗族是大多归老徽州的商人的最后依归。胡位宜和胡位寅兄弟二人的人生历程可以概括为：幼年的时候（分别是13和12岁）遭受离乱之苦，远离父母亲人和家乡，到一个遥远的陌生的环境中寄人篱下，给人当伙计，从小就开始自己养活自己。他们将节省下的钱寄回家，生活的艰辛自然可想而知。等到长大时，他们渐渐开始了勤俭创业的过程和负担起了养家糊口的重担，经商获得的利润，支撑了家庭内人口的不断增加，子女的上学、婚嫁，建房买地，并周恤贫穷的乡族，帮助他们到外地谋生，从而树立自己个人和家庭在地方社会上的声望。等到老年时，事业得到了扩大并由儿子们接手，子女也都成家立业并生齿日繁，自己就退养林泉，用剩下的时间和精力开始注重家庭内人际关系的协调和家庭、家族内部事务的处理。这时他们非常看重宗族，因为宗族是他们发挥老人影响力的最佳场所，他们能够利用宗族来控制和影响族人，并强调宗族建设以强化这种影响力。由于他们早年的离乡背井和在经商中对族人的利用，他们的血缘意识可能比别人更强烈。如黄义刚，明宣德、弘治间人，年轻时在浙江杭州等贩木，中年时在正阳经营，发了大财，"晚而筑室买田、立纲振纪，家声文物，焕然一新"[②]。成功的商人多遵循着这样一条人生之路。有些徽人走出徽州后，他们也孜孜不倦地在异地他乡重建着宗族组织，因为他们的经历、他们的心灵永远是和宗族结合在

---

① 唐力行、[美]凯瑟·海泽顿：《明清徽州地理、人口探微》，载《中国社会经济史研究》，1989年第1期。

② 休宁《黄氏世谱》卷二《黄义刚传》，见张海鹏、王廷元主编：《明清徽商资料选编》，合肥：黄山书社，1985年，第292页。

一起的。

朝廷对孝治政策的推行,强化了老人的权威①。从数不尽的割股疗亲事例看,孝在徽州社会走到了某种极端。实际上,从年龄结构上,徽州可以说是接近于老年社会。明清以来,江南各地素有"生在扬州,玩在苏州,死在徽州"的俗谚,孝治和宗族的结合使得徽州成为一个非常适合于养老的社会。老人的权威、宗族的规约是徽州稳定的最大保证。年轻人口的外出经商、老年人口的回归土地和宗族、优秀人才的外流,这些对徽州社会有着深远的影响。老年社会的最大特点就是稳定和保守。归老之人总是充满了对土地和宗族的热情,这体现在他们对购买土地和建设宗族的热心上。

土地买卖的频繁为归老的儒宦和商人购买土地提供了方便。土地在徽州所具有的角色越来越复杂,既可以作为商业资本或卖或典,也可以作为商业成功人士的投资对象和宗族建设的物质基础。徽商和宗族资金对土地的投资,客观上会抬高土地的价格。周绍泉在《试论明代徽州土地买卖的发展趋势——兼论徽商与徽州土地买卖的关系》一文中做了一个《明代十三朝徽州田价比较》表,其中正统、景泰和天顺三朝亩价银都在2两多,而成化以后,价格上涨了很多。成化年间有契纸4件,亩价银约15.3两;弘治年间契纸7件,亩价银约14.5两;正德年间契纸9件,亩价银约10.6两;嘉靖年间契纸28件,亩价银约7.8两;隆庆年间契纸12件,亩价银约7.5两;万历年间契纸81件,亩价银约8.4两;天启年间契纸20件,亩价银约9.4两;崇祯年间契纸82件,亩价银约10两。成化和弘治年间的亩价银最高,但这个时期徽商已经很普遍了,商业已经影响到土地买卖的价格。周绍泉注意到了土地买卖增加和土地价格升降中的赋役因素和商人因素,指出,嘉隆以后,徽商对土地追求的热情不仅不减,反而有增无已。不同时期的土地价格差距很大,说明了徽商也对徽州农民的生存造成了冲击,一部分贫苦的自耕农仅仅依靠农业已经越来越难以支撑。农业已经成为徽州人治生的末业,农民也成为商人的另

---

① 常建华:《清朝孝治政策述略》,见南开大学历史系编:《南开大学历史系建系七十五周年纪念文集》,天津:南开大学出版社,1998年。

一个主要的来源①。江太新通过对记载于乾隆七年(1742年)至乾隆二十八年(1763年)徽州某县某都二图四甲《王鼎盛户实征底册》中的土地买卖情况分析表明,清代的土地在进行着极为频繁的买卖。在21年的时间里,该甲购买土地862.2亩,卖出土地648.74亩②。在土地买卖中自然有人口的因素,受到人们对土地的观念的影响。成化、弘治时,徽州的人口与土地的关系已经很尖锐,而人们重末轻本的观念还没有发展到后来那样的程度,以末致富、以本守之的传统理财观念仍然是主流观念,所以对土地的需求很大,导致了很高的价格。因此,此时土地价格的高昂反映出了商业和人口两个因素影响了土地的供需。后来,随着人们财富观念的改变,土地的影响力在不断下降,所以土地的价格也在不断下降,到隆庆时降到了约7.5两。随后又开始了上升,一直到崇祯时的约10两。笔者认为,此后的上升趋势,必然与宗族建设的普及有关。面对着人口的贫困和大量流失,宗族建设的主要目的就是收族,而收族需要坚实的物质基础,尤其是土地。

宗族对土地的控制在加强,尤其是在和外来棚民的斗争中,宗族和地方精英取得了胜利。在多山的徽州,山地经营是地方经济非常重要的一部分。徽州山主多召佃置仆经营山地,但是到明末以后尤其是在清代中后期,在徽州大规模地出现了棚民营山情况。嘉庆年间,徽州六县共有棚1 563座,棚民人数已经达到8 681丁口③。还有不少短期雇佣的帮伙工人,没有被统计在内,所以,实际上经营山地的棚民人口更多,当时办理抚剿徽州棚民事宜的高廷瑶称:"余思徽郡属境,俱有棚民,不下数十万人。"④棚民营山已经发展成为山区经营的主要模式。但是⑤,棚民对当地生态环境、社会经济秩序乃至人们精神生活的破坏又是显而易见的,与当地居民的矛盾出现激化,经过

---

① 周绍泉:《试论明代徽州土地买卖的发展趋势——兼论徽商与徽州土地买卖的关系》,载《中国经济史研究》,1990年第4期。
② 江太新:《论清代前期土地买卖的周期》,载《中国经济史研究》,2000年第4期。
③ 道光《徽州府志》卷四之二《营建志·水利》附《道宪杨懋恬查禁棚民案稿》。
④ (清)高廷瑶:《宦游纪略》卷上。
⑤ 卞利:《明清徽州社会研究》,合肥:安徽大学出版社,2004年,第321—330页。

嘉庆朝驱逐棚民之后,棚民人口大量减少。据陶澍的奏折,徽州府(除婺源外)棚民仅剩841户①。在"驱棚"中,宗族和地方精英发挥了重要的作用,他们认为:"棚匪之害地方也,甚于兵燹。"②而棚民营山的商品化倾向之中断与夭折,又使祁门山区经济的发展出现倒退。祁门县的农林经济出现倒退,实际上是徽州山区经济变迁的一个缩影③。祁门的事例可以说明,在徽州当地,宗族对土地控制的强化,是与商品化背道而驰的。山区经济的保守性,同样反映出以宗族控制为主导的社会发展方向的保守性。

土地与宗族是密不可分的,土地买卖中所具有的宗法性,使我们有理由相信,大多数的土地仍然是在宗族之间流动,或是由穷人流向富人,或是由个人、小家庭流向宗族。在贫困人口增多和贫富差距拉大的非常时期,宗族意识就会抬头,增置族产的愿望更趋强烈,宗族的收族功能被强化。道光二十一年(1841年)绩溪县的章策在临死时对他的儿子说:"吾有遗恨二:吾族贫且众,欲仿古立义田、置义塾为经久计;吾乡多溺女,欲广为倡捐,俾生女者得给费以变其俗。汝勿忘父志。"④绩溪城南方建寅指出,自世道浇漓,人心不古,厚于其身而薄于其祖,忍于忘远而安于弃亲。人们治居室不惜花费,却不顾祖庙的颓破;家产丰厚,祀产却不足;宗人之间互不相通。因此他强调要尊祖敬宗,就主要要整祖庙、增祀产、续谱牒,三者缺一不可,"我祠肇于前明中叶,而再建于国朝嘉庆初,然修葺不时,恐风雨剥蚀,易于朽坏,是宜整;旧遗祀产,粗足以供粢盛,然祀先有余而惠下不足,且无以急公需,是宜增;续谱幸成,合族之道著矣,然自今以往,世渐远则人渐疏,族愈繁则情愈涣,非屡修无以亲之萃之,是宜续"⑤。以土地为核心的族产的存在,是宗族存在和维持地方声望的物质基础,是立足于地方社会之根;失去了土地,也就如同鱼儿离开

---

① (清)陶澍:《陶文毅公全集》卷二六《奏疏》。
② 光绪《祁门善和程氏仁山门支修宗谱》第三本卷一《村居景致》之《驱棚除害记》。
③ 杨国桢:《明清土地契约文书研究》修订版,北京:中国人民大学出版社,2009年,第123页。
④ 张海鹏、王廷元主编:《明清徽商资料选编》,合肥:黄山书社,1985年,第454页。
⑤ 民国《绩溪城南方氏宗谱》卷二三《杂著下》之《再书谱尾示后》。

了水,对于宗族来说,这是绝对要避免的。从这个角度看土地买卖中的宗法性,仍然有其合理的一面。虽然徽州宗族的土地重要性有所降低,不如桐城等别的地方,但在地域社会中,土地和宗族仍然有着紧密的结合,宗族的许多功能的实现和社会秩序的稳定仍然离不开土地及其管理。

徽州的文化表现出多元的特征,但是以宗族伦理为归向的特点也非常显著。徽州人在日常食用方面非常节俭,但在宗族和人文礼教方面则是不惜金钱。这看起来是矛盾的,但是宗族对徽州人来说有着特殊的意义。宗族伦理是生存伦理的一个方面,它是在长期的生存危机和宗族建设中形成的。宗族伦理深刻地影响了主仆关系。严格管理奴婢佃仆是宗规家法中的一项重要内容[①]。宗族内的佃仆和世仆等下层人口也在宗族内建构自己的宗族组织,很多描叙徽州聚族而居的传统都强调其中的主仆名分。他们通过一些仪式,既要遵守主仆之间的名分,又与宗族内的主人之间形成了一种虚拟的血亲关系。宗族伦理和身份制社会将下层社会的不稳定性因素牢牢控制住。明末清初曾经在外部影响下发生过佃仆暴动,但从契约文书中可以看到一些仆人重新回到宗族伦理和身份制社会的规范之中的现象。

在生存伦理下,徽州人口分流构成了多层次的结构。详细分析这些不同的结构,可以发现它们之间不但有着紧密的内在联系,而且也是以宗族为核心的。徽州有如此多的文人士大夫,又有如此多的比较成功的商人,而他们在地方上所能做的不是博取美名的善事、义行、孝友,就是倡导宗族建设,强化宗法制度。其中的很多人是集儒、贾、农三者中的两者或三者于一身。但是对于商人和士人来说,年老或致仕后回到徽州颐养天年也是一种很好的选择。他们购置田地,积极参加宗族建设。尤其是商人,在他们年轻时或贫穷,或不举于试,或不屑力田,甚而典卖田屋,奋而闯荡于外,以末致富,年老时再回归乡里,又重新购置田地和房屋,开始了以本致富的道路。田地作为恒产

[①] 叶显恩:《明清徽州农村社会与佃仆制》,合肥:安徽人民出版社,1983年,第176页。

的概念在徽州是比较淡薄的①,必要的时候可以典卖出去,富有了可以再赎买回来,而且经过一代一代的分家,田地是越来越少。所以真正作为恒产的是先人的坟地,是宗族的祀产。但是祀产如果不能进行有效的管理,也可能被外族侵占或族人盗卖而失去。徽州的商人很明白这个现实,所以他们在年老的时候又投身于购置田屋和宗族建设当中。即使他们本人没有身兼双重或多重角色,但他们的家人、族人也是有着不同的职业分工的。他们既是多重身份的拥有者,也是从小家庭发展到大家族的主力军,年老的时候更是大宗族的积极拥护和建设者,而且他们本人和他们所在的宗族由于有大量的土地和祀产,所以也是贱民或半贱民的集中之地。士—商、家庭—宗族、主—仆这样不同的结构可以集中在同一个人的身上,尤其是集中在宗族之内。

徽州的儒宦和商人在外地有行会、会馆、同乡会等,但他们回去后就丧失了这些活动场所,宗族成为他们主要的可以依赖和发挥作用的中层组织。徽州的人口结构虽然表现出多元的一面,但是在宗族的挤压下,徽州社会的中层组织如文会、乡约等也主要是在宗族组织的框架内展开,缺乏独立性和多元性。休宁县"明季乡绅举行于本都,里人相联为约,朔望轮一族主读《六谕》暨罗近溪先生《六解》,余族聚其厅事而共听之"。可见宗族已经是乡约内的一个基本单位。康熙年间休宁各都都有,共有约275所乡约所②。在有些地方,一个宗族自己就构成了一个乡约,如祁门县二十都文堂陈氏就是如此。《陈氏文堂乡约家法》中规定:"各户或有争竞事故,先须投明本户约正付理论。如不听,然后具投众约正副秉公和释。不得辄讼公庭,伤和破家。若有恃其才力,强梗不遵理处者,本户长转呈究治。"从文堂陈氏乡约看,"它不仅依地缘,更主要是依血缘关系组织起来的,因而充分体现了宗族性乡约的特点。在地点上,讲乡约会所与宗族祠堂合二为一,在组织上,以文堂陈氏宗族

---

① 周绍泉指出:"明代徽州(不只是明代,也不仅限于徽州)土地作为财产一直处于动态之中。"见其文章《试论明代徽州土地买卖的发展趋势——兼论徽商与徽州土地买卖的关系》,载《中国经济史研究》,1990年第4期。
② 康熙《休宁县志》卷二《建置·约保》。

组成一个乡约,不杂他姓"。明代徽州宗族渗透到乡村生活的各个方面,徽州的家法大于国法①。文堂陈氏将佃仆、小户编甲,甲长受乡约管束。乡约中有着对赋役的观照,文堂乡约规定:"凡遇上纳之类,俱于会所的议定期,毋仍拖延,以致差人下扰";乾隆五十四年(1789年)祁门县侯潭十二家成立乡约会,已经有了变化,主要是应付差徭和发展乡约集体经济②。明代的文堂乡约家法,显然被安置在宗族的框架内;清代中后期乡约的变种,多家共同成立的乡约,除了祭祀外,其他的功能也同宗族的功能近似,都具有保护地方社会的性质。文堂陈氏显然不是一个特例。随着明朝官府推行乡约,宗族也开始了乡约化的过程。嘉靖以降,明代族规大量出现和族规中"约"的较多出现,是宗族乡约化的证明;宗族利用乡约进行着组织化建设,这也是宋儒修身、齐家、治国、平天下思想和主张重建宗族制度的继续实践③。

徽州众多的会社也具有显著的宗族性质④,会社所具有的娱乐、祭祀、教化和经济等功能,最终还是围绕着怎样维持社会既有秩序、维护社会稳定这一总目的服务的⑤。代表身份制社会的文会,也是徽州的比较重要的一个中层组织。徽州人文昌盛,所以文会也众多,或大或小,大的有可能超越宗族的范围。"士尚气节,矜取与。其高者杜门却轨,自偶古人,乡居,非就试罕至城府。各村自为文会,以名教相砥砺。乡有争竞,始则鸣族,不能决,则诉诸文会,听约束焉。再不决,然后讼于官,比经文会公论者,而官藉以得其款要过

---

① 陈柯云:《明清徽州宗族对乡村统治的加强》,载《中国史研究》,1995年第3期。《陈氏文堂乡约家法》转引自该文。
② 陈柯云:《略论明清徽州的乡约》,载《中国史研究》,1990年第4期。
③ 常建华:《试论明代族规的兴起》,见《明清人口婚姻家族史论》,天津:天津古籍出版社,2002年,第112页。关于宗族乡约化的观点主要出其《明代宗族的乡约化》,转引自前文。
④ 关于族会的研究,可以参见胡中生:《徽州的族会与宗族建设》,见《徽学》(第五卷),合肥:安徽大学出版社,2008年;胡中生:《清代徽州民间钱会研究》,见卞利、胡中生主编:《民间文献与地域中国研究》,合肥:黄山书社,2010年,第659—700页;刘淼:《清代祁门善和里程氏宗族的"会"组织》,见《文物研究》(第8辑),合肥:黄山书社,1993年;刘淼:《清代徽州的"会"与"会祭"——以祁门善和里程氏为中心》,载《江淮论坛》,1995年第4期。
⑤ 卞利:《明清时期徽州的会社初探》,载《安徽大学学报》,2001年第6期。

半矣,故其讼易解。若里约坊保,绝无权焉,不若他处把持唆使之纷纷也"①。从"各村自为文会"看,文会与血缘和地缘有着紧密的结合。《新安第一家谱》中的《槐塘程氏本支迁派谱略》就是由 24 世裔孙程兼"拜识于家文会之显承堂"②。"家文会"显然是血缘性的。这种血缘和小范围的地域性既表明了徽州人文的繁盛,也说明了徽州在礼教统治下的稳定性。《新安竹枝词》也说:"雀角何须强斗争,是非曲直有乡评。不投保长投文会,省却官差免下城。"③

正因为生存伦理、老人和宗族的结合,徽州的聚族而居才能够长期存在下去。"聚族而居"几乎成为徽州稳定的另一个代名词,也一直为徽州的士大夫们所津津乐道。比较客观地看,徽州社会能够保持如此长期的稳定,与程朱理学在徽州的影响有着密不可分的关系,虽然这种稳定是以严格的等级制和宗法制为基础的。明代官僚,歙人方弘静就认为:"郡之久安也,非徒以险阻足恃也。由内之纪纲不驰足以维之耳。纪纲之系于治乱,非世所习言乎?"④有的还认为书吏操纵之弊,在徽州也少有出现,因为充当这个差役的多是巨姓旧家,所以大奸大猾之辈,从来没有,偶尔有舞弊者,"乡党共耳目之,奸诡不行焉。则非其人尽善良也,良由聚族而居,公论有所不容耳"⑤。不论赋役弊端有多少,但聚族而居的确对这种弊端有所牵制。

宗族、乡约、文会等种种社会组织的运作,保持了徽州地方社会的独立性和自主性,官府的触角很难深入到基层。这些中层组织具有保护人的功能,尤其是对官府赋役的防范,维护了基层社会的稳定。而且佃仆、小户等也由于受制于宗族,缺少政权的保护,难以向独立的方向发展。从徽州社会的内部看,也的确很少发生下层民众的暴动现象。清初时由于战乱,社会秩序被严重破坏,所以在顺治二年(1645 年)、三年(1646 年)连续发生仆人宋乞、朱

---

① (近代)许承尧:《歙事闲谭》卷一八《歙风俗礼教考》。
② 《新安第一家谱》之《槐塘程氏本支迁派谱略》。
③ (近代)许承尧:《歙事闲谭》卷七《新安竹枝词》。
④ (明)方弘静:《素园存稿》卷一七《郡语》下。
⑤ (近代)许承尧:《歙事闲谭》卷一八《歙风俗礼教考》。

太为首的暴动,以及其他一些所谓的"土贼"①。相对于其他外来的兵事来说,这种内部的动乱确实非常少。

虽然老人、土地和宗族社会给徽州带来了稳定,但是,长期的稳定,就意味着与发展的社会之间拉开了距离,从而趋于保守和内向。由于脆弱的生态环境和扩张的人文礼教环境,徽商并没有在徽州发展出商品经济,徽商也没有在徽州发展出商人文化。宗族组织和生存伦理控制了徽州本土的人群及他们的思想和行为,徽州社会在稳定中趋于内向。

人文和礼教的扩张,既刺激也迫使徽商在外地和本土进行着各种各样的儒行。在外地的徽商要融入当地,必须要进行各种各样的善事和义行,以树立自己在当地的声望,这既有助于他们的商业经营,也有助于他们在当地的入籍和子弟的培养,如仪征的徽州盐商就是显著的例子②。一方面儒行能为他们带来实际上的利益,包括财富、身份和声望;但另一方面,他们的行为和思想观念也受制于伦理规范,为了在宗族社会和身份社会中生存,他们往往自觉和被迫地选择了儒家伦理作为自己的道德标准。儒行能使社会保持稳定,使财富能进行再分配,但儒行本身并没有突破礼教的范围,徽商的贾而好儒,贾服儒行实际上是"保守"的代名词,也意味着他们未来的归向和徽州社会的归向。外出的徽商中虽然富商不少,但总体上大多消费在外地,回流徽州的资金还是比较有限的。徽人为了生存而走出徽州,富裕的商人或致仕的官员愿意回到徽州,是因为他们所具有的财富、身份和年龄已经使他们没有生存之忧,而徽州的宗法制度又能够为他们提供很好的服务。而且早期的经历,使他们更为关注后代和族人的生存问题,他们所热衷的宗族建设也是出于生存危机的考虑。因为在徽州,需要以集体的力量去生存,个人的生存空间是很小的,有时甚至以单个支派的力量都难以应付。如柳山方氏在与相邻的大族吴姓和潘姓争夺八十余亩祀田的纠纷中,散居于歙县境内的柳山方氏

---

① (近代)许承尧:《歙事闲谭》卷一六《程笃原撮录〈安徽通志〉徽州兵事》。
② 冯尔康:《徽州人移居江苏仪征及融入社会》,见《清人生活漫步》,北京:中国社会出版社,1999年,第241—247页。

十个支派如环岩派、灵山派就互相团结起来,共同保护了真应庙祀产。从万历三十六年(1608年)的十派合同开始,真应庙就向统宗祠转化,到康熙时同族结合更趋活跃,缔结了十二派合同①。各个支派在维护本宗族的共同利益方面无疑是一致的。在生存竞争激烈的环境下,支派的能力有限,支派——宗族结构对维护宗族的整体利益是有帮助的。同族结合及其扩大化无疑更强化了宗族在徽州社会的作用,难以扭转徽州社会的内向化趋势。

老人回归宗族、建设宗族、管理宗族,在非常时期尤其必要。绩溪遵义胡氏在万历三年(1575年)左右由致仕家居的户部尚书胡松主持修谱,因为这时是族中人口大发展时期,仅胡松一家就百口同居,而且,还出现了不少的无考者。后来经历明末清初、太平天国的战乱,人口流散,亲情淡薄,而两次战乱后,又都兴起一个经商的高潮,所以绩溪遵义胡氏的商人在成功后就多次商议建祠修谱活动,最后在民国二十四年(1935年)"公推耆儒应莲先生总其成,前清进士泽山大令任宗谱总纂,佐之以族中同志及优秀之诸后进,而谱局遂告成立"。泽山大令就是集儒贾于一身的胡位咸,他的父、祖、曾祖都是商人,他曾出任县令,清朝灭亡后,他也定居于上海经商。可见后一次的族谱主要是在族内商人的赞助和主持下修成的。

明代中后期的社会的确是一个有着剧烈变革的社会,而清末民初的社会也是一个剧烈变革的社会。不同之处在于,前者国家政权难以顾及基层的宗族社会,一些中层组织如乡约、文会要么被宗族所控制,要么被缙绅所把持。国家政权基本上对基层社会进行了委托式的管理,这从宗族向官府申请批准族规以及国法与家法的关系可以看出来。而在后期,国家政权已日益向基层扩张,但这种扩张并没有从根本上触及宗族所赖以存在的经济基础和思想观念。即使在晚清新政时期,地方官员仍有利用宗族推行新政的打算。当时的徽州知府刘汝骥就指出:"减价售药,限期戒烟,官立局以提倡之,此牧民者人

---

① [韩]朴元熇:《从柳山方氏看明代徽州宗族组织的扩大》,载《历史研究》,1997年第1期;[韩]朴元熇:《明清时代徽州真应庙之统宗祠转化与宗族组织——以歙县柳山方氏为中心》,载《中国史研究》,1998年第3期。

人能行之事。独该县联合各绅,并立族祠戒烟社,以辅官力之所不足,意美法良,此则为他县所未有。呜呼! 宗法之不讲也久矣。自井田既废以来,其无常业无常居者,举目皆是,或至比邻不相识。独我徽之民聚族而居,家有祠,宗有谱,其乡社名目,多沿袭晋、唐、宋之旧称,此海内所独也。今稍稍陵夷矣。强宗豪族,或时有结党纠讼之事,然不数见也。乾隆中叶,江西巡抚辅德致有毁祠追谱之疏,此可谓因噎而废食。就徽言徽,因势而利导之,此其时也。由一族而推广之各族,公举贵且贤者以为族正,由地方官照会札付,以责成之。户口以告、田谷以告、学童及学龄而不入学者以告、好讼好赌及非理之行为以告,一切争讼械斗之事,固可消弭于无形,即保甲、社仓、团练各善政,皆可由此逐渐施行。地方自治,此其初哉! 首基岂独戒烟一事哉。愿贤有司及各绅交勉之也。候录批札行所属各县一律推广,切实举行。该令其即拟公举族正祥章,禀复核夺,以成我徽美满特色之善政。本府有厚望焉。"① 宗族和缙绅势力的强大和根深蒂固,迫使政权无法离开宗族而深入基层。政府始终无法有效控制社会,因而各项改革活动最终也无法根本触动社会的基本格局。晚清时随着外来人口尤其是棚民的增加,在有些宗族控制比较松弛的乡村,动荡有可能加剧。晚清时的社会风尚虽然有稍许的改变,但仍然从根本上受着徽州基本的生态和人文环境的制约,并没有质的改变②。

而且与外部世界的接触往往使徽州人坚定了宗族建设的决心。在绩溪遵义胡氏修谱时,一个族人就说:"尝有友人游学德国而回,谓彼中物质科学进步几达极端,而举国先识之士所皇皇然深忧大虑,认为方来莫大之危险者,则人与人相接之仁心之日益沦亡,而举世相争夺以权利。是以吾国《孝经》一书,其大旨在经天纬地,实求天下万世之众所赖以相安者,在此人与人相接之仁心,而期于感发其仁心而已。此仁心人人皆有,其感发最真切莫先于亲,由

---

① 刘汝骥:《陶甓公牍》卷三《批判·户科》之《黟县胡令汝霖禀批》,见《官箴书集成》第10册,合肥:黄山书社,1997年影印本,第477页。
② 王振忠利用《陶甓公牍》探讨了晚清徽州的民众生活和社会风尚,参见其论文《晚清徽州民众生活及社会风尚——〈陶甓公牍〉之民俗文化解读》,见《徽学》(2000年卷),第127页。

亲而溯及于祖……吾国有此先圣致太平万世之书,可以利国福民,为天下万世法者;顾废弃而不之惜,且并改变其根本之亲属法,其谓之何! 其谓之何! 或谓今日所重者,社会也,非家族也;家族小而社会大,家族私而社会公。彼所立义未尝不振振有词,故《大学》不云乎:'其所厚者薄,而其所薄者厚,未之有也。'人与人最切最近间相接之仁心既亡,而谓其于最泛最远之社会能彼此相接以仁心,有是理乎?"①这种对亲属法的否定和宗族建设的追求是保守的徽州社会在新形势下的反弹。绩溪遵义胡氏和城南方氏都据此在民国年间修谱。

老人对土地和宗族的眷念和热衷,稳定了这种保守和内向的趋势。商人虽然资金回流徽州,但没有用于可以扩大生产和经营的其他行业,而是用于建设宗族和购买土地,他们年轻时所具有的重商轻农观念,到老年时又回归到了重本观念;他们年轻时所具有的创业豪情,到老年时也回归到退隐林泉的享乐思想;他们所开创的成果,或者已经交给他们的下一代,或者进入了用本守之的阶段。徽州社会在老人和宗族的主导下,难以出现本质上的转变,而且面对外部世界的冲击,他们更加紧了保守的行动。晚明时皖南戏曲家也有着劝善风世的文化理念,即使他们在年轻时追逐新潮,但到老年时仍然回归传统与保守②。清末民初时掀起的宗族建设也同样是对传统的保守,内向化的趋势难以改变。

重利轻别离的徽商出自宗族,最后还是回归了宗族,不仅是资金的回归,还是身心的回归,精神和人文的回归。宗族是他们的心灵家园。曾经在徽州产生的职业观的转变,除了培养和鼓励了大量的徽人走出徽州闯荡四方外,并没有为徽州社会带来商业化的变革。如今的徽商,已成过眼之云烟,但徽商真正留下了什么呢? 不是发达的经济和充满革新思想的商人阶层,而是发达的宗族组织和庞大的贱民和半贱民阶层;它带来的不是商人文化,而是生存伦理,充满了生存意识和伦理精神。在这样的文化下,归老徽州的士人和

---

① 民国绩溪《遵义胡氏宗谱》。
② 朱万曙:《晚明皖南戏曲家群体综论》,载《江淮论坛》,1998年第4期。

商人紧密地结合在一起,把徽州变成了老人的乐园,礼教的天堂,宗族的沃土。徽州聚集了士人、商人、贞节烈女和佃仆等不同的群体。而商人只是在徽州那样的生态人文环境下必须要经历的一个过程,是生命历程中的一个阶段。

普遍的宗族建设,实际上难以扭转贫困化的趋势。从明到清再到民国,每次修谱几乎都要强调以族内贫困人口为主要对象的收族活动。除了违犯国法或族规被宗族除名外,不能以贵贱贫富作为取舍族人的标准,"考之礼,尊祖故敬宗,敬宗故收族,收族之法,溯渊源、分派别,世系相承,使无紊乱。夫岂以丰约显晦漫为去取哉!"①否则,"以富贵而骄贫贱,至是族者耻为非族;或以贫贱而谄富贵,至非族者认为是族。斯人也,得罪于天地,得罪于祖先矣"②。这种着眼于贫困人口的收族活动如果是一种普遍现象,那么,宗族建设的普及实际上也就是让大多数的人口在宗族内维持着低水平的生存。

到了晚清时,徽商面临着没落的趋势③。晚清时的形势发展确实对徽商很不利。商人的捐税越来越重,在商税的税率不断提高的同时,朝廷还以种种名目要求商人捐输。据嘉庆《两淮盐法志》记载,从康熙十年到嘉庆九年(1671—1804年)的一百多年里,徽商在捐输、急公、报效、灾赈等种种名目下,上交给朝廷的银两达3.9万多,米2.1万石,谷近3.3万石④。而且清后期的盐法也进行了改革,道光十二年(1832年)和道光三十年(1850年)淮北和淮南的纲盐分别改成了票盐,原先盐商的特权被取消,两淮的徽州盐商受到沉重打击,"一时富商大贾顿时变成贫人,而倚盐务为衣食者亦皆失业无

---

① 民国《绩溪城南方氏宗谱》卷一《旧序》之《柳山真应庙会宗谱后序》。
② (明)许汉编:《许氏统宗谱》。
③ 王振忠和王磊都对徽州盐商的衰落做了探讨。参见王振忠:《明清徽商与淮扬社会变迁》第三部分第二节。王磊从商人性格的异化、政府的盘剥以及外国和新式商人的冲击等方面探讨了徽商的没落趋势,参见王磊:《徽州朝奉》,福州:福建人民出版社,1994年,第五部分。
④ 转引自王磊:《徽州朝奉》,福州:福建人民出版社,1994年,第157页。

归"①。盐商是徽商的主体,盐商的衰落也导致徽商整体上的衰落。接连不断的战火,不但使币制混乱,而且与新出现的外国商人和新式商人相比,徽商的经营与管理显得更为落后,已经难以在近代化的中国再现以往的风采。徽商的衰落,已经无法再为家乡提供充足的资金,徽州的发展也越来越失去动力,徽州的没落不可避免。

徽州虽然多商人,但其本土的商品经济与其说是商品经济,还不如说是生存贸易,只是为了换取生活的必需品的贸易。徽州本土优秀人才的外流,晚清后徽商的衰落,造成了徽州本土发展的停滞不前,而归老林泉的儒贾回归土地并热衷于宗族建设则强化了这种内向化的趋势。

第五节 小结

由于土地的缺乏和赋役的挤压,徽州的生态环境就像一个身体孱弱的病人,非常脆弱,但就是在这样的生态环境下,徽州还有着不断扩张的人文和礼教。随着儒宦人数的增加,在理学和礼教不断渗透的同时,宗族和缙绅也在不断地集中土地。这种脆弱的生态环境和扩张的人文礼教环境是徽州的基本特点。脆弱的生态环境呼唤生存伦理,而扩张的人文礼教环境则强化了宗族社会制度。徽州人口就在生存伦理和宗族社会主导下进行了各种各样的分流。

徽州的生存伦理具有生存保障和多元文化的内涵。徽州人口已经形成了多层次的结构特征,使徽州人可以在更为广阔的空间内寻求比较安全而稳定的生计。贫穷的儒士可以弃儒经商,贫穷的齐民可以丧失身份,小家庭和族人也可以迁徙到周边或外地,这些在职业、身份、血缘乃至地域上的分流,为徽州人提供了多种多样的生计选择,保证了他们的生存。这种分流也是在多元的文化下进行的,徽州内部在日常食用方面比较节俭,但在宗族建设和

---

① (清)欧阳兆熊、金安清:《水窗春呓》卷下《改盐法》,北京:中华书局,1984年点校本,第32页。

人文礼教方面的开支又非常大,即使贱民群体也不例外。但是在外地,徽商却因为他们的生活方式而有着殷富的名声。徽州人在婚姻上重门第,讲究贞节,但对于贱民群体而言,女性没有贞节方面的约束,而有着普遍的再婚。在生存伦理的影响下,徽州下至百姓上至父母官对赋役有着不断的抗争。徽州的生存伦理具有强烈的生存意识和伦理精神。

在生存伦理主导下的人口分流对徽州地区的影响是深远的。它有效地抑制了徽州本土的人口规模,减缓了徽州人口增长的速度,这极大地缓解了徽州社会内部的生存压力。年轻的徽州人大量外出经商,他们在外彰显出各式各样的才能,书写着浓墨重彩的人生。年老归养的商人和儒宦,则积极投身于宗族建设,巩固着徽商的大后方和徽州人的精神家园。以儒家伦理为核心的宗族伦理显示出强大的向心力。宗族在徽州的各个方面有着强大的势力,族权与政权的结合也几乎一直在延续,即使晚清也不例外。生存伦理与宗族社会构成了徽州最为重要的特征,它们共同维护了徽州社会的稳定。但是一部分成功的商人和儒宦迁居于外地,使徽州的优秀人才严重外流,老人回归土地和宗族,这些使徽州社会的发展转向保守和内向。明代中后期以来,徽州的社会风尚虽然发生了比较剧烈的转变,晚清时期也有稍许的改变,但是仍然从根本上受着脆弱的生态环境和扩张的人文礼教环境的制约,宗族仍然有着强大的势力,宗族对土地的控制也在强化,山区经济发展的保守性与徽州社会发展的保守性相一致。而且晚清时徽商日益没落,徽州社会更缺乏发展的动力,最终使徽州社会难以有质的改变,并日趋没落。应该说,徽州社会的人口分流,以及分流后所强化的生存伦理和宗族社会是徽州社会保持稳定,并转向保守与内向的主要原因。

正如徽州歌谣所唱:"生在徽州,前世不修,十三四岁,往外一丢",徽州绝大多数优秀的充满活力的青年,他们人生中最重要的最精华的可能也是最自豪的阶段是在徽州之外度过的。青年人是不稳定的,商人也是外向性的,而这些能够冲击社会稳定的人群实际上并不以徽州本土作为他们的活动舞台。盛产商人的徽州,本土存在着大量残缺的家庭和大量滞留本土的女性,她们既有着生存方面的物质需求,也有着冲撞儒家伦常的生理和心理冲动,这些才是妨碍徽州稳定的重要因素。正因为如此,徽州人,不管是商人还是儒宦,都需要建立一套纲常伦理的防火墙和提供物质保障的救助机制。因此,以儒家伦理道德思想作为核心原则,以《家礼》作为宪章的宗族组织,在徽州大行其道,商人以商业利润为宗族建设提供了雄厚的经济基础,地方儒家精英和宗族老人则为宗族建设设计和勾画出种种方案,并致力推行。宗族发展出一套融合了道德、礼仪、保障和法律等方面的教化体系,承担了徽州社会的精细化管理和民生保障,女性成为主要的被管理和被救助的对象。宗族乡约化加强了与官府之间的互动。宗族的控制力几乎覆盖了徽州社会的全部层面。纲常伦理的防火墙在徽州发挥了巨大作用,在保守的地方精英和宗族老人的带领下,徽州社会的发展路径受到了高度的限制,精细化管理导致了徽州社会的内向性发展。

中国文化内向化的趋势自宋代的新儒家就已开始,他们注重修身和内心的思想,"他们倾向于转向内在","从长远上看,他们并不是严格意义上的保守主义者。他们是内向的"[①]。到清代时虽然有肯定人欲和反理学的呼声,但并没有改变这种内向化的趋势,而且,以礼代理的提倡更将儒家伦理深入到基层生活。内向化的儒家伦理文化与徽州保守性的宗族社会和身份社会进行了紧密的结合与实践,徽州社会发展的方向也由此可见。

---

① 刘子健:《中国转向内在——两宋之际的文化转向》,南京:江苏人民出版社,2002年,第153页。

结 语

明清时期的徽州社会充满着一些对立或截然不同的群体,如缙绅与佃仆、儒士与商人、小家庭和大宗族等。徽州也存在着多种看似很矛盾的文化现象,节俭的生活与奢侈的人文礼教消费、商人在外地的奢侈与在本土的节俭、商人的吝啬与大量的儒行、随处可见的贞节牌坊与难见史书的女性再婚、安土重迁与流寓四方等。这些群体和观念展现出来的应该是一个充满着冲突的社会。但从徽州历史看,除了战乱,徽州社会保持了相当程度的稳定。最后在近代社会的急剧变迁下,徽州社会反而没有跟上时代脚步,走向没落。这些非常特殊的群体和看似矛盾的文化现象是如何形成和保持的?从人口社会史的角度去探讨徽州的社会变迁能够揭示一些深层次的问题,如徽州人口的社会流动具有什么样的生存伦理?人口分流和宗族管理对徽州社会的走向有什么样的影响?

笔者认为,徽州的环境是徽州人口与其他现象存在的根源。山多地少的自然环境和繁重的赋役使徽州的环境具有相当的脆弱性。徽州社会的一些生活必需品如粮食、布帛等严重缺乏,它直接导致了徽州社会对人口和赋役等有着相当程度的敏感。而赋役向土地的转移和赋役征银,更加剧了徽州生态环境的脆弱性。与自然环境的脆弱性相比,徽州的人文环境是扩张性的。徽州的宗族自宋代开始了在当地名族化和大族化的进程,由于他们本身所拥有的政治、经济和文化资源，他们的人口有了大量的增长，并向各处分散。随着人口的增长和教育的普及，传统的精英阶层所拥有的儒家伦理也在世俗化，程朱理学的一整套伦理规范也在徽州加紧了扩张和普及的进程。徽州社会缺乏对农业的信心，脆弱的生态环境必然导致农业的困境和农民的贫困。拥有少量土地的儒士也难以维持自己的生活，在宗族和人文礼教的扩张下，士人群体的贫困化趋势已经在所难免。

为了生存，社会舆论进一步宽松，儒士日益重视治生，儒士的理想在不断降温，而儒业的从业标准也在不断降低，从业范围不断扩大。同时，徽州的商人和儒士都对儒、贾、农等传统的职业观进行了理论上的重新诠释，对传统的理欲观和义利观进行了辩证的解读，重农抑商的观念受到质疑并被重新诠释，人们提出了左儒右贾、贾服儒行、异术而同志、农贾交相重等新的职业观点，并用儒行重新塑造了商业伦理。良贾和宏儒的职业差别趋于淡化，人生目的趋于同一。商人在徽州所具有的影响也越来越重要，士人和商人的职业观有了根本的转变，商人的地位有了巨大的提升。很多原先力田和习儒的徽州人走上了经商求富之路，商人大规模地兴起。徽州人口进行了儒贾并重的职业分流。徽州个人和家族通过儒业和贾业的循环和更替，以及对儒行的实践，表现出了儒贾并重的生命历程。他们本身的经历也使他们在后代职业的选择上更加务实和开放。最终也加速了儒贾两业在宗族内的普遍接受，形成了儒贾并重的家族分工模式。儒贾并重的职业分流加速了儒贾在家族内的结合，这种结合更由于商籍的设立而趋于合理化，从法律上提高了商人的地位。

与职业观的转变一样，一部分贫穷的徽州人为了生存，被迫以卖身或婚配的方式失去自由的身份，或者在长期的佃田、住房和葬坟上形成了主仆关系，在徽州形成了庞大的身份低下的群体。在这种身份与生存的转换中，传宗接代的儒家伦理还要求给予人们婚配的人道，这是以放弃后代的自主性为代价的。由此形成了累世相承并聚居的世仆群体。并在长期的互动中，形成了主族和仆族既相互利用又相互冲突的新型的主仆关系。徽州人口向下层的分流既是形成性别失衡下协调婚姻的机制,也是生存困境下维持稳定和整合社会的机制。

由于赋役、经济或其他方面的矛盾,徽州的分家被视为理所当然,但聚居的小家和大族并不能从根本上缓解人口增长所导致的生存资源的紧张。他们需要更多的土地、更多的房屋,家庭和宗族内的日益增长的血缘人口也以分家和迁徙方式分散出去,在这种扩张和迁徙中,迁徙者建立了众多的支派,形成了小家庭—支派—大宗族的徽州人口分布格局。血缘与地缘进行了结合。明后期的同族结合活动也证明了这种结合在徽州的广泛存在。而从后期的迁徙看,迁徙地已经转向徽州以外的地区,而且这样的迁徙规模比早期更大,出现了多次许多人"俱迁"一地的迁徙现象。在更大的范围内形成了小徽州—大徽州的结构,血缘与地缘进一步结合。

人口的这些分流都是在徽州人文生态环境紧张的形势下进行的,其中贯穿着徽州人对生存的关注,对伦理的灌输,并在徽州形成了生存伦理和宗族社会的两个最为重要的特征。徽州人口在更为广阔的空间和多元的文化中寻找安全而稳定的生存保障,徽州社会的生存压力有所减轻,徽州本土的人口规模和人口增长速度受到抑制。尤其是老人向宗族和土地的回归,强化了社会管理,使徽州社会保持着长期的稳定和协调。但是,徽州优秀人才严重流失,徽州社会在生存伦理和宗族组织的双重主导下日益趋于保守和内向,最后终于还是无法适应外部社会的快速发展而迅速衰落。

本书的主线有三条:第一条是脆弱的生态环境,尤其是其中富于动态的赋役征派。赋役对徽州社会的影响常常被比喻成让一个背负着千钧之担的孱弱的病人去行远路。千钧之担是指赋役的繁重,孱弱的病人是指徽州脆弱的生态环境,行远路是指保证赋役的征派。在不适合农业耕作,且土地和粮食奇缺的徽州,赋役的任何一个变动,都能引起剧烈的反映。早期徽州贡赋性的商品经济对后来徽州商人的兴起是有着积极意义的,它在商业意识和商业网络等方面铸造了后来名扬天下的徽商。赋役让徽州与江浙地区联系得更为紧密,使徽州本土的物产很早就开始了相当程度的商品化,使徽州人很早就进行着生存性的贸易。在当时人的眼中,徽州人口的增减主要就是看官府的赋役征派。田赋收粮,等于是国家剥夺农民口粮,迫使徽州人更多地谋食于外;田赋征银,就直接将农民推入了市场交换之中。粮长、收头也成为徽州的重差,使得大户衰败或花分。赋役征派扩大到中户,虽然使赋役比较容易完纳,但却刺激了政府无节制的征派,最终中户也破家。赋役对民间社会的破坏性迫使徽州人强化宗族组织以进行对抗,因此巩固了小家庭—大宗族结构。赋役使徽州的年轻人丧失了对农业的兴趣,使农业转变成末业,刺激了更多的徽州人走上经商之路,或向外迁徙。赋役更使贫穷无靠的人以人口买卖和非常态婚姻的方式丧失了身份和自主性。赋役是徽州人口分流的一个比较深层次的和主要的原因。

第二条主线是扩张性的宗族与人文礼教环境。宗族的扩张是惯性的,随着人口的增长,宗族需要更多的土地、更多的房屋。人口增长主要表现为在宗族和富有家庭内的增长,因此人口分流也主要是在宗族和富有家庭内进行的。宗族具有诗书礼义的传统,宗族内集中了儒宦群体,也有比较充裕的资源,大量的贱民群体赖此而生。儒士群体的扩大使儒士的生计难以有保障,生计的压力与他们本身所具有的儒家伦理和经世思想相结合,使他们的职业观发生了转变。他们在无法出仕的情况下,投入了商业经营,成功后的他们热衷于乡土社会和宗族建设,以实现已经世俗化的儒家理想。宗族伦理所要求的振家声、亢宗、光显先德、显亲扬名都是在徽州人口、资源和环境之间关系紧张的背景下对于家庭和宗族的生存所必需的。宗族与人文礼教的扩张强化了徽州的身份制社会,缙绅家庭和宗族内所拥有的土地和婚姻资源,对贫穷无靠的人具有相当大的吸引力,而即使是纯粹租佃、赁屋等经济关系的佃农和火佃也在这种身份制下丧失部分自主性。儒宦群体大量出仕,也喜好优游,比较熟悉外部社会,且具有较为广泛的人脉关系和可靠的生计,因此迁居外地的非常多。宗族与人文礼教的扩张不仅是在徽州本土,在后期越来越走向外地,尤其是作为经济和人文中心的江浙地区。他们在外地科举和经商的成功,带动了徽州本土的族人源源不断地接踵而至。大徽州与小徽州遥相呼应。宗族人口分流对族人生计的解决至关重要,它最终增强了宗族的凝聚力,有利于宗族建设。宗族社会的长期存在并占据着统治地位,与人口在各个层次上的分流是分不开的。然而任何一种社会组织,当它发展到一种极端时,往往无法取得自我突破。徽州宗族组织就是如此。内部建设取得巨大成就,与官府及其他社会组织强化了联系,在徽州占据绝对统治地位的徽州家族,以教化体系的完善为标志,达到了一种高度发达的组织形态,小家庭—大宗族的结构处于固定状态,宗族与人文礼教的扩张已经停滞下来。

第三条主线是生存伦理,它具有强烈的生存意识和伦理精神。生存意识使人们寻找比较安全和稳定的生存保障,伦理精神则为他们提供了更为广阔的空间和生计选择。在人口分流中形成了多层的人口结构和多元的文化特征。士商结构、家庭宗族结构、主仆结构都是多层结构和多元文化的表现。同宗族一样,商业和商人在生存伦理中也有着特殊的角色。徽州人经商的主要目的,一是生计,二是振家声。生计反映了他们的生存意识,振家声反映了伦理精神对他们思想和行为的规范。自16世纪开始,中国的农业经济越来越商业化[①],这不仅表现为中西贸易的开展,还表现为中国一大批商人群体和商业区域的兴起。在商品经济的浪潮中,不仅手工业品、丝绸、瓷器,农产品也被越来越多地进行加工以进入世界市场,农民阶层也被日益分化、分流进入区域内的和跨区域的商品生产和流通领域。"16世纪初商品经济的发展,给了徽州前所未有的震荡,其深度和力度超过了历史上任何一次战乱和灾异"[②]。如果从观念的转变和人口流动方面看,地处偏僻的徽州的确受到了深远的影响,外部商品经济的发展为缺乏生计的徽州人提供了数不清的谋生和致富之路,极大地分流了徽州内部的人口和环境压力。徽商多出自贫困的小家庭,而小家庭又出自大宗族,回流徽州的徽商最终还是融入了徽州长

---

① 在海外汉学者和构建全球体系的学者中间,这种认识有助于进行合理的中西对比,正如王国斌在[德]贡德·弗兰克《白银资本——重视经济全球化中的东方》(北京:中央编译出版社,2001年)中的"序言"部分所说,见该书序言,第13页。

② 唐力行:《明清以来徽州区域社会经济研究》,合肥:安徽大学出版社,1999年,第12页。

期存在并有必要存在的宗族和礼教社会。而曾经试图动摇宗族社会基础的社会风尚的变迁并没有导致社会转型。商人在宗族内有取代士人地位的趋势,也有缙绅化的趋势。但这仅仅是一种趋势而已,徽州的生存伦理规范了商人、缙绅的社会行为和思想观念,深刻影响到了宗族的建设,宗族的控制越强化,徽州经济的保守性反而越强。这方面的典型代表是汪道昆的叔叔汪良植,他是一个著名的商人,后来因为身体原因回家购买土地,准备做一个地主而终老,但是最终又改变了主意,开始经营放贷生意,集精英、地主、商人三种角色于一身。他在临死时,告诫侄子汪道昆:"吾门赖汝而大……举宗于尔乎属目,其及时有树,贻父觉令名。勉矣!"要求汪道昆要有所建树,汪道昆请教在哪方面有所建树,他说:"出则有裨于国家,入则有造于宗族,皆树也。"①他还是把家族振兴、出人头地的希望寄托在业儒的汪道昆身上。徽州人虽然重商,商业人才辈出,但是商业人才终归还是作为家族中的经济人才而对待,生存伦理下的商人只是在徽州那样的生态人文环境下必须要经历的一个过程和生命历程中的一个阶段。时代大环境决定了真正让家族出人头地的还是家族中的官宦人才,徽州人崇敬和期待的也是成为这种人才,终极追求的也是这种人才。生存伦理使徽州社会更富于弹性和承受力,缓解了内部压力和外部冲击,使徽州社会长期处于稳定且趋于保守。

  人口问题是一个非常复杂的课题。本书主要探讨的区域是在徽州内部,主要时期是明清时期,探讨的主题是徽州种种人口分流现象的原因、表现、特点和影响。虽然有对族谱的计量统计和分析,但本书还是主要从社会文化和经济的视角做出分析。不管怎么说,明代中后期以来,徽州社会人口大量增长,宗族开始大规模建设,商人兴起,佃仆也大量用于土地和山场经营,这几者之间,应该有着很深的内在联系。徽州的人口行为和人口结构体系具有浓厚的区域文化特色。生态环境的脆弱,导致了徽州人口大规模的出外谋生,经营商业,很多生存艰难的下层民众被迫以放弃身份为代价而获得某种程度

---

① (明)汪道昆:《太函集》卷四四《先叔考罗山府君状》。

的生存保障。人文礼教的扩张,则导致了儒士群体的贫困化,越来越多的儒士改变职业价值观,他们被迫接受商业和商人,甚至自己亲自经营,也有很多的儒士以乡族作为自己的舞台,精细经营地方和宗族,而这正好满足了在外的商人和残缺的商人家庭的需要。在这种背景下,儒士和商人开始了深度合作,共同为徽州社会构筑起了一道坚固的防火墙——生存伦理与宗族组织。宗族是社会管理的主体,而生存伦理则是宗族所信奉的核心思想。生存伦理既是徽州的意识形态,也是徽州的经济伦理,宗族贯彻了这种意识形态和经济伦理。这道防火墙在保护与稳定徽州社会的同时,也限制了徽州经济的发展,将徽州社会隔离在时代发展的大潮之外。优秀人才的外流和徽州商人的没落,最终导致精细化管理的徽州社会无法冲破这道防火墙,从而走向衰败。

  当然,从更广泛的意义上说,徽州社会仍是中国传统社会的一个组成部分,笔者觉得傅衣凌所论述的中国传统社会结构的多元性正适用于论述徽州社会。它既有多元化的特征,又是诸多矛盾的统一体;它既有变迁的、弹性的一面,又不断地趋于稳定和内向。实际上,"社会生活中传统的因素,不发生巨大的社会变革是很难破坏的,它会牢固地在下一个时代生存"①。徽州社会就是传统社会的一个典型。但是,由于它既处于江浙的边缘,地理位置又非常闭塞,使它成为一个曾经充满个性、犹如世外桃源般的区域社会,徽商的风采、文化的建树、理学的变迁,展现出了中国传统社会在经济、文化和思想上内在发展的一种脉络。这些使得它成为今天学术研究上的一个热点,仍然具有迷人的风采。

---

① 冯尔康、常建华:《清人社会生活》,沈阳:沈阳出版社,2002年,第462页。

参考文献

一、正史与政书

[1] (梁)沈约撰. 宋书. 长春:吉林人民出版社,1995.

[2] (元)脱脱等撰. 宋史. 长春:吉林人民出版社,1995.

[3] (元)脱脱等撰. 金史. 北京:中华书局,1975.

[4] (明)陈子龙等选辑. 明经世文编. 北京:中华书局,1962.

[5] (清)张廷玉等撰. 明史. 北京:中华书局,1974.

[6] (光绪)清会典事例. 北京:中华书局,1991.

[7] (正德)明会典. 见文渊阁《四库全书》(史部 375)影印本. 台北:台湾商务印书馆发行.

二、文集与丛书

[1] (宋)朱松. 韦斋集. 清康熙四十九年(1710年)朱昌辰刊本. 南开大学图书馆藏.

[2] (元)徐元瑞. 习吏幼学指南. 见《北京图书馆古籍珍本丛刊 61·子部·杂家类》. 北京:书目文献出版社.

[3] (明)程敏政. 新安文献志.《四库全书》(集部 314－315).

[4] (明)程敏政.篁墩文集.《四库全书》(集部191).

[5] (明)程任卿辑.丝绢全书(8卷).见明万历刻本影印《北京图书馆古籍珍本丛刊60·史部·政书类》.北京:书目文献出版社.

[6] (明)方弘静.素园存稿.《四库全书》存目丛书(集部121).济南:齐鲁书社,1997.

[7] (明)傅岩撰,陈春秀校点.歙纪.合肥:黄山书社,2007.

[8] (明)金声.金太史集.

[9] (明)汪道昆.太函集.《四库全书》存目丛书(集部117).济南:齐鲁书社,1997.

[10] (明)王士性.广志绎.北京:中华书局,1981.

[11] (明)王世贞.弇州四部稿.《四库全书》(集部219).

[12] (明)吴子玉.大鄣山人集.《四库全书》存目丛书(集部141).济南:齐鲁书社,1997.

[13] (明)谢肇淛.五杂俎.北京:中华书局,1959.

[14] (明)张萱辑.西园闻见录.1940年哈佛燕京学社铅印本,南开大学图书馆藏.

[15] (明末清初)顾炎武著,黄汝成集释,秦克诚点校.日知录集释.长沙:岳麓书社,1994.

[16] (明末清初)顾炎武.天下郡国利病书.《四部丛刊》三编(史部21).商务印书馆1935年据上海涵芬楼景印崑山图书馆藏稿本影印.上海:上海书店,1985年重印.

[17] (清)李渔辑.资治新书(初集、二集).清康熙二年(1663年)芥子园刻本.南开大学图书馆藏.

[18] (清)廖腾煃.海阳纪略.

[19] (清)凌廷堪.校礼堂文集.北京:中华书局,1998.

[20] (清)凌应秋.沙溪集略.

[21] (清)刘汝骥.陶甓公牍.见《官箴书集成》第10册.合肥:黄山书社,

1997年影印本.

[22] (清)欧阳兆熊、金安清. 水窗春呓(卷下)改盐法. 北京:中华书局,1984年点校本.

[23] (清)徐卓. 休宁碎事. 北京图书馆藏.

[24] (清)张英、张廷玉. 父子宰相家训. 合肥:安徽大学出版社,1999.

[25] (清)赵吉士. 寄园寄所寄. 民国四年上海文盛书局石印. 南开大学图书馆藏.

[26] (清、民国)许承尧著,李明回、彭超、张爱琴校点. 歙事闲谭. 合肥:黄山书社,2001.

[27] (民国)光铁夫编. 安徽名媛诗词徵略. 合肥:黄山书社,1986(1936年桐城学者光铁夫所辑,共收集安徽历代名媛400人的诗词).

[28] 徐珂. 清稗类钞. 北京:中华书局,1984.

[29] 张海鹏、王廷元、唐力行、王世华编. 明清徽商资料选编. 合肥:黄山书社,1985.

[30] 安徽省博物馆编. 明清徽州社会经济资料丛编(第一辑). 北京:中国社会科学出版社,1988.

[31] 中国社会科学院历史研究所收藏整理. 徽州千年版契约文书. 石家庄:花山文艺出版社,1991.

[32] 周绍泉、赵亚光. 窦山公家议校注. 合肥:黄山书社,1993.

[33] 张传玺. 中国历代契约会编考释. 北京:北京大学出版社,1995.

[34] 周向华编. 安徽师范大学馆藏徽州文书. 合肥:安徽人民出版社,2009.

[35] 安徽大学徽学研究中心编. 徽州文书(影印本,四辑40册). 桂林:广西师范大学出版社,第一辑2005年、第二辑2006年、第三辑2009年、第四辑2011年。

三、方志

[1] (宋)赵不悔修,罗愿纂. (淳熙)新安志. 中国地方志丛书·华中地

方·第 234 号.台北:成文出版有限公司印行.

[2] (明)彭泽修,汪舜民纂.(弘治)徽州府志.天一阁藏明代方志选刊·21.

[3] (明)程敏政纂修,欧阳旦增修.(弘治)休宁县志.北京图书馆古籍珍本丛刊·29.

[4] (明)何东序修,汪尚宁纂.(嘉靖)徽州府志.中国方志丛书·华中地方·第 718 号.

[5] (明)张涛修,谢陛等纂.(万历)歙志.北京图书馆胶卷.

[6] (清)丁廷楗、卢询修,赵吉士纂.(康熙)徽州府志.中国方志丛书·华中地方·第 237 号.

[7] (清)靳治荆修,吴苑等纂.(康熙)歙县志.中国方志丛书·华中地方·第 713 号.

[8] (清)廖腾煃修,汪晋征等纂.(康熙)休宁县志.中国方志丛书·华中地方·第 90 号.

[9] (清)蒋燦等纂修.(康熙)婺源县志.清康熙三十三年(1694 年)刻本.中国方志丛书·华中地方·第 676 号.

[10] (清)佘华瑞纂.(雍正)岩镇志草.中国地方志集成·乡镇志专辑·27.南京:江苏古籍出版社,1990.

[11] (清)许显祖纂.(雍正休宁)孚潭志.中国地方志集成·乡土志专辑·27.南京:江苏古籍出版社,1990.

[12] (清)张佩芳修,刘大櫆等纂.(乾隆)歙县志.中国方志丛书·华中地方·第 232 号.

[13] (清)彭家桂修,张图南等纂.(乾隆)婺源县志.清乾隆五十二年(1787 年)刻本.中国方志丛书·华中地方·第 678 号.

[14] (清)较陈锡等修,赵继序等纂.(乾隆)绩溪县志.中国方志丛书·华中地方·第 723 号.

[15] (清)清恺等修,席存泰等纂.(嘉庆)绩溪县志.中国方志丛书·华

中地方·第 724 号.

[16](清)何应松修,方崇鼎纂.(道光)休宁县志.中国方志丛书·华中地方·第 627 号.

[18](清)马步蟾修,夏銮等纂.(道光)徽州府志.中国方志丛书·华中地方·第 235 号.

[19](清)劳逢源修,沈伯棠等纂.(道光)歙县志.中国方志丛书·华中地方·第 714 号.

[20](清)黄应昀修,朱元理等纂.(道光)婺源县志.中国方志丛书·华中地方·第 679 号.

[21](清)吴甸华等原修,吴子珏等续修.(道光)黟县志.清同治十年(1871 年)重刊本.中国方志丛书·华中地方·第 725 号.

[22](清)周溶修,汪韵珊纂.(同治)祁门县志.中国方志丛书·华中地方·第 240 号.

[23](清)谢永泰等修,程鸿诏等纂.(同治)黟县三志.中国方志丛书·华中地方·第 89 号.

[24](清)吴鹗修,汪正元纂.(光绪)婺源县志.中国方志丛书·华中地方·第 680 号.

[25](清)董钟琪等编.(光绪)婺源乡土志.中国方志丛书·华中地方·第 681 号.

[26](民国)葛韵芬修,江峰青等纂.(民国)重修婺源县志.

[27](民国)石国柱、楼文钊修,许承尧等纂.(民国)歙县志.中国方志丛书·华中地方·第 246 号.

四、历代徽州族谱

[1](明)许汉编.(嘉靖)许氏统宗世谱(存 1 卷).明嘉靖十八年(1539 年)家刻本.始修本(此谱仅存世系 1 卷,迄于明嘉靖).南开大学图书馆藏.

[2](明)吴尚德纂修.(崇祯)歙南吴氏族谱.崇祯元年(1628 年)家刻本.

北京图书馆胶卷.

　　[3] (清)(康熙)歙县汪氏崇本祠条规. 清康熙三十年(1691年)刻本. 安徽省图书馆藏.

　　[4] (清)吴翟等纂修. (雍正)茗洲吴氏家典. 清光绪十八年(1892年)紫阳书院藏板. 雍正间刻本. 安徽大学徽学研究中心复印件.

　　[5] (清)程梦星等纂修. (乾隆)新安岑山渡程氏支谱. 清乾隆六年(1741年)木活字本. 安徽大学徽学研究中心复印件.

　　[6] (清)詹大衡等纂修. (乾隆婺源)婺源庆源詹氏宗谱. 清乾隆五十年(1785年)惇叙堂木活字本. 安徽大学徽学研究中心复印件.

　　[7] (清)程世善辑. (嘉庆)新安第一家谱. 清嘉庆元年(1796年)写本. 南开大学图书馆藏.

　　[8] (嘉庆婺源)燉煌郡洪氏通宗谱. 清嘉庆二十三年(1818年). 轮溪书屋梓.

　　[9] (清)余章耀等修. (道光婺源)长溪余氏正谱. 清道光二十八年(1848年)宝善堂刊本. 安徽省图书馆藏.

　　[10] (清)胡叔咸等纂修. (道光黟县)西递明经胡氏壬派宗谱. 清道光六年(1826年)木活字本. 安徽大学徽学研究中心复印件.

　　[11] (清)王修齐等纂修. (咸丰祁门)历溪琅琊王氏宗谱. 安徽大学徽学研究中心复印件.

　　[12] (清)孙廷献等纂修. (同治婺源)湖溪孙氏宗谱. 清同治十年(1871年)本仁堂木活字本. 安徽大学徽学研究中心复印件.

　　[13] (清)李延益、李向荣修. (光绪)三田李氏宗谱. 清光绪十一年(1885年)木活字本. 安徽省图书馆藏.

　　[14] (清)朱养泉纂修. (光绪婺源)紫阳朱氏宗谱. 1925年听彝堂木活字本. 安徽大学徽学研究中心复印件.

　　[15] (光绪)祁门善和程氏仁山门支修宗谱. 清光绪三十三年(1907年)修. 安徽大学徽学研究中心复印件.

[16](清)高富浩等纂修.(光绪绩溪)梁安高氏宗谱.清光绪三年(1877年)木活字本.安徽大学徽学研究中心复印件.

[17](清)周赟等修.(光绪绩溪)城西周氏宗谱.清光绪三十一年(1905年)敬爱堂木活字本.安徽省图书馆藏.

[18](清)邵俊培纂.(光绪绩溪)华阳邵氏宗谱.清光绪三十三年(1907年)叙伦堂刊本.安徽省图书馆藏.

[19](光绪绩溪县许余氏)南关惇叙堂宗谱.清光绪十五年(1889年)刻本.安徽大学徽学研究中心复印件.

[20](清)杜春华、杜冠英等编撰.(光绪)仙源杜氏宗谱.清光绪二十一年(1895年)修,安徽大学徽学研究中心藏.

[21](清)钱坤修.(光绪)徽州彭城钱氏宗谱.清光绪十年(1884年)刻本.安徽省图书馆藏.

[22](清)汪掬如等纂修.(宣统)《古歙义成朱氏宗谱.清宣统三年(1911年)存仁堂木活字本.安徽大学徽学研究中心复印件.

[23](清)周善鼎等纂修.(宣统绩溪)仙石周氏宗谱.清宣统三年(1911年)善述堂木活字本.安徽大学徽学研究中心复印件.

[24](民国)胡忠晖纂修.(民国歙县)蔚川胡氏家谱.1915年叙伦堂木活字本.安徽大学徽学研究中心复印件.

[25](民国)胡鸣鹤等纂修.(民国婺源)清华胡氏宗谱.1917年勋贤堂木活字本.安徽大学徽学研究中心复印件.

[26](民国)方树纂修.(民国)绩溪城南方氏宗谱.1922年思诚堂刻本.南开大学图书馆藏.

[27](民国)胡位咸编纂.(民国绩溪)遵义胡氏宗谱.1930年惇庸堂铅印本.南开大学图书馆藏.

[28](民国)凌万锤、凌萃祥等编撰.(民国祁门)凌氏族谱.安徽大学徽学研究中心复印件.

五、论著

[1] 阿凤. 明清时代妇女的地位与权利——以明清契约文书、诉讼档案为中心. 北京:社会科学文献出版社,2009.

[2] [美]艾尔曼著,赵刚译. 从理学到朴学——中华帝国晚期思想与社会变化面面观. 南京:江苏人民出版社,1997.

[3] [美]安·沃特纳. 烟火接续——明清的收继与亲族关系. 杭州:浙江人民出版社,1999.

[4] [美]包筠雅. 功过格——明清社会的道德秩序. 杭州:浙江人民出版社,1999.

[5] 卞利. 明清徽州社会研究. 合肥:安徽大学出版社,2004.

[6] 卞利. 国家与社会的冲突和整合——论明清民事法律规范的调整与农村基层社会的稳定. 北京:中国政法大学出版社,2008.

[7] 常建华. 明代宗族研究. 上海:上海人民出版社,2005.

[8] 陈登原. 中国田赋史. 上海:商务印书馆,1998年影印.

[9] 陈顾远. 中国婚姻史. 上海:上海书店,1992.

[10] 陈鹏. 中国婚姻史稿. 北京:中华书局,1990.

[11] 常建华. 宗族志. 上海:上海人民出版社,1998.

[12] 段吉福编选. 银桂树下的断想. 成都:四川人民出版社,1998.

[13] 范金民. 明清江南商业的发展. 南京:南京大学出版社,1998.

[14] 方利山. 徽州学散论. 香港:天马图书有限公司,2000.

[15] 冯尔康主编. 中国社会结构的演变. 郑州:河南人民出版社,1994.

[16] 冯尔康. 18世纪以来中国家族的现代转向. 上海:上海人民出版社,2005.

[17] 冯尔康. 清人生活漫步. 北京:中国社会出版社,1999.

[18] 冯尔康. 古人社会生活琐谈. 长沙:湖南出版社,1991.

[19] 冯尔康、常建华等. 中国宗族社会. 杭州:浙江人民出版社,1994.

[20] 冯尔康、常建华著.清人社会生活.沈阳:沈阳出版社,2002.

[21] 冯尔康、常建华.中国历史上的农民——彭炳进教授学术讲座(第一辑).台北:馨园文教基金会,1998.

[22] 冯尔康等.中国宗族史.上海:上海人民出版社,2009.

[23] 傅衣凌.明代徽州商人.载《明清时代商人及商业资本》.北京:人民出版社,1956.

[24] [美]高彦颐.闺塾师——明末清初江南的才女文化.南京:江苏人民出版社,2005.

[25] 葛剑雄、吴松弟、曹树基.中国移民史.福州:福建人民出版社,1997.

[26] 葛剑雄主编,曹树基著.中国人口史(第四卷).上海:复旦大学出版社,2000.

[27] 葛剑雄主编,曹树基著.中国人口史(第五卷).上海:复旦大学出版社,2001.

[28] 葛剑雄主编,吴松弟著.中国人口史(第三卷)辽宋金元时期.上海:复旦大学出版社,2000.

[29] 韩大成.明代社会经济初探.北京:人民出版社,1986.

[30] [美]何炳棣著,葛剑雄译.明初已降人口及其相关问题(1368-1953).北京:三联书店,2000.

[31] [美]黄仁宇.十六世纪明代中国之财政与税收.北京:三联书店,2001.

[32] [美]黄宗智.华北的小农经济与社会变迁.北京:中华书局,2000.

[33] [美]黄宗智.长江三角洲小农家庭与乡村发展.北京:中华书局,2000.

[34] 经君健.清代社会的贱民等级.杭州:浙江人民出版社,1993.

[35] [奥地利]赖因哈德·西德尔.家庭的社会演变.上海:商务印书馆,1996.

[36] 郭松义. 伦理与生活——清代的婚姻关系. 上海:商务印书馆,2000.

[37] 李中清、郭松义. 清代皇族人口行为和社会环境. 北京:北京大学出版社,1994.

[38] 李中清、王丰. 人类的四分之一:马尔萨斯的神话与中国的现实(1700—2000). 北京:三联书店,2000.

[39] 梁方仲. 中国历代户口、田地、田赋统计. 上海:上海人民出版社,1980.

[40] 梁方仲. 明代粮长制度. 上海:上海人民出版社,2001.

[41] 刘翠溶. 明清时期家族人口与社会经济变迁. 北京:中央研究院经济研究所,1992.

[42] 刘子健著,赵冬梅译. 中国转向内在——两宋之际的文化内向. 南京:江苏人民出版社,2002.

[43] 栾成显. 明代黄册研究. 北京:中国社会科学出版社,1998.

[44] [英]马尔萨斯. 人口原理. 上海:商务印书馆,1992.

[45] 马寅初. 新人口论. 北京:北京出版社,1979.

[46] [美]曼素恩. 缀珍录——十八世纪及其前后的中国妇女. 南京:江苏人民出版社,2005.

[47] [韩]朴元熇. 明清徽州宗族史研究:歙县方氏的个案研究. 北京:中国社会科学出版社,2009.

[48] 钱杭. 血缘与地缘之间——中国历史上的联宗与联宗组织. 上海:上海社会科学院出版社,2001.

[49] 唐德刚译注. 胡适口述自传. 北京:华文出版社,1989.

[50] 唐力行. 商人与文化的双重变奏——徽商与宗族社会的历史考察. 北京:华中理工大学出版社,1997.

[51] 唐力行. 明清以来徽州区域社会经济研究. 合肥:安徽大学出版社,1999.

[52] 唐力行. 徽州宗族社会. 合肥:安徽人民出版社,2005.

[53] 佟新. 人口社会学. 北京:北京大学出版社,2000.

[54] 王磊. 徽州朝奉. 福州:福建人民出版社,1994.

[55] 王世华. 富甲一方的徽商. 杭州:浙江人民出版社,1997.

[56] 王跃生. 十八世纪中国婚姻家庭研究——建立在1781—1791年版个案基础上的分析. 北京:法律出版社,2000.

[57] 王振忠. 明清徽商与淮扬社会变迁. 北京:三联书店,1996.

[58] 王振忠. 徽州社会文化史探微——新发现的16—20世纪民间档案文书研究. 上海:上海社会科学院出版社,2002.

[59] 韦庆远、吴奇衍、鲁素. 清代奴婢制度. 北京:中国人民大学出版社,1982.

[60] 邢铁. 家产继承史论. 昆明:云南大学出版社,2000.

[61] 杨国桢. 明清土地契约文书研究(修订版). 北京:中国人民大学出版社,2009.

[62] 姚邦藻. 徽州学概论. 北京:中国社会科学出版社,2000.

[63] 叶显恩. 明清徽州农村社会与佃仆制. 合肥:安徽人民出版社,1983.

[64] 游子安. 劝化金箴——清代善书研究. 天津:天津人民出版社,1999.

[65] 张海鹏、王廷元主编. 徽商研究. 合肥:安徽人民出版社,1995.

[66] 张海鹏、王廷元主编. 徽商发展史. 合肥:黄山书社,1997.

[67] 张寿安. 以礼代理——凌廷堪与清中叶儒学思想之转变. 石家庄:河北教育出版社,2001.

[68] 章有义. 明清徽州土地关系研究. 北京:中国社会科学出版社,1984.

[69] 章有义. 近代徽州租佃关系案例研究. 北京:中国社会科学出版社,1988.

[70] 章有义. 明清及近代农业史论集. 北京：中国农业出版社，1997.

[71] 赵华富. 两驿集. 合肥：黄山书社，1999.

[72] 赵华富. 徽州宗族研究. 合肥：安徽大学出版社，2004.

[73] 赵世瑜. 小历史与大历史：区域社会史的理念、方法与实践. 北京：生活·读书·新知三联书店，2006.

[74] 郑昌淦. 明清农村商品经济. 北京：中国人民大学出版社，1989.

[75] 郑振满. 明清福建宗族组织与社会变迁. 长沙：湖南教育出版社，1992.

六、论文

[1] 卞利. 明清时期徽州的会社初探. 安徽大学学报，2001，25(6).

[2] 卞利. 从宋明以降到咸、同兵燹：徽州山区一个宗族聚居村庄的宗族活动与社会变迁. 见：徽学(第7卷). 合肥：黄山书社，2011.

[3] 卜永坚. 商业里甲制——探讨1617年两淮盐政之"纲法". 中国社会经济史研究，2002(2).

[4] 常建华. 二十世纪的中国宗族研究. 历史研究，1999(5).

[5] 常建华. 清代族正制度考论. 社会科学辑刊，1989(5).

[6] 常建华. 试论乾隆朝治理宗族的政策与实践. 学术界，1990(2).

[7] 常建华. 清朝孝治政策述略. 见：南开大学历史系建系七十五周年纪念文集. 天津：南开大学出版社，1998.

[8] 常建华. 明代宗族祠庙祭祖礼制及其演变. 南开学报，2001(3)：60～67.

[9] 常建华. 试论明代族规的兴起. 见：明清人口婚姻家族史论. 天津：天津古籍出版社，2002：112.

[10] 常建华. 明代溺婴问题初探. 见：中国社会历史评论(第4卷). 上海：商务印书馆，2002.

[11] 常建华. 明代徽州的宗族乡约化. 中国史研究，2003(3)：135～152.

[12] 常建华.清代溺婴问题新探.见李中清等主编.婚姻家庭与人口行为.北京:北京大学出版社,1999.

[13] 陈柯云.从《李氏山林置产簿》看明清徽州山林经营.江淮论坛,1992(1).

[14] 陈柯云.明清徽州宗族对乡村统治的加强.中国史研究,1995(3).

[15] 陈柯云.略论明清徽州的乡约.中国史研究,1990(4).

[16] 陈瑞.明清时期徽州族谱的控制功能.安徽大学学报,2007(1).

[17] 陈瑞.明清时期徽州宗族祠堂的控制功能.中国社会经济史研究,2007(1).

[18] 陈瑞.明清时期徽州宗族的内部救济.中国农史,2007(1).

[19] 陈瑞.明清时期徽州宗族内部的血缘秩序控制.中国社会历史评论(第八卷).天津:天津古籍出版社,2007.

[20] 成凤皋.安徽人口性别结构研究.中国人口科学,1988(3).

[21] 段自成.明中后期社仓探析.中国史研究.1998(2).

[22] 杜赞齐、罗红光.在国家与地方社会之间.社会学研究,2001(1).

[23] 范金民.清代徽州商帮的慈善设施——以江南为中心.中国史研究,1999(4).

[24] 方行.中国封建赋税与商品经济.中国社会经济史研究,2002(1).

[25] 冯尔康.清代的婚姻制度与妇女的社会地位述论.见中国人民大学清史研究所编:清史研究集(第五辑).北京:光明日报出版社,1986.

[26] 冯尔康.简论清代宗族的"自治"性.华中师范大学学报(人文社会科学版),2006(1).

[27] 冯尔康.清代宗族、村落与自治问题.河南师范大学学报,2005(6).

[28] [日]夫马进.试论明末徽州府的丝绢分担纷争.中国史研究,2000(2).

[29] 傅衣凌.明代徽州庄仆文约辑存——明代徽州庄仆制度之侧面的研究.文物参考资料,1960(2).

[30] 傅衣凌.论乡族势力对于中国封建经济的干涉.厦门大学学报,

1961(3).

[31] 傅衣凌. 明代前期徽州土地买卖契约中的通货. 社会科学战线,1980(3).

[32] 傅衣凌. 中国传统社会:多元的结构. 中国社会经济史研究,1988(3).

[33] 郭松义. 清代的童养媳婚姻. 见李中清等主编:婚姻家庭与人口行为. 北京:北京大学出版社,1999.

[34] 蒿峰. 明代的义男买卖与雇工人. 山东大学学报,1988(4).

[35] 蒿峰. 明代世仆简论. 齐鲁学刊,1989(6).

[36] [美]贺杰. 明清徽州的宗族与社会流动性. 见刘淼辑译:徽州社会经济史研究译文集. 合肥:黄山书社,1987.

[37] 胡中生. 明清徽州下层社会的非常态婚姻及其特点. 安徽史学,2001(2).

[38] 胡中生. 清代徽州族谱对女性上谱的规范. 安徽大学学报,2007(1).

[39] 胡中生. 徽州的族会与宗族建设. 见:徽学(第5卷). 合肥:安徽大学出版社,2008.

[40] 胡中生. 异姓承继及其上谱的争论与收族理念的转变. 见:徽学(第6卷). 合肥:安徽大学出版社,2010.

[41] 胡中生. 清代徽州民间钱会研究. 见:民间文献与地域中国研究. 合肥:黄山书社,2010:659~700.

[42] 江太新、苏全玉. 论清代徽州地区的粮食亩产. 中国经济史研究,1993(3).

[43] 江太新. 论清代徽州地区地契中粮食亩产与实际亩产之间的关系. 见:首届国际徽学学术讨论会文集. 合肥:黄山书社,1996.

[44] 江太新. 论清代前期土地买卖的周期. 中国经济史研究,2000(4).

[45] [日]臼井佐知子. 论徽州的家产分割. 见:周天游主编. 地域社会与传统中国. 西安:西北大学出版社,1995.

[46] 科大卫、刘志伟. 宗族与地方社会的国家认同——明清华南地区宗

族发展的意识形态基础.历史研究,2000(3).

[47] 李长弓.徽州山区与太湖平原经济开发的异同.中国社会经济史研究,1995(2).

[48] 李琳琦.清代徽州书院的教学和经营管理特色.清史研究,1999(3).

[49] 李琳琦.传统文化与徽商心理变迁.学术月刊,1999(10).

[50] 刘重日.火佃新探.历史研究,1982(2).

[51] 刘道胜.清代基层社会的地保.中国农史,2009(2).

[52] 刘淼.清代祁门善和里程氏宗族的"会"组织.见:文物研究(第8辑).合肥:黄山书社,1993.

[53] 刘淼.清代徽州的"会"与"会祭"——以祁门善和里程氏为中心.江淮论坛,1995(4).

[54] 栾成显.明代黄册人口登载事项考略.历史研究,1998(2).

[55] 栾成显.中国封建社会诸子均分制述论——以徽州文书所见为中心.见:'98国际徽学学术讨论会论文集.合肥:安徽大学出版社,2000.

[56] 麻国庆.分家:分中有继也有合——中国分家制度研究.中国社会科学,1999(1).

[57] 彭超.试探庄仆、佃仆和火佃的区别.中国史研究,1984(1).

[58] 朴元熇.从柳山方氏看明代徽州宗族组织的扩大.历史研究,1997(1).

[59] 任放.中国古代政治文化与经济伦理.中国史研究,1998(1).

[60] [荷]宋汉理.徽州地区的发展与当地的宗族——徽州休宁范氏宗族的个案研究.见刘淼辑译:徽州社会经济史研究译文集.合肥:黄山书社,1987.

[61] 宋晓萍."女红"经验:超越日常生活.花城,2007(6).

[62] 唐力行.论徽商与封建宗族势力.历史研究,1986(2).

[63] 唐力行、[美]凯瑟·海泽顿.明清徽州地理、人口探微.中国社会经济史研究,1989(1).

[64] 唐力行.明清徽州的家庭与宗族结构.历史研究,1991(1).

[65] 唐力行. 徽州方氏与社会变迁. 历史研究,1995(1).

[66] 唐力行. 重构徽州农村基层社会的宗族结构与生活实态——徽州文书《亲逊堂宗祠会议录》的解读. 见:民间文献与地域中国研究. 合肥:黄山书社,2010.

[67] 汪银辉. 朱熹理学在徽州的流传与影响. 江淮论坛,1984(1).

[68] 王社教. 清代安徽人口的增减和垦田的盈缩. 安徽史学,1994(1).

[69] 王世华. 明清徽商是长三角兴起的重要力量. 学术界,2005(5).

[70] 王晓崇. 徽州贞节牌坊与节烈女性. 社会科学评论,2007(3).

[71] 王跃生. 18世纪中国家庭结构分析——立足于1782—1791年的考察. 见李中清等主编:婚姻家庭与人口行为. 北京:北京大学出版社,1999.

[72] 王跃生. 十八世纪中后期的中国家庭结构. 中国社会科学,2000(2).

[73] 王跃生. 清代中期妇女再婚的个案分析. 中国社会经济史研究,1999(1).

[74] 王跃生. 十八世纪后期中国男性晚婚及不婚群体的考察. 中国社会经济史研究,2001(2).

[75] 王振忠. 从祖籍地缘到新的社会圈——关于明清时期侨寓徽商土著化的三个问题. 见:首届国际徽学学术讨论会文集. 合肥:黄山书社,1996.

[76] 王振忠. 晚清徽州民众生活及社会风尚——《陶甓公牍》之民俗文化解读. 见:徽学(2000年卷). 合肥:安徽大学出版社,2001:127.

[77] 王振忠. 徽州歙县白杨源:一个盆地小区域社会的初步调查与研究. 上海师范大学学报,2012(3).

[78] 许敏. 试论清代前期铺商户籍问题——兼论清代"商籍". 中国史研究,2000(3).

[79] 叶显恩. 徽州和珠江三角洲宗法制比较研究. 中国经济史研究,1996(4).

[80] 于海根. 试析明清徽州盐商文化人格. 中国社会经济史研究,1994(3).

[81] 张研. 清代家庭结构与基本功能. 清史研究,1996(3).

［82］张研.对清代徽州分家文书书写程式的考察与分析.清史研究,2002(4).

［83］赵华富.与客家始迁祖不同的徽州中原移民.安徽大学学报,2001(6).

［84］周绍泉.徽州文书与徽学.历史研究,2000(1).

［85］周绍泉.试论明代徽州土地买卖的发展趋势——兼论徽商与徽州土地买卖的关系.中国经济史研究,1990(4).

［86］周致元.明代徽州官府与宗族的救荒功能.安徽大学学报,2006(1).

［87］周致元.徽州乡镇志中所见明清民间救荒措施.安徽大学学报,2008(1).

后　记

本书是我在南开大学求学的一份成果,后来虽然有所增加,但并不是很多,皆因本人对写出来的东西缺乏修修补补的热情和动力。本书一放就放了十多年,经常面对师长和朋友们的追问,这才终于意识到要出版。出版只是对阶段性成果的一个总结。这个成果的获得,当然应该感谢很多人。

首先,要感谢恩师常建华教授。当时,由于冯尔康先生在国外,常老师给我提供了全面的指导。老师治学严谨,勤奋踏实。经常我还未到图书馆,老师就已经坐在图书馆看书了。看到老师这么用功,我心里自然很愧疚,但这也给了我很大的动力。

其次,要感谢冯尔康先生。冯先生今年成为安徽大学徽学研究中心特聘研究员,学生得以再次与冯先生相处一段时间,也得以恳请到冯先生在紧张的时间里勉为其难地为拙作写了一篇序言。先生认真严谨,还特意就书中有些问题向学生问个明白,这也更让学生汗颜。

再次,要感谢家人的支持。这是一句套话,但也是一句实在话。南开求学时的生活,回想历历在目。父母亲那时身体尚好,不需要多少开支,让我安心很多。妻子跟随我到天津,在工厂里辛苦工作,挣的钱除了我们自己开支外,有时还要寄一点回家略表孝心,甚至还要资助一点在清华大学读书的小弟。当然小弟的开支主要是由二弟提供的,这点也让我省心不少。我们家乡桐城文风昌盛,号称"文都",非常看重读书,小弟后来去新加坡完成了博士学业。桐城像我们这样一家两博士的不少,但都得益于家人的支持。

最后,要感谢出版社的编辑。安徽大学出版社在和安徽大学徽学研究中心商讨选题时策划了"徽学文库"系列。本书作为该系列的第一本,在书稿交给出版社后,得到了出版社领导和几位编辑的大力支持,为本书的顺利出版提供了方便。

总之,要感谢的人很多,在这里不一一列举。本书的内容难免有些瑕疵,这些都是我个人不够努力所致。本书的出版,对我个人来说,虽是对早期成果的一个总结,但更希望是一个新的篇章的开始。

胡中生

2014 年 10 月